权威·前沿·原创

皮书系列为
"十二五""十三五""十四五"时期国家重点出版物出版专项规划项目

BLUE BOOK

智库成果出版与传播平台

河南民办教育蓝皮书
BLUE BOOK OF PRIVATE EDUCATION OF HENAN

河南民办教育发展报告（2022）
ANNUAL REPORT ON PRIVATE EDUCATION OF HENAN (2022)

主　编／胡大白
副主编／杨雪梅　王建庄

社会科学文献出版社
SOCIAL SCIENCES ACADEMIC PRESS (CHINA)

图书在版编目（CIP）数据

河南民办教育发展报告.2022／胡大白主编.--北京：社会科学文献出版社，2022.9
（河南民办教育蓝皮书）
ISBN 978-7-5228-0541-2

Ⅰ.①河… Ⅱ.①胡… Ⅲ.①社会办学-研究报告-河南-2022 Ⅳ.①G522.74

中国版本图书馆 CIP 数据核字（2022）第 143175 号

河南民办教育蓝皮书
河南民办教育发展报告（2022）

主　　编／胡大白
副 主 编／杨雪梅　王建庄

出 版 人／王利民
组稿编辑／任文武
责任编辑／王玉霞
文稿编辑／陈　荣
责任印制／王京美

出　　版／社会科学文献出版社·城市和绿色发展分社（010）59367143
　　　　　地址：北京市北三环中路甲29号院华龙大厦　邮编：100029
　　　　　网址：www.ssap.com.cn

发　　行／社会科学文献出版社（010）59367028
印　　装／天津千鹤文化传播有限公司

规　　格／开　本：787mm×1092mm　1/16
　　　　　印　张：26.25　字　数：391千字

版　　次／2022年9月第1版　2022年9月第1次印刷
书　　号／ISBN 978-7-5228-0541-2
定　　价／128.00元

读者服务电话：4008918866

版权所有 翻印必究

河南民办教育蓝皮书编委会

主　任　胡大白　任　锋

副主任　杨雪梅　王建庄

编　委　(以姓氏笔画为序)
　　　　王　晨　王裕清　王新奇　牛钦民　甘宇祥
　　　　白　帆　汤保梅　朱玉峰　刘　芳　刘赛赛
　　　　李香枝　李海燕　孟庆杰　郑逢斌　赵晓金
　　　　胡仕坤　侯丙轩　侯春玲　侯超英　徐春华
　　　　高　云　喻新安

主要编撰者简介

胡大白 黄河科技学院创办人兼董事长，教授，中国当代民办高等教育的开创者，中国当代教育名家，河南民办教育研究院院长。第十届全国人大代表，享受国务院政府特殊津贴。第一届、第二届中国民办教育协会监事会主席，第二届、第三届、第五届河南省民办教育协会会长。荣获第三届"中国十大女杰"、"全国三八红旗手"、"60年60人中国教育成就奖"、"中国好人"、"中国好校长"、"世界大学女校长终身荣誉奖"、"河南省劳动模范"、"河南省道德模范"、"河南省优秀共产党员"、新中国成立70周年"河南省突出贡献教育人物"等荣誉称号。

主持全国教育科学"十一五"规划课题"民办高校实施内涵式发展战略研究"、中国高等教育学会"十一五"教育科学规划重点课题"民办本科高校培养目标定位和育人模式改革的研究与实践""当代民办高校大学章程建设研究"等哲社科研项目；出版《中国民办教育通史》《民办高校现代大学制度建设》《民办高校内涵式发展战略研究》《改革开放以来河南民办教育发展及趋势研究》《当代河南教育发展报告》等专著多部；发表《中国共产党的民办教育理论与实践探析》《关于民办高校董事会建设问题的思考》《民办高校法人治理结构初探》《我国民办高等教育的现状和前景》等论文50余篇。多次获得国家和河南省教学成果奖、河南省发展研究奖。

新华社、中央电视台"东方之子""半边天""对话"栏目、中央电视台英语新闻频道、中国教育电视台、《人民日报》、《光明日报》、《中国教育报》、《华盛顿邮报》等中外知名媒体都曾专题报道过她先进的办学理念和管理经验。

杨雪梅 黄河科技学院校长，教授，博士生导师，享受国务院政府特殊津贴。第十二届、十三届全国人大代表；第一届全国普通高校毕业生就业创业指导委员会委员，中国民办教育协会副会长，河南省高校创新创业协会会长，河南省教育人才学会会长，河南中华职业教育社副主任，河南省民办教育协会常务副会长，河南省高校智库联盟副理事长，河南省高教学会副会长等。曾荣获"全国五一劳动奖章""全国三八红旗手""中国青年五四奖章"等荣誉称号。

从事民办高校管理工作，致力于民办高等教育领域理论研究。出版专著7部，主编著作（丛书）等20余部（套），主持完成省级以上课题16项，发表论文40余篇，荣获国家级教学成果二等奖、河南省发展研究奖一等奖、河南省社会科学优秀成果一等奖各1项，河南省高等教育教学成果特等奖3项，河南省社会科学优秀成果二等奖3项。被评为河南省政府督学、河南省教育评估中心首批评估专家、河南省优秀专家、河南省学术技术带头人、河南省十大科技领军人物等，入选教育部首批全国万名优秀创新创业人才导师。

王建庄 黄河科技学院教授，中国民办教育协会党建工作委员会副主任，中华职业教育社民办教育委员会委员，河南省民办教育协会党建工作委员会主任，河南民办教育研究院执行院长、首席研究员。河南省教育厅学术技术带头人，河南省优秀教师。曾任河南省高校就业工作评估专家组成员、河南省高校德育评估专家组成员、河南省高校办学水平评估专家组成员、河南省民办高校年检专家组组长、河南省函授教育评估专家组组长。

主编《大学语文》《职业生涯规划》《现代社交礼仪》《互联网+创新创业概论》《互联网+创新创业指南》等大学教材10部；出版《中国当代教育名家》等专著；（执行）主编《当代河南教育发展报告》（六卷本）。在

2008年、2009年、2012年、2016年、2017年的《河南蓝皮书：河南社会形势分析与预测》分别发表关于河南省高等职业教育、义务教育和职业教育现状与发展的研究报告。主持的研究项目获河南省科技进步奖、河南省政府发展研究奖和河南省社会科学优秀成果奖。多次获得河南省教学成果奖。

摘 要

本书由河南省民办教育协会、黄河科技学院主持编撰，对2021~2022学年河南民办教育的规模现状进行了扫描、梳理和概括。

全书由总报告、高等教育改革篇、职业教育发展篇、基础教育提升篇、学前教育普惠篇、培训教育优化篇、综合篇及附录组成，系统反映了河南各级各类民办教育的基本情况。2021~2022学年，河南各级各类民办学校21450所，在校生总数686.99万人。其中，民办幼儿园18056所，在园幼儿259.25万人；民办小学1867所，在校生166.88万人；民办初中937所，在校生95.90万人；民办普通高中403所，在校生60.14万人；民办中等职业学校142所，在校生30.49万人；民办普通高等学校45所，本专科在校生74.30万人，占全省本专科在校生总数的27.66%，比2020~2021学年（26.93%）增加0.73个百分点。全省民办教育在校生数占全省各级各类教育在校生总数（2695.03万人）的25.49%，占比超过1/4，比2020~2021学年占比（26.59%）降低1.1个百分点。

总报告基于2021年国家民办教育政策的重大调整，指出河南民办教育由规模扩张到质量提升的拐点到来，并对今后一个时期河南民办教育的健康发展提出坚守办学方向、优化师资队伍、实现特色创新、规范内部治理、探索动态培养的育人方式、拓展办学范围等建议。

高等教育改革篇指出了2021~2022学年河南民办高等教育无论是学校数量，还是在校生规模、人才培养质量等各方面均大幅提升，但也面临建设高水平民办大学的压力；论述了基于大学评价的河南民办高校发展战略；就

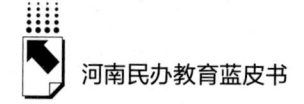

河南省民办本科高校教育教学质量监测体系建设情况开展了调研,通过对比研究,找出影响质量监测体系运行的主要问题;提出了构建基于"以学生为中心"的民办高校内部质量保障体系,民办高校学生管理工作应解放思想,创新学生管理理念,民办高校应坚持育人为本、产学研用创相融合、创新发展、统筹协调建设和开放共享等五个原则,采取关键举措加强校内实验教学中心和校外实践教育基地建设。

职业教育发展篇认为,2021~2022学年河南民办职业教育已经有了一定的规模,具备了良好的发展基础,随着《中华人民共和国职业教育法》的施行,河南民办职业教育将迎来新一轮的发展空间,也给民办高等职业教育提供了发展机遇,在提升办学层次、建立高职教育流程、革新评价方法、提升人才培养质量等方面都有文章可做。

基础教育提升篇指出,随着2021年国家一系列重磅政策的密集出台,多套政策形成"组合拳",河南民办教育迈入了规范化发展的新阶段,义务教育阶段民办学校数量、在校生人数均首次出现负增长,民办或者转公办,或者停办,或者转型为职业学校,托育教育、国际教育或将成为最近几年民办学校的发展趋势。

学前教育普惠篇认为,人口出生率的断崖式下跌、公办学前教育的快速发展、民办学前教育严重的人才流失等问题让民办学前教育面临困难。河南的民办学前教育需抓好党建、品质立园、融合跨界、重视宣传、打造特色;托育相关政策的出台有助于行业与市场高质量、规范化发展。

培训教育优化篇提出,2021年7月开始的"双减"等严管新政引发了行业巨变和管理革新。整个行业骤然降温,学科类培训广告基本绝迹,"资本过热""野蛮生长"等乱象不复存在,"双减"政策初见成效。民办教育真正走向合规发展、依法严管的新时代。

综合篇内容丰富,从民办教育政策综述、民办教育研究综述、党建和学校管理创新、民办教育政策发展及疫情防控常态化背景下民办高校网络教学等多个方面揭示了民办教育的发展现状。《中华人民共和国民办教育促进法实施条例》的出台,标志着国家层面关于民办教育的新法新政体系基本形成，对民办教育发展产生重大而深远的影响；近年来民办教育研究成果呈现泡沫化、同质化倾向，高产作者和高质量作者集中在几个较有影响的高校，一般民办学校中的研究者影响力有待提高；高职院校通过党团联动，以党建带动团建，促进高校党团工作在新的时代背景下焕发出生机和活力。

河南民办学校应深入学习贯彻党的教育方针，加强民办学校党的建设，适应规模拐点带来的变化，推进多元参与民办学校管理创新，推广运用现代管理方式，培育创新创业型组织文化，持续创新管理机制，激发学校改革动力和活力。对民办教育政策的本质认识不清、政策缺乏总体规划和完善的监督评估体系、完整的民办教育法规政策体系尚未建立等问题制约着河南民办教育的健康发展，河南应合理定位民办教育，明确民办学校法人属性，落实好分类管理政策，尽快制定配套政策，构建完善的民办教育政策体系。

关键词： 民办教育　新条例　双减　高质量发展　河南

目 录

Ⅰ 总报告

B.1 看准大趋势，找到最确定，实现高质量发展
——2021~2022学年河南民办教育现状与发展展望
.... 河南省民办教育协会课题组 / 001

Ⅱ 高等教育改革篇

B.2 2021~2022学年河南民办高等教育发展报告
.... 宋国华　宋志豪　张　松 / 036
B.3 基于大学评价的河南省民办高校内涵式发展战略研究
.... 樊继轩　樊宇卓 / 056
B.4 河南省民办本科高校教育教学质量监测体系调查报告
.... 罗秉鑫　杨存博 / 084
B.5 高质量发展背景下民办高校内部质量保障体系的构建
.... 刘亮军 / 115
B.6 民办高校学生管理工作的创新 .... 阮彩灵 / 125
B.7 民办高校实训基地建设的探索 .... 毕鹏翾　曹龙飞 / 144

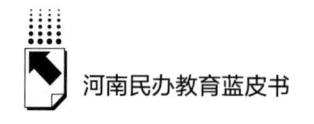

Ⅲ 职业教育发展篇

B.8 2021~2022学年河南民办职业教育现状与发展展望 …… 王公博 / 157

B.9 郑州民办高等职业教育发展报告
　………………………… 王建庄　焦燕灵　苏艳红　张　贝 / 169

Ⅳ 基础教育提升篇

B.10 2021~2022学年河南民办基础教育调研报告
　……………………………………………… 张　欣　王红顺 / 181

B.11 民办基础教育人才培养特色 ……………………… 孙　冰 / 196

Ⅴ 学前教育普惠篇

B.12 2021~2022学年河南民办学前教育发展报告
　………………………………… 徐照新　侯丙轩　孙大鹏 / 210

B.13 河南省托育服务行业发展报告 …… 陶韦伽　汪雪清　陈　宁 / 228

Ⅵ 培训教育优化篇

B.14 2021~2022学年河南省培训教育发展报告
　……………………………………………… 朱玉峰　郑学春 / 254

Ⅶ 综合篇

B.15 2021年民办教育政策综述及资本市场观察
　………………………………… 河南民办教育研究院课题组 / 262

B.16 2021年民办教育研究综述·········河南民办教育研究院课题组 / 286
B.17 新时期高职院校党团联动建设研究
　　　　　································张丕万　王道勋　牛晓楠 / 297
B.18 河南民办学校管理机制创新研究·················李储学 / 308
B.19 河南民办教育政策的历史演变和发展逻辑·········张晓红 / 329
B.20 疫情防控常态化背景下民办高校网络教学调查与省思
　　　　　··王道勋　刘　静 / 337

Ⅷ 附录

B.21 附录一　河南省民办教育协会2021年度工作报告··············· / 353
B.22 附录二　2021~2022年河南民办教育大事记··················· / 364

Abstract ·· / 376
Contents ·· / 380

总报告
General Report

B.1
看准大趋势，找到最确定，实现高质量发展

——2021~2022学年河南民办教育现状与发展展望

河南省民办教育协会课题组 *

摘　要： 2021年国家对民办教育进行了重大政策调整，民办学前教育、义务教育受到较大影响；普通高中教育的质量意识进一步提高；教育培训行业得到彻底整治。河南民办教育规模增长的势头出现回落，招生数和在校生数都有不同程度的减少，由规模扩张到质量提升的拐点已经出现。随着《中华人民共和国职业教育法》的施行，河南民办职业教育将迎来新一轮的发展空间。

关键词： 河南教育　民办教育　发展拐点　高质量发展

---

* 课题负责人：胡大白、任锋。主持人：王建庄。成员：汤保梅、寿先华、王道勋、贾全明、樊继轩、李海霞。执笔人：王建庄，河南民办教育研究院执行院长、首席研究员，黄河科技学院教授。

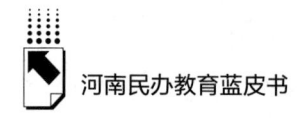

2021年，河南民办教育规模在实现了连续40年的增长之后，首次出现了回落，全省民办教育在校生数由上年的7151483人下降到6869937人，减少了281546人。规模缩减，拐点出现，民办教育进入稳定发展、质量提升时期。

2021年，全国民办教育处于新一轮的重大政策调整时期。"民办摇号""双减""民转公"等多个政策叠加，在匡正民办教育发展方向的大背景下，对民办学校的规模增长带来了一定影响，河南民办教育由规模扩张到质量提升的拐点出现了。

一 拐点到来，河南比全国晚一年

全国民办教育规模发展拐点已经在2020年出现。

1982年12月4日，第五届全国人民代表大会第五次会议通过的《中华人民共和国宪法》明确了民办教育的合法地位，当代中国的民办教育如沐春风蓬勃发展起来。40多年来，民办教育规模持续扩大，到2019年，全国民办教育学校达到19.15万所，在校生达到5616.61万人，学校数占全国总数的36.13%，在校生数占全国总数的19.92%，达到最高值。规模回落的拐点在2020年出现。2020年，全国民办教育学校为18.67万所，比上年减少0.48万所；在校生5564.45万人，比上年减少52.16万人。

在全国民办教育规模出现拐点的当年，河南民办教育规模仍在增长。2020年，全省民办教育学校达到21670所，比2019年增加241所；在校生达到7151483人，比2019年增加54002人。在校生规模的增加，是惯性带来的增加，实际上，全省民办学校招生数从2020年已经出现了回落，由2019年的1919492人减少到2020年的1900986人，减少了18506人。其中，招生规模减少最突出的是民办学前教育，全省民办幼儿园招生数的减少早在2018年就出现了，当年全省民办幼儿园招生875252人，比2017年减少49370人，2019年、2020年继续减少，2020年招生仅为764128人，比2017年减少160494人，平均每年减少53498人。

到 2017 年，河南民办教育在校生总规模达到 617.87 万人，占全省在校生总规模的 23.23%。在民办教育在校生总规模中，民办幼儿园规模占比 46.45%，即使连年招生数减少，到了 2020 年，民办幼儿园在园规模依然占全省民办教育在校生总规模的 39.57%。

民办学前教育招生数的连年减少，加上其他一些外部环境的影响，必然影响到全省民办教育在校生规模。因为民办学前教育在全省民办教育招生规模中占比太大，而民办义务教育招生规模亦受政策的影响出现回落，所以尽管民办高等教育招生规模还在增加，但总的在校生规模还是在 2021 年出现了回落。2021 年，拐点出现了。

2007~2021 年河南民办教育发展情况如表 1 所示。

表 1　2007~2021 年河南民办教育发展情况

年份	学校数 全省(万所)	民办(万所)	占比(%)	在校生数 全省(万人)	民办(万人)	占比(%)
2007	5.76	0.52	9.03	2691.70	197.03	7.32
2008	5.81	0.61	10.50	2744.41	239.08	8.71
2009	5.80	0.70	12.07	2789.66	270.52	9.70
2010	6.14	0.85	13.84	2768.58	318.43	11.50
2011	6.56	1.05	16.01	2797.40	374.02	13.37
2012	6.48	1.28	19.75	2789.96	421.68	15.11
2013	6.12	1.42	23.21	2505.39	454.98	18.16
2014	6.07	1.53	25.21	2554.48	470.37	18.41
2015	5.87	1.67	28.45	2553.99	525.68	20.58
2016	5.72	1.77	30.94	2601.37	566.27	21.77
2017	5.58	1.93	34.59	2659.62	617.87	23.23
2018	5.36	2.05	38.25	2647.67	674.90	25.49
2019	5.34	2.14	40.08	2677.10	709.75	26.51
2020	5.42	2.17	40.04	2689.67	715.15	26.59
2021	5.11	2.15	42.07	2695.00	686.99	25.49

资料来源：根据历年《河南省教育统计提要》《河南省教育事业发展统计公报》整理。

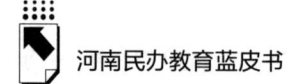

实际上，民办普通小学规模减小的苗头也早已出现。2011年全省民办普通小学毕业138403人，当年招生148322人，招生数比毕业生数多9919人，是在校生规模增加的趋势。从2012年起，这个现象出现了反转，全省民办普通小学招生数就一直低于毕业生数，2012年招生155008人，毕业163693人，毕业生数多出招生数8685人。之后这个差额越来越大，到2020年，招生247439人，毕业311338人，毕业生数多出招生数63899人。毕业生数大于招生数，是在校生规模减小的苗头，但是因为在小学六年当中，一些其他性质学校的学生不断转学到民办普通小学，这样的学籍异动保持或增加了民办普通小学的在校生规模，所以直到2020年，尽管每年的招生数都少于毕业生数，但全省民办普通小学在校生的规模依然处在增长之中，达到有统计数据以来的最高值180.22万人。但是，多年毕业生数大于招生数的情况和义务教育阶段不得举办营利性学校的法律规定，终于使民办普通小学阶段的在校生规模从2020年的180.22万人回落到2021年的166.88万人，仅仅一年就锐减13.34万人。

2020年，中央全面深化改革委员会第十五次会议审议通过《关于规范民办义务教育发展的意见》，要求坚持国家举办义务教育，确保义务教育公益属性，办好办强公办义务教育，促进民办义务教育学校全面贯彻党的教育方针，依法加强规范管理、规范办学行为，构建良好教育生态。2021年5月，中共中央办公厅、国务院办公厅正式印发该意见。从政策发布主体来看，规范民办义务教育发展、调减其占比政策是党中央和国务院部署的一项政治任务。

民办普通初中招生数也在2020年出现回落，由2019年的339386人下降到336781人。民办中等职业学校招生数也在2020年出现回落，由2019年的121887人下降到115988人。民办普通高中在校生规模10年来由2012年的25.98万人增长到2021年的60.14万人。民办普通高校在校生规模也是增长的趋势，10年间从2012年的28.96万人增加到2021年的74.30万人（见表2）。在民办幼儿园和民办义务教育阶段招生数减少的情况下，民办普通高校出现了强劲的增长势头。民办普通高校2012年招生仅为95651人，

表 2　2012~2021 年河南民办教育规模变化情况

单位：所，万人

年份	总规模 学校数	总规模 在校生数	幼儿教育 学校数	幼儿教育 在校生数	普通小学 学校数	普通小学 在校生数	普通初中 学校数	普通初中 在校生数	普通高中 学校数	普通高中 在校生数	中职学校 学校数	中职学校 在校生数	普通高校 学校数	普通高校 在校生数
2012	12761	421.68	10326	174.04	1344	107.18	584	59.13	196	25.98	234	24.48	34	28.96
2013	14244	454.98	11686	209.42	1429	110.61	637	58.75	196	24.54	218	18.61	35	31.82
2014	15337	471.14	12585	228.25	1550	111.54	693	52.44	208	25.91	215	16.22	37	35.51
2015	16707	525.68	13824	253.13	1652	118.14	716	68.92	219	29.25	205	16.89	37	38.65
2016	17772	566.64	14743	268.75	1748	129.00	758	74.08	242	33.10	190	19.62	37	41.72
2017	19331	618.40	16183	287.24	1807	143.96	801	80.92	263	36.78	186	23.30	37	45.66
2018	20539	674.19	17293	300.46	1865	162.35	819	90.72	299	41.84	170	26.54	39	51.05
2019	21429	709.75	18061	297.85	1894	177.89	887	98.79	336	46.42	157	28.80	39	59.47
2020	21670	715.15	18228	283.00	1894	180.22	941	101.27	366	52.60	144	30.65	43	67.12
2021	21454	686.99	18056	259.25	1867	166.88	937	95.90	403	60.14	142	30.49	45	74.30

注：总规模中含有民办的其他高等教育机构和民办特殊教育的数据。

资料来源：根据历年《河南省教育事业发展统计公报》《河南省教育统计提要》整理。

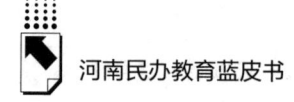

到2020年达到237866人，增加了142215人。根据情况预测，河南民办高等教育特别是民办高等职业教育，今后几年仍会有一定规模的上升空间。

二 "双减"使沸沸扬扬的教育培训市场回归平静

河南早期的非学历培训教育萌芽于改革开放之初，在国家自学考试制度建立后出现过一个小高潮，之后逐步分化发展。一些教育家型办学者通过教育培训进入学历教育领域；一些技能型培训形成特色发展下来；一些完全以营利为目的的短视机构消失了。到20世纪90年代后期，主要由"教育培训机构"实施的培训教育开始起步。行业形成，一些机构逐步实现原始资本积累。郑州大山教育、陈中数理化、联大教育等培训机构开始形成规模。21世纪头十年，河南的培训机构进入高速发展期，出现个性化、专业化、品牌化势头，一些形成规模的机构出现了公司化、集团化发展的势头。到2017年培训业已经出现了万人大校和亿元实力机构。据2019年粗略统计，全省教育培训机构已超过2.4万家。

培训行业的快速发展，回应了这一时期社会对应试教育考"好"学校的渴求，客观上助推了数以万计的家长提升孩子学习成绩的梦想，在规模扩张过程中吸纳了一批大学毕业生就业，为政府分担了部分就业压力，同时也拉动了城市消费，增加了税收。但是，由于一个时期的野蛮发展，加上监管不力，其"拔苗助长"方式催生了"超纲教学""提前教学""强化应试"等不良行为。一些机构存在虚假广告、夸大宣传、误导家长、挂钩中小学招生等行为；一些在职教师在本职课堂上不讲或少讲，将主要精力放在兼职培训教学上；还有一些机构存在违规收费，少数机构甚至无照经营等。凡此种种，一方面导致培训市场乱象频发，另一方面将应试教育不断向高难度推升，扭曲了教育的社会职能，误导了社会对教育的认识。这些现象，连带良好的培训机构受到负面影响。

为解决培训行业的乱象从而推进教育改革向前发展，2021年国家层面密集发布文件，层层推进，全面落实"双减"政策。

看准大趋势，找到最确定，实现高质量发展

2021年7月19日，中共中央办公厅、国务院办公厅印发《关于进一步减轻义务教育阶段学生作业负担和校外培训负担的意见》，从指导思想、工作原则、工作目标等方面明确了"双减"的总体要求和主要任务，尤其对校外培训机构的规范办学明确了办学标准；确定了含郑州在内的9个全国试点城市，要求试点城市精心组织实施，务求取得实效。

2021年7月29日，教育部办公厅发布《关于进一步明确义务教育阶段校外培训学科类和非学科类范围的通知》，对义务教育阶段校外培训学科类和非学科类范围进行了明确的划分。

2021年9月1日，《中小学生校外培训材料管理办法（试行）》发布。

2021年9月8日，教育部印发《关于坚决查处变相违规开展学科类校外培训问题的通知》，界定了七类违规开展学科类培训的情形，其中包括：证照不全的机构或个人，以咨询、文化传播、家政服务、住家教师、众筹私教等名义违规开展学科类培训；组织异地培训，在居民楼、酒店、咖啡厅等场所，化整为零在登记场所之外开展"一对一""一对多"等学科类培训；以游学、研学、夏令营、思维素养、国学素养等名义，或者在科技、体育、文化艺术等非学科类培训中，违规开展学科类培训等。

2021年11月15日，教育部发布《义务教育阶段校外培训项目分类鉴别指南》，主要从培训目的、培训内容、培训方式、评价方式等维度进行综合考量，如符合所列特征，即判定为学科类培训项目。

在对校外培训课程类别、使用教材内容、开展形式进行规范后，2021年9月14日，教育部等部门再出手，发布《校外培训机构从业人员管理办法（试行）》，对校外培训的从业人员进行规范。2021年10月29日，教育部、国家发展改革委、中国人民银行、国家税务总局、国家市场监管总局、中国银保监会联合印发《关于加强校外培训机构预收费监管工作的通知》，这意味着校外培训的全流程都被纳入了规范之中。

河南省按照全国的部署，一步步推进落实。

2021年7月26日，河南省教育厅等七部门印发了《关于印发河南省基础教育校外培训机构专项整治实施方案的通知》，从指导思想、工作目标、

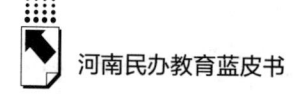

工作分工、整治重点、整治安排、组织保障六个方面公布了整治实施方案，对消防、安全、机构规范、培训范围、分支机构、办学场地、教师资格、信息公示、课程标准、培训时间、宣传广告、培训收费等落实细节，明确了办学准则。

2021年10月11日，河南省发展改革委、省教育厅、省市场监管局联合印发《河南省义务教育阶段学科类校外培训收费监管工作方案的通知》，明确提出，严肃查处校外培训机构违法违规收费等行为，推动培训收费水平明显降低。

截至2021年12月27日，河南省关停无证无照校外培训机构2781家，分类定标、证照齐全的校外培训机构2413家，"营改非"工作100%完成、义务教育阶段学科类校外培训机构压减率达到92.2%、学科类校外培训机构风险储备金100%交纳。

郑州市作为9个全国试点城市之一，更是积极行动。

2021年10月14日，郑州市发布《关于进一步减轻义务教育阶段学生作业负担和校外培训负担的措施》，明确提出教育负担1年内有效减轻、3年内成效显著，明确不再审批面向中小学生的新的学科类培训机构，压减学科类培训机构数量，规定学科类培训时间，严格审批非学科类培训机构。

截至2021年11月10日，全市已完成"营转非"和原有非营利性学科类继续办学审核的校外培训机构125家，已完成"学转非"的校外培训机构218家。

截至2021年10月31日，"四大"专项治理行动累计派出人员5492人次，排查校外培训机构4035家，下达整改通知书570份，取缔无证机构440家，清理培训机构户外广告333处，完成退费约1.5亿元。

2021年11月19日，郑州市市场监管局、教育局等九部门联合下发了《关于做好全市校外培训机构广告管控的通知》，对校外培训广告进行全面排查清理，从严规范全市校外培训机构广告发布行为，加大校外培训广告监管力度。

2021年11月30日，郑州全市非学科类校外培训机构的审批管理完成了市级层面的权限移交。原属教育部门管理的学科类培训机构转为非学科类的763家、原非学科类继续办学的919家校外培训机构共1682家，分类移交给体育、科技、文广旅三部门；52家校外培训机构移交给郑州市体育局实施监管（其中"学转非"的21家，原非学科类继续办学的31家）；98家校外培训机构移交给郑州市科技局实施监管（其中"学转非"的82家，原非学科类继续办学的16家）；1532家校外培训机构移交给郑州市文化广电和旅游局实施监管（其中"学转非"的658家，原非学科类继续小学的874家）。

截至2021年12月上旬，郑州市教育局"四大"专项行动累计派出检查人员2.1万余人次，排查校外培训机构2万余家次，取缔无证无照机构1130家，清理违规户外广告562处。

截至2021年12月18日，郑州市原有义务教育阶段学科类校外培训机构从1344家减至105家，压减率达到92.2%，全市学科类校外培训机构"营改非"100%完成，根据教育部的相关数据，这两项工作均走在全国前列。郑州市16个区县（市）非学科类校外培训机构已全部移交至文广旅、科技、体育部门，117家保留的校外培训机构100%建立专用资金监管账户和基本账户，风险储备金100%交纳，100%实现校外培训机构资金监管。至此，郑州市在校外培训机构治理方面已实现四个"百分百"。

河南省各级教育培训机构面临转型发展。

晨钟教育集团采取的主要措施如下。（1）主动压减学科类培训校区数量。"双减"政策发布后，集团从大局出发，于2021年12月31日前全面关闭了K9阶段学科类培训业务。（2）妥善处理学生退费。集团将保障退费、维护家长合法权益放在工作的重中之重，校区关停之前主动联系家长办理退费，对于所有学生的退费申请，均无条件按比例退费。截至2021年12月31日，集团已经完成了26294名学生的退费。（3）保障教职工权益。集团确保在岗教职工的工资正常发放，依法依规保障离职教职工权益。占集团业务较大体量的K9学科类培训业务关停后，人员安置问题、集团下一步转型发展问题，面临大量不确定因素。集团将自身的发展融入国家发展大局当

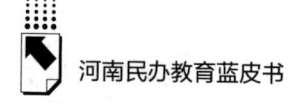

中，今后将积极向职业教育领域探索发展，努力在职业教育领域做出新的贡献。

大山教育累计关停直营校区102所，退费总金额高达9700余万元，教职工离职人数近1500人，同诸多校外培训机构一样，大山教育面临业务转型、编制骤减、大批校区关闭、学员退费、各类应付款项支付等难题。

联大教育集团创建于2000年5月18日，"双减"前共有20个直营校区，租赁教学场地18000平方米，教职员工500余人，在校生15000余人。办学22年来认认真真做教育，在教学质量和教学服务上得到社会各界的高度认可。"双减"政策出台后，集团第一时间组织全体教职员工学习政策，一方面做好员工的情绪稳定工作，另一方面给家长学生宣讲政策的重要性，积极配合教育主管部门对"双减"工作进行自查自纠，主动关停并校，按照政策时间节点要求的2021年12月31日前完成了对学员退费清零等工作，没有一起因欠费引起的投诉事件，没给政府添乱抹黑，得到教育主管部门的高度赞扬。对于教职员工的安置，集团也做足工作，积极与教职员工对话，积极协商，稳妥推进解决方案，得到大家一致认可，500余人的教职员工团队在2022年1月安置完毕，目前只保留30余人。

三 坚定使命，更加趋近教育本真

近年来，国际国内的形势发生了很大的变化，呈现百年未有之大变局。青少年时期是人生观、价值观和世界观的形成阶段，"学校是意识形态的前沿主阵地"，学校教育尤其是义务教育阶段教育极为关键。爱国、爱党、爱人民、爱社会主义，要从娃娃抓起。同时，我国已完成脱贫攻坚工作，全面建成了小康社会，未来要继续实现乡村振兴，推进共同富裕。要想实现这些大目标，关键在教育，基础在于推动义务教育均衡发展，这也对民办教育转型提出了新的要求。从教育发展方向来看，全面加强党对教育的领导、教育优先发展战略和教育强国战略成为2021年教育工作的重点内容。

中国当代的民办教育，实际上起步于改革开放后的20世纪80年代。40

多年来，民办教育在各级党和政府的关心支持下，顺应经济和社会发展的趋势，在不同的历史时期发挥了不同的积极作用。以1982年宪法为起点，以1998年《面向21世纪教育振兴行动计划》发布、1999年开始实施为标志，当代中国民办教育在这17年中完成了"必要补充"的使命；以2000年黄河科技学院升本为起点，以2016年新的民办教育促进法修订方案通过为标志，民办教育在这17年中完成了"重要组成部分"的使命；以2017年党的十九大召开为标志，中国民办教育进入新的发展时期，成为教育改革发展的重要力量。

民办教育的发展增加了教育的供给，一定程度缓解了"上学难"的问题，同时还推进了教育体制改革与创新，民办学校在经费筹措、办学形式、管理机制、后勤服务等方面的探索，开拓了教育改革创新之路。在当代河南民办教育40多年的发展历程中，也有极少数学校（机构）背离教育的公益性原则，少数学校（机构）意识形态认识薄弱；个别学校（机构）办学行为失范失当，过度逐利，夸张虚浮，影响了河南民办教育的形象。在规模发展的拐点出现之后，大浪淘沙，留下来的具有活力的民办学校，更加明确了自己的社会责任和历史使命，将教育的公益属性鲜明地体现出来。

（一）党建引领，坚定办学方向

中共河南省委高校工委在完善了民办本科高校党委书记派驻制度的基础上，于2020年秋季学期启动并实施了向民办专科学校派驻党建指导员的工作。2020年9月17日，省委高校工委发布2020年第103号文件，决定从省委高校工委评定的"河南省高等学校基层党组织建设先进单位"中选拔优秀党务工作人员派驻到民办专科学校担任党建指导员，指导民办专科学校党的建设工作。两个月后，11月17日，省委高校工委发布2020年第125号文件，决定聘任杜富广等22名同志为河南省民办高校党建指导员，要求相关民办高校根据党建指导员专业特长、个性特点、工作经历等，放手使用、用当其位、用其所长，切实提升高校的党建工作水平。12月18日，省委高校工委发布2020年第139号文件，决定选派杜富广、杨建坡、鲁守璞、黄德

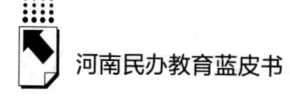

金、曹为平、孟长海、张海斌、韩守东、田军强等同志分别担任郑州澍青医学高等专科学校、郑州电力职业技术学院、郑州电子信息职业技术学院、郑州理工职业学院、嵩山少林武术职业学院、郑州黄河护理职业学院、郑州商贸旅游职业学院、郑州城市职业学院、郑州信息工程职业学院党建指导员、党委委员、副书记。

省委高校工委在通知中要求，党建指导员要积极宣传党的理论和路线方针政策，落实中央和省委的工作部署，严格执行上级党组织的各项决议；协助学校党委发挥政治核心和监督保证作用，督促学校依法办学、规范办学、诚信办学。党建指导员要通过法定程序进入学校董（理）事会，参与学校发展规划、重要改革、人事安排等重大事项决策；要参加学校党委会，参与党内重大问题讨论和学校基层党建管理工作，健全学校党建工作制度，提升党建工作规范化、科学化水平，并负责督促党委决议的贯彻落实；配合党委书记组织党委中心组学习、召集党委民主生活会、加强党委班子自身建设等工作；要推进学校不断规范党组织设置、完善工作机制，切实发挥党组织的战斗堡垒作用和党员先锋模范作用；要指导和规范民办高校日常党务工作，完善党务工作体制机制，做好党员发展、教育、管理和服务工作，严格组织生活制度；要认真了解学校发展、教育教学和管理工作情况，定期向省委高校工委汇报、反映学校的合理诉求，发挥桥梁纽带作用。党建指导员肩负使命，发挥所长，积极指导，加强了民办高校党的建设工作，推动民办高校党的建设规范化、科学化发展，为民办高校牢牢把握社会主义办学方向奠定了组织基础。

河南省民办教育协会党建工委开展"一批基地，一个栏目，一张名片，一组图片，若干报告"等系列活动，向建党100周年献礼。协会所属各民办学校（机构）党组织严格落实全面从严治党要求，不断健全和完善党建工作各项制度，发挥了民办学校（机构）党组织政治核心作用，加强了党员对党的创新理论的学习领会，进一步增强了党组织的凝聚力和向心力。

黄河科技学院将党史学习教育与学习贯彻党的十九届六中全会相结合，与学习贯彻习近平总书记关于教育的重要论述相结合，多次邀请知名党史专家、道德楷模给师生做报告;探索了"学校党校主管、二级分党校主抓"的工作机制,培训各类学员13909人次,发展党员2200名;围绕"铸牢中华民族共同体意识主题教育、统战'石榴籽'教育"两大工程,切实增强统战工作合力。郑州工业应用技术学院推进政治引领、廉政引领、活力引领、先锋引领、铸魂引领,助力党建工作与中心工作深度融合。安阳学院坚持学用结合,做实党史学习教育"带头学、实地学、引导学"三种模式。河南开封科技传媒学院建设"科传红·中原兴"校地合作模式党建示范基地。河南科技职业大学党委紧紧围绕"学党史、悟思想、办实事、开新局"总体要求,各级党组织书记切实履行第一责任人职责,注重以上率下,自觉运用"五种学习方式",开展以"学党史、强信念、跟党走"等为主题的思政班会、"讲好党史故事,唱响青春赞歌"大学生演讲比赛、"学习党史践使命"主题征文大赛等系列活动,促使广大师生不断将党史学习成果转化为干实事办实事干成事的动力,推动党史学习教育有声有色、走深走实。洛阳科技职业学院党委以政治建设为统领,规范党内政治生活;以思想建设为引领,加强理想信念教育;以组织建设为基础,强化党建基础建设;以纪律建设为保障,狠抓党风廉政建设。贯彻党的教育方针,牢牢把握社会主义办学方向,落实立德树人根本任务,充分发挥政治核心作用,不断提升党建工作科学化水平,为促进学院健康持续快速发展提供了坚强有力的政治保证。

建业教育党总支开展"百年党史我来讲"等活动。汝州香榭世家幼儿园坚持党建与帮扶工作相结合,为贫困留守儿童送去衣服、学习用品等120余件。郑州高新区六一幼儿园开展"童心向党赞百年,科技创新赢未来"科技节活动,将爱党教育渗透到教育活动中。襄城县实验学校建立"党建+科研兴校""党建+特色强校""党建+师德师风""党建+立体德育"等模式,推进工作不断创新。

(二)内涵建设持续发力,不断提高人才培养质量

规模的快速扩张会使软环境建设滞后,导致内涵建设欠账,从而影响人才培养质量,这是行业快速发展带来的普遍问题。河南民办教育也在发展之

初遇到了这些问题，少数办学单位和个人办学指导思想不够端正，不顾条件和可能乱登招生广告，随便许诺颁发大专文凭；少数学校财务制度不健全，账目混乱；极个别的以办学为名，以学经商、谋取私利等行为损害了民办教育的声誉，在历次整顿中被取消办学资格。与之形成鲜明对比的是，一批具有情怀的教育家在办学之初就将教育的社会责任放在首位，严格遵守国家规定，认真遵循教育规律，时刻关注人才培养质量，形成了河南民办教育良好的传统并传承至今。

1. 不断深化改革，激发内生动力

经过40多年的发展，河南民办教育形成了一定的规模，不同层次、不同类别的学校在发展中都形成了层级管理架构，基本上都是参照公办学校的模板，本科院校设立了校、学院、系、专业、教学班等层级的管理体系，还有教务处、学生处、财务处、人事处、后勤处、科研处等中层管理机构。专科院校也是从学院一级设立机构到教学班。基础教育阶段层级少一点，但是最少也有校级、中层、班级三级体系。这样的架构在规模扩张时期使得职责明确，管理有序。但是进入内涵建设时期后，由于长期的僵化运行，机构在服务发展方面逐渐退化，在管理用权方面形成惯性，导致少数学校政令不通，有利益时超职权作为，无利益时不作为或者扯皮摩擦，严重制约发展。有远见的民办学校未雨绸缪，在设立岗位之初就明确了清晰的职责，而且在运行过程中不断调适，使其适应发展的需要。在事业发展的重要转折时期，不少学校都及时进行体制机制改革，不断激发发展活力。

黄河科技学院早在学生规模达到万人时就启动了改革机制，到2018年进一步深化，下大气力进行了大部制改革，着力破除治理体系的结构性障碍，学校职能部门形成了大党建、大教务、大学工、大保障的管理体制和治理模式；改制院系设置为学部、新型学院（科教中心）、专业教学组织，形成教、科、研、用一体化组织体系；实施学部制改革，整合工科学院成立"工学部"，整合艺术、体育等学院成立"艺术与体育学部"，实现人才、资源、信息和成果的共建共享。黄河科技学院商学院充分发挥民办高校体制机制灵活的优势，通过机构重组、流程再造、全员竞聘，构建了"扁平化、紧凑型、集成式"内部运行模式：撤销系的设置，行政层级由3级（院—系—教研室）改为2级（院—科教中心）；部门设置削减2/3，由原来的5个系、4个办公室、15个教研室，调整为3个办公室、5个科教中心；干部职数减少40%。机构改革后，基层部门事务性工作减少60%以上，工作效能大幅提升，人岗匹配更加合理，薄弱环节得到加强，改革创新的氛围日趋浓厚，工作重心有效地集中到了人才培养质量上。

2. 优化人才培养方案，贴近人才培养实际

人才培养方案是教学工作的技术依托，其作用远远高于建筑大厦前期的设计图、施工图。好的人才培养方案能够将"为谁培养人、培养什么人、怎样培养人"形成具体的操作遵循，使得一线教职工可以按照方案进行教育教学工作。多数民办学校都把方案的制定和修订作为每学年、每学期教学工作的先导，结合经济和社会发展实际不断完善。郑州升达经贸管理学院结合自身经管类专业优势，打破学科专业壁垒，建成财务金融、商务管理、文化创意、智能技术、土木建筑、教育服务等6个专业集群；建成升达数智化会计、现代金融服务、乡村振兴电商、云达大数据、郑韩文创等7个产业学院，基本形成了特色鲜明、优势突出、专业结构合理的发展格局。郑州工业应用技术学院、信阳学院、郑州澍青医学高等专科学校、郑州电力职业技术学院、信阳涉外职业技术学院等民办高校都把人才培养方案的科学制定提上重要的议事日程，在教师讨论、专家审议的基础上不断完善。

3. 优化课堂教学，关注人的全面发展

课堂教学是实现人才培养目标的基本单元，是实现教育教学目的的主阵地。提升人才培养质量，在现阶段，主要还是通过课堂教学来实现。与以往不同的是，传统的课堂教学只是局限在三尺讲台上，科技的进步和认知的开阔，使得课堂教学已经突破了原有的狭义的概念，以与人才培养目标更匹配的形式获得了拓展。

郑州科技学院把教育教学改革成果落实到一流课程建设上，提升人才培养能力，提高人才培养质量。围绕"一流本科课程双万计划"，统筹做好各学科专业、各类课程的课程思政建设，强化顶层设计、建立教学体系、提升

教师能力、开展研讨交流、启动示范建设、举办教学竞赛、评选优秀案例、开展教改研究、健全督导评价、拓展建设路径等；聚焦新工科、新文科建设，深化产教融合协同育人，开发建设省级线上一流课程9门、线下一流课程2门、线上线下混合式一流课程6门、虚拟仿真实验教学一流课程1门、课程思政样板课程4门；着力增加优质课程资源供给，培育建设校级一流本科课程69门，通过中国大学MOOC等网络教学平台引入全国高校优质课程资源近700门，18门课程正式上线爱课程资源共享平台，累计上传视频、课件、参考资料、试题等各类资源900个，累计选课人数达5400余人次。黄河交通学院以问题为导向，以解决问题为目的，从"问题现状，教学要求，解决办法"等方面开展"本科教学工作合格评估背景下的课堂教学"讲座；通过解读"教育部评估专家听课时的十个指标体系"，以优秀教师的工作经验为参照，分析了青年教师在课程思政、课件制作、板书规范、师生互动、教态仪表、理论联系实际、教学方法及教学能力等方面存在的不足，同时结合本科教学合格评估的要求，指出了解决问题的关键和途径。信阳学院、郑州工商学院、郑州西亚斯学院、郑州电力职业学院、郑州黄河护理职业学院等院校树立"以学生为中心"的教学理念，大力推进智慧校园、智慧教室、智慧课堂等智慧教学建设，实现教育教学创新。郑州财经学院、商丘学院、郑州经贸学院、郑州澍青医学高等专科学校、漯河食品职业学院、长垣烹饪职业技术学院等院校深化与教育科技企业的合作，提升教师运用现代信息技术的教学素养和能力，大力推动互联网、大数据、人工智能等现代技术在教学和管理中的应用，探索实施网络化、数字化、智能化、个性化教育；推广运用探究式、讨论式和案例式等教学方法和线上线下混合式教学新模式，推动课堂教学从教师唱"独角戏"的单一课堂向师生互动的课堂转变、从被动学习课堂向主动学习课堂转变、从封闭课堂向开放课堂转变、从知识传授课堂向能力培养课堂转变。普罗旺世幼儿园组织家长读书会，让孩子和家长在互动中增进亲情，加深了解，拓展了幼儿教育的课堂外延。木子联大外国语小学在开足开齐国本课程外，设计了丰富的特色课程，认真践行"做分数之上的教育"的办学理念，更好地培育学生"六大"核心素养,丰富"海量阅读、英语听说、艺体见长"的三大特色,满足不同学段、不同基础、不同爱好的学生选修课程的需求,促进学生全面成长。

4. 激励保障,让教学"热"起来

长期以来,受"官本位""管理本位"等意识的影响,一些学校的行政管理部门用权设卡,一线教师得不到应有的重视。有远见的民办学校在办学之初就坚持"向一线倾斜",充分保障一线教师在政治待遇、经济待遇、科研待遇上的优先,从而在保障教育教学工作正常运转的基础上,实现创新发展。由于受公办学校行政化的影响,近年来一些民办学校,特别是个别民办高等学校的一些管理部门滋生了"衙门作风"的苗头。为遏制这种现象蔓延,各民办学校采取有力措施,保障教学优先。郑州科技学院设立专项资金,以项目建设经费的形式,给予一流本科课程建设资金支持,把一流课程建设成效作为院(部)年度目标管理责任制绩效考核的重要内容;注重凭能力、实绩和贡献评价教师,教师教学业绩涵盖各类教学成果、主参编教材、一流课程、指导创新创业项目和学科竞赛等内容,提高教学业绩在绩效分配、职务评聘、岗位晋级考核中的比重,加大对教学业绩突出教师的奖励力度;设立优秀教学成果奖,开展"教学标兵""优秀教师""教学名师""骨干教师""拔尖教师"等奖项评选,表彰奖励在立德树人、教书育人工作中取得显著成绩和做出突出贡献的教师,激励教师不断追求卓越。南召县天源文武学校减少课后作业数量,减少平时考试数量,提高作业质量,提高考试质量,"两减少两提高"让学生从重复繁重的作业里面解脱出来,保证了学生自主学习的时间。

5. 打造适应新时代教育教学工作的教师队伍

师资队伍建设是一个久远的话题,是民办学校一直无法回避的难题。建设适应发展的教师队伍,是学校发展的根本保证。民办学校和公办学校最明显的差别之一,就是教师的身份问题。为了稳定教师队伍,不少民办学校在提高物质待遇的同时采取了许多暖心的措施,在此基础上不断提升教师队伍的政治素养、学识水平和业务能力。

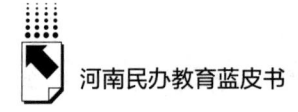

黄河科技学院以创新思维推进博士教师的招聘，最大限度拓宽博士人才引进渠道，目前学校共引进各类人才340人，其中正高级职称22人，副高级职称115人；引进一大批博士研究生。2021年97人通过职称评审，其中正高职称10人，副高职称30人，师资队伍的层次得到了进一步提升。学校获批河南省高校青年骨干教师培养计划2项。2021年全校共计733名教师参加各级各类培训，其中国家级培训465人，省级培训60人。

郑州科技学院2012年成立教师发展中心，2019年成立党委教师工作部，健全教师发展多部门协同组织体系，完善教师发展培训、保障、激励、督导等制度20个。推进基层教学组织达标创优建设，90%以上的校级教研室实现达标，省级达标率近70%，2个教研室被认定为市优基层教学组织，11个教研室被认定为省优基层教学组织，构建起了校、市、省三级基层教学组织建设体系。

郑州尚美中学注重青年教师的培养。一是开展全员课堂教学练功比武，通过备课、讲课、听课、说课、评课等，提高教师的综合教学能力。二是举办青年教师基本功大赛，通过朗读、板书、徒手画图、教学设计等公开比赛，提高教师的教学基本能力。三是开展研讨课活动，以备课组为单位，每周进行一节研讨课，集体听课说课评课，解决教学实际问题，提高整体能力。四是组织集体学习，创造机会让教师外出学习听课，或者在线上学习培训，不断提高理论水平和教学能力。五是开展课题研究活动，学校每年均组织课题研究活动，2021年多项课题获市级以上立项。

建业教育实施"1011"人才战略。即通过3~5年的培养，形成拥有10名以上的教育专家、100名以上的名师（名园长）、1000名以上骨干教师的梯次人才队伍。2021年6月选拔出了第一批预备队成员35人，对他们提出了"三立"和"六修"期望。"三立"，即立德、立功、立言，在教育事业上要坚守信念、立德树人，把公司多年的教育实践成果发扬光大；"六修"，即正心、取势、明道、优术、合众、践行，选对目标，以教育人的信念要求自己，优化方法、萃取经验，与同道中人围绕共同目标投入研究、认真实践。成为好教师，聚一帮好人，做一件好事。

6. 专业建设水平和人才培养质量稳步提升

黄河科技学院持续调整优化专业结构，全面开展专业需求调研，积极建设产教融合数字化专业平台，促进课程体系与行业企业岗位需求对接。机械设计制造及其自动化专业获批省级一流专业，药物制剂、环境设计、法学等4个专业获批河南省民办教育学科专业资助项目。生物医药专业集群建设等5个项目获批2022年河南省示范校建设重点实施项目，新一代信息技术产业学院获批示范校重点建设产业学院，"智能制造产业学院"获批首批省级重点现代产业学院立项建设，示范引领作用愈加凸显。课程建设与教学模式改革扎实推进。全面推进学业导师制，积极构建"学业—实践—应用"人才培养模式，完善"以项目化教学为引领、标准化专业基础课为支撑"的产教融合课程体系。获批河南省本科高校课程思政样板课程2门、河南省在线开放课程建设立项5门，"汽车营销实务"等14门课程获批第二批河南省一流本科课程认定，目前学校已建成省级一流本科课程18门，省级一流课程等优质课程数量居同类高校前列。"创业基础""工程热力学"等2门课程获得省教育厅推荐，参加国家一流课程评审。"电子信息工程专业课程思政教学团队"获批河南省本科高校课程思政教学团队；在河南省第三届高校教师教学创新大赛中，宋晓青、娄凤娟获青年组二等奖。获批商务英语等省级优秀基层教学组织2个；在全省高校第六轮公共艺术教育评估获一类院校。人才培养质量稳步提升。一是学生科技创新竞赛获奖数量多。全年共获得省区级以上科技竞赛奖励1281项，其中国家级奖励245项，在第七届中国国际"互联网+"创新创业总决赛中获铜奖，连续7年获得"河南省优秀组织奖"。二是学生创新创业能力持续提升。学校15篇本科毕业论文（设计）获评河南省优秀学士学位论文（设计），获批国家级大学生创新创业项目立项19项，省级立项59项，配套和资助经费106.05万元；学生依托项目发表论文56篇，其中SCI 3篇、中文核心10篇；申请发明专利44项、制作实物75件，与2020年相比，层次更高、质量更优、成果更丰富。濮阳市外国语初中常年坚持一手抓师德师风建设，一手抓教师专业发展；一

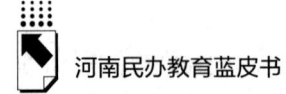

手抓教学观念的转变,一手抓课堂教学改革;一手抓教学常规的严格落实,一手抓教育科研成果的推广。培养了一支高素质的教师队伍,为教学质量的不断提升奠定了坚实的基础。

(三)主动开展社会服务

黄河科技学院智慧逐梦体验馆被评为"河南省十佳教育科研类科普教育基地""河南省科普基地"。学校在完成正常教育教学工作的基础上,圆满完成郑州市社区书记培训班等七期培训班的培训服务工作,积极推进郑州市转型能力考核、1+X证书试点等考试考核工作。郑州升达经贸管理学院立足地方服务需求,在强化"经管类"品牌优势专业的同时,结合河南省现代服务业发展需求,开设优势专业与信息技术、大数据技术等课程,形成"经管交叉,文工互补,多元视野,跨界融合"的"新文科"专业特色。学校金融、会计、工商管理等二级学院已凝练出数智化金融、大数据财务、大数据管理等特色明显、服务性强的精品专业,为培育"跨界融合"的经管类特色人才提供了坚实的基础,极大地提高了毕业生人才市场竞争力。郑州科技学院立足经济社会发展需求,锚定应用型人才培养目标,对标《普通高等学校本科专业类教学质量国家标准》,吸收工程教育专业认证理念,对46个本科专业人才培养方案进行修订,重构教学内容,优化课程体系,构建知识、能力和素质矩阵,促进知识传授、能力培养和素质养成的有机融合,提高课程设置与人才培养目标和规格的吻合度。郑州澍青医学高等专科学校如期完成口腔医学系和医学技术系实训室的改造和升级建设工作。获批的河南省老年健康职业教育集团工作已启动,获批的郑州市产教融合创新试点院校,与郑州市第九人民医院共建老年护理学院,与焦作市中医院共建中医康复学院等,共同搭建了开展社会服务的平台。嵩山少林武术职业学院成立了国防教育学院,先后与原济南军区71643部队合作共建"军地两用人才培养基地"、与中国人民解放军32148部队和31698部队签署"特种人才精准培养输送合作协议",并挂牌"特种作战人才培养输送基地"。自2010年以来,学院已有2920余名热血青年奔赴军营，投身国防建设。这些学生在部队期间荣立一等功 4 人次，二等功 10 人次，三等功 54 人次。

（四）科学管理，让制度服务中心工作

黄河科技学院深入推进体制机制改革，成立行政工作部，机关大部制改革迈出关键一步，有效强化了部门协同意识和攻坚能力；持续推进机关"放管服"改革，切实提升职能部门效率，扎实推进"减文、减会、减事"，基层负担进一步减轻。郑州科技学院修订本科课程理论教学和实践教学大纲，把教学大纲作为课堂教学的基本遵循，要求教师按照教学大纲编写教案、按照教案实施教学；建立教材遴选使用、质量监控和评价机制，严把政治关、学术关、质量关，统一使用马克思主义理论研究和建设工程重点教材，"马工程"教材任课教师先接受培训、后开展教学；实施专业核心课程主讲教师负责制，落实教授、副教授为本科生上课的要求；加强对毕业设计（论文）选题、开题、答辩等环节的全过程信息化管理，实行论文查重和抽检制度，严查学术不端行为，严把学位授予关；加强评教队伍培训，建立双向互评的学生评教和教师评学制度，学生通过"教学周报"及时向任课教师反馈课堂教学效果，教师通过期末评学向学生反馈学习效果。

（五）加强教育教学研究，指导教改实践

在规模扩张时期，一些民办学校将更多的精力放在了招生方面，少数学校甚至将教学工作放在了次要的地位，对教学研究就基本忽略了。随着规模的稳定，不少学校认识到了教育教学科研工作的重要性，通过校级教改立项、教学成果奖遴选、混合式课程建设、青年骨干教师培养计划等形式，引导和支持广大教师开展教学改革研究与实践，出台一系列制度措施，加大对教育教学改革的支持和奖励力度，取得了显著成效。

河南省民办教育协会一直重视开展民办教育研究，河南民办教育研究院建立后，已连续五年出版《河南民办教育蓝皮书》，并且高屋建瓴地推

出了三卷本的《中国民办教育通史》，填补了国家空白。在此基础上再接再厉，撰写出版了六卷本的《当代河南教育发展报告》，从学前教育、基础教育、职业教育、民办教育、高等教育等方面全景式地展示了新中国成立70年来河南教育的发展历程。民办教育的课题立项结项数目从2017年的500余项增长到2022年的1500余项。黄河科技学院创新能力不断提升，2021年教师发表论文被SCI收录20篇；出版著作67部；获成果奖141项。完成科研项目经费配套资助509.2万元；获授权专利151件，其中发明专利23件；获批郑州市基础研究及应用基础研究专项资金73万元，立项11项。黄河科技学院获批2021年度河南省高等教育教学改革研究与实践项目立项12项，数量创历年新高。其中，"河南高校提升创新发展能力服务国家创新高地建设的研究与实践""新时代应用型高校'三三四'一体化教学质量监控体系研究与实践"等6项为省级重点研究项目。郑州升达经贸管理学院多年来持续鼓励开展教育教学研究，郭爱先的《民办高校以应用转型推进高质量发展的研究与实践》、沈定军的《新时代"立德树人"融入高校就业创新创业教育教学的改革研究与实践》获2021年河南省高等教育教学成果一等奖。郑州财经学院会计学院会计工作室陈明灿副教授主持的全国教育科学"十三五"规划课题"名师工作室建设对地方高校师资队伍建设促进作用研究"于2021年11月16日顺利结项。郑州澍青医学高等专科学校在2021年河南省医学教育研究项目立项教学成果和优质课评选中，荣获医学教育优秀教学成果奖4项，荣获医学教育优质课6项；在河南省教育厅青年教师教学能力大赛等省、市级技能竞赛中荣获二等奖6项、三等奖5项。

2022年6月10日，河南省教育厅公布河南省高校新型智库备案名单，在公布的全省78个新型智库名单中，黄河科技学院的河南中原创新发展研究院和河南民办教育研究院名列其中。

（六）排忧解难，服务师生

黄河科技学院切实为师生排忧解难，解决了教职工餐厅问题，全年补贴教职工午餐7万余人次；投入200万元，解决了教职工小区用水问题；注重创设优良环境，改造老旧设施，改善办公环境，为办公室配发绿植花卉；投入资金100余万元，多区域亮化升级，丰富校园夜间文化；不断提升教职工待遇，完成学校工资调整，完善教职工养老保险；组织教职工体检，为教职工定制工装等；加大资助工作力度，认定贫困学生11117名，为7339名学生发放国家奖助学金，为912名受灾学生发放临时困难补助，为2079名特困学生发放生活补贴。

四 抗洪防疫，科学应对

2021年，郑州经历了三轮疫情冲击。2022年初疫情持续不断，能够正常上课的日子不到全年的1/2，全省各级各类民办学校冷静应对，保障了教育教学活动的正常开展和师生员工的生命安全。黄河科技学院坚持"生命至上、健康第一"的发展理念，以最坚决、最果断、最严格的措施抓好疫情防控。一是加强组织领导。完善工作专班和工作机制，构建了运转高效、反应快速的责任体系、工作体系，做到疫情防控全覆盖、无遗漏、无死角。二是突出科学防疫。推进疫苗接种，实现无禁忌应接尽接、不漏一人，仅2021年下半年，就开展全员核酸检测应急演练和9轮全员核酸检测共16万人次，筑牢了疫情防控安全屏障。三是细化防控措施。实行网格化管理，坚持"24小时值班""日报告""零报告"制度，上报各类疫情数据8000余份，迎接各级疫情检查20余次。四是严明防控纪律。严查各类疫情防控违规行为，毫不松劲、毫不手软抓好各项工作落实。

截至2021~2022学年上学期结束，郑州澍青医学高等专科学校出台各类疫情防控文件37份，报送上级主管部门"日报告""零报告"简报365期，发出疫情防控工作督查简报30期，做好省市、属地疫情防控检查督查8次，全面抓好学校疫情防控工作，全面打赢了常态化疫情防控攻坚战。2022年4月1日，郑州市新冠肺炎疫情防控指挥部办公室发布关于对新郑市部分区域实行分类管理的通告，将郑州升达经贸管理学院所属区域划为管控区，是当时郑州市处于管控区的唯一高校。学校采取一系列有效措施，在特殊的情况下保障了3万多名师生正常生活，开展了线下线上教学活动。郑州科技学院各级党组织和广大党员闻令而动、担当笃行，带头落实疫情防控各项措施，让党旗始终在疫情防控一线高高飘扬。通过成立"党员突击队""党员先锋岗""党员志愿服务队"等，切实将组织触角延伸到抗击疫情的最前线，全方位参与拉网摸排、宣传政策、信息登记、核酸检测等疫情防控保障工作。校党委、保卫处召集600余名党员志愿者，成立14个疫情防控网格化巡逻队小组，担当疫情群防群控的"宣传员""保障员"，筑起校园疫情防控"红色屏障"。

2021年"7·20"郑州特大洪灾发生后，各级各类民办学校一手抓防洪抢险、一手抓灾后恢复，扛稳了保护师生、保卫家园的政治责任。黄河科技学院第一时间成立防汛应急指挥部，吹响抗洪救灾"集结号"，广大师生主动请缨、奋勇逆行，奔赴抢险救灾第一线，救援周边群众，连续奋战不眠不休，彰显了黄科院人的忠诚担当。制定《黄河科技学院灾后恢复重建工作方案》，完善重建投入机制，做到开学前所有存在问题隐患全部清零。学校为附近居民供水，为周口扶沟县、郑东新区金融智谷、管城区十八里河办事处、蓝天救援队送去救援物资，为平顶山交警队员及救灾志愿者提供食宿和生活用品，师生员工校友积极捐款捐物30多万元，在大灾面前筑起"安全堤坝"和"爱心港湾"，书写了黄科院人的大爱真情。商学院韩瑞萍、李瑞等老师闻讯纷纷加入志愿活动，毕思宇、苗轶坤等学生纷纷前往受灾地区参与抗洪及物资派送等，2021级人力资源管理专业刘雪珂荣获"郑州市抗洪救灾身边好人"，王梦巍、尹柏云、孙一凡等多名志愿者受到家乡抗洪指挥部表彰。此外还涌现出"摆渡女孩""抗疫父子兵"等多个抗洪抗疫的感人事迹，受到新华社、人民网、《河南日报》等多家媒体争相报道。

五 河南民办教育的2022："瘦身健体"，稳步前行

在经历了一系列的政策规范之后，河南民办教育迎来了发展的拐点，

2021年的"7·20"郑州特大洪灾和持续不断的疫情，也给民办教育带来了新的考验。在各种因素叠加的情况下，各级各类民办学校都面临发展的问题。总体来说，有困难也有希望。

（一）民办学前教育：规模快速下滑的势头逐渐趋缓

河南民办学前教育在校生规模在整个民办学校在校生规模中占有很大的比重，2017年占比46.45%，2018年占比44.57%，2019年占比41.97%，2020年占比39.57%，2021年占比37.74%。5年来，整体上占比是下降的趋势，招生情况也是下降的趋势（见表3）。

表3 2017~2021年河南民办学前教育招生数与全省学前教育招生数的比较

单位：人，%

指标	2017年	2018年	2019年	2020年	2021年
全省	1516523	1405686	1253449	1265795	997365
民办	924622	875252	796044	764128	600149
民办占比	60.97	62.27	63.51	60.37	60.17

资料来源：根据历年《河南省教育统计提要》整理。

河南民办学前教育园所多、规模大，多年新生入园比例都在全省总规模的60%以上。由于政策环境的变化和新冠肺炎疫情的影响，2020年出现了较大幅度的回落，2021年继续回落，导致在园幼儿规模不断减少。总体上看，未来还会有小幅回落，但断崖式的减少出现的概率不大。

（二）民办义务教育：规模将会大比例地缩减

2017年9月实施的《中华人民共和国民办教育促进法》以法律的形式规定了"不得设立实施义务教育的营利性民办学校"。即义务教育阶段的民办学校不得营利，少数民办小学、民办初中高额收费的现象将会得到遏止。

民办义务教育学校的发展增加了教育的供给，在一定程度上缓解了

"上学难"的问题，同时还推进了教育体制改革与创新，其在经费筹措、办学形式、管理机制、后勤服务等方面的探索，开拓了中国当代教育改革创新之路。但民办义务教育发展也出现了一些新问题，如少数地区出现民办义务教育规模增速过快、规模过大的发展态势；个别地方落实法律要求失职失责；部分民办义务教育学校意识形态阵地失守失陷；社会资本进入教育领域失控失序；个别民办学校办学行为失范失当等。2022年1月22日召开的河南省教育工作会议明确指出，各地要按照在校生规模控制在5%以内的要求，确保9月1日前完成任务。这项工作引起中央和省委省政府高度重视，是一项重要政治任务。

1. 民办小学

河南民办小学在校生规模在整个民办学校在校生规模中占的比重居中，2017年占比23.28%，2018年占比24.08%，2019年占比25.06%，2020年占比25.20%，2021年占比24.29%。5年来，基本保持着1/4左右的比例。招生情况是先升后降的趋势（见表4）。

表4 2017~2021年河南民办小学招生数与全省小学招生数的比较

单位：人，%

指标	2017年	2018年	2019年	2020年	2021年
全省	1723796	1735639	1737602	1659936	1629255
民办	225868	248465	263043	247439	201543
民办占比	13.10	14.32	15.14	14.91	12.37

资料来源：根据历年《河南省教育统计提要》整理。

到2021年，在全省小学阶段的招生占比出现明显下滑，比例已经低于2017年的水平。2021年，河南民办小学在校生1668837人，占到全省小学在校生总数的16.49%，要达到"在校生规模控制在5%以内"的要求，总规模需要再减少2/3以上，任务十分艰巨。总体上看，民办小学教育的招生数和在校生数都会出现大幅度的减少。

2.民办初中

河南民办初中在校生规模在整个民办学校在校生规模中占的比重较小，2017年占到13.09%，2018年占到13.46%，2019年占到13.92%，2020年占到14.16%，2021年占到13.94%。5年来都没有达到15%。招生情况也是先升后降的趋势（见表5）。

与2020年相比，2021年民办初中在全省初中阶段的招生数占比减少了3.25个百分点，比例已经低于2017年的水平。2021年，河南民办初中在校生958991人，占到全省初中在校生总数的9.48%，要达到"在校生规模控制在5%以内"的要求，总规模需要再减少将近1/2，任务比较艰巨。总体上看，民办初中教育的招生数和在校生数都会出现大幅度的减少。

表5 2017~2021年河南民办初中招生数与全省初中招生数的比较

单位：人，%

指标	2017年	2018年	2019年	2020年	2021年
全省	1494458	1598631	1578686	1540534	1674427
民办	286056	326851	339386	336781	311545
民办占比	19.14	20.45	21.50	21.86	18.61

资料来源：根据历年《河南省教育统计提要》整理。

2022年5月30日，郑州市教育局发布2022年郑州市区民办初中入学政策。郑州市坚持民办义务教育学校数量只减不增，民办义务教育学校办学规模只减不增，民办义务教育学校在校生占比只减不增的原则，不断强化政府举办义务教育主体责任，强化义务教育公益属性和规范办学行为，办好办强公办义务教育学校。2022年，郑州市区继续招生的民办普通初中只有31所（2021年是55所，减少24所），停止招生不停止办学的民办初中19所，停止招生且校址用于举办公办普通初中的学校4所。全市普通初中共编制招生计划1829个班，比2021年增加了22个班。其中，公办初中比2021年增加了309个班；民办初中比2021年减少了287个班。从郑州看全省，民办义务教育阶段的规模将在2022年出现大规模下降。

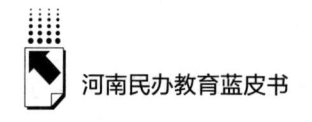

（三）普通高中教育：相对稳定

河南民办高中在校生规模在整个民办学校在校生规模中占的比重较小，2017年占到5.95%，2018年占到6.21%，2019年占到6.54%，2020年占到7.41%，2021年占到8.75%。整体上看，其占比是连年上升的趋势。招生情况也是一直增长的趋势（见表6）。

表6　2017~2021年河南民办高中招生数与全省高中招生数的比较

单位：人，%

指标	2017年	2018年	2019年	2020年	2021年
全省	709731	726544	749785	784377	851108
民办	136783	157596	177834	198702	235228
民办占比	19.27	21.69	23.72	25.33	27.64

资料来源：根据历年《河南省教育统计提要》整理。

5年来，河南民办高中招生数年年增长，2021年比2017年增加了98445人，同时在全省普通高中阶段的招生比例也年年增长，由2017年的不到1/5增长到2021年的超过1/4。2021年，河南民办高中在校生601402人，占到全省普通高中在校生总数的25.30%。普通高中目前不属于义务教育，国家目前没有明确的比例要求。河南的民办高中整体上办学条件相对优越，未来一个时期的招生数和在校生数不会出现大幅度的增减。

（四）民办本科教育：平稳发展

河南民办本科院校在校（本科）生规模在整个民办学校在校生规模中占的比重较小，2017年占到4.52%，2018年占到4.62%，2019年占到4.88%，2020年占到5.28%，2021年占到5.88%。5年来一直是增长的趋势。

河南19所民办本科高校有着长期兴办教育的基础，在河南考生中有着一定的影响，社会认可度较高。未来一个时期是平稳发展，规模小幅增长的趋势。

（五）民办职业教育：迎来新的发展机遇

1. 中等职业学校

河南民办中等职业学校在校生规模在整个民办学校在校生规模中占的比重较小，2017年占到3.77%，2018年占到3.94%，2019年占到4.06%，2020年占到4.29%，2021年占到4.44%。整体上看占比是连年上升的趋势。招生情况呈现先升后降的趋势（见表7）。

表7 2017~2021年河南民办中等职业学校招生数与全省中等职业学校招生数的比较

单位：人，%

指标	2017年	2018年	2019年	2020年	2021年
全省	528780	500342	529371	525571	558495
民办	104478	106153	121887	115988	107006
民办占比	19.76	21.22	23.02	22.07	19.16

资料来源：根据历年《河南省教育统计提要》整理。

招生数和占比在2019年达到5年来的最高值，2020年、2021年连续减少。2021年，河南民办中等职业教育在校生304851人，占到全省中等职业教育在校生总数的20.39%。中等职业教育目前不属于义务教育，国家目前没有明确的比例要求。2022年4月20日，新修订的《中华人民共和国职业教育法》已于2022年5月1日起正式实施。随着《中华人民共和国职业教育法》的实施，国家会进一步加大支持扶持力度，河南的民办中等职业教育未来一个时期会获得一个好的发展契机。

2. 高等职业学校

河南民办高等职业学校在校生规模在整个民办学校在校生规模中占的比重较小，2017年占到2.87%，2018年占到2.96%，2019年占到3.51%，2020年占到4.11%，2021年占到4.95%。整体上看，其占比是连年增长的趋势。招生情况则呈现先升后降的趋势（见表8）。

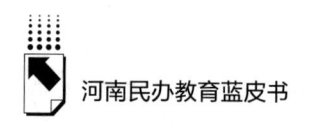

表8　2017~2021年河南民办高等职业学校招生数与全省高等
职业学校招生数的比较

单位：人，%

指标	2017年	2018年	2019年	2020年	2021年
全省	252977	298862	364152	395840	462220
民办	65368	78470	110270	115263	130008
民办占比	25.84	26.26	30.28	29.12	28.13

资料来源：根据历年《河南省教育统计提要》整理。

在整个专科层次职业教育大盘子中，河南民办教育招生数和占比5年来保持在25%~30%，整体上基本稳定。2021年，河南民办高职高专教育在校生339887人，占全省高职高专教育在校生总数的29.06%。随着《中华人民共和国职业教育法》的实施，国家会进一步加大支持扶持力度，河南的民办高等职业教育在未来一个时期定会获得一个好的发展契机，招生数和在校生数会出现稳中有增的趋势。

截至2021年，全国共建职业本科院校32所，其中民办高等职业院校升格的有21所，独立学院转设的有1所。在32所新建的本科职业院校中，河南只有1所，即由民办的原周口科技职业学院升格的河南科技职业大学。2020年河南本科层次的职业教育招生3189人，2021年招生3851人，均由民办的河南科技职业大学实施。2021年河南本科职业教育在校生7040人，都在民办的河南科技职业大学内。

国家将进一步发展本科职业教育，加快职业教育体系的建立。"到2025年，职业本科教育招生规模不低于高等职业教育招生规模的10%"，这一目标任务被明确写入了中共中央办公厅、国务院办公厅2021年10月印发的《关于推动现代职业教育高质量发展的意见》。

根据教育部最新公布的全国教育事业统计结果，2021年全国高职招生556.72万人，其中职业本科招生4.14万人，占比仅为0.74%。在4年内将职业本科教育招生规模扩张至原先的13.51倍，实属有些任务繁重，不过也更加显示出国家发展职业本科教育的信心和决心。河南省的情况是，2021年全省高职高专招生462220人，其中职业本科招生仅有3851人，只占总数的0.83%，虽然占比超过全国平均数，但是离10%还有相当大的差距。民办高等职业本科教育有着较大的发展空间。

六 立足高质量发展，实现新一轮升华

怎样在"大变局"中看准"大趋势"，怎样在"不确定"中找到"最确定"，怎样"因势而动"，如何"顺势而为"？这应该是今后一个时期河南民办教育发展需要认真考虑的问题。

2022年5月，本课题组就高质量发展河南民办教育的问题对特定人群进行了不记名电子问卷调查，发出问卷500份，收回有效答卷498份。其中396份来自教育工作者，占79.52%；23份来自大学生，占4.62%；22份来自行政事业单位人员，占4.42%；10份来自科研人员，占2.01%；47份来自"其他"（其中多数是学生家长），占9.44%。

在498名被调查者中，有417人认为发展河南民办教育"很有必要"，65人认为"有必要"，两项共占96.79%；说明被调查者对于发展民办教育大都持支持的态度。认为"应该鼓励发展民办高等教育"的有183人，占36.75%；122人支持发展民办职业教育，占24.50%。有158人认为河南民办教育应该"维持现状"，39人认为应该"缩减规模"，两项共占39.56%，超过50%的人认为"应该提高质量，扩大规模"。

关于提升人才培养质量，396人认为应该不断改革创新，占79.52%；399人认为应该优化人才培养方案，占80.12%；407人认为应该建立科学合理的师资队伍，占81.73%。

问卷一共收到211条具体的建议，集中在加强党的领导、把握教育的社会主义方向、发挥体制机制优势办出特色等方面，反映了社会对民办教育的期望。

社会的期望和民办教育自身的健康发展，需要政府的大力支持。政府对民办教育的支持，要落实在政策上，主要是为合规合法办学的民办学校创设

环境并帮助解决民办学校的经费、师资队伍建设等困难。目前民办教育的政策制度框架基本确定，政策导向大致清晰，差异化的产权制度、收费制度、税收制度、优惠制度、多元分类的合理回报制度、系统的资助制度以及风险防范制度基本形成。快速的规模扩张时期已经过去。民办学校应该收心定神，眼睛向内，做好分类选择、发展规划、资产确权、资金筹措、管理体系、教学改革、内涵提升等战略布局，创造育人软环境，凝聚发展软实力，为长期发展做好各方面的准备。

（一）坚守方向，保持本真

1. 理性解决"为谁培养人"的问题

这是办学方向问题。当代，中国教育必须坚持社会主义办学方向，必须为中华民族复兴的伟大目标服务。2017年9月1日起施行的新的《中华人民共和国民办教育促进法》把"加强党的建设"写进了总则。2021年9月1日施行的新的《中华人民共和国民办教育促进法实施条例》在"总则"中明确：民办学校应当坚持中国共产党的领导，坚持社会主义办学方向，坚持教育公益属性，落实"立德树人"根本任务。加强党对民办教育的领导，是坚持社会主义办学方向的根本保证。

2. 科学解决"培养什么人"的问题

新中国成立以来，教育的发展探索一直没有停止。改革开放以来，以恢复高等学校招生制度为标志，教育进入了快速发展时期，取得了令世人瞩目的成就。当然，在发展中也出现了一些问题。现阶段，教育的主要问题是与经济和社会发展脱节，与人民群众日益增长的对优质教育的需求脱节。具体到人的培养问题上，主要的问题就是偏重了知识的灌输而忽略了人的成长。解决"培养什么人"的问题，必须从人的发展出发，使人在社会发展中找到自己的位置，从而在成为"自我"的同时成为社会人，在提高自己生活质量的同时推动社会前进。

3. 正确解决"怎么培养人"的问题

一是遵循教育规律，吸收、消化古今中外优秀的教育思想和教育榜样为我所用，结合中国实际进行教育教学实践；二是和时代同步，结合当代科技水平和当代学生实际选择教学方法、教学形式、管理模式和评价手段，守正创新，培养合格人才。

（二）贴近学校实际，优化师资队伍

民办学校建校之初，师资队伍通常由三部分构成：公办学校退休教师、来自公办学校或企事业单位的兼职教师以及面向社会招聘的大学毕业生。经过多年的发展，河南的民办学校大都建立了有特色的师资队伍，初步解决了先前教师队伍不稳定、人才梯次不合理的问题。近年来，一些学校更加重视高职称、高学历人才的引进，使得师资队伍建设不断提升水平。在这个过程中，少数学校不顾自身实际跟风，助推了学校教师职称、学历的"高消费"。什么样的教师是好的？合适的就是好的。随着规模扩张的减缓，教育教学活动将进入平稳发展时期，师资队伍建设的方向也需要及时调整。要建立贴近学校办学目的需要的、与专业零距离的、与学生能共同进步的师资队伍，这样的教师留得住、教得好、能发展，会成为学校发展的骨干力量。

（三）结合自身实际实现特色创新

河南民办学校在创办之初，多数是借鉴国内公办学校人才培养模式。在组织形式、学科专业建设及人才培养规格设计上多是照搬公办学校的基本模式，管理上采用科层制式的组织方式，教学上主要是单一的课堂教学。如何从照搬走向并行发展进而在一些方面实现超越，主要是要利用体制机制优势走出特色发展之路。一是要在并行发展的同时放大自己的优势，在某一方面展示特色；二是要在部分领域集中力量做出精品；三是继续在处理不同主体之间的合作关系及方式、创新内部治理等办学体制改革方面进行探索和尝试，进一步形成包括办学机制和人才培养模式等方面的比较优势。总之，要结合自身实际，将优势发挥到最大限度，向社会展示自己最好的一面。

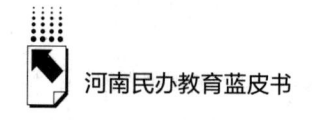

（四）深化改革，规范内部治理制度

要在完善章程的同时，继续健全法人治理结构，落实党组织建设和行政管理制度建设，推进民办学校董事会（理事会）制度建设，营造稳定的法治环境，努力保障举办者、办学者、教师、学生等利益相关者的合法权益。健全财务管理制度，确保资金安全；健全教师管理制度，强化师德师风建设；健全学生管理制度，保障学生合法权益；严格招生制度，遏止违规招生行为；严格收费制度，禁止乱收费；完善内部控制制度、审计监督制度，加强风险防控。进一步加强人事制度改革，撤销影响发展的岗位，优化组织结构，减少中间管理环节，最大限度地变管理为服务，形成有机的科学发展的整体。

（五）探索动态培养的育人方式

多年来，学校教育多是在"静态"环境下运行。教室、图书馆、实验室、实训基地等教学设施都是固定的，这样的形式有利于教师和学生"两耳不闻窗外事"，集中注意进行知识的传授和学习。科学技术的快速发展，带来了社会生活方式的变化。滞后的教育反应缓慢，使得不少毕业生走出校门后一时无法适应。民办教育在前期可以照搬公办学校现成的模式，在具有一定的发展实力后就可以用自身的优势进行调整，在管理体制、培养方案、教育方法上根据实际情况不断进行动态调整，优化育人效果。

（六）开阔办学视野，拓展办学范围

2022年，政府工作报告一共修改了92处，其中关于教育的修改有10处，其他部分涉及教育的修改有4处，这体现了党中央、国务院对教育的重视和对教育的前瞻性战略思考。修改后的政府工作报告在医疗卫生服务部分专门增加了"创新发展老年教育"；在教育部分专门增加了"发展在线教育，完善终身学习体系"；与此同时，政府工作报告还提出"办好特殊教育、继续教育"，特殊教育面向的是社会弱势群体，要办好；继续教育中包括各年龄段的成年人，将教育的链条延伸到人的一生。这些方面都应该引起民办教育的重视。民办教育不能仅仅盯着当前的范围，还要不断拓展发展领域。近年来，教育培训在"双减"的强力推动下受到了影响，可以考虑在老年教育、继续教育方面，在家庭教育中的生育、养育、教育到学前教育等领域进行尝试。各级各类从事普通教育的民办学校，要把在线教育提上重要日程，有条件的学校，可以考虑发展现代职业教育。

参考文献

熊丙奇：《"双减"需要进一步解决四大问题》，《上海教育评估研究》2022年第1期。

成迎富：《民办高校党建工作的现状与对策研究——以河南民办高校为例》，《黄河科技大学学报》2017年第5期。

《江西省人民政府关于鼓励社会力量兴办教育促进民办教育健康发展的实施意见》，《江西省人民政府公报》2018年7月23日。

周海涛、廖苑伶：《民办高校高质量发展的基础》，《复旦教育论坛》2021年第3期。

吴月：《引导民办学校提供差异化多元化特色化教育供给》，《人民日报》2021年5月18日。

訾利利：《全市学科类校外培训机构已100%完成"营改非"》，《河南商报》2021年12月29日。

李颖：《监管下的教培市场走向 "双减"政策后"变天效应"逐步显现》，《中国质量万里行》2021年11月5日。

于忠宁：《"住家教师""众筹私教"等变相培训将被查处》，《工人日报》2021年9月9日。

王红、张勤：《我市加快推进教育"双减"工作》，《郑州日报》2021年11月11日。

訾利利：《学科类校外培训机构本月底将压减70%以上》，《河南商报》2021年11月11日。

胡大白主编《河南民办教育发展报告（2017）》，社会科学文献出版社，2017。

胡大白主编《河南民办教育发展报告（2020）》，社会科学文献出版社，2020。

訾利利：《公办初中增加309个班 民办初中减少287个班》，《河南商报》2022年5月31日。

冯军福：《郑州2022年小升初政策公布》，《河南日报》2022年6月1日。

高等教育改革篇

Reform of Higher Education

B.2
2021~2022学年河南民办高等教育发展报告

宋国华 宋志豪 张 松*

摘 要： 2021年是"十四五"开局之年，与"十三五"相比，河南民办高等教育无论是学校数量，还是在校生规模、人才培养质量等各方面均大幅提升，相对于国家对民办义务教育"严控"和对义务教育"双减"对培训机构的冲击来说，民办高等教育可谓稳步提升。民办高校面临着要在2022年底完成营非登记，虽然多数民办高校已经表示选择非营利，但是或多或少还会有营利方面的思考。面对新时代的高质量要求，高水平民办大学呼之即出也带来一些压力。学科专业设置、师资队伍质量和政策支持等问题制约着河南民办高等教育的高质量发展。一方面需要民办高校加强自身建设，另一方面政府应增强政策出台的实操性，从根本上

---

* 宋国华，郑州科技学院发展规划处处长，主要研究方向为民办教育、高等教育、职业教育；宋志豪，郑州科技学院校长助理，主要研究方向为高等教育管理；张松，郑州科技学院普法办主任，主要研究方向为法律。

解决民办高校的共性问题。

关键词： 民办高等教育　新条例　高水平民办大学

一　《中华人民共和国民办教育促进法实施条例》发布

2021年4月7日，国务院总理李克强签署国务院第741号令——《中华人民共和国民办教育促进法实施条例》（本报告以下简称《实施条例》），自2021年9月1日起施行。5月17日，教育部召开介绍解读新修订的《实施条例》有关情况新闻发布会，教育部发展规划司司长刘昌亚、政策法规司副司长王大泉、中国民办教育协会会长刘林出席。

刘昌亚指出，基于当前我国教育进入了高质量发展阶段，随着社会主要矛盾的变化，民办教育的发展定位和目标任务也发生了历史性变化。在《实施条例》修订过程中，我们始终把人民群众对教育的新需求、新期盼放在首位，坚持问题导向和目标引领，着力发展更加优质、更有特色、更为包容的民办教育。一是在办学方向上始终坚持和不断加强党对民办教育的全面领导，坚持教育的公益属性，落实"立德树人"根本任务，确保党的教育方针在民办学校得到贯彻落实。二是在发展目标上更加注重优质特色，着力引导民办学校提供差异化、多元化、特色化的教育供给，致力于解决好人民群众最关心、最直接、最现实的教育问题。三是在法律地位上更加体现平等原则，充分保障民办学校师生的同等权利，依法维护民办学校的同等地位。四是在政策要求上更加强调支持规范并重，双轮驱动促进民办教育高质量发展。五是在动力机制上，更加依靠改革创新，充分发挥民办学校灵活、敏锐的优势，有效激发民办教育的内生动能。《实施条例》的修订坚持支持与规范并重，将对民办教育发展产生深远的影响，主要表现在：一是完善了民办教育的相关制度，有利于实现良法善治的积极互动；二是强化了《中华人民共和国民办教育促进法》的修法精神，有利于更好地稳定预期、指导实践；三

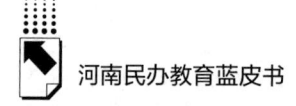

是维护了民办学校及其受教育者、教职工、举办者的主体利益,有利于保障各方的合法权益;四是破解了长期存在的难点问题,有利于促进民办教育持续、健康、高质量发展。

作为业界代表,北京城市学院院长刘林认为,对新《实施条例》,民办教育界可谓期待许久、期望甚高。期待已久,反映了业界对民办教育依法治理、依法发展的认同与渴盼;期望甚高,是希望新《实施条例》能够在稳定发展预期、明确发展方向、引领民办教育持续健康发展方面发挥重大作用。

随后,教育部联合中国民办教育协会开展了新《实施条例》与民办教育高质量发展大型系列讲座。全国人大常委会原委员、副秘书长、法律委员会副主任李连宁指出,改革开放40多年来,民办教育经历了一个不断改革、创新、探索的过程,国家对发展民办教育的政策几乎是全方位放开。因此,需要从国家和社会发展的全局出发进行深入分析评估,总结经验,吸取教训,完善规范,加强治理。教育部发展规划司副司长田福元强调,中共第十九届六中全会审议通过了《中共中央关于党的百年奋斗重大成就和历史经验的决议》,全面总结了中国共产党100年来的历史经验,明确阐述了党领导人民伟大奋斗积累的历史经验。在新时代坚持和发展中国特色社会主义具有重大的现实意义和深远的历史意义,民办教育是教育事业的重要组成部分,我们身处在这个伟大的时代,必须要珍惜伟大的胜利和伟大的荣光,必须深入学习领会党的十九届六中全会的丰富内涵和深远意义,精准对标党和国家对民办教育的新要求,深度契合人民群众对民办教育的新期待,切实提高政治站位,始终保持战略定位,牢固树立底线思维,在自我革新、自我批评中不断开创民办教育发展的新局面。教育部发展规划司会一如既往地按照中央的决策部署,依纪依法为民办教育健康可持续发展做好各方面的保障工作。发展规划司民办教育管理处处长顾然指出,新《实施条例》颁布以前,相关法律法规对法律责任的追究大多针对民办学校,但在新《实施条例》颁布以后,民办学校的举办者、实际控制人、校长、决策机构和监督机构的负责人等都被列为法律责任追究的对象,因此对相关人员的办学行为提出了更高要求,提醒民办学校要心有戒惧,行有所止,坚守法纪的红线,安全办学、平稳办学。希望民办教育举办者、校长和党组织负责人要坚守为党育人、为国育才的教育初心，矢志不渝地为培养社会主义建设者和接班人而不懈努力。

新《实施条例》颁布后，2021年7月14~19日，河南省教育厅在杭州举办了河南省民办高校发展政策专题培训会议，省教育厅副厅长陈垠亭到会讲话，全省部分民办高校董事长（理事长）、校（院）长参加了培训。会议邀请教育部政策法规司副司长王大泉以及来自国家教育发展研究中心、上海市教育科学研究院、杭州师范大学、浙江大学等单位的专家学者，分别从解读《实施条例》、新时代民办高等教育发展政策和战略、民办高校管理者思维和理念等方面做了报告。河南省民办高校一致表示，将全面加强党的建设，加强优质发展、特色发展、创新发展，与公办高校之间相互融合促进，努力办成人民满意的教育，共同为高质量教育体系建设和现代化强省、强国建设做出新的更大贡献。郑州科技学院创办人刘文魁指出，改革开放以后，民办教育开始无法可依，从社会力量办学条例到民办教育促进法，到民促法修订，再到配套的实施条例颁布，我们民办教育法律法规一步一步健全和完善，说明国家对民办教育的重视程度进入了以往任何时期都无法比拟的新时代。河南省民办教育协会名誉会长、黄河科技学院董事长胡大白坦言，新《实施条例》是"十四五"规划开局之年颁布实施的第一部教育法规，为民办教育的高质量发展提供了更加全面系统的法规保障，对民办教育面临的新任务、新机遇和新挑战也做出了积极的回应，彰显了党中央、国务院对新时代民办教育的形势新判断、发展新定位、制度新安排，必将对民办教育改革发展产生重大而深远的影响。

教育是国之大计、党之大计。党的十八大以来，党中央、国务院高度重视民办教育事业的发展。习近平总书记亲自主持召开会议研究民办教育工作，多次做出重要指示。李克强总理明确提出工作要求。在积极鼓励、大力支持、正确引导、依法管理方针的指引下，民办教育不断发展壮大，层次类型多样、结构功能完备、充满生机活力的发展局面正在加速形成。民办教育业界普遍认为，新《实施条例》是民办教育法制环境建设的重要进展，将对民办教育发展进程产生积极、深远的影响。对真正以立德树人为目标的举办者而言，新《实施条例》是长期利好。新《实施条例》在保留、强化原《实施条例》对民办教育的鼓励、支持措施的同时，针对近年来出现的无序竞争、违规办学等行业乱象加强了行业监管，通过"设禁区"等方式对当前民办教育某些领域中出现的过度资本化、过度商业化亮起了红灯。对这些禁止、限制措施，大家认为这是对少数、少量不符合政策方向和群众利益的办学行为的有力纠正，是对民办教育的保护与支持，符合绝大多数民办教育工作者的初心和社会各界对民办教育健康发展、持续发展的期盼。

二 河南民办高校2021年现状

（一）呈现出校数多、规模大特征

2021年，河南省民办高等学校（含独立学院）有45所，占全省普通高校总数的29.80%，其中本科院校19所（职业教育本科高校1所），占全省普通本科高校总数的33.33%。专科院校26所，占全省普通专科高校总数的26.26%。本专科在校生数为74.30万人，其中本科在校生数为40.31万人，专科在校生数为33.99万人，占全省本专科在校生总数的27.66%，比上年增长了0.73个百分点，比"十三五"初净增32.58万人。河南民办高校总数仅次于广东、江苏，居全国第3位，在校生数达743015人，居全国第一①。从单体学校折合在校生数量上来看，居全省前三位学校在校生数量均超过4万人，分别是黄河科技学院43962人、郑州工业应用技术学院43160人、郑州工商学院42717人。

值得注意的是，平顶山文化艺术职业学院持续多年未招生，该校2021年上报的教育事业统计报表显示，在校生为0。仅从民办高校单体在校生数量上就充分体现出了教育大省和高等教育大省的现状，与河南省人口大省和民众对高等教育需求基本吻合。2016年至今，河南民办高校数量与在校生

---

① 资料来源：《河南省2021年教育统计公报》。

规模均呈增长势头（见图1），无论是对高等教育体制改革，提升高等教育毛入学率，还是从节约河南省财政教育经费等各方面来说，河南民办高校所做出的贡献是其他任何省市都是无法比拟的。以黄河科技学院为例，2020年全省普通高等学校生均一般公共预算教育事业费为13967.90元，该校在校生43962人一年为省级财政节约经费高达6.14亿元。

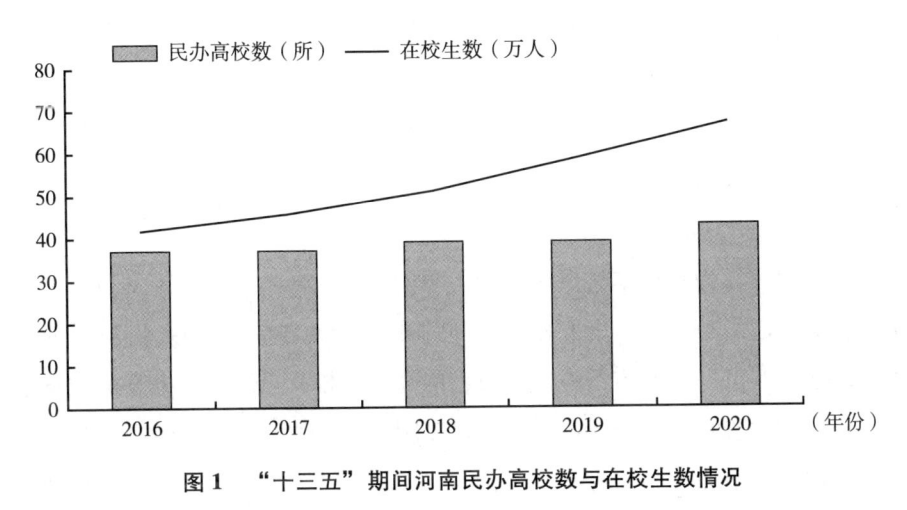

图1 "十三五"期间河南民办高校数与在校生数情况

（二）呈现出持续增长态势

由于国家对民办义务教育"严控"和对培训机构"双减"的冲击，河南民办中小学和培训机构均出现缩水现象，但民办高校与之相比，无论是在学校数量、在校生规模、基本办学条件、教学成就、科研数量等各方面均较上年度大幅提升。但随着各学校规模的进一步扩大，生均办学条件呈下降趋势，给教育教学质量的提升、学校管理均带来不利影响。

1. 学校数量增加

与2020年相比，民办高校数量增加2所，分别是由河南正商教育科技有限公司举办的郑州城建职业学院、由王泽民举办的郑州医药健康职业学院。2021年6月，河南省教育厅下发《关于编制高等学校设置"十四五"规划有关工作的通知》（教发规〔2021〕207号），全省各地市及省直有关

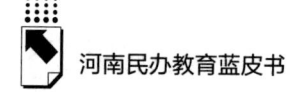

部门申请"十四五"期间设置学校共计100余所，其中，申请新设置民办高职学校数十所。以郑州为例，郑州市政府按照教发规〔2021〕207号文件要求，2021年9月向河南省教育厅报送了《关于报送高等学校设置"十四五"规划的函》，该函显示郑州市对拟设置高校进行了前置评估，从数所申报学校中遴选出10所新建高职高专学校，而10所拟设置高职高专的学校均为民办。南阳市上报的10所学校中，民办高校占4所，可见民间资本拟投入高等教育的热情空前高涨。按照河南省经济状况和近年高考报名人数持续增长并保持全国第一的实际形势，可以预期"十四五"期间，河南省将会诞生一批新的民办高校。

2. 转设基本收官

独立学院作为补充本科层次教育资源的一种新形式，是实施本科以上学历教育的普通高等学校与国家机构以外的社会组织或者个人合作，利用非国家财政性经费举办的实施本科学历教育的高等学校，也纳入民办高等教育范畴。从21世纪初，河南省独立学院从12所逐年转设至今，已经进入收官阶段。2020年教育部《关于加快推进独立学院转设工作的实施方案》，给独立学院转设下了最后通牒。截止到2021年11月，全国独立学院只剩154所未完成转设，分布在28个省份，河南省仅剩的4所独立学院也加快转设步伐。2021年河南大学民生学院转设为河南开封科技传媒学院、河南科技学院新科学院转设为新乡工程学院、河南师范大学新联学院转设为中原科技学院。新乡医学院三全学院虽然在2021年申请转设并进行了评估，但由于某种原因未成功。至此，河南省独立学院仅此1所。据了解，该校转设工作仍在进行中。从国内独立学院转设情况看，已成功转设的168所独立学院中，转设为民办性质的为140所，占比83%。河南已成功转设的11所独立学院均转设为民办本科高校，占比100%。

3. 在校生持续增加

2021年，河南省高考报名人数突破120万人，居全国第一，为河南民办高校在校生规模扩大创造了条件，加之继续受国家高职高专百万扩招政策影响，各校招生数和在校生数持续增加（见表1）。

表1 2020年和2021年民办高校学生情况

单位：人

序号	学校名称	2020年 计划数	2020年 招生数	2020年 在校生数	2021年 计划数	2021年 招生数	2021年 在校生数
1	黄河科技学院	13717	14264	39996	12390	12710	40886
2	郑州科技学院	12220	12438	33455	11220	11214	35871
3	郑州工业应用技术学院	12409	12076	33943	11309	12273	37060
4	郑州财经学院	11500	7772	24378	5500	5387	24502
5	黄河交通学院	4240	4178	18234	5900	5834	18414
6	商丘工学院	8910	7897	23297	6710	6299	22929
7	河南开封科技传媒学院	4750	4779	17525	4750	4695	17798
8	中原科技学院	7133	7082	26033	4020	3934	22619
9	信阳学院	6107	5935	22409	5760	5627	21682
10	安阳学院	8400	9036	25405	6776	9618	28565
11	新乡医学院三全学院	5198	5009	20909	4748	4586	18935
12	新乡工程学院	2860	2792	8782	3800	3780	10455
13	郑州工商学院	13643	13166	39700	11243	11667	41117
14	郑州经贸学院	8310	8298	24201	9760	9847	27933
15	商丘学院	11880	12235	33872	7889	14316	39849
16	郑州商学院	9964	10043	29032	9715	9897	31249
17	郑州西亚斯学院	11300	11104	21103	10800	10694	36479
18	河南科技职业大学	7280	6533	15701	7880	7732	20034
19	郑州升达经贸管理学院	10100	10012	29864	10550	10662	32511
20	郑州澍青医学高等专科学校	6000	5410	13350	6000	5298	14741
21	郑州电子信息职业技术学院	5500	6494	12916	5800	5060	13586
22	嵩山少林武术职业学院	2000	2783	4641	2000	2529	5856
23	郑州电力职业技术学院	4000	3935	10431	5300	4887	12524
24	漯河食品职业学院	4000	3669	8327	3500	2818	8365
25	郑州城市职业学院	6000	5425	12734	6200	5784	15649
26	焦作工贸职业学院	5000	5387	11581	5400	5416	14187
27	许昌陶瓷职业学院	2700	1698	4893	4000	4340	7754
28	郑州理工职业学院	7000	8097	18301	7000	6829	19814
29	郑州信息工程职业学院	3900	4171	10668	4100	3722	11242
30	长垣烹饪职业技术学院	3000	1352	4343	3800	4626	8092
31	信阳涉外职业技术学院	1600	621	2446	1600	1375	2779

续表

序号	学校名称	2020年 计划数	招生数	在校生数	2021年 计划数	招生数	在校生数
32	鹤壁汽车工程职业学院	3000	1356	3551	3000	2132	4510
33	南阳职业学院	5000	5268	11045	5500	6625	14735
34	郑州商贸旅游职业学院	3700	3997	11596	4000	4436	13241
35	郑州黄河护理职业学院	4600	4264	10618	4800	4233	11793
36	洛阳科技职业学院	6000	4842	12762	6300	7284	17953
37	鹤壁能源化工职业学院	800	437	558	1000	1318	1822
38	平顶山文化艺术职业学院	0	0	0	0	0	0
39	林州建筑职业技术学院	800	103	103	1200	1472	1575
40	郑州体育职业学院	800	102	102	1500	1242	1334
41	郑州轨道工程职业学院	1500	451	451	2000	2453	2881
42	郑州城建职业学院	0	0	0	1000	948	948
43	信阳航空职业学院	3000	880	2223	3300	3868	5747
44	郑州电子商务职业学院	800	194	194	1800	2131	2321
45	郑州医药健康职业学院	0	0	0	1000	678	678
	合计	250621	235585	655673	241820	252276	743015

从表1可以看出，2021年与2020年相比，民办高校在招生计划减少8801人的情况下，招生人数与在校生人数均呈增加态势，分别增加16691人、87342人。值得一提的是，专科学校面对河南超百万考生形势，抓住机遇，以扩大在校生规模争取资本积累，以规模效应争取做强做大学校，郑州电力职业技术学院、许昌陶瓷职业学院、南阳职业学院、长垣烹饪职业技术学院、林州建筑职业学院、郑州体育职业学院、郑州轨道工程职业学院、郑州电子商务职业学院等学校年度招生计划增幅较大，招生效果明显，除了当年新设置2所学校外，各校在校生均在1000人以上，其中万人以上学校11所，占民办专科学校总数的42.30%。

4. 办学条件持续改善

2021年各民办高校继续加大投入，在高等学校基本办学条件指标和监测办学条件指标方面均有所提升。中原科技学院、郑州科技学院、郑州理工职业学院、郑州信息工程职业学院等高校征地新建扩建校区。同时，民办专科学校大力开展校企合作、实施产教融合，广建产业学院，充分利用非产权社会资源扩充改善办学条件（见表2）。

5. 生均指标呈下降趋势

民办高校由于建校时间不长，历史积累较少，特别是教师队伍的成长周期不够，教育资源增速远不及在校生规模的扩张，教师不足、教学生活场地不足、教学仪器设备不足等办学条件生均不达标问题依然突出（见表2）。由表2看出，师资队伍建设仍是全省民办高校的致命弱点，教师队伍的学历、学位和职称结构比例明显失调，具有硕士学位教师占比70%以上学校16所，占比35.56%。具有副高以上职称占比30%以上学校16所，占比35.56%，近2/3学校不达标。生均占地面积、教学行政用房、图书、教学仪器设备值较上年度相比均明显下降。

表2 民办高校2021年生均办学条件

学校名称	生师比	具有研究生学位教师占专任教师的比例（%）	具有高级职称专任教师占专任教师的比例（%）	生均教学行政用房（㎡）	生均教学科研仪器设备值（元）	生均图书（册）	生均占地面积（㎡）
黄河科技学院	19.64	70.99	43.30	13.11	10384.16	63.00	43.94
郑州科技学院	19.86	73.93	31.47	13.28	6982.95	78.00	36.39
郑州工业应用技术学院	21.88	62.55	27.91	10.56	5008.22	63.00	33.16
郑州财经学院	18.14	73.83	33.84	8.14	5816.21	96.00	57.74
黄河交通学院	18.18	72.21	33.37	18.38	8026.74	85.00	75.76
商丘工学院	20.21	76.00	24.57	16.14	6325.69	87.00	60.74
河南开封科技传媒学院	22.85	95.48	14.62	6.05	3032.96	42.00	43.76
中原科技学院	15.99	76.07	40.18	11.85	5829.33	103.00	67.95
信阳学院	19.39	85.55	30.18	13.87	6452.14	95.00	63.50
安阳学院	20.67	55.08	23.44	14.42	5073.56	100.00	58.07
新乡医学院三全学院	13.52	72.39	32.82	17.38	9111.53	55.00	35.68
新乡工程学院	16.81	69.69	23.87	13.50	5968.14	106.00	84.97
郑州工商学院	21.05	73.58	36.40	9.02	3621.57	60.00	52.25

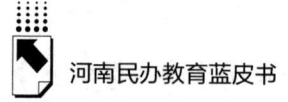

续表

学校名称	生师比	具有研究生学位教师占专任教师的比例（%）	具有高级职称专任教师占专任教师的比例（%）	生均教学行政用房（㎡）	生均教学科研仪器设备值（元）	生均图书（册）	生均占地面积（㎡）
郑州经贸学院	17.80	85.00	29.99	5.28	3165.30	89.00	18.29
商丘学院	20.42	72.97	31.48	14.06	5617.84	81.00	51.07
郑州商学院	20.61	79.63	36.03	8.39	4106.31	76.00	47.86
郑州升达经贸管理学院	19.96	79.02	52.56	9.06	4326.90	82.00	40.65
郑州西亚斯学院	19.27	78.43	35.07	11.80	4128.95	81.00	55.08
河南科技职业大学	17.09	47.70	35.49	13.62	7407.47	62.00	31.83
郑州澍青医学高等专科学校	15.54	47.35	32.58	16.02	8121.17	72.00	91.69
郑州电子信息职业技术学院	20.35	45.41	19.69	15.93	3666.30	46.00	24.74
嵩山少林武术职业学院	12.91	39.32	23.46	22.99	4899.57	63.00	126.23
郑州电力职业技术学院	17.68	52.26	31.36	17.69	9295.55	62.00	86.83
漯河食品职业学院	16.27	53.93	35.03	21.97	15848.68	78.00	64.99
郑州城市职业学院	17.87	43.47	18.88	9.50	4140.05	60.00	41.12
焦作工贸职业学院	17.86	21.41	18.33	16.02	4480.77	41.00	55.23
许昌陶瓷职业学院	20.02	36.03	20.10	15.21	3803.83	37.00	85.15
郑州理工职业学院	19.09	20.65	14.19	10.59	3775.88	46.00	22.86
郑州信息工程职业学院	17.73	57.14	20.62	10.52	5003.77	63.00	67.85
长垣烹饪职业技术学院	17.70	13.36	14.06	16.73	5580.63	60.00	53.48
信阳涉外职业技术学院	13.88	38.16	19.74	14.60	13068.83	91.00	60.57
鹤壁汽车工程职业学院	19.50	12.33	15.33	11.25	6011.45	40.00	38.53
南阳职业学院	21.42	21.70	13.62	10.37	2834.59	36.00	60.89
郑州商贸旅游职业学院	17.39	31.56	20.61	6.30	3168.59	81.00	50.13
郑州黄河护理职业学院	19.54	29.62	20.72	11.16	3850.66	42.00	48.86
洛阳科技职业学院	21.32	21.62	25.89	16.57	4796.32	65.00	66.60
鹤壁能源化工职业学院	19.18	20.00	18.95	32.37	11772.72	104.00	132.53
平顶山文化艺术职业学院	0.00	21.21	0.00	0.00	0.00	0.00	0.00
信阳航空职业学院	18.71	61.00	13.93	11.93	5663.12	34.00	44.73
林州建筑职业技术学院	17.88	41.88	23.08	45.74	4831.16	74.00	385.73

续表

学校名称	生师比	具有研究生学位教师占专任教师的比例（%）	具有高级职称专任教师占专任教师的比例（%）	生均教学行政用房（㎡）	生均教学科研仪器设备值（元）	生均图书（册）	生均占地面积（㎡）
郑州电子商务职业学院	14.88	50.00	34.62	17.00	9375.92	75.00	69.80
郑州轨道工程职业学院	14.05	33.70	21.20	16.08	6320.72	69.00	70.76
郑州体育职业学院	20.52	60.00	20.00	45.53	28721.44	68.00	106.78
郑州城建职业学院	13.54	71.67	21.67	94.58	13183.65	152.00	244.51
郑州医药健康职业学院	4.49	30.46	27.15	72.48	9808.85	132.00	635.00

6. 办学质量稳步提升

2021年，在新冠肺炎疫情的影响下，全省民办高校教育教学质量仍继续保持上升态势。黄河科技学院临床医学专业纳入一本招生，成为本土民办高校进入一本层次招生首例。黄河科技学院作为民办高校唯一代表入选硕士学位授权单位立项建设高校。郑州科技学院、新乡医学院三全学院、郑州升达经贸管理学院、郑州商学院入选重点立项培育单位。开封传媒科技学院、中原科技学院、信阳学院、商丘学院、郑州经贸学院、安阳学院、郑州工业应用技术学院入选一般建设单位。郑州科技学院申报的国家级社科基金思政专项获准立项，郑州商学院通过了本科教学工作合格评估；继黄河科技学院后，郑州西亚斯学院跻身河南省示范性应用技术类型本科院校，商丘工学院在全省医学教育研究立项教学成果和优质课评选中荣获一等奖，以郑州澍青医学高等专科学校牵头获批成立河南省老年健康职业教育集团，漯河食品职业学院在河南省职业教育教学改革研究与实践项目中获得重点项目立项。全省13所民办本科高校17门课程获得国家级一流本科课程，17所民办高校91门课程获第二批河南省一流本科课程。据《河南省教育厅公布民办高等学校2020年度检查结果的通知》（教办政法〔2021〕260号），除平顶山文化艺术职业学院未参加年检外，44所民办高校年检结果均为合格。

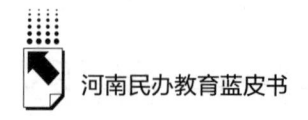

（三）面临着评估

民办专科学校在校生规模急剧膨胀之时，民办本科高校招生计划在逐步减少，究其原因有两个方面。一是教育部2020年印发《普通高等学校本科教育教学审核评估实施方案（2021~2025年）的通知》，据此，2020年，河南省教育厅下发了《关于进一步做好普通本科高校教学工作合格评估的通知》，要求尚未参加过合格评估的新建本科院校于2020年4月30日前提交参评计划和有关工作准备情况。全省民办本科高校除黄河科技学院、郑州科技学院、郑州升达经贸管理学院、郑州工业应用技术学院、郑州商学院等接受并通过本科教学合格评估以外，其他本科高校将面临在2025年前进行评估，上述已经接受过评估的学校且又将面临审核评估。2021年开学之际，黄河交通学院召开年度工作会议部署合格评估；郑州财经学院称2021年是本科合格评估工作的冲刺之年；信阳学院在7月、9月、10月、11月分别召开迎评促建工作汇报会和诊断评估会。对本科高校来说，本科教学合格评估和审核评估是规格最高、权威性最强、覆盖面最广、严厉度最高的国家级考验，是否能够通过，对学校的品牌、招生计划、升硕等会产生极大影响。为此，不少民办高校主动提前缩减招生计划，缩小在校生规模，以赢得生均办学条件的达标而顺利通过评估。郑州财经学院、中原科技学院、商丘工学院、信阳学院、安阳学院、郑州工商学院、商丘学院等均主动减少招生计划，其中郑州财经学院、中原科技学院、商丘学院、商丘工学院减幅较大，分别为52.17%、43.64%、33.59%、24.69%。新乡医学院三全学院仍在备战转设，也压缩招生计划450人。当前，以更大的生源规模，以更多的学生学费求生存的民办高校，在大局面前仍然选择了弃车保帅。二是河南省民办本科高校相对专科学校来说，办学历史较长，积累了相当的办学资金和一定的教学质量工程项目。随着高等教育高质量发展的需求，当民办本科高校原始积累到一定时期后，必须把质量效应看得高于规模效应，毕竟以质量求生存、求发展是高等教育发展规律。据了解，黄河科技学院、郑州科技学院等不仅在备战评估，而且正在筹备升硕，控制规模、提升质量成为民办本科高校的重点。因此，民办本科高校缩减招生计划，坚持内涵发展也是大势所趋，高质量发展成为民办高校的共识。

（四）更换举办者成为热点

2021年2月7日，教育部向河南省教育厅下发了《教育部关于同意郑州科技学院变更举办者的批复》，同意郑州科技学院举办者由"刘文魁（自然人）"变更为"河南博煌教育科技有限公司"。随着《中华人民共和国民办教育促进法》的修订，全国各地民办高校更换举办者现象频繁。教育部官方网站显示，自2018年以来，全国民办本科高校申请变更举办者的高达46所，仅2021年就达27所。据悉，民办高校变更举办者的原因：一是学校原举办者股权或股权比重发生变更，以持有绝对比重股份者为举办者；二是受独立学院转设影响，原举办者借机退出办学而转让办学权；三是部分独立学院转设成为公办高校，非公有制股份不得不进行举办者变更；四是由公民个人（自然人）办学变更为其旗下公司办学，由公司多个股东集体参与学校决策与管理，以此增强学校管理的民主性；五是国内高教集团上市进行资本化运作并购民办高校而发生产权变更不得已更换举办者。同样，河南民办高校也面临上述原因而发生举办者变更。2021年4月11日，郑州新高教教育科技有限公司（中国新高教集团公司旗下分公司）以6.735166亿元竞拍拿下郑州城市职业学院，成为该校新的校主，原举办者河南亚圣集团投资有限公司法定代表人孟凡镰因犯集资诈骗罪收审判刑。6月8日，河南省教育厅拟将郑州城市职业学院举办者由孟凡镰变更为郑州新高教教育科技有限公司，并进行了公示。11月1日，拟将鹤壁能源化工职业学院由河南能源化工集团鹤壁煤业（集团）有限责任公司举办变更为鹤壁市人民政府，并进行了公示，该校举办者易主后将由民办高校转成地方政府举办的公办高校。2021年刚刚结束，中原科技学院举办者拟由"李香枝（自然人）"变更为"河南中原科技有限公司"、郑州理工职业学院举办者拟由"马振红（自然人）"变更为"河南润民教育科技有限公司"，相继在河南省教育厅官网公示。据悉，2021年，河南省部分高校酝酿着原举办者以其控股旗下

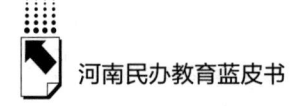

公司为新的举办者的新一轮学校举办者变更行动，大部分是由个人办学变更为公司办学，通过公司股东集体商议决策学校，从管理上来讲，有利于民主决策和治理能力的提升。但同时也可以看出，随着国家对民办义务教育和培训机构政策的收紧，民办高校的举办者也不乏借机通过变更促使学校并轨上市向营利性方向发展，一旦以产业化思路发展，势必过度逐利，造成不重视师资队伍建设、课程建设等系列问题。长期致力于民办教育研究的郑州科技学院副董事长秦小刚认为，首先，教育应该坚持公益性原则，无论是什么性质的教育，都是立德树人，为党育人。其次，高等教育有着自身的发展规律，相对于其他层次的教育来说，其投入根本无上限，要长期办好且高质量发展，根本无利可营。如果依靠学校过度逐利，教育教学质量势必缩水。再次，民办教育有着迎合世界发展潮流的发展规律和趋势，其公益性随着国家支持政策的加大、民办高校自身的自律、育人质量的提升等环节自然会逐步显现，世界名校哈佛大学等知名民办高校的公益性已经非常突出。最后，由个人转为公司，由个人办学变成群体办学，集中了公司股东集体智慧，分摊了办学危机的风险，因此这种易主也会成为必然。不难发现，教育部2022年工作要点提到，2022年要研制民办学校举办者变更管理办法，民办高校易主是更有利于民办高校发展，还是举办者居心叵测，管理办法是支持还是限制，静候其音。总之，民办高校举办者变更问题众说纷纭，只有用时间和实践去验证。

（五）营非选择之抉

2018年，河南省人民政府印发《关于鼓励社会力量兴办教育进一步促进民办教育健康发展的实施意见》，明确提出建立分类管理制度，给民办高校过渡3年的时间。如今3年时间已到，2022年，民办高校将在年底前完成分类登记。民办高校将做出怎样的抉择呢？

2018年，通过对河南省37所民办高校举办者或者院（校）长的访问，拟选择非营利性的高校27所，占比73.0%；认为不到选择期限为时还早，还不确定的有2所，占比5.4%；不表态的有8所，占比21.6%。

2021年10月，江西省教育厅等八部门印发了《江西省现有民办学校分类登记实施办法》，对在2022年9月1日前未提交分类选择登记的将视为已选择非营利性民办学校。该实施办法对选择营利性学校做出了详细规定。选择过渡期逼近，笔者期待河南省教育厅2022年工作要点中对此会有所体现，但发现河南省教育厅对此仍是只字未提，给登记工作蒙上一层神秘的面纱。电话访问的几所民办高校表示，大家仍然都是在观望，等待更加具体的政策出台。但从教育的公益属性来说，从全省民办高校上报给教育厅待核准的学校章程来看，河南省民办高校选择登记为非营利性高校亦是大势所趋。刘林称，资本与教育之间的"分水岭"日渐清晰之下，育人为本的价值取向在回归，公益为主的目标定位在回归，教育规律为重的管理理念在回归。

2021年，面对选择，河南省教育厅民办教育管理处相关负责人表示，目前没有一所学校意向选择营利性高校，电话中意味着河南省民办高校一致选择非营利性登记。从调研中可以看出，民办高校举办者认为，从长远考虑，选择非营利性高校获取国家释放的红利远远要高于营利性高校。国家对民办义务教育实施"严控"和"双减"政策后，对民办义务教育来说，是无可选择；对培训机构而言是无路可走；而对民办高校而言，想选择营利性而不敢选。毕竟民办高校已进入普通高校，依靠河南省庞大的高考报名人数，在相当长一段时期内其发展还是没有问题的。民办高校就这样"痛并快乐着"。

三 师资队伍成为制约发展的瓶颈

河南省民办高校，尤其是本科高校在进入内涵提升阶段后，将与公办高校同台竞技育人质量，提升教学与人才培养质量的首要条件是师资。当前，河南省民办高校教师多以中青年教师、兼职外聘教师为主。青年教师是民办高校的中坚力量，绝大多数是刚入职的硕博毕业生，且具有较强的流动性。随着全省高等教育规模的扩大，公办学校教师不足问题也日渐凸显，不少民办高校培养多年的骨干教师一旦在评为副教授、教授以后，就被公办高校挖

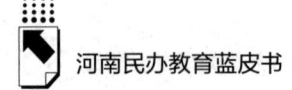

走。民办高校成为骨干教师入职公办高校的跳板，从一定意义上讲，民办高校成为公办高校教师的培养基地。师资队伍的不稳定性从2021年全省高等教育事业统计便可看出，师资队伍变动在20%的民办本科高校中超出30%以上，个别学校在40%以上。民办高校师资队伍不稳定的根本原因是基于民办高校的定性和教师按照企业标准参加社会保险。

在2021年全国"两会"上，民进中央向大会提交《关于支持民办学校加强教师队伍建设的提案》。中共中央、国务院《关于分类推进事业单位改革的指导意见》指出：鼓励社会力量兴办公益事业，对从事公益服务的，继续将其保留在事业单位序列、强化其公益属性，把承担高等教育、非营利医疗等公益服务，划入公益二类，加大财政对公益事业发展的支持力度，根据财务收支状况，财政给予公益二类经费补助，并通过政府购买服务等方式予以支持。民办高校属于社会力量兴办的公益事业，也承担了高等教育公益服务义务，按《指导意见》要求应保留在事业单位序列。但是，当前国家把民办高校作为社会组织列入"民办非企业单位"范畴，致使民办高校教师参保按照企业标准缴纳费用，严重侵犯了民办高校和教师的权益。为此建议：一方面，国家把选择非营利性民办高校从民办非企业单位剥离，纳入事业单位序列，回归其事业属性；另一方面，各民办高校应切实从感情、事业、待遇上加大对教师的关心、关爱，能使教师留得住，用得上。

四　高水平民办高校建设提上日程

近年来，部分办学条件较为优越、办学特色较为鲜明、办学质量较高的民办高校脱颖而出。陕西西京学院等4所民办高校实现了硕士教育，吉林华桥外国语学院升格为大学。河南省内，12所民办本科高校分别入选硕士学位授权立项建设高校、重点立项培育单位、一般建设单位。黄河科技学院提出建成国内一流应用科技大学发展目标；郑州科技学院提出建设高水平应用型民办大学计划；郑州升达经贸管理学院提出建成特色鲜明的高水平应用型民办大学；黄河交通学院提出建设特色鲜明、省内一流、行业知名的应用型本科高校；郑州财经学院提出建设中原一流、国内知名、区域带动、特色鲜明的高水平应用型民办本科高校。上述这些发展目标均列入各学校中长期发展规划，可见民办高校建设高水平大学的发展愿景。民办高校已着力探索高水平民办高校建设路径，高水平民办高校建设正逐渐从理想走向现实。教育部高教司吴岩司长指出：高等教育从外延转向内涵，从成熟走向卓越，民办高等教育进入高质量发展新时代。河南省教育厅2022年工作要点提出"推进高等教育起高峰"，要求包括民办在内的高校向高质量发展转型。

同时，高水平民办高校建设也引起业界和社会的极大关注。在2021年全国"两会"上，全国人大代表、黄河科技学院校长杨雪梅建议启动"国家一流民办高校建设工程"。全国人大代表、山西工商学院校长牛三平指出，建设高水平民办高校，不仅有利于弥补国家教育财政经费的不足，培养和补充优质高等教育资源，还有利于树立榜样标杆，增强民办高校和公办高校发展活力和竞争力。有助于形成一流民办高校和公办高校之间的良性竞争格局，激发高等教育改革与创新，推动高等教育内涵发展，加快中国建设高等教育强国征程，进一步增强国家核心竞争力。建议国家按照"扶优扶强、示范引领、以点带面、全面发展"的原则，遴选一批综合实力强、办学质量高、社会口碑好的民办高校开展高水平民办高校建设试点。中国民办教育协会高等教育专业委员会作为全国民办高等教育非营利性社会组织，在新的时代背景下，就高水平民办大学建设积极行动，及时起草了《高水平民办高校建设报告》。报告20余万字，共有绪论、高水平民办大学建设的价值分析、国内外案例、政策支持、内部治理、机制路径、绩效评价等九部分内容，并提出了"高水平民办大学建设"的若干政策建议。2021年12月，在西安召开了"高水平民办大学建设研究"项目成果专家论证会。据悉，该报告已提交到教育部。2021年，全国"两会"期间，九三学社中央向大会提交了《关于加快推进高水平民办高校建设的提案》。

关于高水平民办高校建设，一是必须立足于民办高校群体，遵循民办高等教育办学实践设置合理的政策规制；二是民办高校要积蓄力量，按照"高水平"标准狠练内功，不断向"一流"靠近。通过"有为"获取国家对民办高校"有位"的认同。总之，2021年，河南民办高等教育在政策交织的夹缝中求生存，勉力前行，总体还是向好发展。今后，在高等教育体制改革中，民办高校还有很长的路去走，期待着中国高水平民办大学在豫诞生。

五 存在的问题及建议

河南省作为全国人口大省、教育大省，改革开放以来，民办高等教育一度领跑全国，先后出现了全国最先实施专科、本科教育的黄河科技学院，曾出现全国最大的中外合作办学机构的郑州升达经贸管理学院。但随着教育体制改革和高等教育高质量发展，河南民办高校无论是在学校自身，还是在政策支持方面，均存在一定问题。

一是学科专业设置趋同化严重。河南省是农业大省，农业和粮食生产对全国影响举足轻重，围绕粮食加工及食品机械制造等，应该是河南高校的主打学科专业。但是河南全省民办高校，包括公办高校在内，围绕上述开设学科与专业的学校寥寥无几。民办高校中，涉农专业无一所学校开设，开设食品类专业的仅有漯河食品职业学院、郑州科技学院。从2021年全省民办高校开设专业来看，重复率达到85%以上，工学专业均集中在计算机、建筑工程、机械制造、电气自动化类等；管理、财经类专业，几乎所有学校均开设，且专业名称相同。学科专业设置趋同化，严重影响了民办高校个性化发展。

二是师资队伍建设参差不齐。河南民办高校相对办学时间较长的公办高校而言，在教师队伍的积淀方面，还有很大差距。其一是教师总数不足。随着各民办高校在校生规模的扩张，专任教师的增量远不及学生的增量，生师比严重下滑。其二是中青年骨干教师稀缺。由于办学年限有限，中青年骨干教师积淀不足，加之在引进时受前述第三部分制约，民办高校中青年骨干教师少之又少，缺乏中坚力量。除黄河科技学院、郑州科技学院等少数几所办学历史较长的学校外，教师构成仍然存在"两头大、中间小"（即29~40岁和60岁及以上教师多，41~59岁教师少）现象，制约了教学质量的提升。

其三是"双师型"教师均不达标。从2021年全省民办高校教师构成来看，专任教师中的双师型教师比重不足20%，双师型教师大多存在于在校兼职的外聘教师，其中不乏企业的行业导师。其四是教师队伍不稳定。如前述第三部分所讲，教师的不稳定性已经成为民办高校的共性问题，其原因也如前所述。

三是政府的支持政策不力。但凡民办高等教育出奇葩的省市，必定是支持民办教育力度较大的地方。例如，陕西省在对民办高校的财政支持、收费许可、学校晋升等各方面均出台了有利于民办高校发展的利好政策，使得民办高校成为陕西的名片。而河南省民办高校申报项目等多个方面，仍然存在有别于公办高校的政策，民办高校仍处于高等教育的边缘。在民办教育专项资金配置、学费收费政策仍然滞后于其他省份，无形中制约了民办高校的高质量发展。

针对上述问题，一方面，建议各民办高校按照国家相关的办学条件标准，深入进行自查自纠，坚持党的领导，加强党建与思政教育，以立德树人为己任，把各项行动集中到为国育人、为党育人的高度，端正办学行为，加强自身建设，提升自我水平；另一方面，针对当前民办高校集中体现出来的共性问题，建议政府应开展调查研究，增强政策出台的实操性，出台能够真正解决根本问题的政策，从根本上解决民办高校的共性问题，加强对民办高校财政性经费支持，加大对征地、基建的支持力度，鼓励民办高校申报项目，提升教学和科研水平。

参考文献

《教育部举办〈中华人民共和国民办教育促进法实施条例〉新闻发布会》，2021年5月18日。

河南省发改委、河南省教育厅：《关于全省普通高校2020年、2021年招生计划的通知》。

河南省教育厅：《河南省教育事业统计年鉴（2021）》。

B.3 基于大学评价的河南省民办高校内涵式发展战略研究[*]

樊继轩 樊宇卓[**]

摘 要： 大学排名活动的实质是教育评价。通过分析河南民办高等教育的发展现状，利用加权平均法，从国内三个大学排行榜综合梳理河南民办高校在国内综合竞争力的排序。从大学评价的角度分析发现，虽然河南民办高校在国内的综合排名较为靠前，但综合竞争力有逐年下降的趋势。因此，构建多元化筹资机制，实施河南省名校与河南省较高水平的民办高校结亲家、帮对子，落实优惠政策等，应成为促进我省民办高校内涵式发展战略，创建高水平民办大学的重要途径。

关键词： 大学评价 河南省民办高校 内涵式发展战略

大学排名活动的实质是教育评价。虽然大学排名饱受争议、褒贬不一，但因在一定程度上弥补了社会需求和高等教育信息严重不对称的缺陷，已成为社会各界了解大学的一种重要途径。本文通过分析近几年来河南民办高等教育的发展现状，利用加权平均法，从国内三个大学排行榜综合梳理河南民办高校在国内综合竞争力的排序，可以探讨制约河南民办高校实施内涵式发

---

[*] 基金来源：中国民办教育协会2022年度规划课题（学校发展类）"大学组织结构理论视域下高水平民办大学的创建研究"（CANFZG22426）之阶段性成果。

[**] 樊继轩，黄河科技学院民办教育研究院研究员，教授，主要研究方向为高等教育、民办教育史；樊宇卓，河南大学历史文化学院在校生，主要研究方向为世界史、教育史。

展的主要因素。以采取相应措施和对策,进一步促进河南省民办高校的内涵式发展,创建高水平的民办大学。

一 河南民办高等教育的发展现状分析

(一)办学规模呈现逐年递增的趋势

2021年,是"十四五"规划的开局之年,河南省共有普通高等学校156所,普通本专科在校生268.64万人,全省高等教育毛入学率53.13%,略低于2021年全国高等教育毛入学率57.80%的水平。2021年,在156所普通高等学校中,民办普通高校45所,相比2020年新增2所。新增的2所民办高校是王泽民举办的郑州医药健康职业学院和河南正商教育科技有限公司举办的郑州城建职业学院。表1显示了河南民办高校及办学所在地的情况。

表1 河南民办高校及办学所在地情况

序号	学校名称	学校标识码	主管单位	所在地区	办学层次
1	黄河科技学院	4141011834	河南省教育厅	郑州市	本科
2	郑州科技学院	4141012746	河南省教育厅	郑州市	本科
3	郑州工业应用技术学院	4141012747	河南省教育厅	郑州市	本科
4	郑州财经学院	4141013497	河南省教育厅	郑州市	本科
5	黄河交通学院	4141013498	河南省教育厅	焦作市	本科
6	商丘工学院	4141013500	河南省教育厅	商丘市	本科
7	河南开封科技传媒学院	4141013501	河南省教育厅	开封市	本科
8	中原科技学院	4141013502	河南省教育厅	郑州市	本科
9	信阳学院	4141013503	河南省教育厅	信阳市	本科
10	安阳学院	4141013504	河南省教育厅	安阳市	本科
11	新乡医学院三全学院	4141013505	河南省教育厅	新乡市	本科
12	新乡工程学院	4141013506	河南省教育厅	新乡市	本科
13	郑州工商学院	4141013507	河南省教育厅	郑州市	本科
14	郑州经贸学院	4141013508	河南省教育厅	郑州市	本科
15	商丘学院	4141014003	河南省教育厅	商丘市	本科
16	郑州商学院	4141014040	河南省教育厅	郑州市	本科

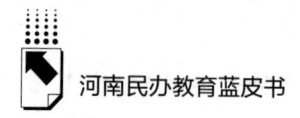

续表

序号	学校名称	学校标识码	主管单位	所在地区	办学层次
17	河南科技职业大学	4141014169	河南省教育厅	周口市	本科
18	郑州升达经贸管理学院	4141014333	河南省教育厅	郑州市	本科
19	郑州西亚斯学院	4141014654	河南省教育厅	郑州市	本科
20	郑州澍青医学高等专科学校	4141012948	河南省教育厅	郑州市	专科
21	郑州电子信息职业技术学院	4141013783	河南省教育厅	郑州市	专科
22	嵩山少林武术职业学院	4141013785	河南省教育厅	郑州市	专科
23	郑州电力职业技术学院	4141014062	河南省教育厅	郑州市	专科
24	漯河食品职业学院	4141014233	河南省教育厅	漯河市	专科
25	郑州城市职业学院	4141014235	河南省教育厅	郑州市	专科
26	焦作工贸职业学院	4141014300	河南省教育厅	焦作市	专科
27	许昌陶瓷职业学院	4141014301	河南省教育厅	许昌市	专科
28	郑州理工职业学院	4141014302	河南省教育厅	郑州市	专科
29	郑州信息工程职业学院	4141014303	河南省教育厅	郑州市	专科
30	长垣烹饪职业技术学院	4141014305	河南省教育厅	新乡市	专科
31	信阳涉外职业技术学院	4141014351	河南省教育厅	信阳市	专科
32	鹤壁汽车工程职业学院	4141014352	河南省教育厅	鹤壁市	专科
33	南阳职业学院	4141014353	河南省教育厅	南阳市	专科
34	郑州商贸旅游职业学院	4141014380	河南省教育厅	郑州市	专科
35	郑州黄河护理职业学院	4141014405	河南省教育厅	郑州市	专科
36	洛阳科技职业学院	4141014480	河南省教育厅	洛阳市	专科
37	鹤壁能源化工职业学院	4141014529	河南省教育厅	鹤壁市	专科
38	平顶山文化艺术职业学院	4141014530	河南省教育厅	平顶山市	专科
39	信阳航空职业学院	4141014634	河南省教育厅	信阳市	专科
40	林州建筑职业技术学院	4141014717	河南省教育厅	安阳市	专科
41	郑州电子商务职业学院	4141014718	河南省教育厅	郑州市	专科
42	郑州轨道工程职业学院	4141014719	河南省教育厅	郑州市	专科
43	郑州体育职业学院	4141014720	河南省教育厅	郑州市	专科
44	郑州医药健康职业学院	4141014754	河南省教育厅	郑州市	专科
45	郑州城建职业学院	4141014753	河南省教育厅	郑州市	专科

资料来源：根据教育部2021年公布的全国高校名单整理。

2012年，河南民办高校34所，在校生总人数为28.96万人，占河南省普通高校总数的28.3%，占全省普通本专科在校生总人数的18.60%。经过10年的发展，2021年，河南民办普通高等学校和独立学院共有45所，分布在河南郑州、焦作、商丘、开封等14个地级市，占河南省普通高校总数的28.48%；河南省普通本专科在校生总人数为268.64万人，河南民办高校和独立学院在校生总人数为74.30万人，在校生总数位居全国第一，占全省普通本专科在校生总人数的27.66%，与2012年相比，在校生总人数有了大幅度提高。①

随着各级政府对民办高等教育的高度重视，河南省民办高等学校办学规模逐年递增。2012~2021年，河南民办高校新增11所，在校生总人数大幅度增长，增幅达156.56%。民办高校在校生总人数占全省普通高校在校生总人数的比例从2012年的18.60%上升到2021年的27.66%。② 2021年在新冠肺炎疫情的影响下，全省民办高校的教学质量和办学层次仍有所提高。黄河科技学院临床医学专业纳入一本招生，成为本土民办高校进入一本层次招生首例。黄河科技学院作为民办高校唯一代表入选硕士学位授权单位立项建设高校。郑州科技学院、新乡医学院三全学院、郑州升达经贸管理学院、郑州商学院入选硕士学位授权重点立项培育单位。

2004年，河南省委、省政府曾对省民办高等教育的发展提出要求，到2010年民办高校在校生总人数要占全省普通高校在校生总人数的25%，2020年要占到40%，③ 然而，截至2021年，民办高校在校生总人数占普通高校在校生总人数的比例只有27.66%。与河南省委、省政府的要求相差12.34个百分点。因此，河南民办高校办学规模整体上虽然呈现逐年递增趋势，但与河南省委、省政府提出的发展要求仍有较大差距。

---

① 胡大白、杨雪梅、王建庄主编《河南民办教育发展报告（2021）》，社会科学文献出版社，2021。
② 樊继轩：《基于大学评价的河南民办高校竞争力研究》，《黄河科技学院学报》2022年第1期。
③ 刁玉华：《河南省民办教育发展的问题与对策》，《河南师范大学学报》（哲学社会科学版）2007年第2期。

（二）加大了办学设施的资金投资力度

近年来，在办学硬件设施和校舍环境的改善方面，河南省各个民办高校不断加大了资金投资力度。黄河科技学院、中原科技学院、郑州科技学院、郑州理工职业学院、郑州信息工程职业学院等高校均征地新建扩建校区。2016年以来，从产权占地面积、图书采购、教学仪器投资、校舍建筑面积等方面的数据来看，河南省民办高校总体投资力度较大（见表2）。

表2 2016~2020年河南民办高校办学条件总概况

年份	民办高校数（所）	产权占地总面积（亩）	产权图书总量（万册）	产权教学科研仪器设备总价值（万元）	产权建筑总面积（万平方米）
2016	37	27629.53	3630.64	240296.34	777.61
2017	37	28906.50	3875.81	265244.64	820.36
2018	39	34426.01	4627.88	308603.41	965.56
2019	39	36997.33	4847.15	347369.63	1009.13
2020	43	33128.28	5306.05	387349.48	1009.13

资料来源：根据历年《河南省教育统计提要》整理。

由表2看出，在产权占地面积方面，全省民办高校产权占地面积有所增长；在产权图书方面，全省民办高校产权图书数量也是在逐年增加；在产权教学科研仪器设备方面，全省民办高校加大了对产权教学仪器的投资力度；在产权建筑总面积方面，全省民办高校不断改善办学条件，逐年扩建了产权建筑面积。表3整理了2018~2020年河南民办高校的办学条件生均数据。

表3 2018~2020年河南民办高校办学条件生均数据

年份	生师比	生均产权占地面积（亩）	生均产权图书量（册）	生均产权教学科研仪器设备价值（元）	生均产权建筑面积（平方米）
2018	19.45	0.07	90.65	6045.12	18.91
2019	21.08	0.06	81.51	5841.09	16.97
2020	19.23	0.05	79.05	5771.00	15.03

资料来源：根据历年《河南省教育统计提要》整理。

由表3看到，虽然河南省民办高校在办学条件方面加大了投资力度，但是由于河南省民办高校建校时间不长，历史积累较少，特别是教师队伍的成长周期不够，教育资源增速远不及在校生规模的扩张，民办高校招生规模仍保持了较高的扩张趋势，从办学条件的生均数据来看，河南省民办高校生均办学条件有所下滑。

（三）师资队伍结构趋向更为合理

师资结构是否合理，是保持民办高校可持续发展核心竞争力的关键因素。近年来，随着全省高等教育规模的扩大，公办学校教师不足问题也日渐凸显，不少民办高校培养多年的骨干教师一旦在评为副教授、教授以后，就被公办高校挖走。从一定意义上讲，民办高校已成为骨干教师入职公办高校的跳板，成为公办高校教师培养基地。为保持较为稳定和合理的师资队伍，全省各民办高校相应加大了高学历、高职称人才的引进力度。表4是近年来年河南民办高校师资队伍建设的总概况。

表4 近年来年河南民办高校师资队伍建设总概况

年份	民办高校数（所）	教职工总人数（人）	专任教师人数（人）	研究生学历专任教师占专任教师的比例（%）	高级职称专任教师占专任教师的比例（%）
2016	37	27867	20991	49.37	26.60
2017	37	30295	22769	50.68	28.30
2018	39	34872	26429	51.78	30.18
2019	39	36814	28217	54.40	32.59
2021	45	47814	37209	—	—

资料来源：根据历年《河南省教育统计提要》《河南省教育事业发展统计公报》整理。

由表4看出，2016年，全省民办高校教职工总人数为27867人，2021年全省民办高校学校教职工总人数为47814人，比2016年增加了19947人，增长率达71.58%。在专任教师方面，2021年全省民办高校专任教师人数37209人，比2016年增加了16218人，增长率达77.26%；在学历方面，

2019年比2016年增长了5.03个百分点，增长率达到10.19%；在专任教师职称方面，全省民办高校具有高级职务专任教师，2019年比2016年增长了5.99个百分点。① 综上所述，全省民办高校师资队伍虽有高职称教师流失，但师资队伍结构趋向更为合理。

二 基于大学评价的河南民办高校综合竞争力分析

2021年末，河南省常住人口为9883.0万人，占全国总人口的7.00%，居全国第三位。全省常住人口中，拥有大学文化程度的人口为1166.99万人。图1显示了2010年和2020年全省每10万人中拥有的小学、初中、高中和大学各类受教育程度人数对比情况。

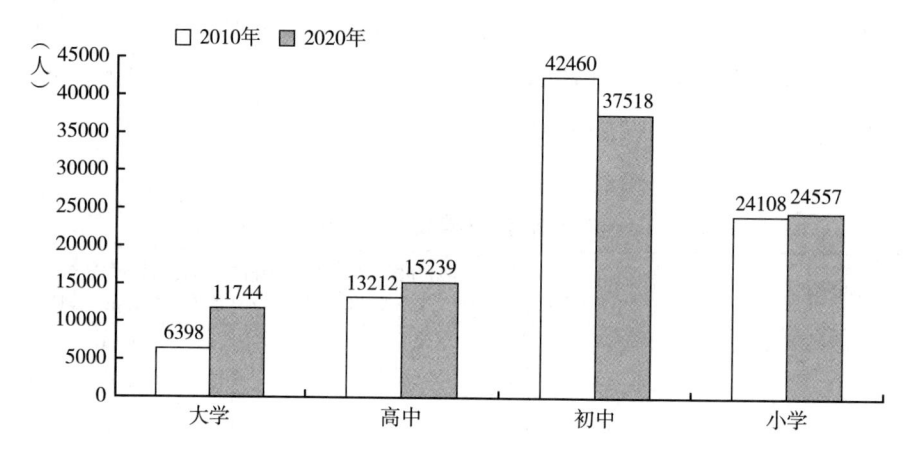

图1 2010年、2020年河南省每10万人中拥有的各类受教育程度人数情况

资料来源：根据2020年第七次全国人口普查数据及《2021年河南人口发展报告》有关数据整理。

与2010年第六次全国人口普查相比，2020年每10万人中拥有大学文化程度的人口增加5346人，增长83.56%；高中增长15.34%；初中下降

---

① 胡大白、杨雪梅、王建庄主编《河南民办教育发展报告（2020）》，社会科学文献出版社，2020。

11.64%；小学增长1.86%。图2显示了2020年和2021年全省每10万人中拥有的小学、初中、高中和大学各类受教育程度人数对比情况。

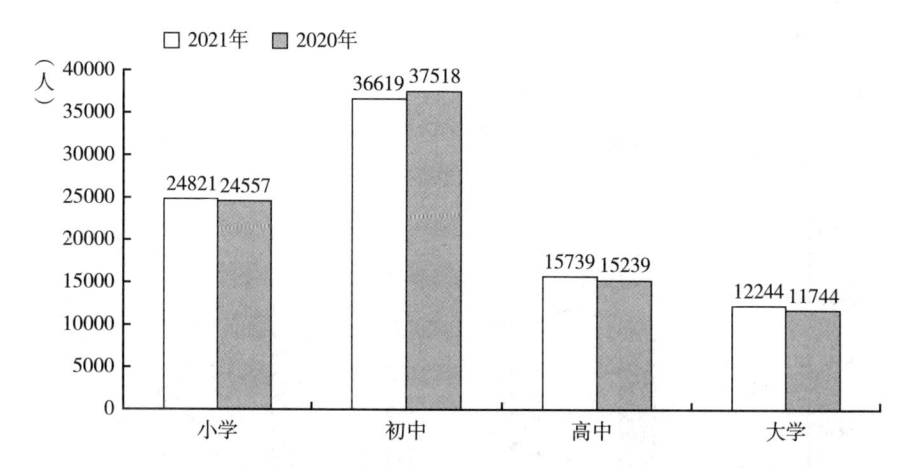

图2　2020年和2021年河南省每10万人中拥有的各类受教育程度人数情况

资料来源：根据2020年第七次全国人口普查数据及《2021年河南人口发展报告》有关数据整理。

由图2看出，全省常住人口中，2021年，每10万人中拥有大学文化程度的人口为12244人，高中（含中专）15739人，初中36619人，小学24821人。由以上数据看出，大学文化程度的人口增长最快。① 由图1、图2可看出，大学文化程度的人口增长最快。

河南省人口众多，是我国名副其实的高考大省，2022年河南省高考人数高达125万，但升入985、211高校的考生与河南庞大的高考人数不成比例，高考难度全国排名第一。近年来，河南省经济发展势头良好，尤其是郑州被确定为国家中心城市，在经济建设过程中会对周边区域产生较大辐射作用，由此带来的人才市场供求脱节、结构失衡的问题也愈发突出。因此，发展民办高等教育是提高河南省人口文化素质结构的需要。

---

① 王新昌：《2021年河南人口发展报告发布　河南省大学文化程度人口增长最快》，https：//baijiahao.baidu.com/s？id=1733770369986189149&wfr=spider&for=pc。

（一）全国区域分布中河南民办高校的位次分析

2020年，全国共有高等学校3003所，较上年增加47所，同比增长1.59%；2021年，全国共有高等学校3012所，较上年增加9所，同比增长0.30%（见图3）。

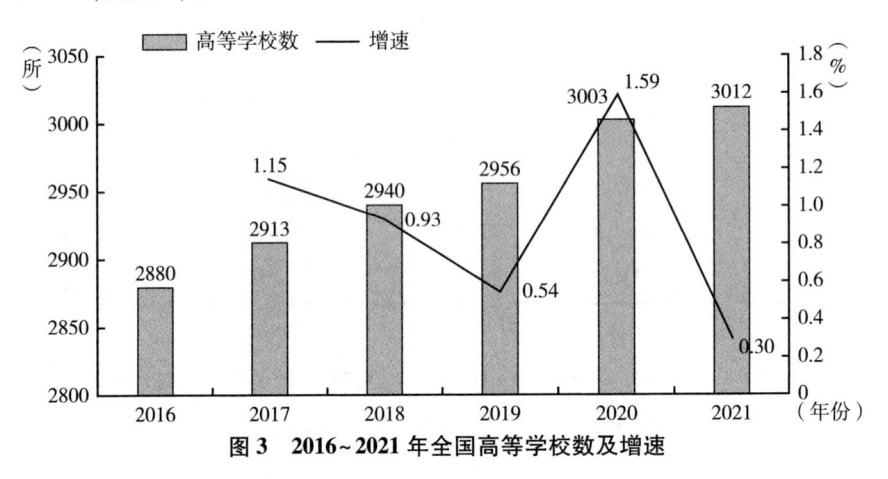

图3 2016~2021年全国高等学校数及增速

资料来源：根据2016~2021年全国教育事业发展统计公报公布数据整理。

其中，普通本科学校1238所，占全国高等学校的41.1%；本科层次职业学校32所，占全国高等学校的1.1%；高职（专科）学校1486所，占全国高等学校的49.5%；成人高等学校256所，占全国高等学校的8.5%。图4是2021年全国高等学校中普通本科学校、本科层次职业学校、高职（专科）学校和成人高等学校的数量占比情况图。

图5是2016~2021年全国各种形式的高等教育在学总规模及毛入学率。2020年，全国各类高等教育在学总规模4183万人，高等教育毛入学率为54.4%。2021年，全国各种形式的高等教育在学总规模4430万人，高等教育毛入学率为57.8%，比2020年增加3.4个百分点。

图6是2021年全国普通本科、职业本专科在校生人数占比。由图6看出，全国普通本科、职业本专科在校生共有3496.13万人，其中，普遍本科在校生1893.10万人，占普通本科、职业本专科在校生人数的54.15%；职业本科在

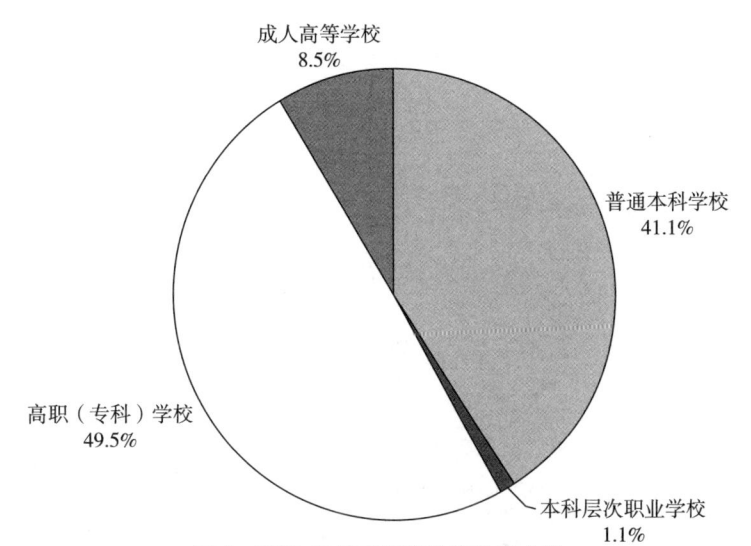

图4 2021年全国高等学校数量占比

成人高等学校 8.5%
普通本科学校 41.1%
高职（专科）学校 49.5%
本科层次职业学校 1.1%

资料来源：根据2021年全国教育事业发展统计公报公布数据整理。

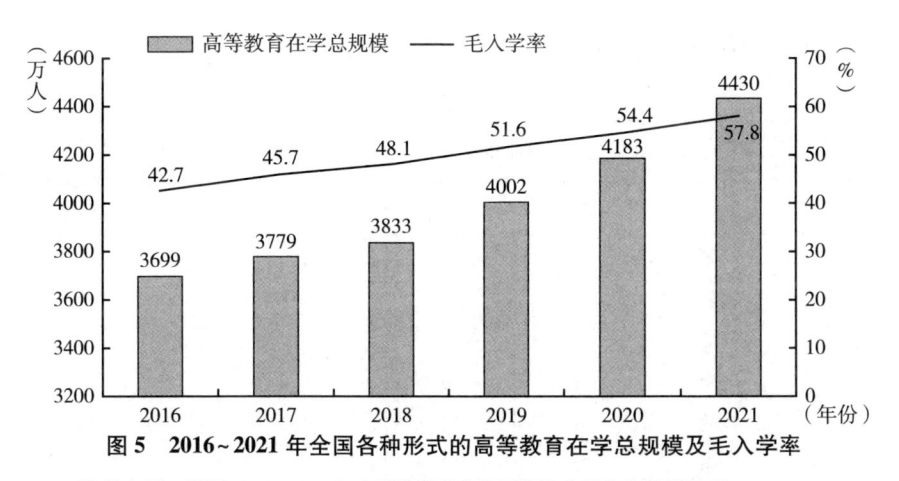

图5 2016~2021年全国各种形式的高等教育在学总规模及毛入学率

年份	在学总规模（万人）	毛入学率（%）
2016	3699	42.7
2017	3779	45.7
2018	3833	48.1
2019	4002	51.6
2020	4183	54.4
2021	4430	57.8

资料来源：根据2016~2021年全国教育事业发展统计公报公布数据整理。

校生12.93万人，占普通本科、职业本专科在校生人数的0.37%；高职（专科）在校生1590.10万人，占普通本科、职业本专科在校生人数的45.48%。

根据教育部相关统计数据，可梳理出2021年民办普通高校全国区域分布和排行概况（见表5）。

高职（专科）
45.48%

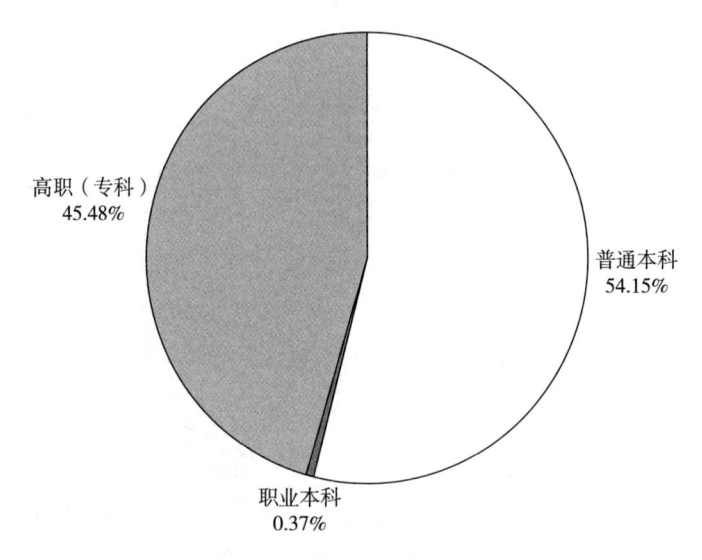

普通本科
54.15%

职业本科
0.37%

图6 2021年全国普通本科、职业本专科在校生人数占比

资料来源：根据2021年全国教育事业发展统计公报公布数据整理。

表5 2021年各省份民办普通高校（含独立学院）在全国区域分布情况

单位：所，%

序号	省份	民办普通高校数 本科	民办普通高校数 专科	普通高校数	民办普通高校数占全省普通高校数的比例
1	广东	27	26	160	33.13
2	四川	18	34	134	38.81
3	江苏	28	21	167	29.34
4	河南	19	26	156	28.85
5	湖北	32	12	130	33.85
6	山东	25	17	153	27.45
7	福建	16	21	89	41.57
8	河北	24	13	123	30.08
9	浙江	23	10	109	30.28
10	陕西	23	10	97	34.02
11	安徽	15	17	121	26.45
12	辽宁	22	9	114	27.19

续表

序号	省份	民办普通高校数 本科	民办普通高校数 专科	普通高校数	民办普通高校数占全省普通高校数的比例
13	江西	18	13	106	29.25
14	湖南	21	9	128	23.44
15	重庆	9	20	69	42.03
16	广西	12	14	85	30.59
17	云南	9	12	82	25.61
18	吉林	12	8	66	30.30
19	上海	9	11	64	31.25
20	黑龙江	12	6	80	22.50
21	贵州	8	7	75	20.00
22	北京	5	10	92	16.30
23	天津	12	1	56	23.21
24	山西	8	4	82	14.63
25	内蒙古	2	8	54	18.52
26	海南	3	5	21	38.10
27	甘肃	3	3	49	12.24
28	新疆	2	4	56	10.71
29	宁夏	4	0	20	20.00
30	青海	1	0	12	8.33
31	西藏	0	0	7	0

资料来源：根据2021年教育部公布的全国高等学校名单整理。

由表5可看出，与2020年相比，2021年全国民办高校排列位序有所变化，广东省民办院校53所，超越了四川省，位居全国第一。河南民办本科高校19所，民办专科院校26所，共45所（民办本科院校均含独立学院），民办高校数量仍然位居全国第四。

图7是我国民办普通本科院校办学类型的分布情况。我国的民办院校分布在十大办学类型中，其中理工、综合、财经类高校占绝大多数，各有84、72、37所，分别占总数的37.50%、32.14%和16.52%。

2004年，河南全省有民办普通高校10所（不含独立学院），河南仅占

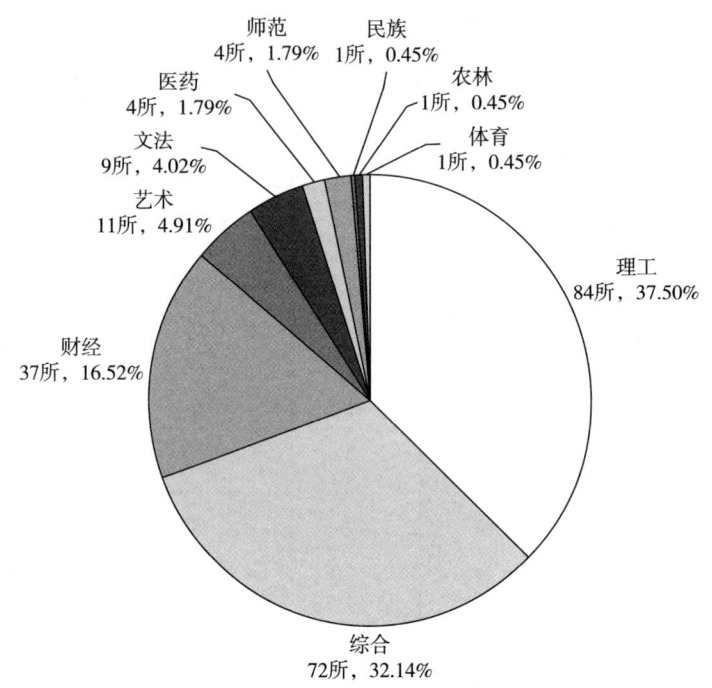

图 7　民办普通本科院校办学类型分布

资料来源：根据金平果 2022 年中国民办普通本科院校综合竞争力排行榜 100 强整理。

全国民办院校总数的 4.39%；2021 年，河南民办高校占到全国民办普通高校总数的 5.91%。[1]

综上所述，近年来，河南民办高校在发展规模上稳居全国的前列。

（二）河南民办高校在本省高教领域办学概况分析

2021 年，在我国高校资源省域分布上，江苏省一直是"苏大强"，2021 年高校数量虽然没有变化，仍然以 167 所位居全国第一；广东省加快高校建设，2021 年高校数量由 154 所增加为 160 所，仍然位居全国第二；河南省

---

[1] 胡大白、杨雪梅、王建庄主编《河南民办教育发展报告（2020）》，社会科学文献出版社，2020。

高校数量增长很快，2021年的高校数量超过山东省，位居全国第三，但高职高专校院校过多，办学实力不如山东省，没有一所985高校（见图8）。

经过多年的发展，虽然河南省高校数量规模在全国排名靠前，但总体来说，大而不强，河南高水平大学稀缺，外省名校在河南的招生指标很少，河南考生要高出其他省份考生几十分，才能考取同一所学校。河南省高等教育中博士层次培养规模过小，两院院士数量极少，博士在教师中的比例较低，与人口资源大省极不配套。生均教育经费长期以来低于全国平均水平。

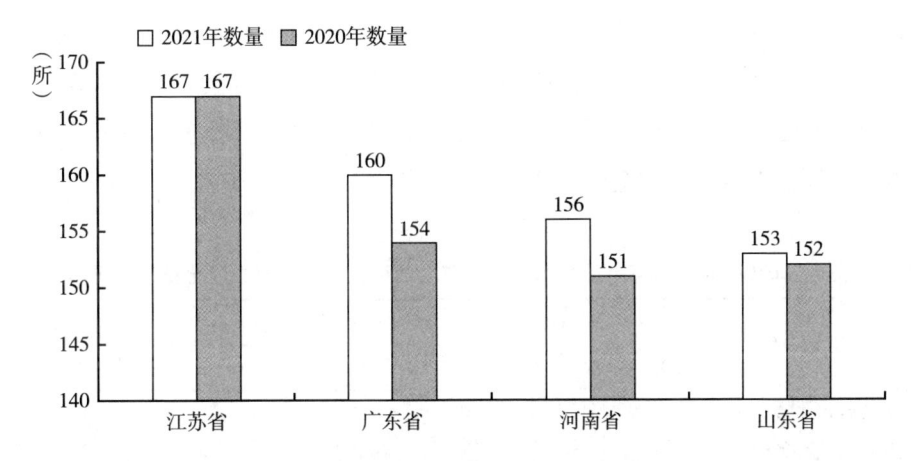

图8　2020~2021年我国高校省域分布四强

资料来源：根据全国各省份2020~2021年教育统计公报整理。

2021年，国家双一流大学共140所，河南省仅有郑州大学、河南大学2所大学榜上有名。2021年，河南普通高等学校156所，民办普通高等学校共有45所，其中，本科19所，专科26所，占全省高校总数的28.85%；民办普通本专科在校生74.30万人，占全省普通、职业本专科在校生总数的27.66%。①

2004年，全省只有10所民办高校、10所独立学院，到2021年，河南的民办高校和独立学院已有45所。民办高职高专院校比上一年度增加

---

① 《2021年河南省教育事业发展统计公报》，http://www.doc88.com/p-80099412633778.html。

了2所。2021年，全国民办高校762所，河南民办高校占全国普通民办高校总数的5.91%。河南民办高校在数量规模扩大的同时，也实现了办学层次的提升。

（三）基于大学评价的河南民办高校综合竞争力分析

本文选取了2019~2022年的国内三大大学排行榜，即中国科教评价网发布的金平果中国民办本科院校综合竞争力100强排行榜、武书连民办大学排行榜、校友会民办大学排行榜中的河南民办高校数据。运用加权平均法进行计算整理和分析，可看出河南民办高校在全国的综合竞争力发展趋势。

表6是中国科教评价网发布的金平果大学排行榜中，梳理的2020~2022年河南民办本科院校在全国综合竞争力的排名。

表6 2020~2022年河南民办本科院校在全国百强民办院校中综合竞争力排名

学校名称	国内排名 2020年	国内排名 2021年	国内排名 2022年	省内排名 2020年	省内排名 2021年	省内排名 2022年	综合排名（2020~2022年）
黄河科技学院	3	4	10	1	1	1	1
郑州西亚斯学院		37	37		2	2	2
郑州升达经贸管理学院	35	40	100	3	3	9	3
郑州工业应用技术学院	39	45		4	4		4
商丘学院	47	47		5	5		5
郑州工商学院	64	82		6	7		6
郑州科技学院	33			2			7
郑州商学院	79	94	82	8	9	5	8
郑州财经学院	86	69	89	10	6	8	9
信阳学院	85	88		9	8		10
商丘工学院	91		66	11		3	11
黄河交通学院			76			4	12
中原科技学院			84			6	13
郑州经贸学院			88			7	14
安阳学院	78			7			15

资料来源：根据金平果2020~2022年中国民办普通本科院校综合竞争力排行榜100强有关数据整理。

由表6看出，2020年，11所河南民办本科高校进入中国科教评价网发布的"金平果"中国民办本科院校综合竞争力100强排行榜，占100强排行榜的11.00%。2021年和2022年，河南省均有9所民办本科高校进入中国民办本科院校综合竞争力100强排行榜，占100强排行榜的9.00%。河南民办高校整体综合竞争力略有下降。

2022年与2020年相比，黄河科技学院从国内排序第3名下降到第10名，郑州科技学院、郑州工业应用技术学院、郑州工商学院和信阳学院分别从33名、39名、64名、85名跌出排行榜，郑州升达经贸管理学院从第35名下降到第100名，郑州商学院从第79名下降到第82名，郑州财经学院从第86名下降到第89名。仅有两所民办高校排名可圈可点，郑州西亚斯学院转设为民办高校之后，以第37名进入百强排行榜；商丘工学院从第91名上升到第66名。综合看来，河南民办本科高校综合竞争力呈现整体下降趋势。

表7梳理了2019~2022年武书连版河南省民办高校在全国的综合竞争力排名概况。

表7 2019~2022年武书连版河南省民办高校在全国的综合竞争力排名

学校名称	国内排名 2019年	国内排名 2020年	国内排名 2021年	国内排名 2022年	省内排名 2019年	省内排名 2020年	省内排名 2021年	省内排名 2022年	综合排名（2019~2022年）
黄河科技学院	1	1	1	1	1	1	1	1	1
郑州西亚斯学院				4				2	2
郑州科技学院	23	25	25	16	3	4	4	3	3
郑州升达经贸管理学院	32	19	23	22	4	2	3	4	4
郑州工商学院	18	21	21	42	2	3	2	8	5
郑州工业应用技术学院	38	37	39	39	6	6	6	7	6
信阳学院	65	45	46	34	7	7	8	6	7
中原科技学院			36	24			5	5	8
郑州商学院	35	36	44	50	5	5	7	10	9
河南开封科技传媒学院			51	43			9	9	10
商丘学院	71	56	72	52	8	8	10	11	11
安阳学院	78	78	77	90	9	10	11	13	12
郑州经贸学院			79	78	53	11	12	12	13
郑州财经学院		65	91	97	9	13	15	14	

续表

学校名称	国内排名 2019年	国内排名 2020年	国内排名 2021年	国内排名 2022年	省内排名 2019年	省内排名 2020年	省内排名 2021年	省内排名 2022年	综合排名（2019~2022年）
新乡医学院三全学院				96				14	15
商丘工学院	110	94	108	124	10	12	14	17	16
黄河交通学院		151	189	129		13	15	18	17
新乡工程学院				120				16	18

由表7看出，2019年河南省有9所民办高校进入武书连版民办大学排行榜100名；2020年河南省有12所民办高校进入排行榜100名，2021年有13所民办高校进入排行榜100名；2022年有15所民办高校进入排行榜100名。在国内排名中，2022年12所民办高校排名较为稳定并有所上升，5所民办高校排名呈下降趋势。

在中国校友会网2022年中国大学排行榜中，河南省共有18所民办大学进入排名。校友会中国大学排名评价指标体系涵盖中国高校五大核心职能的600多项具有代表性的评测指标，涵盖了国内外其他大学排名的高端质量指标。表8是2019~2022年校友会版河南省民办高校在全国的综合竞争力排名。

表8　2019~2022年校友会版河南省民办高校在全国的综合竞争力排名

学校名称	国内排名 2019年	国内排名 2020年	国内排名 2021年	国内排名 2022年	省内排名 2019年	省内排名 2020年	省内排名 2021年	省内排名 2022年	综合排名（2019~2022年）
郑州工商学院	7	7	3	10	1	1	1	2	1
黄河科技学院	20	24	14	11	2	2	3	3	2
商丘学院	30	25	9	8	3	3	2	1	3
安阳学院	59	49	25	23	4	4	4	4	4
郑州西亚斯学院		57	31	32		5	5	5	5
郑州升达经贸管理学院	82	88	34	38	6	8	7	6	6
郑州科技学院	82	79	36	45	6	7	8	7	7
郑州工业应用技术学院	65	73	40	49	5	6	9	9	8
郑州商学院	94	108	62	63	8	9	12	12	9
中原科技学院			31	57			5	11	10

续表

学校名称	国内排名 2019年	国内排名 2020年	国内排名 2021年	国内排名 2022年	省内排名 2019年	省内排名 2020年	省内排名 2021年	省内排名 2022年	综合排名（2019~2022年）
郑州经贸学院			46	50			10	10	11
河南开封科技传媒学院			51	47			11	8	12
新乡医学院三全学院			68	69			13	13	13
信阳学院	112	125	86	92	9	10	14	14	14
郑州财经学院	116	128	90	96	11	12	15	15	15
商丘工学院	114	126	102	105	10	11	16	17	16
新乡工程学院			104	102			17	16	17
黄河交通学院	145	153	126	123	12	13	18	18	18

由表8看出，2019年和2020年河南省均有8所民办高校进入校友会版民办大学排行榜100名；2021年和2022年河南省均有15所民办高校进入排行榜100名；在国内排名中，2022年与往年相比，12所民办高校排名趋于下滑，6所民办高校排名趋于上升。

综合表6~表8相关数据，利用加权平均法，可以列出综合国内三大排行榜的河南省民办高校在全国的综合竞争力排名（见表9）。

表9 综合国内三大排行榜的河南省民办高校2022年在全国的综合竞争力排名

学校名称	金平果版综合排名 省内	金平果版综合排名 国内	武书连版综合排名 省内	武书连版综合排名 国内	校友会版综合排名 省内	校友会版综合排名 国内	综合排名
黄河科技学院	1	10	1	1	2	11	1
郑州西亚斯学院	2	37	2	4	5	32	2
郑州工商学院	6		5	42	1	10	3
郑州升达经贸管理学院	3	100	4	22	6	38	4
郑州科技学院	7		3	16	7	45	5
郑州工业应用技术学院	4		6	39	8	49	6
商丘学院	5		11	52	3	8	7
郑州商学院	8	82	9	50	9	63	8
中原科技学院	13	84	8	24	10	57	9
信阳学院	10		7	34	14	92	10

续表

学校名称	金平果版综合排名 省内	金平果版综合排名 国内	武书连版综合排名 省内	武书连版综合排名 国内	校友会版综合排名 省内	校友会版综合排名 国内	综合排名
河南开封科技传媒学院			10	43	12	47	11
安阳学院	15		12	90	4	23	12
郑州经贸学院	14	88	13	53	11	50	13
新乡医学院三全学院			15	96	13	69	14
郑州财经学院	9	89	14	97	15	96	15
商丘工学院	11	66	16	124	16	105	16
黄河交通学院	12	76	17	129	18	123	17
新乡工程学院			18	120	17	102	18

由表9看出，河南省共有18所民办本科高校进入国内三大民办大学排行榜中。以2022年为例，在金平果版综合排名中，河南省有9所民办高校进入100强行列；在武书连版综合排名和校友会版综合排名中，河南省均有15所民办高校进入100强行列。但与往年相比，2022年部分民办高校如郑州西亚斯学院、商丘学院、信阳学院、安阳学院在国内的综合竞争力逐年上升，大部分民办高校在国内的综合竞争力呈下降趋势。

三 实施内涵式发展战略，创建高水平民办大学

实施内涵式发展战略，遴选一批基础条件较好、水平较高的学校开展高水平民办大学的创建，不仅是世界高等教育发展的重要经验，也是河南民办高校实施内涵式发展战略的需要，对于进一步丰富和完善河南省高等教育体系具有重要的意义。

（一）高水平大学、高水平民办大学、高水平民办应用技术大学的内涵特征

1088年，第一所具有近代大学特征的私立博洛尼亚大学在意大利中部

诞生。随后，在法国和英国先后出现这种近代大学的模式，这些创立于中世纪的法国巴黎大学、英国的私立牛津大学、剑桥大学，以及美国哈佛大学、斯坦福大学均是世界一流的私立高水平大学。中国古代不仅有开创和奠定中国古代高等教育和教育思想基础的老子、孔子、墨子、孟子等私学大师创办的高水平诸子私学，有汇聚四海英才、规模宏大的稷下学宫和两宋名扬天下的四大书院，还有民国时期民族精英创办的复旦大学、南开大学和厦门大学等高水平私立大学。

1. 高水平大学、高水平民办大学的内涵特征

不同层次的高水平大学标准不一样。坚持以学科建设为基础，以人才培养为核心，以科学研究为支撑，建设一流学科、培养一流人才、产生一流成果的大学是中国高水平大学。

《国家中长期教育改革和发展规划纲要》提出"支持民办学校创新体制机制和育人模式，提高质量，办出特色，办好一批高水平民办学校"；教育部《关于鼓励和引导民间资金进入教育领域促进民办教育健康发展的实施意见》提出"积极支持有特色、高水平、高质量民办高校发展"。高水平民办大学是指在全国民办院校开展的以加强内涵建设为核心，具有办学特色和创新体制机制和育人模式，以提高民办院校办学质量和办学水平为目标的民办院校质量建设工程的民办大学。扶持一批高水平民办大学，组建民办高校的"国家队"，必将对我国探索应用型本科高校创新发展的道路，建立新时代现代职业教育体系起到有力的推动作用。

2. 应用技术大学、高水平民办应用技术大学的内涵特征

应用技术大学（Universities of Applied Sciences），又称应用科技大学，属于应用型大学的范畴。高水平民办应用技术大学具有"本科学历教育与职业技能培养"相结合的办学特色；具有创新的体制机制和育人模式，培养高级应用技术型人才是其人才培养的主要目标。微观而言，高水平民办应用技术大学还应具备以下基本条件：党建及思想政治工作成效突出；现代大学治理体系完善；办学条件能充分地满足高级应用技术型人才培养的需要；师资队伍建设成效较为显著；服务社会能力较强，建有产教深度融合的科研

体系和政行企校多方合作的创新平台。因此，河南省民办高校应转变发展战略，实施内涵式发展战略，以创办高水平民办大学为指向。

（二）加强顶层设计，创建高水平的民办大学

1.加强顶层设计，对接市场需求，把握发展关键，提高办学质量，发挥文化育人功能，培育办学特色

民办高校实施内涵式发展战略要由过去争取自身权益和办学自主权，向重视教学基本建设、加强内部质量管理、提高人才培养质量、创办高水平大学上转变。

一是加强顶层设计，凝神聚力创建高水平大学。民办高校实施内涵式发展战略的关键在于构建并完善顶层设计，确立办学指导思想，明确凸显办学方向和大学的服务职能。例如，黄河科技学院"以提高教学质量为中心，以提高管理水平为手段，以加强思想政治工作为保证"的"三以"办学方针进一步明确办学系统定位，确立了应用技术大学的层次定位。可以说，在应用技术大学建设上，河南民办高校与公办高校基本站在同样的起跑线上，是众多民办高校实现弯道超车、跨越式发展的重要机遇。

二是对接市场需求，坚持不懈地进行专业建设与改造。首先要统筹规划专业建设与发展；其次要通过更新教学内容、改进培养模式等途径实现专业调整；最后要注重专业特色和特色专业培育。郑州科技学院构建了"学历证+职业资格证+综合素质证"三证合一的人才培养模式。黄河交通学院对接市场需求，坚持不懈地进行专业建设与改造，实施产教融合、校企合作、协同育人的培养模式，以适应人才培养供给侧结构性改革的要求。

三是把握发展关键，时刻把师资队伍建设摆在首要位置。师资队伍的建设是实施民办高校内涵式发展战略的重中之重。高校招生"并轨"后，虽然毕业生包分配的制度取消了，但是公办学校良好的社会地位、事业编制、有保障的经济收入和晋职晋级的渠道，仍然对大学毕业的硕士、博士有较大的诱惑。因此，民办高校要把引进和培养学科、专业带头人作为重要工作。要着眼应用型人才培养，不断加大科研经费投入，要高度重视校本培训和教

师专业发展，增强教师队伍的工作胜任力。

四是围绕提高人才培养质量，不断改进教育教学与管理。要建立契合应用型人才培养的质量标准和评价体系，引导、统领质量建设与管理全过程。例如，郑州升达经贸管理学院对大学英语实行分级教学改革，对高等数学进行分层教学改革试点，专业课教学按照"削枝强干""少而精"的要求，进一步突出了专业内核。在授课方法和考核方法的改革上，大力倡导启发式、案例式和讨论式等创新授课方法，改变了单纯闭卷考试的形式，尝试增加口试、课程论文、开卷考试等多种考核形式。

五是发挥文化育人功能，全面加强大学文化建设。优秀的校园文化以全面提高人才培养质量为价值取向，以实施校园文化战略为基础保证，因此，在河南省民办高校中导入学校识别系统（School Idenity System，SIS），可以全力打造学校的核心竞争力。民办高校要积极培育学术氛围，让学术文化占领校园文化的主阵地；牢固树立以生为本、以师为要的观念。

六是精心培育办学特色，积极探索差异化发展道路。差异性决定了民办高校办学的特色和个性化，是民办高校持续竞争优势的本源。河南民办高校要深入进行市场需求调研，要注重同业竞争态势研究，并着眼细分市场、边缘学科、新兴专业，从而与传统大学形成差异发展、错位竞争的态势。例如，郑州科技学院先后在宇通客车、三全食品、中联重科等160余家知名企业建立了实习基地，构建了"企业课程进校园""企业讲师进课堂"的协同育人模式。

2. 以四项管理制度为保障，健全完善民办高校大学制度，实施民办高校的内涵式发展战略

民办高校建立健全法人治理结构制度着重解决好四个问题。其一，依法建立民办高校法人治理结构制度，明确董事会或理事会等决策机构的组成人员的资格、任期、产生办法、审批（或备案）手续等；其二，科学优化民办高校人才队伍结构，建立健全人事管理与人才引进制度；其三，建立健全法人财产与财务管理制度，提高财务管理的科学性、透明度；其四，建立健全教学管理与质量监控制度，形成适合民办高校自身特点的管理模式，使之配套衔接，这是实施内涵式发展战略、创建高水平民办大学的必由之路。

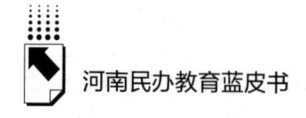

（三）实施内涵式发展战略，创建"五位一体"的高水平民办大学

所谓"五位一体"，即是从新发展理念、大学组织结构、大学制度建设、内涵式发展战略、大学评价指标体系等五个方面创建高水平民办大学。其中，发展理念是核心，大学组织结构转型是根本，大学制度建设是主轴，内涵式发展战略是保障，大学评价指标体系是评价标准。

1. 基于新发展理念的高水平民办大学的创建

以创新、协调、绿色、开放、共享的新发展理念为核心。引导民办高校广大师生做社会主义核心价值观的坚定信仰者、积极传播者和模范践行者，使学校治理有方、管理到位、风清气正。创新发展理念，提升学科建设水平，找准学校主打学科，以学科建设带动学校整体建设。河南民办高校要积极开展相关行业的知名企业合作，快速扭转科研平台建设的滞后局面，特别是努力实现国家级科研平台的突破。要以"人才强校"为关键，打造一支数量足、素质优、水平高的高校师资队伍；以特色办学为抓手，民办高校更应牢牢抓住自身办学特色，避免同质化发展；以服务地方发展为导向，以提高办学质量为根本。要制订科学长远的发展规划、推进学科、专业、课程和管理的战略性调整。并且，学校在办学设施发展的基础上应更加注重环境与文化、规模与效益、质量与特色和谐地发展，以达到学校办学质量提高和社会知名度提高为学校办学之根本。

2. 基于大学组织结构理论的高水平民办大学的创建

民办大学组织是开放的社会系统。高水平民办大学的创建过程也是每一次转型都呈现出"转移—改造—提升"这样一个同步推进的过程，与此同时，也伴随着大学组织结构的自发转型。新中国成立初期经历了政府对私立高校的扶持、改造与接办过程。改革开放后中国的民办高校经历了复苏、创办与转型发展、规范发展的历史阶段，虽然万人、数万人规模的民办大学不断涌现，但目前为止，中国的民办高校还是一种高度集权体制下的创业者组织结构。创业者组织是一种简单的组织结构，在创业者组织结构的战略制定中，主要负责人和战略远见起重要作用。因此，这一转型就是从民办高校发展阶段的创业者组织向大众化组织结构转型;由地方普通民办高校向培养应用型创新人才的高水平民办大学转型。因此,转型后的高水平民办大学组织结构应是集权体制与分权体制相融合的无系扁平化组织结构。

3. 基于大学制度建设的高水平民办大学的创建

融合世界一流私立大学的办学理念与大学制度的高水平民办大学"西湖大学",进一步验证了现代大学制度是能够保证高水平民办大学实现良好治理的制度体系。构建法人治理结构是民办高校建设现代大学制度的核心。黄河科技学院等校以大学章程制订的框架为主轴,结合民办高校现代大学制度建设,从民办高校的董事会、党组织、行政管理、学术管理、民主管理制度建设过程中,形成了"五位一体"的法人治理结构,改善了民办高校的创业者组织结构,理顺了内部职责部门相互间的职权范围。

4. 基于内涵式发展战略的高水平民办大学的创建

制定内涵式发展战略是创建高水平民办大学中一个整体的体系和有序的系统。民办高校内涵式发展战略应包括:民办高校外部环境与内部条件分析;民办高校明确的战略使命、愿景和目标;民办高校的战略原则、方针与途径;民办高校的战略行为方式、对策与措施。战略指导思想是内涵式发展战略的总纲领;民办高校的战略目标是战略规划的中心。战略重点是高水平民办大学建设中建设实施内涵式发展战略目标的关键环节;战略步骤是高水平民办大学建设实施内涵式发展战略的必要条件;战略措施是高水平民办大学建设中建设实施内涵式发展战略的行动过程。

5. 基于大学评价指标体系的高水平民办大学的创建

大学排名活动的实质是大学评价。大学排名伴随着世界高等教育的发展,已成为一种全球现象。实施民办高校的内涵式发展战略,尚需建立高水平民办高校的大学评价体系。

首先,高水平民办大学评价体系的建设可用权重法、层次分析法等数理模型构建和完善科学适用的评价指标体系。一级指标可由办学条件、发展战略、办学质量、人才培养质量等指标构成;二级指标分别为办学经费、教学设施、师资力量、学术科研水平、办学理念、治理结构、组织结构、人才培

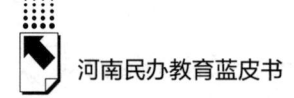

养等八项指标构成；三级指标可由生均教学日常支出费用、自有教师中博士学位者占比、董事会坚持公益性办学方向、博士和硕士专业学位授权点数量、高级别高水平的国家级课题和奖项、省部级产教融合、实验平台等指标构成。

其次，高水平民办大学的建设还要措施到位。一是政府引导，加大政策支持力度，安排专项经费，实施"高水平民办大学建设项目"；二是加快研究论证，尽快出台国家级高水平民办院校建设的行动方案；三是结合"民办"特点，制定国家级高水平民办院校选拔和建设标准；四是加强宏观指导，引导民办院校在建设和竞争中提升教学质量和科研水平；五是实施内涵式发展战略，致力于建设高水平人才培养体系。

四 研究结论与建议

通过分析河南民办高等教育的发展现状和内外部发展环境，从三个大学排行榜分析河南民办高校在国内综合竞争力的排序，探讨制约河南民办高校实施内涵式发展战略的主要因素，寻求解决制约河南民办高校健康发展的途径。

（一）研究结论

本报告首先从科学定位、发展目标、优化内外部环境等方面进一步探讨了河南民办高校实施内涵式发展的战略思路、战略途径、战略构想和相关政策；其次在实施河南民办高校内涵式发展战略的基础上，探讨了河南民办高校创建高水平民办大学的可行性。

第一，在进入高等教育普及化时期，河南民办高校要健康规范地发展。首先要科学定位，实施"质量立校、人才强校、特色兴校"的内涵式发展战略；其次要深刻理解战略管理内涵，运用正确的战略思想，构建品牌塑造、差异化竞争、规模效益、多元化发展、融资办学、雁阵效应、集群联盟和校园文化的"八大战略"体系。

第二，实施内涵式发展战略就要优化内外部环境，完善法律法规，创建公共服务型政府，健全组织建设，构筑政府与民办高校的和谐关系；进一步健全大学法人治理结构制度、人事管理与人才引进制度、法人财产与财务管理制度、教学管理与质量监控制度；由创业型大学组织向大众化大学组织转型是河南民办高校变革内部组织结构的途径；实施内涵式发展战略还应创新科学的决策机制，提高教学学术科研水平，增强河南民办高校内涵式发展的内动力。

第三，创建高水平民办大学是深化河南民办高校内涵式发展战略的系统工程、发展工程。课题界定了高水平大学、高水平民办大学的内涵特征；高水平民办应用技术大学是以科学知识和技术成果的应用为导向，教育内容以技术学科或应用性学科为主，创新体制机制和育人模式，以提高办学质量和办学水平为目标的高水平民办大学。

第四，创建高水平的民办大学，需要以战略规划为指导，强化顶层设计，增强"科学发展、服务社会、办学特色"三大理念，把准"重大发展项目、体制改革战略重点、学科建设战略重点"三大选择，促进"思想政治教育与专业素质教育教学与科研、建设规模与教职工利益、思想政治教育与专业素质教育"三大协调发展；对接市场需求，把握发展关键，提高办学质量，突出特色、凝聚合力，实施河南民办高校的内涵式发展战略。

第五，从新发展理念、大学组织结构、大学制度建设、内涵式发展战略、大学评价指标体系等五个方面，研究了创建"五位一体"的高水平民办大学的路径。其中，新发展理念是核心、学科建设为龙头、"人才强校"是关键、特色办学为抓手、服务地方发展为导向，大学组织结构转型是根本，大学制度建设是主轴，内涵式发展战略是保障，构建相应的大学评价指标体系是评价高水平民办大学的标准。

第六，以黄河科技学院、信阳学院、郑州科技学院、黄河交通学院等学院为案例，论述了其完善顶层设计、制定中长期战略发展规划，全面推进教育高质量内涵式发展，由规模扩张向提升人才培养质量转型，在创新创业教育的双创背景下创建高水平的应用技术大学的实践过程和经验。

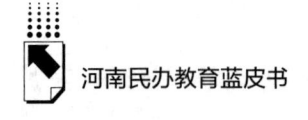

（二）研究建议

第一，充足的经费是民办高校内涵式发展的有力保障。构建多元化筹资机制战略，应成为促进河南省民办高校内涵式发展的重要途径：一是完善融资中的政府功能，认可社会对民办高校的税前捐款，形成以财税调节捐款的良性机制；二是政府可制定教育彩票法，发行民办教育彩票；三是鼓励民办高校通过发行教育债券等方式，实现融资多元化。

第二，建议政府引导，借助学科专业的相近、资源相对集中的优势，组建教育集群联盟，建议由郑州大学、河南大学等名校与河南省较高水平的民办高校结"亲家"、帮对子；建立实现双赢的同类学校集群联盟战略；实施与企业及科研院所合作的产学研集群联盟战略；开拓与国际教育机构合作的国际教育联盟战略。

第三，实施内涵式发展战略，还需要各级政府外部政策的扶持和政策环境的优化，因此建议：一要落实优惠政策，进一步细化国家法律对民办教育有关的政府支持、权益保护、税收优惠等条款的原则性规定；二要明确民办高校事业单位法人性质，借鉴国外经验，制定可操作性强的《河南民办学校教师退休实施法》，解决与公办高校教师"同工不同酬"的问题。

第四，高层次、高水平师资队伍的建设，是实施内涵式发展战略的关键。建议各级政府学习江浙、广东等地给予民办高校高层次人才划拨人事实业编制的方式，为高层次、高学历人才的引进"筑巢引凤"搭建平台。应总结河南省信阳市政府为信阳学院解决部分事业人事编制的经验，推而广之。要高度重视校本培训和教师专业发展，把师资队伍建设摆在首要位置。

第五，采取有力措施，尽快出台文件，依法保障其享有充分办学自主权，为高水平民办大学建设提供政策保障。政府可加强宏观指导，搭建交流平台；加强民办高校之间，以及民办高校与公办高校之间的交流与合作；采取多种形式，为民办高校举办者和管理者开阔办学视野、提高管理素质搭建平台。

综上所述，在民办大学评价的框架背景下，通过实施内涵式发展战略，河南民办高校经过若干年的努力，在河南省内应力争创建若干所高水平的民办大学。创建高水平民办大学是一个复杂的系统工程，离不开河南省各级政府的支持，各级政府和教育部门要与民办高校同心协力，形成制度，制定发展目标，设立评价标准、评价方法，鼓励发展措施，加大公共财政扶持力度，让高水平民办高校能在河南省较大范围内开花结果。

参考文献

方海明：《我国大学评价与排名的量化分析与比较》，《高教发展与评估》2006年第1期。
袁誉：《关于当前民办高校人力资源管理中存在的问题研究及其建议》，《中国管理信息化》2021年第5期。
王新昌：《河南有大学文化人口超1千万！10个郑州人近3个是大学文化》，https://www.163.com/dy/article/H5B0TGDJ05149TH2.html。
《2021年全国高等教育招生数、在校生数及高等教育毛入学率分析》，https://www.chyxx.com/industry/1101481.html。
《2022年全国各省大学数量排名榜》，http://www.gushibaba.com/8886。
《透过数字看2021年我国各省市高校数量变化》，https://new.qq.com/omn/20211028/20211028A098KW00.html。
胡大白、杨雪梅、王建庄：《河南民办教育发展报告（2017）》，社会科学文献出版社，2017。
陈丽婷、刘宁：《"金平果"2021年民办、独立院校排名揭晓!》，http://casee.hdu.edu.cn/2021/0311/c1031a132922/page.htm。
《最新出炉：2021年河南省民办大学排名!》，https://www.163.com/dy/article/GU46PAGE0512FSNF.html。
阚明坤：《建设我国高水平民办应用技术大学的对策研究》，西北师范大学硕士学位论文，2015。
刘新荣：《差异化战略与大学竞争优势》，《教育发展研究》2007年第Z1期。
胡大白：《民办高校实施内涵式发展的战略研究》，《黄河科技大学学报》2015年第2期。
张士军、于桂花：《民办高校多元化筹资中的投资渠道研究——基于投入动力视角的多元化投资机制》，《职业技术教育》2009年第7期。
胡大白、杨雪梅、董清民：《改革开放以来河南民办教育发展及趋势研究》，吉林文史出版社，2009。

B.4 河南省民办本科高校教育教学质量监测体系调查报告

罗秉鑫　杨存博 *

摘　要： 河南省民办本科高校教育教学质量监测体系建设存在部门设置不科学、岗位认知与工作能力不足、人员构成有待优化、质量监测智慧化水平偏低、职责与标准不明确、反馈不及时、督改力度不足、评价体系有待优化、岗位工作能力建设有待加强、部门间的协同合作有待加强等问题，应提高对质量监测工作的重视、明确岗位职责、提高质量监测信息化水平、加强部门自身建设、加强校内协作，以促进河南省民办本科高校教育教学质量监测体系的健康、高效发展。

关键词： 民办学校　高校教育教学　质量监测

一　前言

（一）调查背景

河南省共有58所本科高校，其中民办本科高校有19所，占比32.76%，民办本科高校在河南省教育体系中占据重要位置。但河南省民办本科高校教

---

* 罗秉鑫，郑州升达经贸管理学院教学质量监测与评估中心副主任，主要从事教学质量监测与评估研究；杨存博，郑州升达经贸管理学院副教授，河南民办教育研究院研究员，主要从事高等教育、民办教育研究。

育教学质量监测体系建设起步较晚，多数是伴随着教育部本科教学工作合格评估逐步建立起来的，而且各高校教育教学质量监测体系建设程度不一，整体发展仍处于初级阶段，对高校人才培养质量提升的辅助作用有限。质量监测关注点多集中于教学部门。2021年，教育部启动新一轮审核评估，将评估的范围从教学延展到教育教学，质量监测的范围进一步扩大。同时，伴随着科技发展，大数据技术等智慧化工具开始应用于质量监测领域。2011年，教育部开始在全国新建本科中建立年度数据采集制度，随后，河南省教育厅也建立了高等学校本科专业数据采集填报制度，利用大数据等现代信息化手段开展教育教学质量监测。这对当前民办高校教育教学质量监测体系构建与运行提出了更高的要求。

（二）调查目的

本次调查旨在通过对各民办本科高校教育教学质量监测体系建设情况的调研，了解其建设水平，通过对比研究，找出影响质量监测体系运行的主要问题所在，并及时将调研结果发送给参与问卷调查的高校，希望对河南省各民办本科高校教育教学质量监测工作起到积极的推动作用，促进河南省民办本科高校人才培养健康稳定发展。同时，也借助本次问卷调查，加强河南省19所民办本科高校教育教学质量监测部门之间的沟通、交流。

（三）调查对象和调查方法

1. 调查对象

首先，本次调查针对的是河南省全部19所民办本科高校。这19所民办本科高校分别是安阳学院、河南开封科技传媒学院、河南科技职业大学、黄河交通学院、黄河科技学院、商丘工学院、商丘学院、新乡工程学院、新乡医学院三全学院、信阳学院、郑州财经学院、郑州工商学院、郑州工业应用技术学院、郑州经贸学院、郑州科技学院、郑州商学院、郑州升达经贸管理学院、郑州西亚斯学院、中原科技学院。

其次，本次调查针对的是教育教学质量监测体系的建设情况。教育部

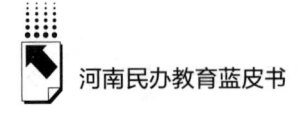

2021年印发的《普通高等学校本科教育教学审核评估实施方案（2021～2025年）》，专门将评估的范围从"教学"扩展到"教育教学"，考察的范围已经不仅仅局限于教学本身，更是扩展到与人才培养相关的方方面面，这也必然要求高校的质量监测部门不断完善自身工作职能。

2. 调查方法

本次调查采取"问卷星"在线问卷的方式进行，调查问卷相关数据均采用"问卷星"进行分析。本次问卷向河南省所有19所民办本科高校质量监测相关部门发送，其中16所高校参与问卷调查，3所高校未按期回复。

（四）调查内容

本次问卷围绕高校教育教学质量监测体系建设与运行进行设计，分为"部门设置情况""教育教学质量监测人员情况""教育教学质量监测平台建设情况""教育教学质量监测制度与标准建设情况""教育教学质量监测体系运行情况"五部分，共设置40个选项，各选项根据调查内容设置单选、多选或填空。

二 调研结果说明

（一）部门设置情况

1. 独立设置情况

16所高校中，10所高校设置了独立的质量监测部门，占比62.5%；6所高校未设置独立的质量监测部门，相关工作由教务处或其他部门视工作内容临时办理，其中5所高校的质量监测工作由教务处负责，1所高校的质量监测工作由其他部门临时负责（见图1）。

2. 质量监测部门成立时间情况

16所高校中，成立时间在10年以上的有3所（占比18.75%）；5～10

年的高校 5 所（占比 31.25%）；2~5 年的高校 5 所（占比 31.25%）；2 年及以内的高校 2 所（占比 12.5%）；1 所高校未成立专门的教育教学质量监测部门或科室（见图 2）。

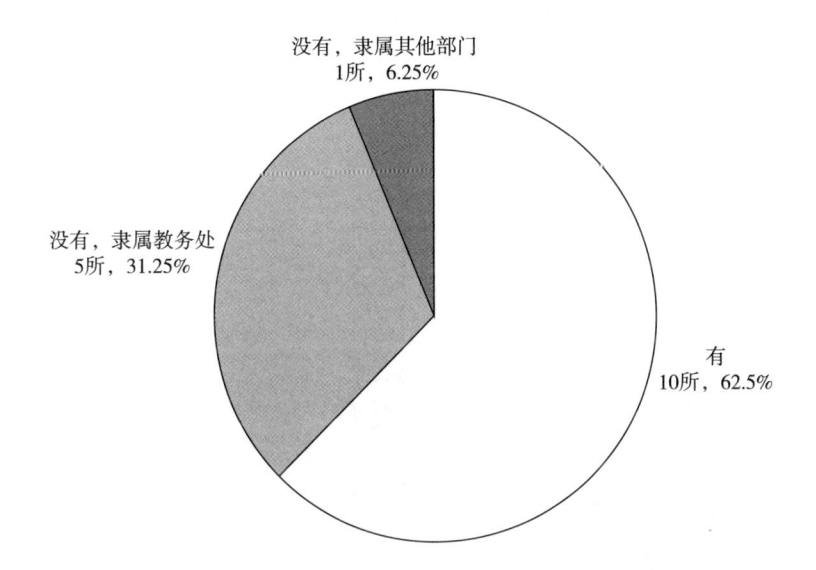

图 1　是否有独立的处级教育教学质量监测部门

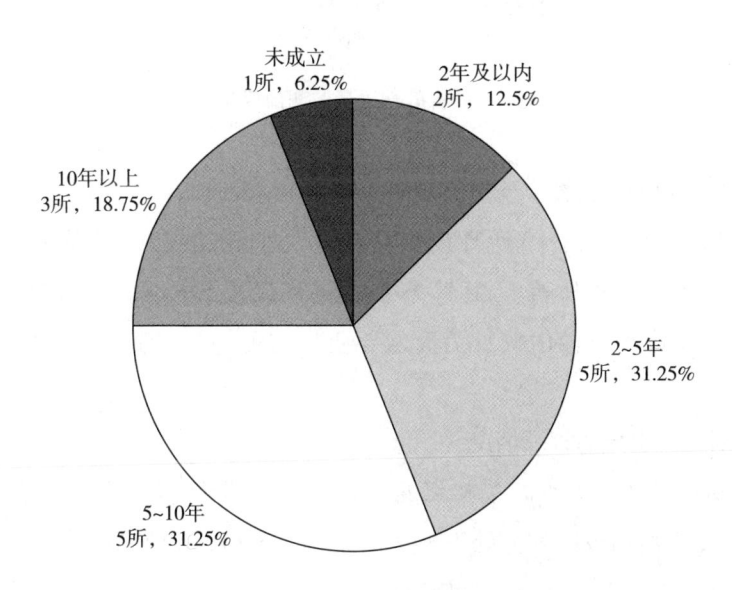

图 2　专门的教育教学质量监测部门成立时间

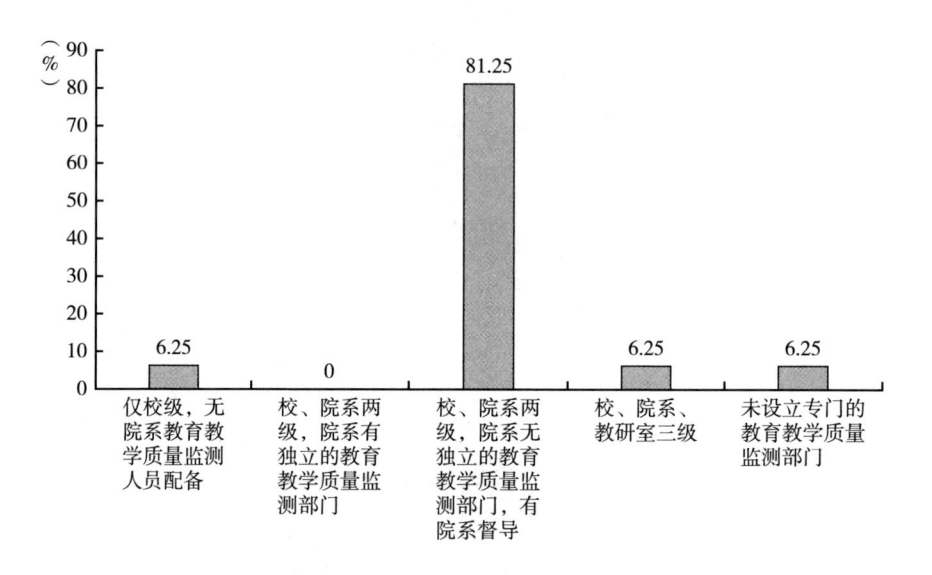

3. 教育教学质量监测部门构成情况

16所高校中，13所高校建设有校、院系两级质量监测体系，校级设置有独立的质量监测部门，院系级配置有督导人员；1所高校只设置有校级质量监测部门，未配备院系督导人员；1所高校设置有校、院系、教研室三级质量监测部门；1所高校未设立专门的质量监测部门（见图3）。

图3 教育教学质量监测部门构成

4. 直接管理教育教学质量监测部门的领导情况

16所高校中，有10所高校由主管教学副校长直接领导质量监测部门（占比62.5%）；4所高校由教务处处长直接领导质量监测部门（占比25%）；1所高校直接由校长负责领导质量监测部门（占比6.25%）（见表1）。

5. 对校级督导的管理情况

16所高校中，9所高校校级督导归专门的质量监测部门管理（占比56.25%）；5所高校归教务处管理（占比31.25%）；2所高校有独立的处级督导部门（占比12.5%）（见表2）。

表1 直接管理教育教学质量监测部门的领导

选项	高校数量(所)	占比(%)
董事长或执行董事	0	0
校长	1	6.25
主管教学副校长	10	62.5
教务处处长	4	25
无专门的教育教学质量监测部门	0	0
其他	1	6.25

表2 校级督导的管理

选项	高校数量(所)	占比(%)
有独立的处级督导部门	2	12.5
归专门的质量监测部门管理	9	56.25
归教务处管理	5	31.25
其他	0	0

（二）教育教学质量监测人员情况

1.教育教学质量监测部门成员结构情况

16所高校中，质量监测部门成员构成中均包含有校级督导，其余成员构成依次为学生信息员、质监部门职员、院系督导，有5所高校包含有教研室/专业督导人员，4所高校配备有其他人员（见表3）。

表3 教育教学质量监测部门成员结构

选项（多选）	高校数量(所)	占比(%)
教育教学质量监测部门职员	11	68.75
校级督导	16	100
院系督导	11	68.75
教研室/专业督导人员	5	31.25
学生信息员	14	87.5
其他	4	25

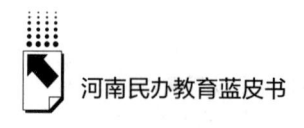

2.教育教学质量监测部门职员数量、职称结构、学历结构情况

16所高校中,在职员数量方面,9所高校质量监测部门职员(含管理人员,不含校级督导)人数为3~6人,3所高校职员为6人及以上,3所高校职员少于3人;在职称结构方面,7所高校半数及以上为副教授及以上职称,5所高校半数及以上为讲师,2所高校半数及以上为助教或未评教师序列职称,2所高校为其他(副教授或讲师职称占比均不到半数);在学历结构方面,9所高校主要为硕士毕业,5所高校主要为本科毕业,2所高校为其他(见表4)。

表4 教育教学质量监测部门职员数量、职称结构、学历结构

职员数量	高校数量(所)	职称结构	高校数量(所)	学历结构	高校数量(所)
3人以下	3	半数及以上为副教授及以上职称	7	半数及以上为高职毕业	0
3~6人	9	半数及以上为讲师	5	半数及以上为大学本科毕业	5
6人及以上	3	半数及以上为助教	1	半数及以上为硕士毕业	9
其他	1	半数及以上未评教师序列职称	1	半数及以上为博士毕业	0
		其他	2	其他	2

3.校级督导人员数量及职称情况

16所高校中,在人员数量方面,校级督导10人及以上的有8所,3~6人和6~10人的各有4所;在职称结构方面,6所高校75%及以上为教授,3所高校50%及以上为教授,5所高校75%及以上为副教授,1所高校50%及以上为副教授,1所高校50%及以上为讲师(见表5)。

4.校级督导人员构成情况

16所高校中,专职担任校级督导人员中,8所高校聘用校外退休人员担任,3所高校聘任校内退休人员担任,3所高校聘任非退休人员担任(不带

表 5　校级督导人员数量及职称

人员数量	院校(所)	职称结构	院校(所)
3 人以下	0	75% 及以上为教授	6
3~6 人	4	50% 及以上为教授	3
6~10 人	4	75% 及以上为副教授	5
10 人及以上	8	50% 及以上为副教授	1
		50% 及以上为讲师	1

课,不兼任其他工作);兼职担任校级督导人员中,7 所高校校级督导在校内带课,1 所高校校级督导为外校在职教师,5 所高校校级督导兼任其他工作(见表6)。

表 6　校级督导人员构成

选项(多选)	高校数量(所)	占比(%)
聘用校外退休人员为专职校级督导	8	50
聘用校内退休人员为专职校级督导	3	18.75
聘用非退休人员担任专职校级督导(不带课,不兼任其他工作)	3	18.75
兼职担任校级督导,并承担本校课程教学	7	43.75
兼职担任校级督导,同时为外校在职教师	1	6.25
兼职担任校级督导,同时为外校督导	0	0
兼职担任校级督导,同时兼任其他工作	5	31.25
其他	1	6.25

5.校级督导人员来源情况

16 所高校中,11 所高校校级督导主要以省内校外退休人员返聘为主，1所高校主要以招聘未退休的专职人员为主，4所高校选择"其他"（见表7）。

表7 校级督导人员来源

选项	高校数量(所)	占比(%)
主要以校内退休人员返聘为主	0	0
主要以省内校外退休人员返聘为主	11	68.75
主要以省外校外退休人员返聘为主	0	0
主要以招聘未退休的专职人员为主	1	6.25
其他	4	25

6. 校级督导人员周平均工作量情况

16所高校中，5课时以下和5~11课时的各有6所高校，11~15课时和15课时及以上的各有2所高校（见图4）。

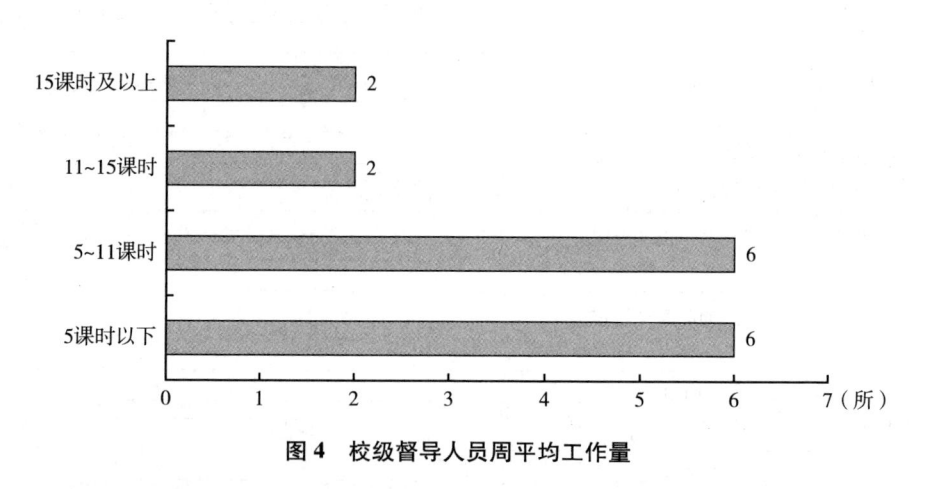

图4 校级督导人员周平均工作量

7. 院系督导人员周平均工作量情况

16所高校中，4所高校对院系督导周平均工作量未做具体要求，3所高校院系督导周平均工作量为1~4课时，4~6课时和6~8课时的各有4所高校，1所高校院系督导周平均工作量为8课时及以上（见表8）。

表8　院系督导人员周平均工作量

选项	高校数量(所)	占比(%)
未做具体要求	4	25
1~4课时	3	18.75
4~6课时	4	25
6~8课时	4	25
8课时及以上	1	6.25

（三）教育教学质量监测平台建设情况

1. 基于大数据的教育教学质量监测平台建设情况

16所高校中，2所高校已建成全校性的大数据质量监测平台，3所高校正在建设全校性的大数据监测平台，2所高校购买有质量监测软件并正常运行1年以上，1所高校虽购买有质量监测软件但使用有限，8所高校未购买专门的质量监测软件（见表9）。

表9　基于大数据的教育教学质量监测平台建设情况

选项	高校数量(所)	占比(%)
已建成全校性的、连接各相关部门的大数据质量监测平台	2	12.5
正在建设全校性的、连接各相关部门的大数据质量监测平台	3	18.75
未建设全校性的大数据质量监测平台，但购买有质量监测软件并正常运行1年以上	2	12.5
未建设全校性的大数据质量监测平台，购买有质量监测软件但使用有限	1	6.25
未购买专门的质量监测软件	8	50

2. 教育教学质量监测平台使用情况

16所高校中，5所高校使用统一的大数据平台，所有数据直接上传到本平台,2所高校监测数据直接从各部门相关软件平台上抓取,1所高校监测数据需要手动上传,8所高校未使用相关平台(见表10)。

表10 教育教学质量监测平台使用情况

选项	高校数量(所)	占比(%)
全校使用统一的大数据平台,所有数据直接上传到本平台	5	31.25
教育教学质量监测平台数据直接从各部门相关软件平台上抓取,无须重新上传	2	12.5
教育教学质量监测平台数据不能从各部门相关软件平台上抓取,需手动上传	1	6.25
未使用教育教学质量监测平台	8	50

(四)教育教学质量监测制度与标准建设情况

1. 全校性教育教学质量保障体系建设情况

16所高校中,9所由教育教学质量监测部门负责制定、完善和修改,6所由教务处负责制定、完善和修改,1所暂未建设全校性的、完善的质量保障体系(见表11)。

表11 全校性教育教学质量保障体系建设情况

选项	高校数量(所)	占比(%)
由教育教学质量监测部门负责制定、完善和修改	9	56.25
由教务处负责制定、完善和修改	6	37.5
由其他部门负责制定、完善和修改	0	0
暂未建设全校性的、完善的质量保障体系	1	6.25

2. 教育教学质量监测部门相关制度建设情况

16所高校中，11所反映建立有完善的部门规章制度，3所反映建立有部分规章制度，2所选择"其他"，但未注明原因（见图5）。

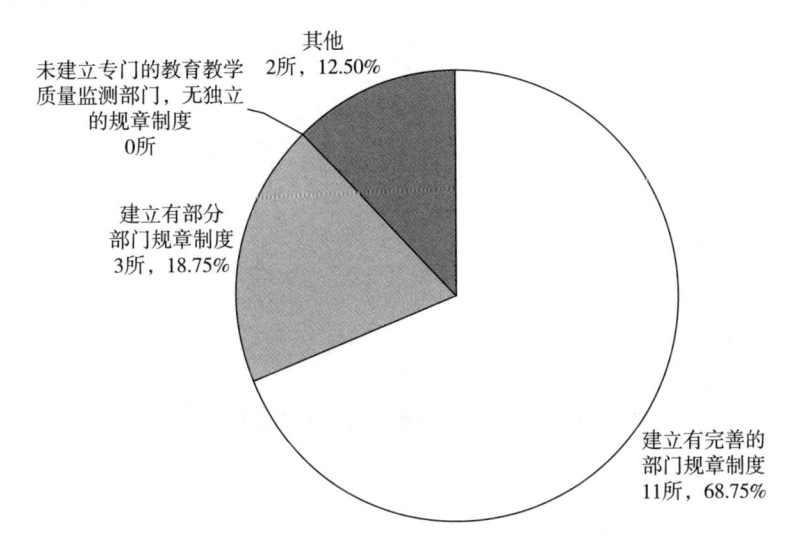

图5 教育教学质量监测部门相关制度建设情况

- 其他 2所，12.50%
- 未建立专门的教育教学质量监测部门，无独立的规章制度 0所
- 建立有部分部门规章制度 3所，18.75%
- 建立有完善的部门规章制度 11所，68.75%

3. 教育教学质量监测标准建设情况

16所高校中，9所高校有自己独立的监测标准，7所高校按照教务处等部门相关标准执行（见图6）。

4. 教育教学质量监测标准细化情况

16所高校中，9所高校按照理论课、实训课、基础课等不同类型进行详细划分，其中6所高校评价指标较为详细具体，3所高校评价指标较为笼统；4所高校按照理论课和实训课划分，其中3所高校标准较为详细，1所高校标准较为笼统；其他情况的有3所高校（见图7）。

（五）教育教学质量监测体系运行情况

1. 教育教学质量监测成绩评价情况

16所高校中，7所高校实行等级制评价，6所高校实行百分制评价，1所高校只监测不参与评价，2所高校选择"其他"（见图8）。

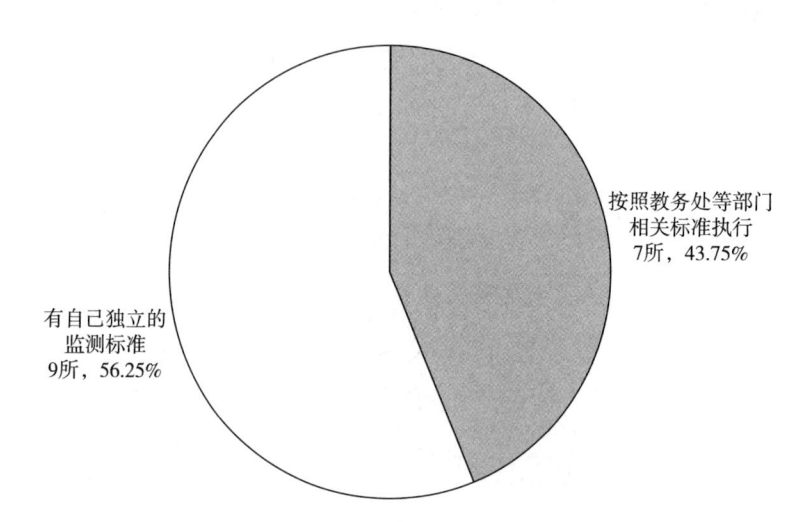

图6 教育教学质量监测标准建设情况

按照教务处等部门相关标准执行 7所，43.75%
有自己独立的监测标准 9所，56.25%

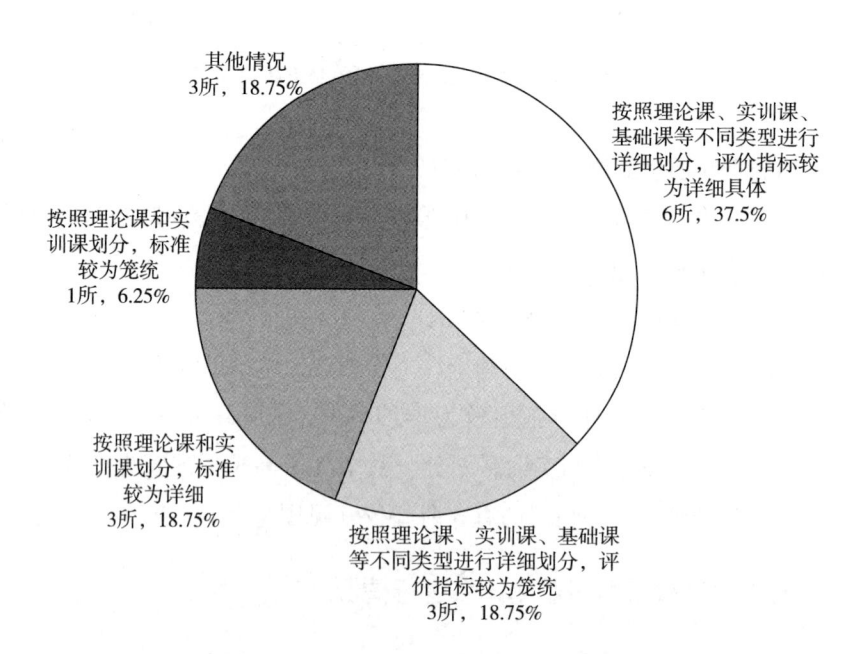

图7 教育教学质量监测标准细化情况

其他情况 3所，18.75%
按照理论课、实训课、基础课等不同类型进行详细划分，评价指标较为详细具体 6所，37.5%
按照理论课和实训课划分，标准较为笼统 1所，6.25%
按照理论课和实训课划分，标准较为详细 3所，18.75%
按照理论课、实训课、基础课等不同类型进行详细划分，评价指标较为笼统 3所，18.75%

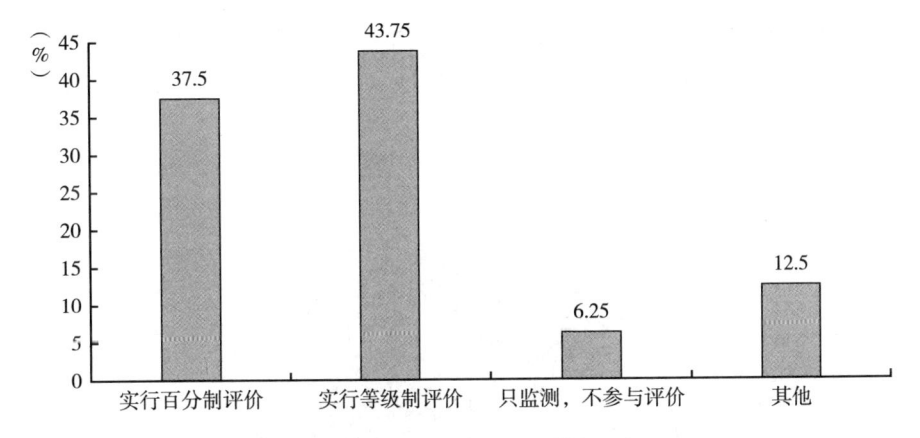

图 8　教育教学质量监测成绩评价

2. 校级督导工作内容（多选）

16 所高校中，选取较多的是随机听取本学期部分教师的课程（9 所）和每学期多次教学检查（9 所），其次是按照部门安排听取本学期指定教师的课程（6 所）、听本学期所有教师的课程（6 所）和听一学年所有教师的课程（5 所），较少的是每学期少量教学检查（4 所）和其他工作（3 所）（见图 9）。

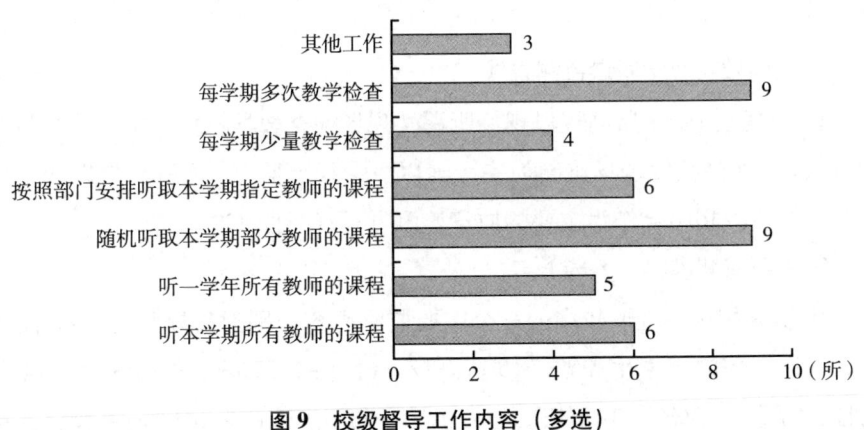

图 9　校级督导工作内容（多选）

3. 院系督导工作内容

16 所高校中，选取较多的是听本学期本院系所有教师的课程和随机听取本学期本院系部分教师的课程，各有6所高校；选取较少的是听一学年本院系所有教师的课程和按照本院系安排听取本学期指定教师的课程，各有2所高校（见图10）。

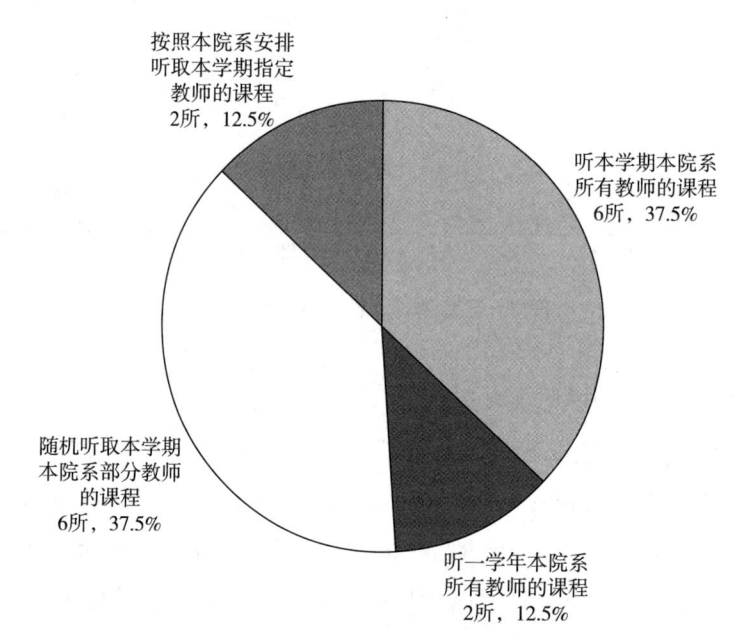

图 10　院系督导工作内容

4. 主要教育教学质量监测方式

16所高校中，7所高校以现场听课、现场检查教学材料为主要的质量监测方式，5所高校以现场监测为主，辅以少量线上监测，4所高校以线上监测与现场监测相结合作为主要的质量监测方式（见图11）。

5. 主要监测内容（多选）

16所高校中，选取较多的三个主要监测内容分别为督导听课（16所高校，占比100%）、学生评教（15所高校，占比93.75%）、同行评教（14所高校，占比87.5%）；其余依次为校领导、部门主管评教（12所高校，占比75%），教研室主任、专业负责人评教（11所高校，占比68.75%），教师自评（6所高校，占比37.5%）；1所高校选取"其他"，未标注原因（见图12）。

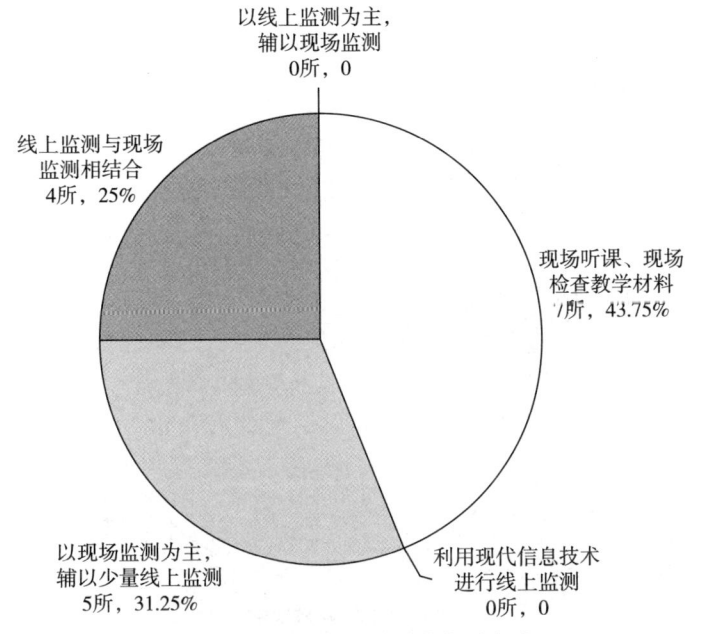

河南省民办本科高校教育教学质量监测体系调查报告

图11 主要教育教学质量监测方式

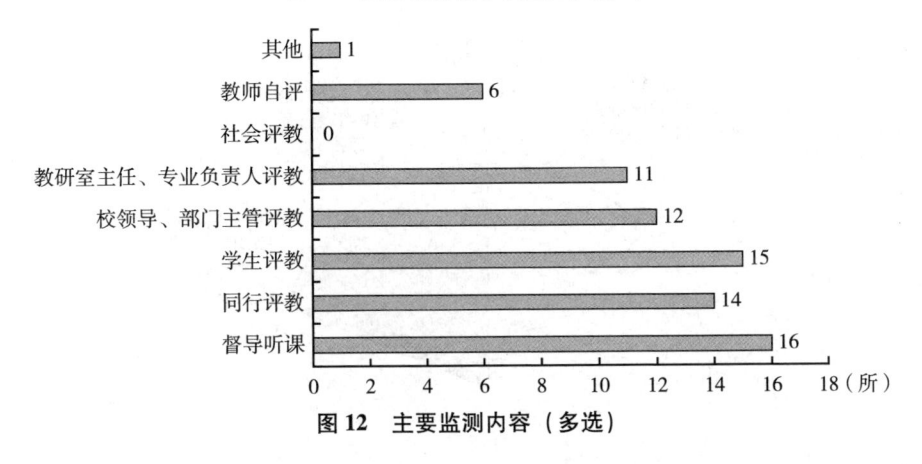

- 以线上监测为主,辅以现场监测 0所,0
- 线上监测与现场监测相结合 4所,25%
- 现场听课、现场检查教学材料 7所,43.75%
- 利用现代信息技术进行线上监测 0所,0
- 以现场监测为主,辅以少量线上监测 5所,31.25%

图12 主要监测内容（多选）

- 督导听课 16
- 同行评教 14
- 学生评教 15
- 校领导、部门主管评教 12
- 教研室主任、专业负责人评教 11
- 社会评教 0
- 教师自评 6
- 其他 1

6. 学生评教次数与方式

16所高校中，在学生评教次数方面，12所高校采取每学期1次，3所高校每学期多于1次，1所高校每学年1次（见图13）；在学生评教方式方面，13所高校采取填写电子问卷的方式，2所高校由教务处人员组织填写纸质评价表，1所高校由学生信息员组织填写纸质评价表（见图14）。

099

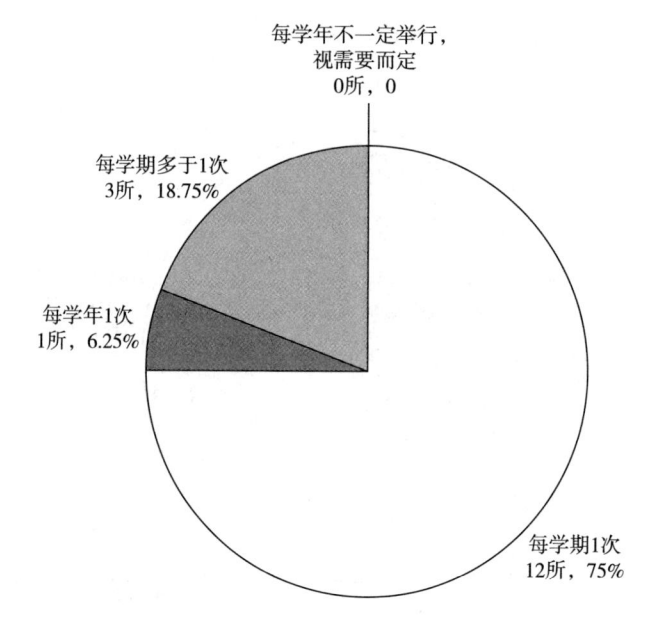

图 13　学生评教次数

每学年不一定举行，视需要而定
0所，0

每学期多于1次
3所，18.75%

每学年1次
1所，6.25%

每学期1次
12所，75%

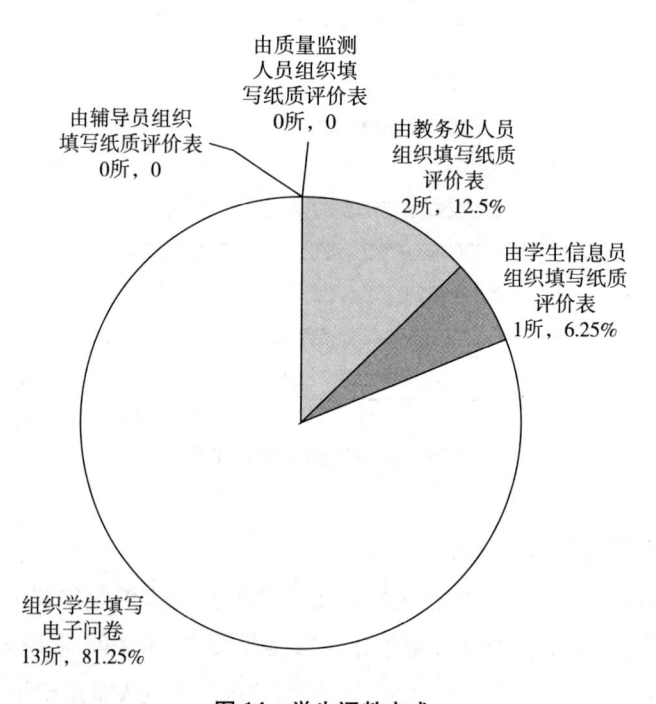

图 14　学生评教方式

由质量监测人员组织填写纸质评价表
0所，0

由辅导员组织填写纸质评价表
0所，0

由教务处人员组织填写纸质评价表
2所，12.5%

由学生信息员组织填写纸质评价表
1所，6.25%

组织学生填写电子问卷
13所，81.25%

7. 监测结果反馈方式和时间（多选）

16 所高校中，选取较多的分别是每周反馈教育教学质量监测情况（5 所高校，占比 31.25%）、每学期期末发布全校教育教学质量监测报告（4 所高校，占比 25%）、随时反馈教育教学质量监测情况（4 所高校，占比 25%）；其余为每学年结束时发布全校教育教学质量监测报告（3 所高校，占比 18.75%）、每学期期末按院系发布教育教学质量监测报告（2 所高校，占比 12.5%）、每月反馈教育教学质量监测情况（2 所高校，占比 12.5%）、暂未发布定期的质量报告（2 所高校，占比 12.5%）、每学年结束时按院系发布教育教学质量监测报告（1 所高校，占比 6.25%）、依据各院系和专业需求发布针对性的教育教学质量监测报告（1 所高校，占比 6.25%）；1 所高校选取"其他"，未标注原因（见图 15）。

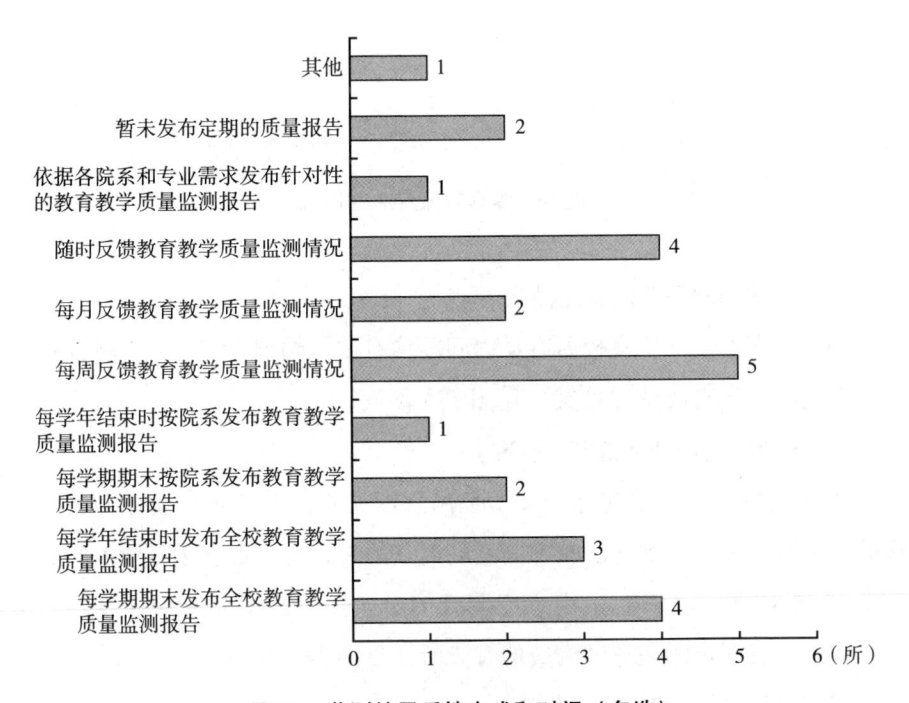

图 15 监测结果反馈方式和时间（多选）

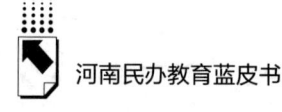

8.督导听课反馈方式

16所高校中，13所高校通过填写、提交听课评价表，并及时和教师沟通，3所高校通过填写、提交听课评价表，并及时向院系反馈（见图16）。

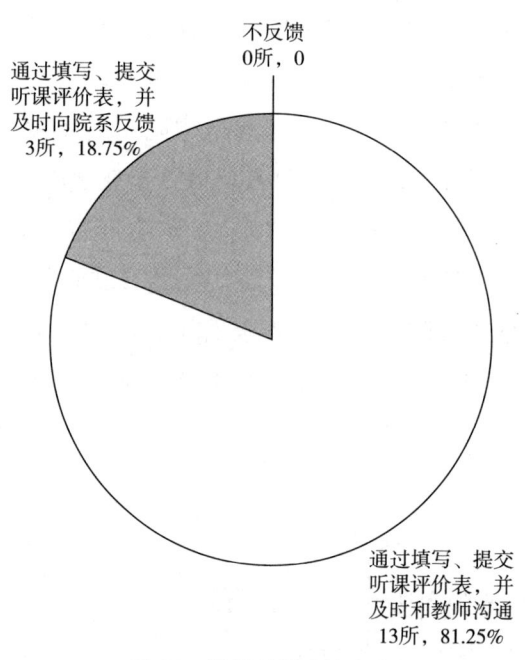

图16　督导听课反馈方式

9.对反馈问题整改的监测措施

16所高校中，9所高校所有反馈问题均有整改情况检查，7所高校对部分反馈问题进行整改情况检查（见图17）。

10.满意度调查开展情况（多选）

16所高校中，每学期都开展学生满意度调查的有7所，每学年开展1次的有7所；每学期都开展教师满意度调查的有5所，每学年开展1次的有3所；每学期都开展毕业生满意度调查的有1所，每学年开展1次的有4所；暂未开展固定的满意度调查的有2所（见图18）。

11.教师考核内容构成（多选）

16所高校中，选取较多的分别是学生评教成绩（16所高校，占比

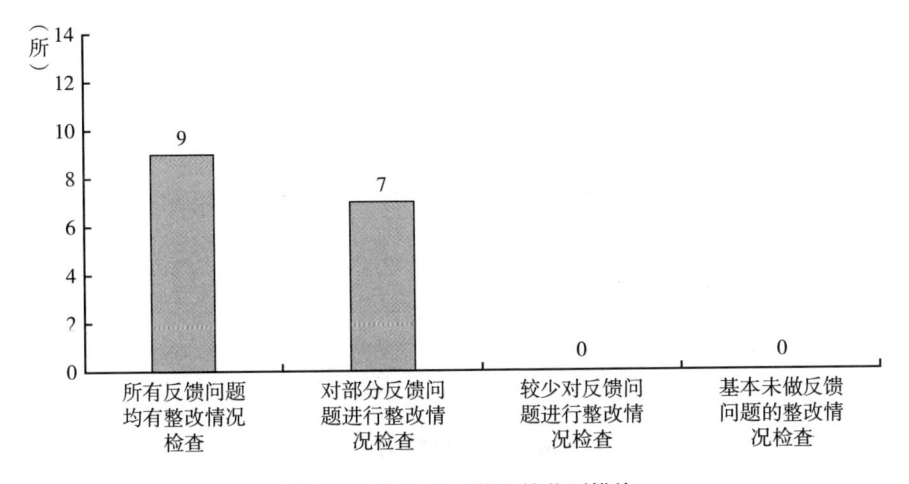

图 17 对反馈问题整改的监测措施

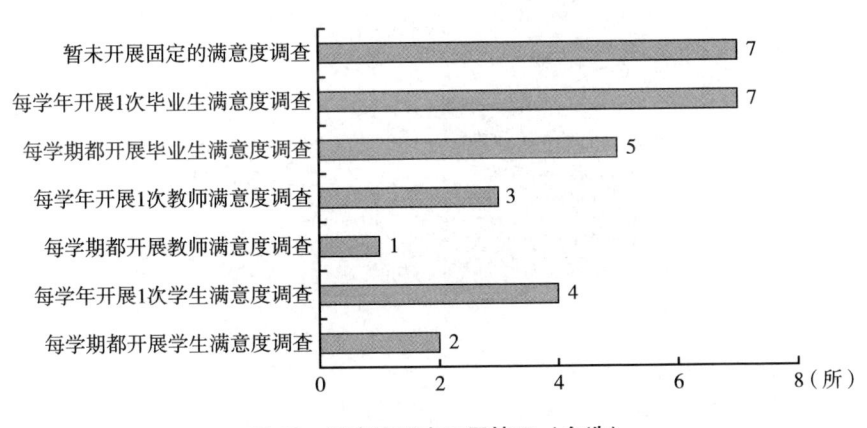

图 18 满意度调查开展情况（多选）

100%）、校级督导听课成绩（13 所高校，占比 81.25%）；其次是领导评教成绩（11 所高校，占比 68.75%）、院系督导听课成绩（9 所高校，占比 56.25%）、同行评教成绩（9 所高校，占比 56.25%）；3 所高校将教师自评成绩也纳入考核内容，另有 1 所高校选取"其他"，未标注原因（见图 19）。

12. 校级、院系督导听课成绩在教师考核中占比情况

16 所高校中，8 所高校占比为 20%~30%，5 所高校占比为 20% 及以下，2 所高校占比为 30%~40%，1 所高校督导听课成绩不计入考核（见图 20）。

图 19　教师考核内容构成（多选）

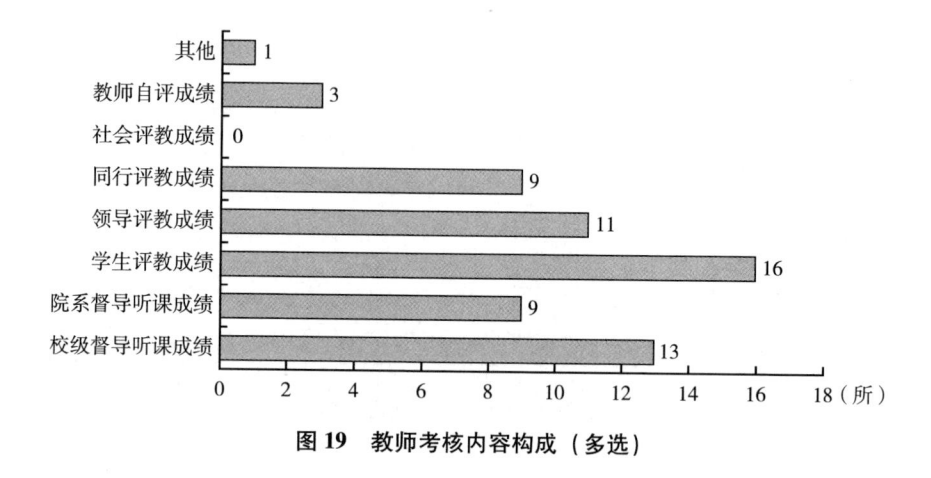

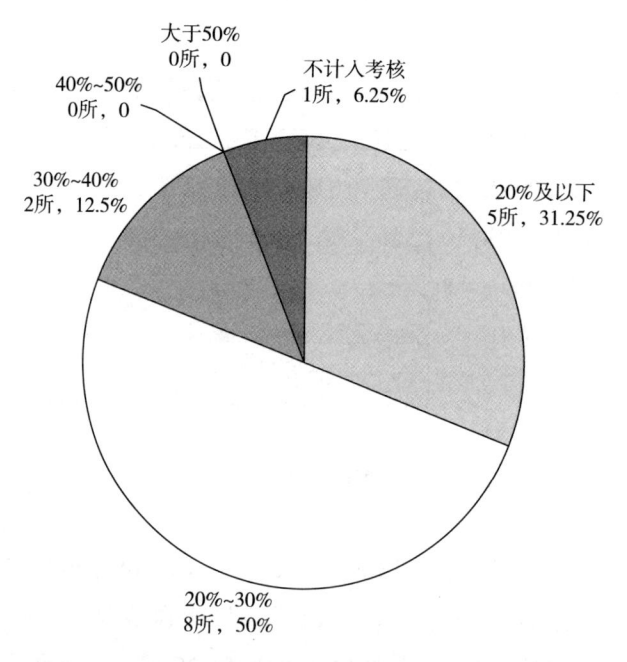

图 20　校级、院系督导听课成绩在教师考核中占比情况

13. 学生评教成绩在教师考核中占比情况

16 所高校中，6 所高校占比为 30% 及以下，5 所高校占比为 40%~50%，3 所高校占比为 30%~40%，2 所高校占比为 50%~60%（见图 21）。

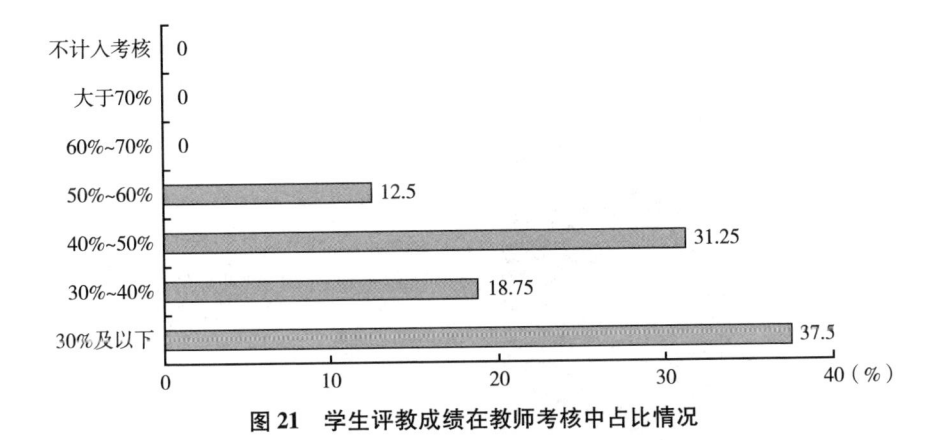

图 21 学生评教成绩在教师考核中占比情况

区间	比例
不计入考核	0
大于70%	0
60%~70%	0
50%~60%	12.5
40%~50%	31.25
30%~40%	18.75
30%及以下	37.5

14. 自身培训情况（多选）

16 所高校中，8 所高校每学期选派部门管理人员或职员参加至少 1 次校外教学质量相关培训；每学期选派校级督导参加至少 1 次校外教学质量相关培训和无确定的培训规划，视情况开展的各有 5 所，2 所高校较少开展，1 所高校每学期选派院系督导参加至少 1 次校外教学质量相关培训（见图 22）。

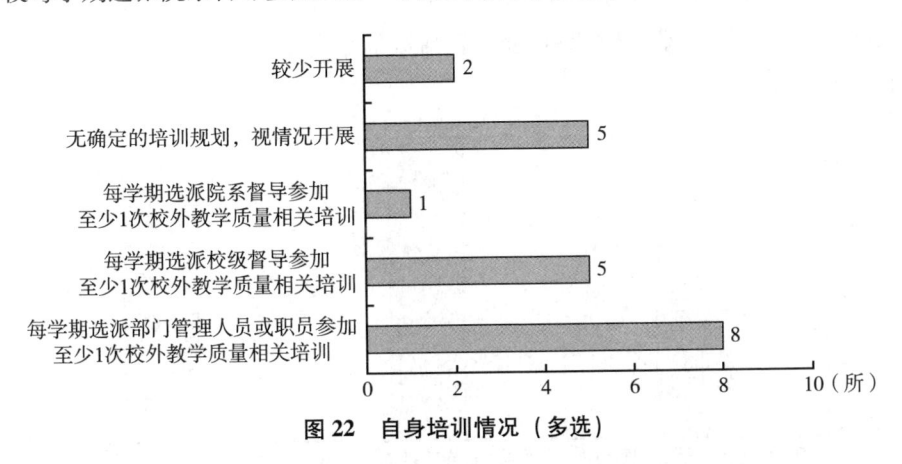

图 22 自身培训情况（多选）

项目	所数
较少开展	2
无确定的培训规划，视情况开展	5
每学期选派院系督导参加至少1次校外教学质量相关培训	1
每学期选派校级督导参加至少1次校外教学质量相关培训	5
每学期选派部门管理人员或职员参加至少1次校外教学质量相关培训	8

15. 院系对教育教学质量监测的重视程度

16 所高校中，8 所高校院系主动联系教育教学质量监测部门，开展质量监测；5 所高校院系对教育教学质量监测工作态度一般；2 所高校院系不愿意教育教学质量监测部门反馈存在的问题，顾及院系形象会因此受影响（见图 23）。

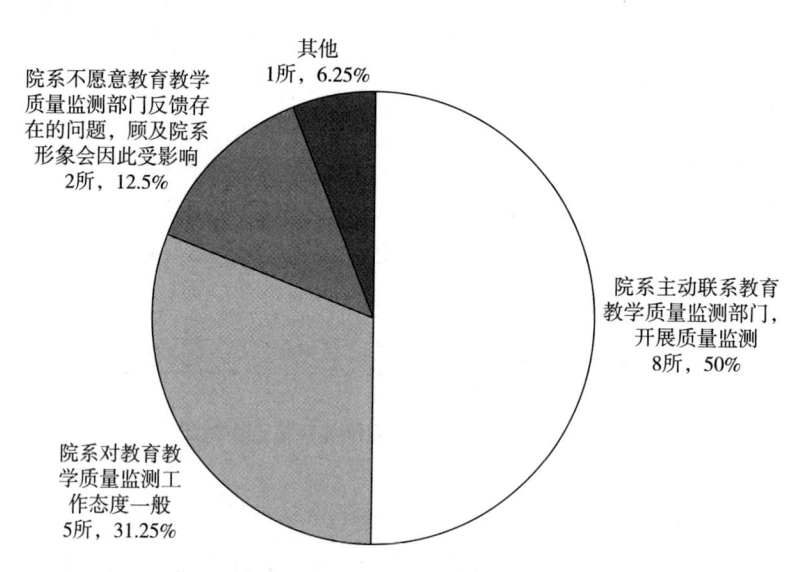

图23 院系对教育教学质量监测的重视程度

16. 教师对督导听课的态度

16所高校中，7所高校表示教师对督导听课态度一般，6所高校表示多数教师害怕督导听课，3所高校表示教师对督导听课普遍欢迎（见图24）。

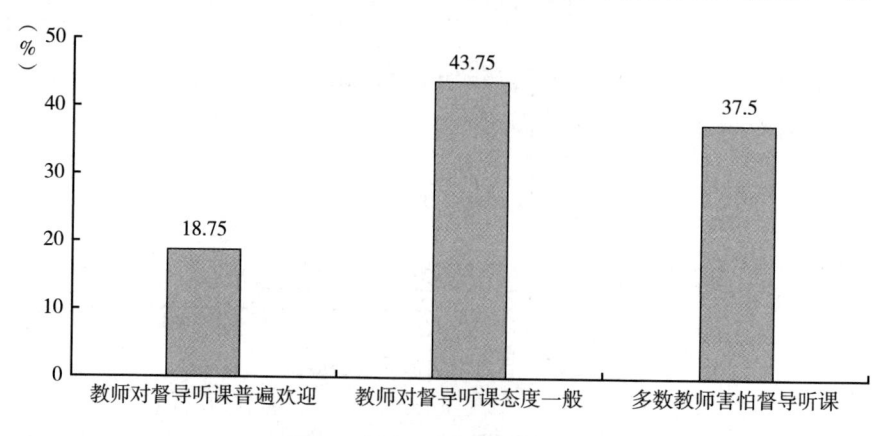

图24 教师对督导听课的态度

17. 教育教学质量监测部门在学校日常工作中的参与情况

16所高校中，8所高校质量监测部门与教务处、教师教学发展中心（或类似机构）合作紧密，与其他部门合作较少；5 所高校质量监测部门经常应邀请参与教育教学相关部门工作；2 所高校质量监测部门与教务处合作紧密，与其他部门合作较少；1 所高校质量监测部门较少参与其他部门工作（见图 25）。

较少参与其他部门工作　6.25
经常应邀请参与教育教学相关部门工作　31.25
与教务处、教师教学发展中心（或类似机构）合作紧密，与其他部门合作较少　50
与教务处合作紧密，与其他部门合作较少　12.5

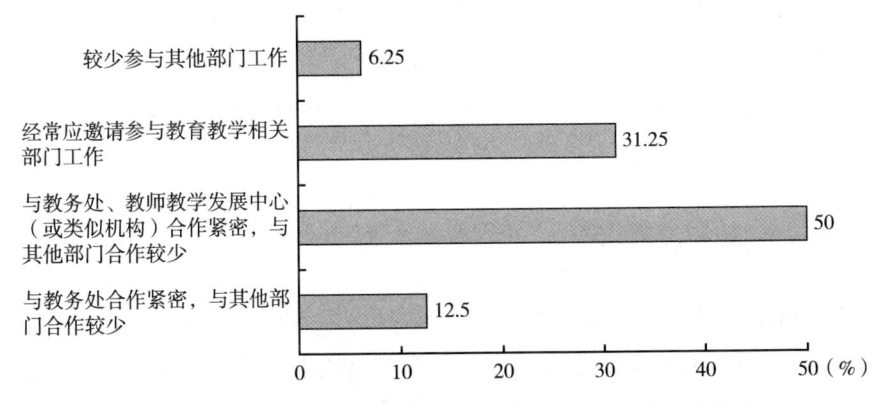

图 25　教育教学质量监测部门在学校日常工作中的参与情况

18. 学校主要负责应对教育部合格/审核评估建设的部门

16 所高校中，7 所高校为质量监测部门，5 所高校为教务处，4 所高校选取"其他"，其中 3 所高校备注说明评估工作应建立独立的评建办公室（见图 26）。

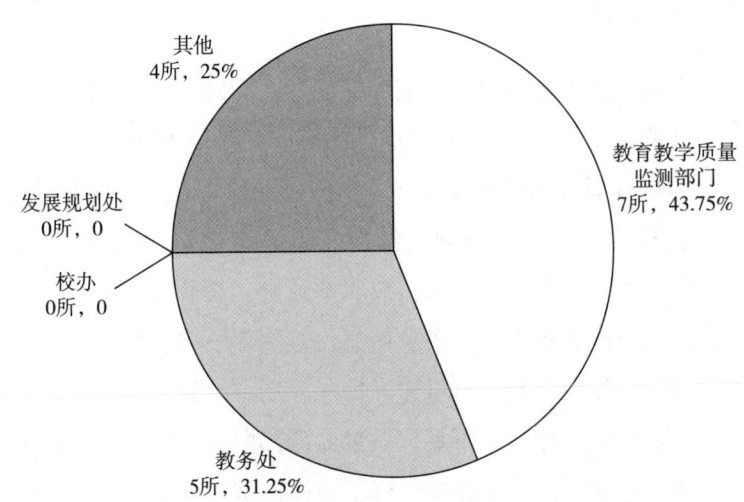

其他　4 所，25%
发展规划处　0 所，0
校办　0 所，0
教务处　5 所，31.25%
教育教学质量监测部门　7 所，43.75%

图 26　学校主要负责应对教育部合格/审核评估建设的部门

107

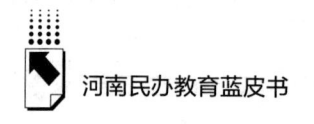

三 存在的问题

通过对上述河南省16所参与问卷调查的民办本科高校教育教学质量监测体系建设与运行情况的分析，并结合日常工作中与部分高校质监部门人员的交流情况发现，河南省民办本科高校教育教学质量监测体系建设与运行主要存在以下几个方面的问题。

（一）部门设置方面

河南省教育教学质量监测体系建设整体起步较晚，很多民办本科高校质量监测部门是基于其参加教育部本科教学工作合格评估才被动成立的。从16所高校提交的调查问卷数据上看，质量监测部门成立超过5年的高校只有8所，刚好一半，有1所高校未设置与质量监测相关的科室或部门。5所高校质量监测部门设置在教务处，属于自己监测自己，监测的公正性、科学性有待商榷，管（以教务处为代表）、办（院系）、评（教育教学质量监测部门）相互协作、相对独立的局面未完全形成。

（二）人员构成方面

第一，对质量监测部门岗位职能的认识存在问题。在质量监测部门人员构成上，有5所高校将质量监测部门与校级督导部门等同看待，未配备专门的质监部门职员（督导归教务处管理，校级督导依据教务处安排开展工作，无专门的质量监测部门）。在质量监测部门职员配置上，9所高校职员数量（含管理人员）为3~6人，有3所高校职员数量（含管理人员）甚至不足3人。如此少的人员配备加上多数高校信息化监测手段建设的滞后，质量监测部门较难对整个学校教育教学质量建设情况开展有效的监测。

第二，职员岗位工作能力不足。质量监测部门相关岗位往往被视为纯粹的行政岗，所以在职员选聘上往往忽略了该岗位基于教学工作的特殊性。加上一般的行政岗职员的待遇水平低于教学岗，并且还需要每天坐班，导致教学经验丰富和教学能力好的教师不愿意从事质量监测部门职员的相关工作。从监测结果上看，半数以上的高校质量监测部门的职员（不含督导）为副高以下职称，有的甚至从未有过任何的教学经验。由于缺乏足够的教学经验支撑，相关职员在制定质量监测标准、方式方法和开展相关质量检测与评判时，难免会受到影响。

第三，校级督导人员结构有待优化。从16所高校的调研问卷来看，校级督导人员以省内校外退休的高级职称教师为主（11所高校）。退休的高级职称教师具有丰富的从业经历和教学经验优势，从事督导工作较为合适。但是，由于教学经验和年龄因素，他们在接受新的教育思想、教育理念上也容易受思维定式影响，导致经验主义，不利于督导新教育思想和理念的推行。同时，校级督导多来自省内高校，不利于对省外高校优秀教育教学与管理经验的借鉴。部分高校校级督导同时在校内带课，或兼职，或为外校教师，也较难保证督导工作的公正性和督导时间的充分性。

（三）监测方式方法方面

由于民办高校经费相对不足，办学目标易受逐利性影响，导致信息化技术手段相对滞后，应有的信息技术意识缺乏。大数据技术的运用也暴露了管理者的问题，引发了较多矛盾，所以信息技术在质量监测工作中的应用被学校管理者或质量监测部门自身忽视了，导致河南省民办本科高校基于大数据的监测平台建设起步较晚，监测方式方法创新不足。同时，全校性的大数据监测平台引入后，长时间和较为烦琐的数据治理也影响了基于大数据的全校性质量监测平台的使用。从16所高校的调查问卷来看，仅有5所高校建有或正在建设基于大数据的全校性质量监测平台。监测方法仍以线下听课和现场检查为主，仅有4所高校采取线上线下相结合的方式进行，监测效率和有效性不高。

（四）制度建设方面

首先，质量监测部门工作职责有待明确。15所高校反映本校建设有完

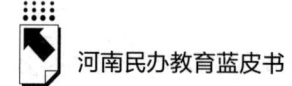

整的质量保障体系，但都将质量保障体系的建设任务放到质量监测部门或教务处。这说明河南省民办高校对于学校质量保障体系的理解和对质量监测部门的工作职责认识存在误区。一个学校的质量保障体系涉及学校人才培养的方方面面，不仅仅是单独的教学工作，而质量监测部门和质量管理部门（如教务处）只是质量保障体系中的一个环节，让一个体系中某个环节部门来负责整个体系的规划、建设与完善显然是不科学的。这种做法是将质量保障等同于质量监控或质量监测。

其次，质量标准建设有待提高。在16所高校中，有近一半的高校（7所）没有自己独立的监测标准，而是按照教务处等质量管理部门的标准进行监测。虽然质量监测的标准应该以质量管理部门的要求为依据，但监测、评价与管理属于不同的概念，有不同的运行规则，应该依据质量管理的要求制定监测标准。

（五）质量监测体系运行方面

第一，反馈不及时。在16所民办本科高校中，只有4所高校表示会随时反馈质量监测情况，其余高校多为每学期末或每学年末出具质量反馈报告，有2所高校暂未发布定期的质量报告。由于基于大数据等信息技术手段的监测平台建设滞后，质量监测部门每学期或每学年专门针对不同院系或专业出具针对性的质量监测报告更是难以实现。

第二，督改力度不足。部分高校把质量监测的注意力放在督教和督学上，有意无意地忽略了督改工作的开展。同时，由于质量监测部门自身属性，对发现的问题一般只能通过向相关部门反馈、通报等方式进行，对相关部门是否配合整改或整改优劣同样也只有反馈、通报等办法，容易造成督改力度不足，或缺乏督改的积极性。

第三，对监测对象的满意度关注不够。一是较重视学生满意度调查，较少开展教师满意度调查和毕业生满意度调查，对社会群体开展的满意度调查更少。二是满意度调查频次较少，很多高校一学年才开展一次学生满意度调查，造成学校管理部门不能及时了解受众诉求。

第四，教师考核评价体系有待优化。从问卷调查的结果来看，督导评价和学生评教成绩所占比重整体不高，部分高校的考核构成中包含有同行评价、领导评教和教师自评，但实际操作时，同行评价、领导评教和教师自评经常出现随意评价、皆大欢喜的情况，评价的有效性不大，基本上只起到整体提高所有教师考核分值的作用，自我安慰作用大于实际效用，较少能反映教学实际情况。

第五，自身岗位工作能力建设有待加强。质量监测部门肩负着辅助学校人才培养相关部门发现问题、选树优秀典型，评价人才培养水平优劣的重要使命，其职员和督导人员理应具备较高的教育素养和较丰富的教学实践经验。只有这样，质量监测部门才具有质量监测的能力和底气，才能更好地去监督、引导教师、学生、部门开展相关活动，起到以点带面的作用。从这种意义上说，对质量管理部门和质量监测部门相关人员的培训的效能要高于一般教师的培训。但从问卷调查中发现，半数高校不重视对质量监测部门职员和督导的培训，质量监测基本依靠其相关人员自身积累的经验来开展工作，多数高校对以督导为主的质量监测人员存在较少培养或不培养的现象，尤其是对院系督导的培训，基本为零。这与院系督导多归院系管理而不属于质量监测部门管理有一定的关系，但也反映出高校对质量监测队伍建设重视的不足。

第六，质量监测部门工作（尤其是督导）受欢迎度较低，对质量监测工作重视不够。质量监测部门与其他部门最大的区别在于，它是高校中唯一一个以反馈人才培养问题为主的部门，正如一位督导专家所言，督导的终极目标就是取消督导。如果哪一天质量监测部门发现不了问题了，那么这个部门也就失去了存在的意义。虽然有些偏颇，却很明确地指出了质量监测部门的主要工作职责就是发现问题。但这种职责设定往往不受学校领导、部门主管、师生员工的欢迎，虽然"教学中心地位""质量第一"的口号喊得很响，但实际上质量监测部门并未被足够重视。从问卷反馈来看，多数高校教师不愿意督导来听课，将本来为了帮助教师提高教学水平的督导听课视为不愿接受的行为，甚至将督导放到了普通教师的对立面。多数高校日常教学

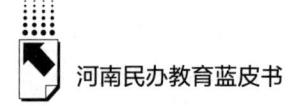

中，当教师发现有督导听课时，会按照学校希望呈现出来的样子"演课"，学生也心领神会地"演学"。当没有督导听课时，教师和学生往往又是另一种状态，督导了解到的往往是教师和学生演出来的，而不是真实的课堂情况。督导监测的也往往是提前加工好的，结果皆大欢喜。但这种监测对学校教学水平的提升意义不大，督导等监测工作逐渐成为院系和教师的负担，失去了其存在的本来价值和意义。

第七，部门间的协同合作有待加强。高校的质量保障体系中，以教务处为代表的管理部门、各教学院系、质量监测部门、教师教学发展中心（或类似机构）应该是联系紧密的部门，管理部门负责制定制度，各教学院系负责执行，质量监测部门负责督导检测制度执行情况及管理效率情况，教师教学发展中心配合院系负责针对性整改工作，形成既相互独立又紧密配合的一个整体。但从调查问卷上看，有一半的高校部门间的合作有待加强。

四 对策与建议

结合上述对河南省民办本科高校质量监测工作存在的问题，提出以下对策与建议。

第一，要通过有效措施，使所在高校管理者和教师认识到质量监测工作在学校发展和教师成长中的重要作用，进而有效落实教学中心地位，营造全校性的质量意识，打造质量文化。高校只有真正重视人才培养质量，在开展各项工作中真正体现教学中心地位，质量监测工作才能有效开展。

第二，要明确质量监测部门自身的工作范围和工作职责，加强监测力度，提高责任担当意识。以督导工作为例，多数高校督导的主要工作只有听课，但实际上教育界对于督导的主要工作职责早就有要求，即"督教""督管""督学""督改"。多数高校只做到了"督教"中的听课，"督管""督学""督改"较少真正涉及，尤其是"督改"。质量监测部门只有明确了本部门应该做什么，能够做什么，相关工作才能有的放矢，才能做出成效。

第三，要重视现代信息技术在质量监测工作中的作用，积极构建全校性的大数据质量监测平台。将基于大数据的现代信息技术有效应用到质量监测工作中,能有效破解目前存在的反馈不及时、监测方式不科学、监测结果不能反映人才培养实际情况等棘手难题,对提高质量监测的效率能够起到倍增效果。

第四,要加强部门自身建设。在部门职员配备上,尽可能选聘有丰富教学经验的教师,并在待遇上不低于教学岗。在督导的选聘上,适当选聘省外优秀退休教师,引进省外高校优秀经验。一名优秀教师只能影响到少数学生,但一名教学经验丰富的督导却能辐射一群教师。高校要建立荣誉机制,让督导受到尊重和重视,使其感觉到成为督导是一件非常光荣的事情,是自身实力和优秀教师的体现。在岗位能力提升方面,应重视质量监测人员的定期培训,要将督导的培训纳入部门培训体系中来。在工作作风方面,要强化主动服务的意识。在制度建设方面,要联合相关部门,优化教师评价方式方法,避免一节课决定教师一学期或一学年成绩的评教的不恰当做法。同时,要尽量细化监测类型,针对基础课、专业理论课、专业实训课、不同的专业等实施不同的监测标准和监测方式方法,并出具针对性的监测报告。民办本科高校要加强与河南省评估中心、河南省高等学校专业管理服务中心等机构的合作,加强校际质量监测部门间的沟通,促进民办本科高校的共同发展。民办本科高校只有声誉提升了,才能受到政府和社会更多的重视和支持,才会有更好的生源,才能有所作为。

第五,要加强校内各部门间的协作。质量监测只是高校质量保障体系中的一个环节,如要发挥作用,离不开与整个体系各部门的配合。尤其是与教务处、教师教学发展中心(或类似部门)、各教学院系间形成"管、办、评"协同配合、螺旋上升的良性循环机制。

五 结语

本次针对河南省民办本科高校的调查研究由于时间较短、疫情防控影响等方面的主客观原因,在问卷设计、统计分析等方面存在不足之处,需要补

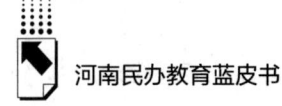

充完善，会在后续的研究中进一步推进。问卷调查结果及时反馈给了所有参与问卷调查的高校质量监测部门，希望能够帮助各高校质量监测部门对河南省民办本科高校质量监测体系建设有一个整体的认识，并为相关高校在开展自身质量监测工作时提供一定的参考，促进各高校质量监测工作高质量开展。

参考文献

教育部：《普通高等学校本科教育教学审核评估实施方案（2021~2025年）》，2021年1月。

B.5 高质量发展背景下民办高校内部质量保障体系的构建[*]

刘亮军[**]

摘　要： 民办高校的高质量发展是时代性命题。立足当前民办高校内部质量保障体系建设起点低、实施滞后、机制弱化等现实困境，基于全面质量管理理论的视域，提出构建"以学生为中心"的民办高校内部质量保障体系，以期为实现民办高校应用型人才培养目标和建设高质量民办教育体系提供参考。

关键词： 内部质量保障体系　民办高校　"以学生为中心"

"建设高质量教育体系"是新时代高校提升质量的新命题。截至目前，全国民办普通高校有771所（含独立学院），占全国普通高校2738所（含独立学院）的28.16%。河南省民办普通高校有45所，占全省普通高校156所的28.85%。中国民办高校经过近40年的筚路蓝缕，已经从生存性的外延式发展进入内涵式的高质量发展新赛道。从近三年河南省通过教学评估的若干所民办高校来看，学校内部质量保障体系的规范度参差不齐，在现实执行中未形成长效机制等问题凸显。在高质量发展的背景下，内部质量保障体系的建设不仅仅是民办高校提高竞争力的重

---

[*] 基金项目：河南省高等教育学会2021年度高等教育研究重点项目（综合类）"新时代民办本科高校高质量教育体系构建与路径研究"（2021SXHLX028）。

[**] 刘亮军，博士，郑州科技学院副教授，河南民办教育研究院研究员，主要从事高等教育管理、民办高教研究。

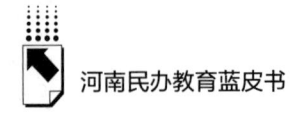

要标志，也是建设高质量教育体系的重要支撑，还是追求社会满意度最大化的重要保证。

一 正确认识民办高校内部质量保障体系建设的时代性

高质量发展是民办高校内涵式发展的关键词，是助力中国高等教育强国建设的神圣历史使命与责任。

（一）内部质量保障体系建设是民办高校内涵发展的必需

"双一流"本科高校、"双高"专科高校是提升公立本专科大学质量的现实举措，发展优质民办高校也应相应匹配。民办高校无论如何选择其是营利性或非营利性的发展道路，适应市场竞争，创新发展模式，已成为民办高校高质量发展的必然选择。从围绕中国"两个一百年"奋斗目标来看，未来10~15年是中国高等教育改革和发展的关键时期，是"两个一百年"时间节点的主要连接时期，高等教育的质量水平决定高校办学的优劣，教育成熟发展的标志是提高质量与促进公平。高等教育内涵式发展成为各级党委肩头的重要任务。作为占中国普通高校总数近1/3的民办高校，有责任和义务与公立高校合作，助力建设中国高等教育强国。民办高校实现高质量发展，不仅要敢于实行错位办学，还要敢于自我革命，激活内生动力，构建内部质量保障体系，保障实现"质量立校"的办学理念。

（二）内部质量保障体系建设是现代大学制度形成的标志

捷克教育家夸美纽斯曾指出制度是一切学校工作的"灵魂"。在稳定的系统中，一切都是稳定的；在系统动摇的地方，一切都是动摇的；在系统松散的地方，一切都是混乱的。现代大学制度建设是保障高等教育质量的基础，只有发挥政府宏观管理、高校内部管理和社会监督三种职能，才能从根本上保障国家高等教育质量。在高校分类体系建设的政策推动下，绝大多数的民办本专科高校处于应用型或职业技能型的发展赛道，各类型民办高校根据不同的人才培养定位建立闭环的内部质量保障体系，这是新时代民办高校建设现代大学制度并有效推动内部质量建设的重要任务。

（三）内部质量保障体系建设是新评估制度的重要导向

《中国教育改革和发展纲要》和《教育部关于全面提高高等教育质量的若干意见》都提出，高等教育必须走高质量发展与内涵式发展的道路。近30年来，在理论研究与制度实践下，中国高等教育建立了自我评估、高校评估、专业认证评估、基础教学状态数据监测和国际评估的"五位一体"的评价体系。2021年1月，教育部印发《普通高等学校本科教育教学审核评估实施方案（2021~2025年）》，强调高校要建设"自觉、自省、自律、自查、自纠"的质量文化。新一轮参加审核评估高校的重要任务就是完善内部质量保障体系。通过开展院校分类评估，引导高校建立常态化、制度化和自觉化的内部质量保障体系，从多样化、全方位的视角规范人才培养的全过程管理，保障高校基本的人才培养质量底线。

二 民办高校内部质量保障体系的现实困境

高质量发展下民众对优质高等教育的追求愈加强烈，民办高校内部质量保障工作的缺失正是学校高质量发展的桎梏。

（一）内部质量保障体系建设处于起步阶段

直到20世纪末中国高校大规模扩招以后，质量保障体系的研究才逐渐增多，新建地方本科院校还处于软硬件是否达标的阶段，机构、标准建设和自我管理滞后于学校质量发展的实际需要。魏红、钟秉林指出，中国高校内部质量保障体系在要素结构和建设内容上不够完善，只是初具雏形。民办高校内部治理能力参差不齐、质量文化意识相对滞后、校院两级管理较为集中等特点，决定了其内部质量保障体系在办学实践中与公办高校还有较大差

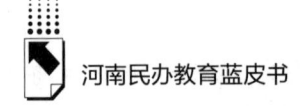

距，大多数民办高校内部质量保障体系还处于初创或初期阶段，其内部质量管理力度和效度言大于行，很多是用于迎接教学评估和上级检查而制定的内部保障体系，只解决了有没有的问题，而没有解决好不好的问题，日常自我评估与自我监测评价机制还有待完善。

（二）内部质量保障体系实施不科学

自2009年以来，高校主要通过外部质量监控手段开展本科教学合格评估和审核评估。评估工作推动了政府对高等教育的投入，高校办学条件和师生满意度不断得到提高。但内部质量保障体系建设还存在以下问题：一是高校内部质量保障体系建设规范性不够，校院两级权责不清，社会第三方评价严重缺失，且许多高校虽然有内部质量保障体系，但同质化程度较高，实施力度和深度不够；二是人才培养主要环节的质量量化标准不清晰，专业人才培养过程中知识、能力、素质规格与考量标准缺乏论证；三是开展质量监控的反馈和改进不够到位，很多高校认为质量监控就是日常教学检查，在全员、全方位、全过程方面缺乏统筹组织和认定，学校质量保障管理重视程度不一，实施过程不平衡；四是自我评价和闭环管理的有效性不够，有的高校评估时非常重视质量管理，但专家离校后，校本质量管理的及时反馈和闭环改进流于形式，未推进质量持续改进工作。

（三）内部质量保障体系建设的长效机制不健全

由于民办高校办学历史较短，加上发展转型或提升办学条件的任务较重，其质量管理意识不强，自我评价的刀刃向内和透明性较为欠缺，且在内部质量保障工作方面组织机构不健全、人员不到位、监督机制缺失。有的高校参加教学评估时单列质量管理机构和人员，评估结束后又并入教务处。众所周知，教务处与教学质量管理中心在质量评价职能定位上有差异。质量监测与评价是教学质量管理中心的基本职能定位，定期或不定期自我评估和质量管理是其常态任务；综合协同与调度指挥是教务处的主要职能，教务处是教学工作运行的司令部。教学质量管理中心可以对教务处的教学运行和管理质量进行监控，而教务处的教学管理人员不能既当"运动员"又做"裁判员"，如此容易导致教学监控和评估形式单一，教学质量分析与监控的正常机制尚未形成。

三 民办高校内部质量保障体系建设的基本遵循

内部质量保障体系是高校打造质量管理的办学武器，是解决人才培养的关键性评价体系，是学校、教师与学生有效合作的质量标尺。

（一）全面质量管理是内部质量保障体系的理论依据

1961年，菲根堡姆（A. V. Feigenbaum）博士在《全面质量管理》一书中提出，以质量为中心和以全员为基础，是一个组织令顾客满意和成员成长及社会长期受益的管理途径。民办高校现在已经进入选择教育的新时代。高校作为高等教育机构，既要培养合格的人才还要接受社会评价考核，教师高质量教学和学生高质量学习成为推动大学高质量发展的重要任务。在全面质量管理理论指导下，民办高校要"以学生为中心"打造"民办大学质量文化"，形成"尊重质量、重塑质量、凝聚质量、敬畏质量"的良好办学治校氛围，建立符合其自身人才培养定位的内部质量保障体系，实施"全方位、全过程、全员"的质量管理来实现其人才培养目标。

（二）国际有效经验是内部质量保障体系的实践参考

2009年，联合国教科文组织在第二届世界高等教育大会公报中指出："提高入学机会和为学生完成学业创造条件的规章制度和质量保障机制，应在整个高等教育体系中具有重要位置"。美国高校内部质量保障体系是一套以高校研发规划为基础，由董事会和校园委员会、自我管理和向社会披露教育信息组成的治理体系。独立办学的历史传统是英国和英联邦国家（如澳大利亚）大学内部质量保障体系的基础，大学章程（或大学法）决定其形成的规范性。内外部质量保障体系是高校依赖于各种"程序性协议"（如澳

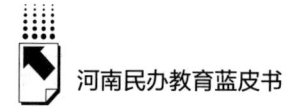

大利亚的"国家高等教育认证程序协议")而形成的一个整体。"大学自治—国家调控—国家和大学互动"是欧洲高校质量管理的主要特征；而多元化却是美国高校质量保障的现实模式。欧洲高校内部质量保障体系建设值得我们学习和思考。我国高校办学时间较短，高校内部质量保障体系建设也处于起步阶段，但较为可喜的是我国新分类评估制度体系要求各类高校要建立自身责任主体的内部质量保障体系，用自身确定的质量尺度来衡量其人才培养质量，从而起到知行合一的管理作用，这是民办高校高质量发展的良好契机。

四 构建"以学生为中心"的内部质量保障体系

在全面质量管理理论指导下，立足民办高校办学定位和现实条件，探索构建"以学生为中心"的内部质量保障体系，通过落实体系监测要求，保障应用型人才培养目标的达成。

（一）明确"以学生为中心"的内部质量保障体系的内涵和目标

1. "以学生为中心"的内部质量保障体系的内涵属性

"以学生为中心"的核心意蕴就是达到从"教"到"学"的转变，即把"教师传授知识给学生"转换到"让学生自己发现、学习知识"。"以学生为中心"的内部质量保障体系的内涵是以"学生学习发展"为中心特征，以人才培养目标达成为主要落脚点，实现全员参与、全过程实施和全方位保障的质量保障系统。"以学生为中心"已成为提高人才培养质量，实现现代民办高校错位发展的一种新模式。

2. "以学生为中心"的内部质量保障体系的建设目标

我国著名教育家潘懋元先生在高等教育大众化与教育质量多元化方面指出，不同类型高校，培养目标与培养规格各不相同，应建立各自的质量标准，努力达到各自质量要求就有成效，不需要与研究型大学相比较。在国家推进研究型、应用型和职业技能型高等教育分类体系建设进程中，"以学生为中心"的民办高校内部质量保障体系建设应有前瞻视野，既要融入国际元素，又要凸显本土化，还要扎根区域经济和社会发展实际人才培养实际，避免千校一面的同质化质量内控体系，彰显民办高校人才培养的特色质量管理属性，真正通过校本质量保障体系监测，把社会需要的高质量应用型人才输送到所需要的岗位。

（二）构建"以学生为中心"的内部质量保障体系

1. 开展"以学生为中心"的质量文化活动

2012年，美国杜肯大学威廉·巴罗内教授在"机构研究——以学生为中心的本科教育改革"国际研讨会上指出，美国、欧盟和中国已进入高等教育大众化阶段，优秀学生和精英教育的地方不再只是大学，把学生塑造成对自己负责的学习者，是每个学校的共同问题。在全面质量管理理论视角下，民办高校要立足应用型人才培养定位，扎根中国区域大地，在全校开展提升应用型人才培养质量大讨论活动，贯穿"以学生学习发展为中心"的育人主线，推动院系"以学生为中心"的内部质量管理实践，营造现代大学质量文化，围绕"应用型人才培养质量文化"开展工作，引导广大教职员工尊重质量文化，树立和实践应用型人才培养的教学观、学习观和质量观。

2. 建立"校院三级"质量运行保障机构

民办高校天然的优势是自主灵活，打破固有的部门之间、校院之间的壁垒，建立健全学校层面、院系层面和专业层面三级质量运行保障机构。一是学校层面，要由校级领导挂帅，配置精干高效的管理干部担任学校质量保障中心负责人，遵循"以学生为中心"理念，制定全面质量管理的标准与考核制度；二是院系管理中观层面，要建立"以学生为中心"的质量管理工作责任制，重点做好本科教学、跨专业协同创新、教学计划审定和院系学生学习质量管理等工作；三是专业建设微观层面，要建立专业负责人负责制的质量管理制度，重点做好专业人才培养方案、课堂教学质量、主干课程理论与实践质量、校外实践教学环节质量、考核评价质量和学生学习质量等工作。

3.构建"以学生为中心"的内部质量保障体系

华中科技大学周玉容博士提出，教学型大学的质量管理体系有质量决策与指挥、质量决策执行、质量信息管理与反馈、质量评价与诊断、质量检查与监督五大系统。而民办高校大都定位于应用型人才培养，故"以学生为中心"的民办高校内部质量保障体系应有质量决策、质量决策执行、质量评价与诊断、教育教学运行、质量检查与监督、质量信息分析与反馈等六大系统（见图1）。其中，质量决策系统处于核心位置，负责质量管理的目标任务设计，决定着整个体系的整体方向；质量决策执行系统主要是全校质量标准的制定与实施；质量评价与诊断系统主要是对人才培养工作运行给予客观评价与深度分析诊断；教育教学运行系统是对学校主要人才培养环节开展组织运行；质量检查与监督系统是监督整个体系处于良好运行状态的哨所；质量信息分析与反馈系统是支持整个系统运行的基础，主要是分析评价结果并及时向有关单位反馈存在的问题，利于闭环改进工作。各分系统须明晰主要环节的质量标准，整个系统运行坚持统筹协同、上下一体集成，重点在决

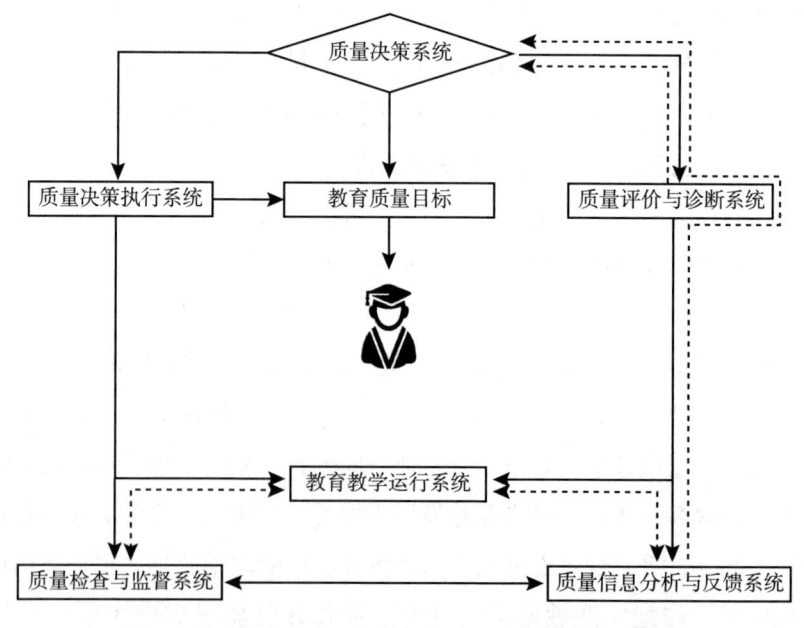

图1 "以学生为中心"的民办高校内部质量保障体系

策、运行、监督、评价、反馈、改进等方面形成闭环管理，凸显以学生为中心、效率优先、闭环运行、质量为王。内部质量保障体系的最终落脚点是通过管理行为达到民办高校应用型人才培养的目标，实践学校在外部质量评价的引导下建立自我内驱管理、自我客观评价与自我主动改进的知行合一管理行为，为学校履行大学办学职能和培养适应地方经济和社会发展的合格人才保驾护航。

4. 完善"以学生为中心"的内部质量保障体系长效机制

一是贯彻国家"管评办"分离的指导思想，围绕现代大学生学习和发展建设实际，实行教学运行与质量监控双线开展的自我评估监测方法，避免出现一个部门既当"运动员"又当"裁判员"；二是建立学生个体、督导专员、同伴教师、院系管理者和非本专业教师参与的全过程评价体系；三是健全校院两级质量管理数据库，通过数据分析，发掘质量管理中评价内容的短板，改进评价教师教学和评价学生学习成效的方法，注重师生对高质量教学获得感的评价；四是建立反馈系统，达到质量管理的闭环状态，对教师教学和学生学习问题要高度关注，从管理角度做好科学研判，提升学生学习的质量；五是建立学校质量保障责任制和责任追究制，明确职权和主要流程，建立学校年度质量报告分析研究制度，完善奖惩机制，将部门和个人绩效考核与质量保障工作绩效挂钩，加强学校质量保障责任制和责任追究制的落实。

参考文献

中国高等教育学会专题研究组：《走向2030：中国高等教育现代化建设之路》，《中国高等教育研究》2017年第5期。

任钟印：《夸美纽斯教育论著选》，人民教育出版社，1990。

张会杰、杜瑞军、桂庆平、方丹：《现代大学制度建设与中国高等教育质量保障——中国高教学会教育评估分会2011学术年会综述》，《高教发展与评估》2012年第3期。

郝莉、冯晓云、朱志武、张长玲：《新一轮审核评估背景下高校内部质量保障框架

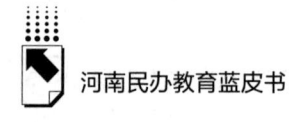

与途径研究》,《中国高教研究》2021 年第 10 期。

朱士中:《突出自我管控,强化高校教学质量保障体系建设》,载《全国新建本科院校联席会议暨十七次工作研讨会学术论文集》,北京理工大学出版社,2017。

魏红、钟秉林:《我国高校内部质量保障体系的现状分析与未来展望——基于 96 所高校内部质量保障体系文本的研究》,《高等工程教育》2009 年第 6 期。

申天恩:《高校内部质量保障体系建设国际比较与建设框架》,《高校教育管理》2015 年第 1 期。

李国强:《高校内部质量保障体系建设的成效、问题与展望》,《中国高教研究》2016 年第 2 期。

潘懋元、刘丽建、魏晓艳等:《高等教育大众化与教育质量的多样化》,福建教育出版社,2015。

《院校研究:"以学生为中心的本科教育变革"国际学术研讨会专家报告》,2012 年 4 月 23 日。

周玉容:《教学型大学质量经营:理论与策略》,华中科技大学出版社,2011。

Barrrb, Taggj, "From Teaching to Learning—A New Paradigm for Undergraduate Education," *Change*, 1995 (11/12): 13-15.

B.6
民办高校学生管理工作的创新[*]

阮彩灵[**]

摘　要： 民办高校学生具有关心国家大事和时事政治，但是对深层次问题认识不清；人生价值取向积极向上，但是功利性现实性也比较明显；自信心不足，自尊心较强；组织纪律观念较强，但是持久的自律性较差；弘扬和贯彻正能量，但是抵御外界干扰能力较弱；理论知识较差，动手能力较强等特点。民办高校学生管理工作存在管理理念落后、管理队伍建设较弱、管理方式单一、管理教育合力较弱、学生维权诉求渠道不畅通等问题。民办高校学生管理工作应解放思想，创新学生管理理念；加强和完善学生管理队伍建设；推动学生管理方式多元化；增强学生管理教育合力；建立和完善学生维权诉求渠道。

关键词： 民办高校　学生管理　创新

学生管理是高校管理的重点和基础，也是保证高校各项工作正常运行的前提。2022年是新时代新征程中具有特殊重要意义的一年，中国共产党将召开二十大。迎接学习贯彻党的二十大，全面贯彻党的教育方针，落实立德树人根本任务，着力转变观念、守正创新、攻坚克难、守住底线，加快教育

---

[*] 基金项目：河南省高等教育学会2021年度高等教育研究一般项目（综合类）"新发展格局下河南民办高校内涵式发展研究"（2021SXHLX116）、河南省高校哲学社会科学智库研究项目"新中国70年河南教育的政策演变及发展走向研究"（2021-ZKYJ-09）、黄河科技学院2021年度党建创新项目"河南民办学校党建高质量发展研究"（3）。

[**] 阮彩灵，黄河科技学院副教授，主要从事经济管理、高等教育、民办教育研究。

高质量发展，推进教育现代化、建设教育强国、办好人民满意的教育，培养德智体美劳全面发展的社会主义建设者和接班人，以实际行动迎接党的二十大胜利召开是2022年教育工作的总体要求。习近平总书记2021年4月19日在清华大学考察时指出，党和国家事业发展对高等教育的需要，对科学知识和优秀人才的需要，比以往任何时候都更为迫切。我国高等教育要立足中华民族伟大复兴战略全局和世界百年未有之大变局，为服务国家富强、民族复兴、人民幸福贡献力量。习近平总书记曾在全国教育大会上强调，教育是民族振兴、社会进步的重要基石，是功在当代、利在千秋的德政工程，对提高人民综合素质、促进人的全面发展、增强中华民族创新创造活力、实现中华民族伟大复兴具有决定性意义。

近些年来，伴随着市场经济和高等教育的逐渐发展，高校学生的生活方式、价值取向和思想观念也在不断地发生明显而又深刻的变化，这对高等教育学生管理工作，尤其是民办高校学生管理工作提出了新的挑战。

高校学生管理问题至关重要，是学术界研究的一个热点问题，但是之前的研究大多数是针对公办院校学生管理工作进行的，而针对民办高校学生管理工作研究的较少，本报告从河南省民办高校学生管理工作的实际，在对河南省民办高校学生的特点和民办高校学生管理存在的问题进行分析的基础上，提出了民办高校学生管理的创新思路，对河南民办高等学校学生管理质量的提高和民办高等教育的发展具有科学的参考价值。

一 民办高校学生特点分析

为了分析民办高校学生的特点，本报告于2022年2月至3月对河南部分民办高校学生进行了问卷调查，共有10872名学生参与了问卷作答。在对问卷结果进行整理、统计和归纳的基础上，分析出了河南民办高校学生的特点。

（一）关心国家大事和时事政治，但是对深层次问题认识不清

民办高校的学生整体来说非常认同党的路线、方针和政策，时常关心关注

国家大事,能够拥护党的领导。尤其是,随着近年来的疫情发生,我国同西方国家抗疫过程和结果形成的鲜明对比,使得民办高校学生对党的领导、党的强大能力都深感敬意。学生的思想观念在转变,社会责任感意识在提高,对社会和生活充满了信心,具体主要表现在有积极入党的行动,关心国内外事件,强烈关注载人航天工程、奥运申办等事件。但是,一些学生对政治理论学习没有强烈的兴趣,加上政治理论基础不够夯实,政治鉴别能力和政治敏锐性不够,导致对深层次问题认识不够深入,不能正确理解和认识现实生活中的一些现象。

通过对部分民办高校学生平时对国家大事和时事政治的关心和了解进行调查,结果如图1所示,56.06%的民办高校学生平时对国家大事和时事政治比较关心,但了解不太透彻;24.03%的民办高校学生平时对国家大事和时事政治非常关心,且了解非常透彻;19.45%的民办高校学生平时对国家大事和时事政治一般关心,了解也一般;0.46%的民办高校学生平时对国家大事和时事政治不关心,也不了解。以上数据反映了民办高校学生具有关心国家大事和时事政治,但是对深层次问题认识不清的特点。

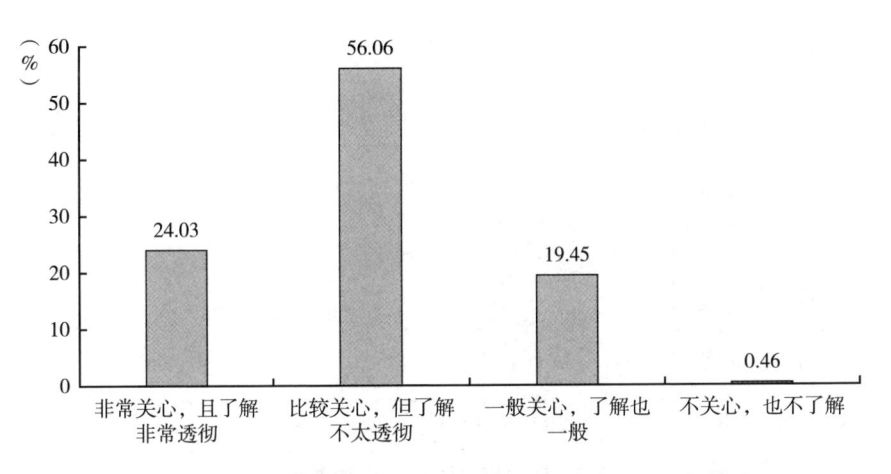

图1 民办高校平时对国家大事和时事政治的关心和了解情况

(二)人生价值取向积极向上,但是功利性、现实性也比较明显

民办高校学生具有积极向上的志向和抱负,有美好理想的人生追求。有

一些学生认为张扬个性、实现自我是人生最重要的价值，他们愿意为国家、为社会做出自己的贡献。他们也非常认同，如果没有素养、没有一技之长是无法适应社会的。尽管他们的人生价值取向非常积极，也非常务实，但是少数学生的人生观和世界观还没有完全成熟，依然缺少远大志向和人生目标，不愿意积极主动参加集体活动，在自我发展和提高中，往往偏重眼前利益，偏重现实和功利。比如，有的学生没成为中共党员之前，表现非常优秀，能够吃苦耐劳，能够参加各种活动，突显自己的能力和水平，可一旦成为一名党员后，就开始懈怠，各种不积极。这是非常功利和现实的表现。还有的学生，接到参加集体活动通知后的第一反应竟然是加不加平时操行分，如果加分的话，加多少，还对此讨价还价。

通过对部分民办高校学生学习的整体状态进行调查，结果如图 2 所示，62.01%的民办高校学生学习整体状态是积极进取，追求进步；33.64%的民办高校学生学习整体状态是不积极，也不落后；2.97%的民办高校学生学习整体状态是过一天是一天；1.37%的民办高校学生学习整体状态是厌学。

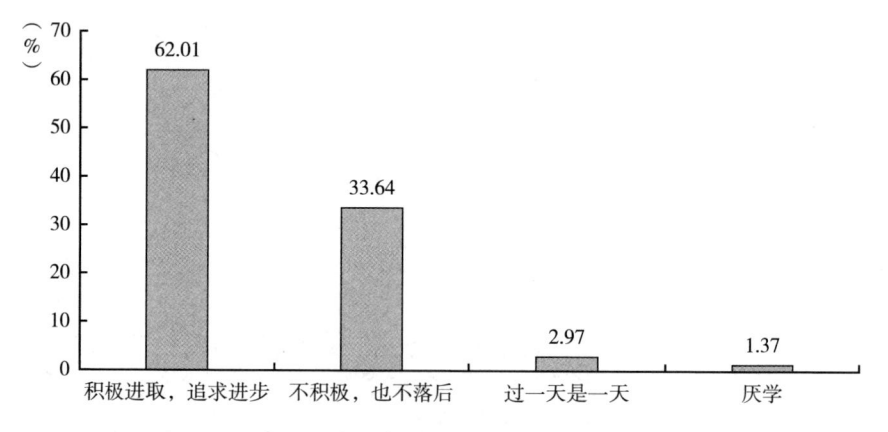

图 2 民办高校学生学习整体状态

通过对部分民办高校学生上大学的目的进行调查，结果如图 3 所示，66.59%的民办高校学生上大学的目的是找到一份理想的工作，为国家为社会做贡献；27.23%的民办高校学生上大学的目的是取得文凭，赚钱，养家糊口；4.12%的民办高校学生上大学的目的是找到一份好工作，光宗耀祖；2.06%的民办高校学生上大学的目的是不知道干什么。

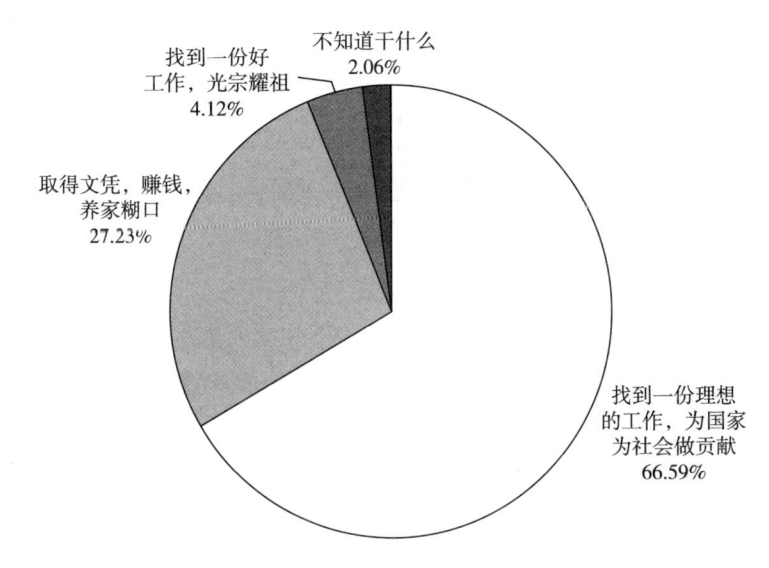

图3 民办高校学生上大学的目的

通过对部分民办高校学生"如果学校想让学生付出，那么学校需要做什么，学生才更有动力"的问题进行调查，结果如图4所示，71.85%的民办高校学生认为如果学校想让他们付出，那么学校需要在奖助学金、评优评先、党员发展等荣誉优先考虑他们；21.05%的民办高校学生认为如果学校想让他们付出，不需要学校给予什么，他们都会积极去做；3.43%的民办高校学生认为如果学校想让他们付出，那么学校需要给他们加操行分，越多越好；3.66%的民办高校学生认为无所谓，谁喜欢做谁做。

以上分析，反映了民办高校学生具有积极向上的人生价值取向，但是功利性、现实性也比较明显的特点。

（三）自信心不足，自尊心较强

学生在高考录取的时候，整体上来说，民办高校高考分数低于公办高

无所谓，谁
喜欢做谁做
3.66%

不需要给予什么，
学生都会积极去做
21.05%

给学生加操行
分，越多越好
3.43%

奖助学金、评优
评先、党员发展
等荣誉优先考虑学生
71.85%

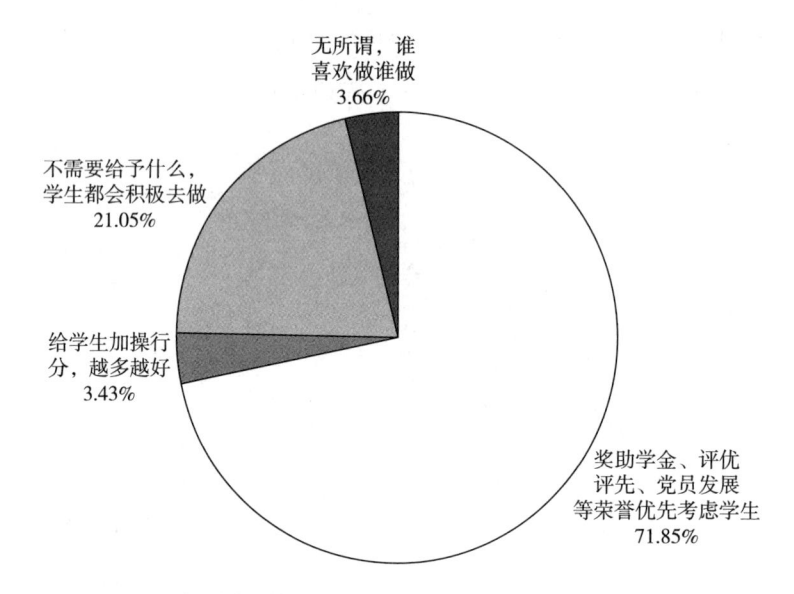

图4 对"如果学校想让学生付出，那么学校需要做什么，
学生才更有动力"的回答情况

校，基础相对来说比较薄弱。个别学生是因为高考发挥失利而来到民办高校。不管是哪种情况，由于社会对民办高校的偏见，这些学生进入民办高校后，内心比较敏感，甚至会自卑，但是同时，这些学生又拥有比较强的自尊心。

通过对部分民办高校学生"当别人问你在哪一所学校上学时，你的回答是什么"的问题进行调查，结果如图5所示，49.66%的民办高校学生如实回答学校名称，但感到有点自卑；26.54%的民办高校学生选择如实回答学校名称，很自豪；15.79%的民办高校学生选择简称自己学校的名称，从而让别人听不出是民办学校；8.01%的民办高校学生选择吞吞吐吐，不愿意告诉别人学校名称。经过以上分析，反映出民办高校学生具有自信心不足，自尊心较强的特点。

（四）组织纪律观念较强，但是持久的自律性较差

学生进入民办高校后，对组织比较认可，有较强的组织纪律观念，但是

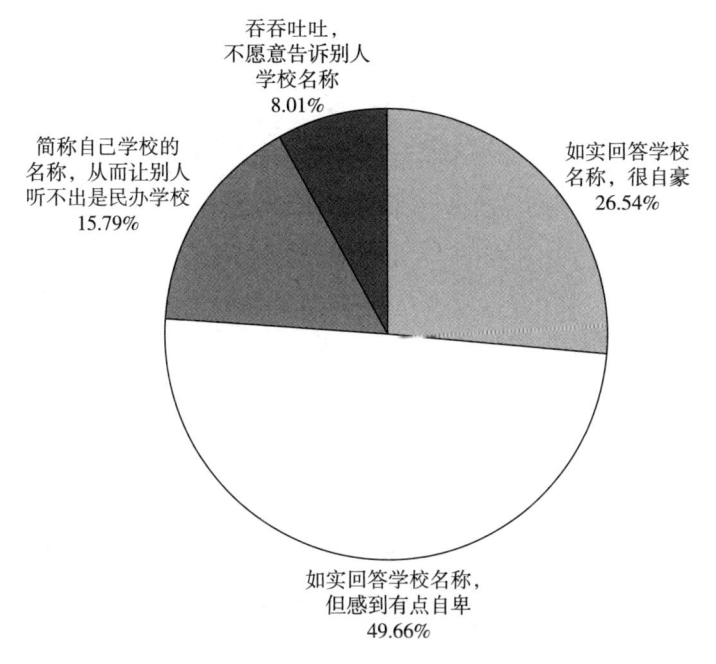

图5 当别人问学生所在高校名称时的回答情况

高中阶段没有养成良好的自主学习习惯，导致他们的自律性不持久。

通过对部分民办高校学生的纪律情况进行调查，结果如图6所示，纪律观念非常强，自律性非常好的民办高校学生比例是43.48%；纪律观念比较强，有一定的自律性，但是不持久的民办高校学生比例是51.26%；纪律观念比较弱，没有自律性的民办高校学生比例是4.35%；纪律观念没有，自律性没有的民办高校学生比例是0.92%。以上分析，反映了民办高校学生具有组织纪律观念较强，但是持久的自律性较差的特点。

（五）弘扬和贯彻正能量，但是抵御外界干扰能力较弱

民办高校学生愿意做好事，弘扬和贯彻正能量，尤其是在国家危难的时刻，总能出现他们不畏艰难、勇敢逆行的身影。比如，黄河科技学院涌现了"上阵父子兵"王一新、"摆渡女孩"刘雪珂等数不清的抗疫抗洪优秀学生，

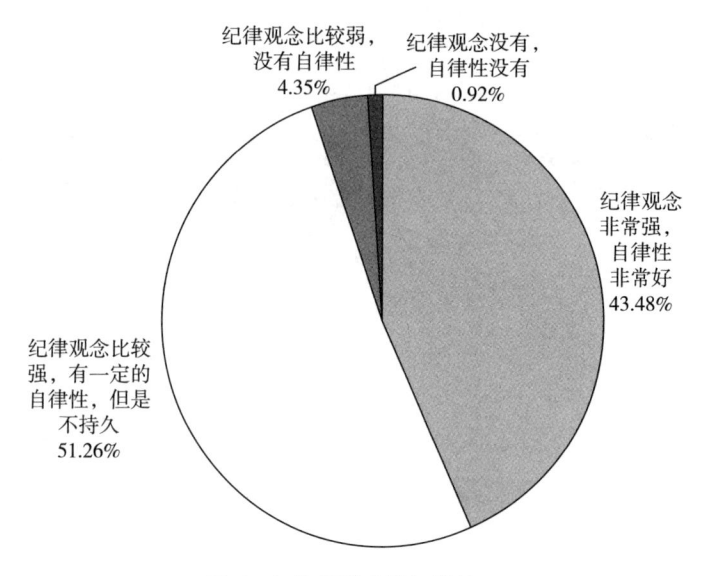

图 6 入校后学生的纪律情况

他们在尽自己的力量自发地为家乡、为社会默默做贡献，他们的优秀事迹也被多家媒体分别报道，他们是全体学生学习的青春榜样。民办高校学生，虽然弘扬和贯彻正能量，但是由于世界观、人生观和价值观还没有完全成熟，社会阅历有限，他们还不能辩证地看待问题，容易受他人的干扰，从而抵御外界干扰能力比较弱。

通过对部分民办高校学生"你认为大学生对于正能量，应该怎么做"的问题进行调查，结果如图 7 所示，94.05%的民办高校学生表示应该积极弘扬和贯彻正能量；5.26%的民办高校学生表示看自己心情；0.69%的民办高校学生表示无所谓。

通过对部分民办高校学生"对于外界信息的看法，你通常的做法是什么"的问题进行调查，结果如图 8 所示，65.22%的民办高校学生选择有自己的看法，但是也容易受别人的观点而改变；33.64%的民办高校学生选择有自己的独到见解，不易受他人所左右；1.14%的民办高校学生选择没有自己的观点。

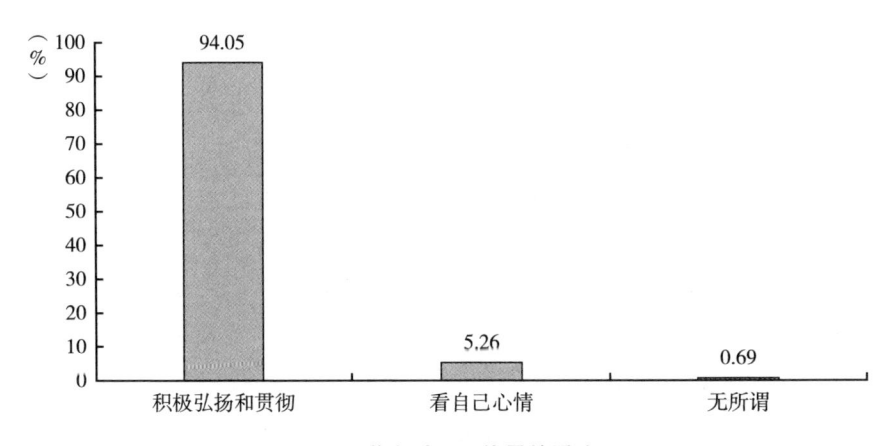

图 7　学生对于正能量的看法

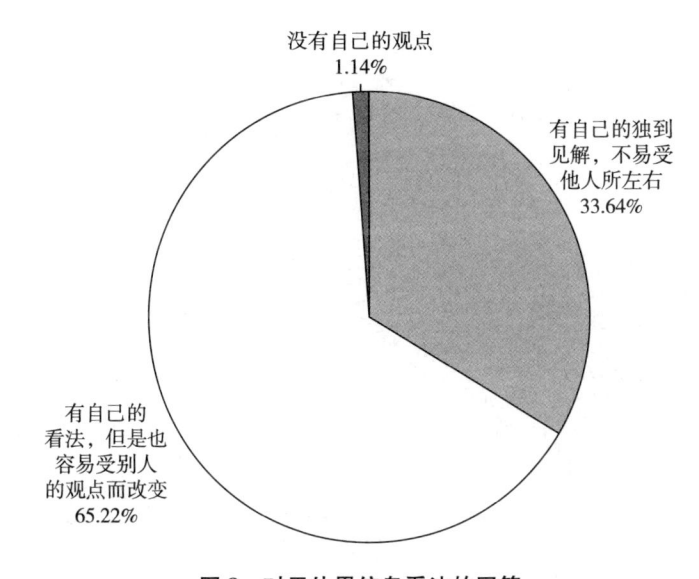

图 8　对于外界信息看法的回答

以上分析，反映了民办高校学生弘扬和贯彻正能量，但是抵御外界干扰能力较弱的特点。

（六）理论知识较差，动手能力较强

民办高校学生思维活跃，才艺突出。但是他们对传统的课堂教学形式缺乏兴趣，往往出现"坐不住"的现象，尤其是上高等数学、大学英语等公共课程的时候更是倍受"煎熬"。他们对理论知识的学习缺乏耐心，不愿意死记硬背，也不愿意下功夫去琢磨，但是对实验课、调研课、操作课却表现出浓厚的兴趣，且动手能力比较强。

通过对部分民办高校学生对自己理论知识和动手能力评价的问题进行调查，结果如图9所示，42.11%的民办高校学生认为自己理论知识较差，动手能力较强；21.28%的民办高校学生认为自己理论知识很好，动手能力很强；16.48%的民办高校学生认为自己理论知识较好，动手能力较差；20.14%的民办高校学生认为自己理论知识一般，动手能力一般。以上分析，反映了民办高校学生具有理论知识较差，动手能力较强的特点。

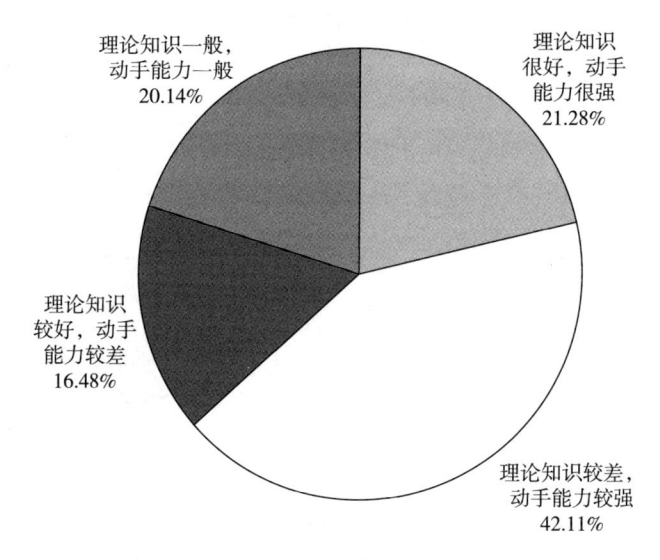

图9 对自己理论知识和动手能力的评价

二 民办高校学生管理工作存在的问题

近些年来，民办高校学生管理工作虽然取得了一定的成绩，但是也存在一些问题。为了分析民办高校学生管理工作存在的问题，本报告于2022年

2月至3月对河南部分民办高校学生管理工作人员进行了问卷调查，共有985名学生管理工作人员参与了问卷作答。在对问卷结果进行整理、统计和归纳的基础上，分析出了河南民办高校学生管理工作存在的问题。

（一）学生管理理念落后

一代人有一代人的长征，一代人有一代人的担当。每一代人都有每一代人的特点和个性，作为一个成功的管理者来说，就是要因材施教、因时而为。目前的高校大学生整体上以"00后"为主，他们生活的物质环境和成长环境造就了他们与"70后"、"80后"和"90后"的大学生具有明显不同的个性特点。学生已经不是曾经的学生，但大多数民办高校的学生管理理念落后，依然采用压制强迫的管理方式。这样的管理理念容易扼杀学生的天性，引发学生对学校的逆反不满心理，从而对学校的管理产生抵触。一旦学生有了抵触和逆反心理，即使后期学校为学生付出再多，他们也不会领情，更不会感恩。比如，学校每年下大力气为毕业生提供就业岗位，组织线上和线下招聘会，但毕业生却不积极参加招聘会，即使参加，也不积极应聘求职，更有甚者招聘会现场出现工作人员多于求职学生的现象。

通过对部分民办高校学生管理人员学生管理理念进行调查，结果如图10所示，16%的民办高校学生管理人员认为目前学生管理理念非常先进；36%的民办高校学生管理人员认为目前学生管理理念还行；48%的民办高校学生管理人员认为目前学生管理理念落后。以上分析，说明了民办高校学生管理理念落后的问题。

（二）学生管理队伍建设较弱

近些年来，随着民办高校的发展，学生数量大大增加，学生层次也扩大了，这就需要一支懂政治、敢担当、愿奉献、素质过硬的学生管理队伍，尤其是学生工作一线的辅导员队伍。然而，由于民办高校不能像公办高校那样有大量资金支持，尤其是社保等关系民办教职工切身利益的事情有别于公办

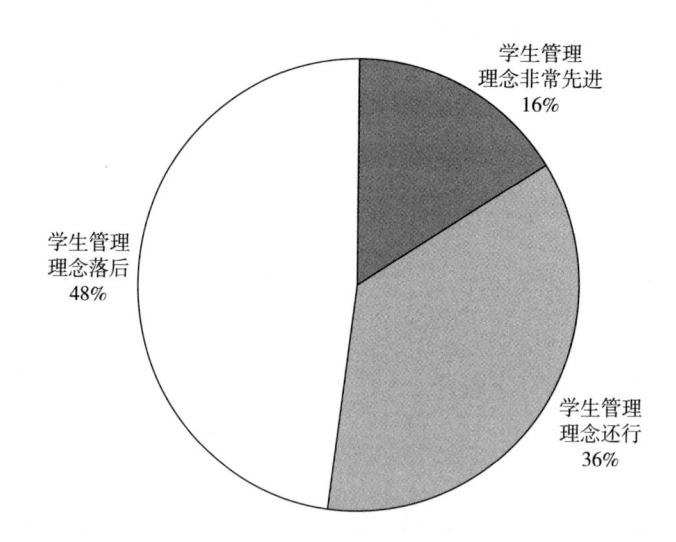

图 10 民办高校学生管理理念情况

饼图数据：学生管理理念非常先进 16%；学生管理理念还行 36%；学生管理理念落后 48%

高校教职工，这就导致了一些民办高校辅导员队伍不稳定，每年都有一定数量的辅导员辞职，每年都要招聘大量的辅导员。辅导员的流动对班级学生管理工作的影响最大，频繁地更换辅导员，让学生没有归属感和安全感。

按照国家教育部门的规定，学生管理人员最好是科班出身，比如学习阶段专业是教育学、思想政治教育、心理学等，但是由于这些专业的人员相对紧缺，辅导员队伍中有一部分人员并非科班出身，有的还身兼数职。国家要求按照200∶1的标准配备辅导员，但是大部分学校并未按照这个标准来执行，导致辅导员带班人数过多，精力和时间有限，不能对每个学生进行辅导，尤其是每个学生每学期谈话时间和谈话次数不足，对学生的了解不深入，影响后期学生管理效率和水平。

通过对部分民办高校学生管理人员关于学生管理队伍建设情况的调查，结果如图11所示，2%的民办高校学生管理人员认为"学生管理队伍建设完备"；40%的民办高校学生管理人员认为"学生管理队伍建设适中"；58%的民办高校学生管理人员认为"学生管理队伍建设较弱"。以上分析，说明了民办高校学生管理队伍建设较弱的问题。

民办高校学生管理工作的创新

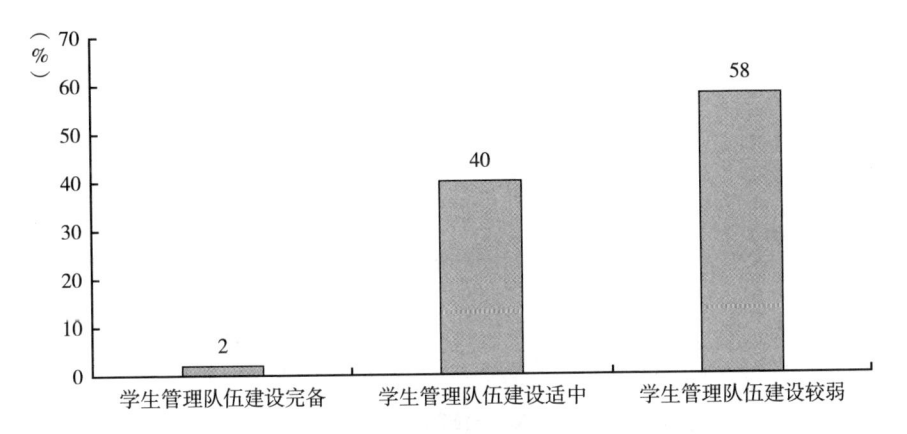

图 11 民办高校学生管理队伍建设情况

(三) 学生管理方式太单一

校规是学生管理工作的依据,但是其中有一些不太合理的强制规定,比如,不能佩戴首饰,有的民办高校采取一刀切。目前社会日新月异,科技迅猛发展,学生与之前相比,有自己的个性和特点,而大部分民办高校的学生管理方式还是和以前一样,单一老旧,没有充分涵盖学生的个性化发展,已经与当今的社会发展不相适应。

通过对部分民办高校学生管理人员关于学生管理方式的调查,结果如图12所示,30%的民办高校学生管理人员认为目前学生管理方式富有多样化;70%的民办高校学生管理人员认为目前学生管理方式比较单一,需要改进。

(四) 学生管理教育合力较弱

家庭是学生成长成才的重要场所,父母是孩子成长的第一任老师,家校共育在高中及以下时期执行得非常不错,家长时常和老师保持联系,了解孩子在学校的情况,对于孩子在校的表现能够及时鼓励和引导。但是学生上了大学后,家长几乎就很少与辅导员沟通学生在校情况,导致辅导员不能够完全了解学生家庭情况和学生性格特点,不能更好地对其做好引导和辅导。更

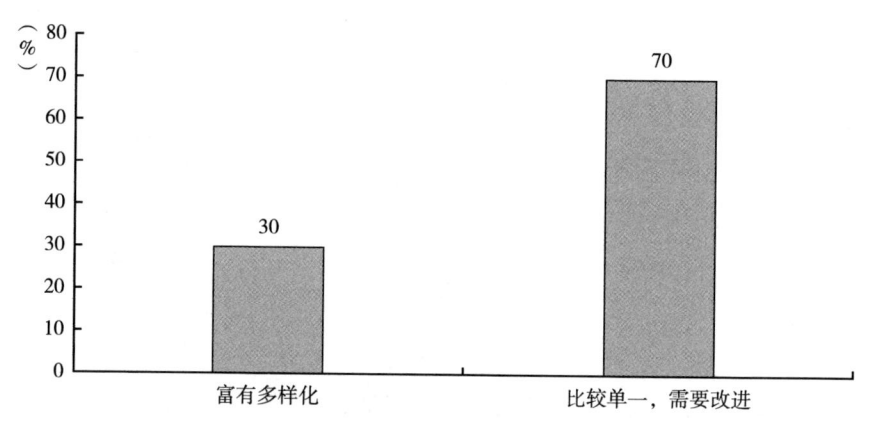

图12 民办高校学生管理方式

有甚者，个别民办高校学生在校期间经常旷课、迟到、早退、挂科，家长不知道自己孩子在校的真实表现，当学生不能拿到毕业证、就业受阻时，家长才知道曾经引以为傲的孩子在大学期间与之前截然不同，但后悔已晚。

通过对部分民办高校学生管理人员是否建有家长群情况进行调查，结果如图13所示，86%的民办高校学生管理人员没有建家长群；14%的民办高校学生管理人员建有家长群。

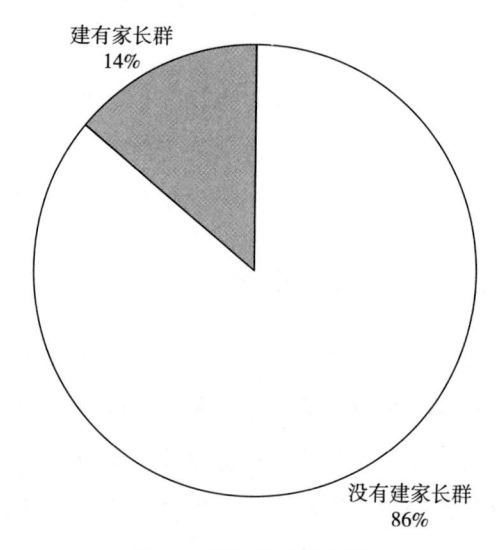

图13 是否建有家长群

通过对部分民办高校学生管理人员每学期与所带学生家长联系状况进行调查，结果如图14所示，16%的民办高校学生管理人员选择"平时从来不联系，学生有重大问题了才联系"；80%的民办高校学生管理人员选择"偶尔会与家长联系，但不是全部家长"；4%的民办高校学生管理人员选择"与每个家长都联系"。

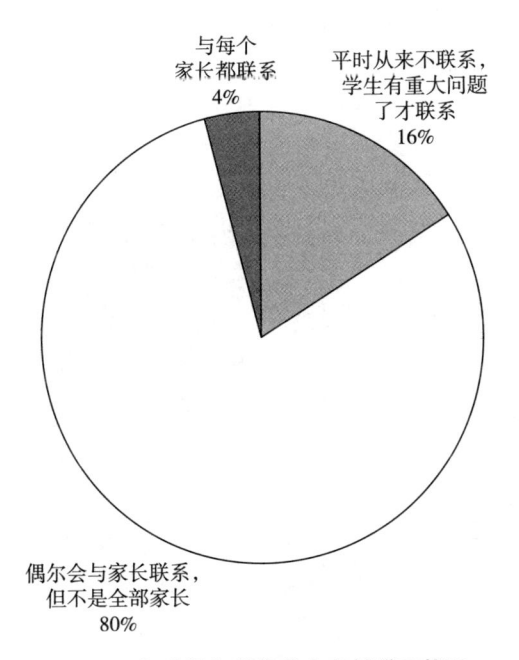

图14　每学期与所带学生家长联系状况

以上分析，说明了民办高校学生管理教育合力较弱的问题。

（五）学生维权诉求渠道不畅通

高校学生管理规定，学生对学校给予的处理或者处分有异议，对学校、教职员工侵犯其人身权、财产权等合法权益的行为，向教育行政部门提出申诉或者依法提起诉讼。但是部分民办高校对于学生维权诉求没有通道，或者即使有通道，如果处理不能令学生完全满意，学生则直接在网络平台上申诉，或者直接向上级主管部门教育厅或者教育部反馈，增加了管理的成本，

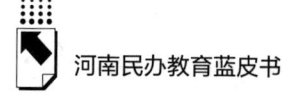

更有甚者，学生维权过度和维权失实，这都不利于学生管理工作的顺利进行，影响学生管理水平和效率。

通过对部分民办高校学生管理人员关于学生维权渠道畅通程度的调查，结果如图15所示，10%的民办高校学生管理人员认为"非常畅通，有专门的维权途径，并能得到公正处理"；26%的民办高校学生管理人员认为"比较畅通，但是没有处理结果"；64%的民办高校学生管理人员认为"不畅通，学生校内不知道如何维权，稍有不慎，直接反映到上级主管部门"。

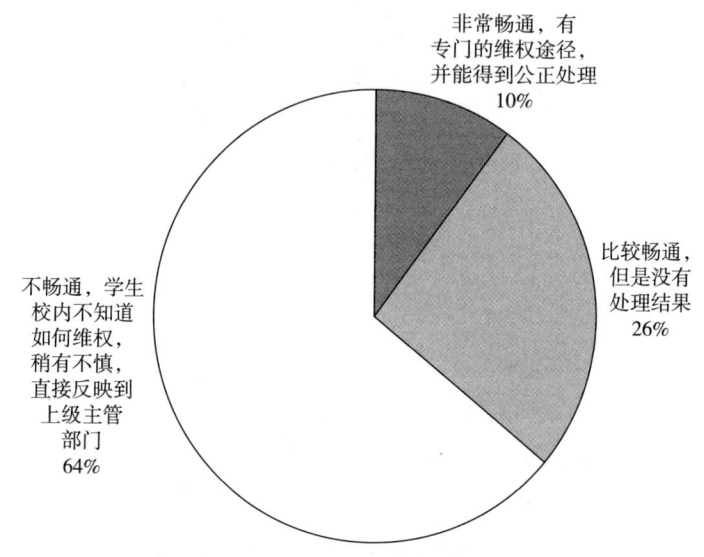

图15 民办高校学生维权渠道畅通程度

以上分析，说明了民办高校学生维权诉求渠道不畅通的问题。

三 民办高校学生管理工作的创新思路

（一）解放思想，创新学生管理理念

每一个学生都有其个性和特点，在民办高校学生管理工作中，要因材施教、与时俱进。要始终树立以学生为中心的管理理念，做好学生成长成才的

引路人、知心人和摆渡人。第一，学生管理人员要转变思想，不能再用之前的权威、高压等理念来开展工作。第二，学生管理人员要坚持主动学习先进的管理理念。平时要加强学习，不断地学习新的理念、运用新的理念和创新新的理念。第三，学生管理人员要善于沉下去。要与时俱进，放下姿态，多走进学生，才能了解学生，从而才能管理好和服务好学生。总之，学生管理人员应解放思想，秉承"以生为本"的信念，创新学生管理理念。

（二）加强和完善学生管理队伍建设

学生管理队伍建设对于民办高校而言，非常重要。能否打造和建设一支高效率、高素质的团队，关系到能否顺利贯彻和落实党的伟大精神，关系到学校能否长远发展。第一，不断完善聘用机制，选拔合适人才。可以通过校园招聘、社会招聘、网络招聘、他人推荐等多种招聘方式，根据不同的岗位确定不同的用人标准。第二，不断加强人员培训，提高人员素养。可以通过专题讲座、论坛、视频、外出学习交流、参观、研学等不同的途径不断地对管理人员进行培训，使管理人员培训常态化，从而提高他们的管理专业水平和综合素质。第三，不断完善考核机制和激励机制。要多方面多层次多角度考核管理人员，从"品德、能力、勤奋、业绩"等出发，通过定性考核与定量考核相结合、自我评价与他人评价相结合等方式，根据考核结果，对管理人员进行物质激励和精神激励，同时兼顾公平和效率。第四，继续呼吁相关部门，给予民办教职工与公办教职工同工同酬的待遇。民办教职工与公办教职工同工不同酬的问题是民办高校管理人员队伍不稳定，尤其是一线辅导员离职率较高的原因之一。

（三）推动学生管理方式多元化

目前的高校学生均是"00后"，伴随着学生的特点和社会对人才的需求，单一的管理方式已经不能满足学生的需要和社会发展的需要，要不断推动学生管理方式多元化。第一，建立导师制管理模式。传统管理模式中，学生的思想、生活、学习、心理等方方面面都由辅导员负责，但是由于辅导员所带班级较多，涉及专业也较多，对于思想政治教育、生活帮扶、心理健康

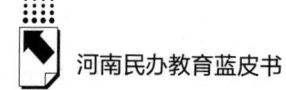

方面，辅导员比较擅长，但对于非本专业的知识及前沿问题，却是个难题。针对此问题，可以聘用品德好、专业知识水平高、愿意帮助和服务同学的任课老师或者校外人员为导师，就能发挥"辅导员+导师""两条腿"行走的优势。第二，利用先进的科学技术，辅助管理和服务学生。比如，在疫情防控常态化背景下，学校管理人员可以利用"钉钉"进行学生位置定位、可以利用现有的App每天进行健康报备。晚上查宿，可以让学生自己摆拍造型上传给辅导员，在思、笑、乐的摆拍中，既可以调动学生积极性和主观能动性，也能增进学生和辅导员之间的感情，辅导员还可以了解学生在宿情况。第三，鼓励学生自我管理、自我服务。比如，宿舍管理是民办高校管理的重要阵地，可以让学生自我管理，自我监督，自我服务。例如，黄河科技学院商学院有党员定岗工作室，所有的拟发展对象，必须在宿舍定岗。每个宿舍楼，由一名楼长负责，这个楼长由品行端正、能力出众、综合素质非常高的正式学生党员担任；每个宿舍楼的楼层均由3~5名层长负责，每名层长由拟发展对象（包含预备党员）担任。他们白天巡视，晚上查学生归宿，并进行登记，在微信群中汇报。运行以来，效果非常不错，既锻炼了学生能力，也为管理人员尤其是辅导员进行了减负。

（四）增强学生管理教育合力

家庭是孩子成长的重要影响因素。不仅在幼儿园、小学、中学阶段需要家长与学校共同努力培养孩子，而且在大学阶段，家长与学校更应该加强沟通，共同帮助学生成长成才。第一，建立家长网络群。可以在大一入校时，建立家长微信群或者QQ群，方便通知学生的学习、生活等状况。第二，进行家访。对于特殊学生群体，学生管理人员要走进学生家庭，与学生家人面对面沟通，了解学生的详细情况，以便更好地管理、服务和帮助学生。第三，邀请家长参加重大活动。孩子是父母的希望、家庭的未来，有关孩子学业或者成长的重大活动，如果有家长的参与，孩子将会更加自信和努力。比如，毕业典礼、开学典礼、表彰大会等重大活动，家长的参与，不仅仅可以让家长更好地了解学校和孩子，还有助于孩子将来的成长，更有利于学校的口碑宣传。

（五）建立和完善学生维权诉求渠道

学生管理工作非常重要，虽然管理人员很认真，很细心，但难免在管理过程中会出现失误，影响到个别学生的利益，所以建立和完善学生维权诉求渠道非常有必要。第一，加强沟通和了解，维护学生切身利益。管理人员要经常实地调研，走下去与学生交流和沟通，在情感上贴近学生，取得学生的信任，充分及时了解学生的困难和诉求，采取及时有效的方法帮助学生解决现实问题。第二，建立学生诉求通道。可以通过线上线下相结合的形式进行。比如，线上开辟一个诉求信箱，或者诉求小程序，专供学生表达诉求，并安排专人每天及时查看和跟进；线下设置信箱，学生可以把自己的诉求投进去，信箱每天由专人打开查看。将学生线上和线下诉求通道纳入新生入学教育，让每名新生都了解诉求通道。第三，成立学生维权诉求领导小组。学生维权诉求事件，由专人负责进行跟进和处理。对于学生反映属实的问题，要切实维护学生的利益，给学生一个满意的交代；如果学生反映的问题失实，将对学生进行约谈和思想教育。第四，修改和完善现有的奖惩制度。修改和完善后的奖惩制度要适应新时代民办高校学生管理工作的需求，并对新的奖惩制度进行宣传，让人人熟知，让师生减少对制度的异议和对学校的误解。

总之，民办高校学生管理工作需要因时适策，与时俱进。民办高校学生的成长成才需要社会、家庭、教师、辅导员全员参与，共同努力。相信通过全员育人，因材施教，河南省民办高校学生管理工作水平和工作效率会大大提高，将来为社会培养更多高素养的人才。

参考文献

胡大白主编《河南民办教育蓝皮书：河南民办教育发展报告（2020）》，社会科学文献出版社，2020。

胡大白、樊继轩：《民办高校内涵式发展战略研究》，河南人民出版社，2015。

B.7
民办高校实训基地建设的探索

毕鹏翾　曹龙飞 *

摘　要： 实训基地建设有利于民办高校培养应用型人才、提升教学科研能力以及更好地服务社会。通过民办高校实训基地建设现状分析，发现民办高校亟待加强实训基地建设。民办高校应坚持育人为本、产学研用创相融合、创新发展、统筹协调建设和开放共享等五个原则，采取关键举措加强校内实验教学中心和校外实践教育基地建设，并应在组织、制度和经费方面有力地保障实训基地建设。

关键词： 民办高校　实训基地　实践教学　应用型人才

2018年9月，《教育部关于加快建设高水平本科教育全面提高人才培养能力的意见》指出"加强实践育人平台建设。综合运用校内外资源，建设满足实践教学需要的实验实习实训平台"。2022年3月发布的《2021年河南省教育事业发展统计公报》显示全省共有高等学校166所，其中民办高校45所。民办高校占比为27.1%，约占全省高等学校的1/3。民办高校作为河南高等教育的重要组成部分，主要承担应用型人才培养的重任，应不断加强实践教学研究，积极探索实训基地建设。

---

* 毕鹏翾，郑州升达经贸管理学院副教授，主要从事民办教育研究；曹龙飞，郑州升达经贸管理学院助教，中级会计师，主要从事民办教育研究。

一 民办高校实训基地建设的意义

（一）实训基地建设使民办高校更有效地培养应用型人才

民办高校应将专业知识传授与实践能力培养结合起来，培养学生解决实际问题的能力和创新精神。民办高校利用自身灵活性的特点，加强校企合作，共同建立实训基地。合作企业将先进的专业技术、企业文化、管理理念引入民办高校实践教学，使学生尽早感受企业氛围，同时利用实习机会让学生参与到企业的实际工作中，按企业员工的要求进行实战训练，提高学生的责任感、团队意识和实际技能，培养学生的职业素养。可见，实训基地建设将校企优势互补，能够有效地促进民办高校培养懂技术、能创新的高素质应用型人才。

（二）实训基地建设使民办高校更有效地提升教学科研能力

民办高校鼓励教师到校企共建的实训基地进行挂职锻炼，引入企业专业技术和管理人才入校任教。实训基地将产学研紧密结合，加快教学、生产与科研之间的互动过程，以科研和生产推动教学水平的不断提升，将教学内容融入科研过程中，推动科研进程。可见，实训基地建设将使校企双方更有效地识别企业在生产经营过程中遇到的瓶颈问题，形成科研课题，集合企业技术人才、高校教师、优秀学生共同参与研究，形成优秀成果，推动民办高校教学科研能力的提升。

（三）实训基地建设使民办高校更有效地服务社会

民办高校在充分利用集合了学校、企业及政府等多方优质资源的实训基地这一平台，服务本校学生的同时，可以面向社会为企业员工、社会人员提供职业技能培训服务，实现实训基地的资源共享，承担起提升社会职业素养的重要任务，进而提升民办高校的声誉及服务社会的能力。另外，民办高校

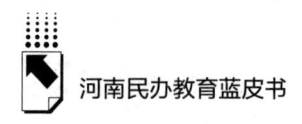

积极推动将在实训基地中取得的科研成果努力转化为生产力，真正解决行业难题，助力产业发展，有效地推动地方经济和社会的发展。可见，实训基地建设能促进民办高校更有效地服务社会。

二 民办高校实训基地建设的现状

实训基地建设主要包括校内实验教学中心建设和校外实践教育基地建设。校内实验教学中心是民办高校学生主要的实习实训平台，但除此之外，民办高校还应大力建设一批相对稳定的校外实践教育基地，促进产教融合，协同育人。

（一）校内实验教学中心建设现状

近几年，民办高校越来越重视应用型人才培养和实践教学改革，持续加大资金投入，加强校内实验教学中心建设。河南省教育厅从2006年开始启动"河南省高等学校实验教学示范中心"建设评审工作，河南省高等学校实验教学示范中心统计情况如表1所示。

表1 河南省高等学校实验教学示范中心统计情况

公布时间	河南省高等学校实验教学示范中心公布总数量	获批省级实验教学示范中心的民办高校数量	民办高校获批省级实验教学示范中心的名称
2006年3月	8	—	
2008年7月	20	—	
2009年6月	27	—	
2011年9月	29	2	商丘学院省级计算机网络河南省实验教学示范中心、黄河科技学院数控技术综合训练中心
2012年11月	33	2	黄河科技学院广播电视艺术河南省实验教学示范中心、郑州科技学院现代制造技术工程实践中心

续表

公布时间	河南省高等学校实验教学示范中心公布总数量	获批省级实验教学示范中心的民办高校数量	民办高校获批省级实验教学示范中心的名称
2013年11月	31	2	郑州科技学院电子信息工程与控制技术河南省实验教学示范中心、郑州升达经贸管理学院经济管理河南省实验教学示范中心
2016年8月	40	10	新乡医学院三全学院生物与基础医学河南省实验教学示范中心、郑州大学西亚斯国际学院经济管理河南省实验教学示范中心、黄河科技学院电子与通信工程河南省实验教学示范中心、商丘学院电子与电气工程河南省实验教学示范中心、中原工学院信息商务学院服装与纺织品设计综合河南省实验教学示范中心、郑州工业应用技术学院建工河南省实验教学示范中心、郑州成功财经学院ERP综合实验教学示范中心、郑州科技学院现代汽车技术河南省实验教学示范中心、商丘工学院机械工程河南省实验教学示范中心、河南师范大学新联学院机械工程系河南省实验(实训)教学示范中心
2017年9月	40	10	郑州大学西亚斯国际学院电子及自动化河南省实验教学示范中心、新乡医学院三全学院护理河南省实验教学示范中心、黄河科技学院土木工程河南省实验教学示范中心、中原工学院信息商务学院经济管理河南省实验教学示范中心、郑州科技学院应用物理河南省实验教学示范中心、郑州财经学院会计河南省实验教学示范中心、商丘学院植物栽培与景观设计河南省实验教学示范中心、安阳学院机电与信息工程河南省实验教学示范中心、郑州升达经贸管理学院信息工程河南省实验教学示范中心、信阳学院汽车技术实训河南省实验教学示范中心
合计	228	26	—

由表1可以看出，虽然民办高校越来越重视校内实验教学中心建设，但由于底子薄弱、建设起步比较晚，因此，直至2011年，民办高校的实验教学中心才被获批省级实验教学示范中心。河南省高等学校实验教学示范中心获批数量合计为228个，其中获批省级实验教学示范中心的民办高校总数为26个，仅占总获批数量的11.4%，不及民办高校数量占全省高等学校比例

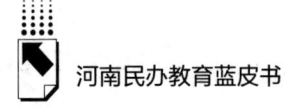

的一半。进一步分析发现，民办高校获批的这26个省级实验教学示范中心分别归属于14所民办高校，即黄河科技学院4个、郑州科技学院4个、商丘学院3个、郑州升达经贸管理学院2个、新乡医学院三全学院2个、郑州大学西亚斯国际学院2个、中原工学院信息商务学院2个、郑州工业应用技术学院1个、郑州成功财经学院1个、河南师范大学新联学院1个、郑州财经学院1个、商丘工学院1个、安阳学院1个、信阳学院1个，可见全省民办高校不仅获批省级实验教学示范中心的数量差异较大，而且有部分民办高校并没有获批省级实验教学示范中心。综上所述，河南省民办高校的实验教学中心整体实力偏弱，需要进一步加强建设。

（二）校外实践教育基地建设现状

随着国家和河南省政府不断深化产教融合，民办高校越来越重视与校企的深度合作，逐步加强校外实践教育基地建设。河南省教育厅从2020年开始启动"河南省本科高校大学生校外实践教育基地"建设评审工作，目前已公布2020年和2021年两批评审通过的河南省大学生校外实践教育基地名单，如表2所示。

表2　河南省本科高校大学生校外实践教育基地统计情况

公布时间	河南省本科高校大学生校外实践教育基地总数量	民办高校获批省级校外实践教育基地数量	民办高校基地类别统计
2020年10月	认定100个、立项建设100个、（其中专业类172个、文化素质类14个、创新创业14个）	认定5个、立项31个	专业类31个、文化素质类3个、创新创业类2个
2021年12月	认定78个、立项建设122个、（其中专业类173个、文化素质类15个、创新创业12个）	认定9个、立项32个	专业类37个、文化素质类3个、创新创业类1个
合计	认定178个、立项建设222个（其中专业类345个、文化素质类29个、创新创业26个）	认定14个、立项63个	专业类68个、文化素质类6个、创新创业类3个

从表2可以看出，2020年和2021年评审通过的河南省本科高校大学生校外实践教育基地总数量为400个，其中直接认定178个，立项建设222个；民办高校获批省级校外实践教育基地总数量为77个，占总获批数量的19.25%，其中直接认定14个，占总认定数量的7.86%，立项建设63个，占总立项建设数量的28.38%。通过对比分析后发现，民办高校被直接认定为校外实践教育基地的比例极低，不足8%，即民办高校绝大部分校外实践教育基地仅为立项项目，需要继续建设，这说明民办高校不仅在获批数量上远低于公办高校，而且在获批质量上更严重低于公办高校。同时，进一步分析发现，民办高校获批的校外实践教育基地中，专业类68个，占总专业类19.71%；文化素质类6个，占总文化素质类20.69%；创新创业类3个，占总的创新创业类11.54%，可见，民办高校在创新创业类实践教育基地建设、创新型人才培养方面明显偏弱。此外，公办高校与民办高校相比，即使同被获批同类型的河南省校外实践教育基地，公办高校的校外实践教育基地建设质量更优，具有合作单位数量多、地理位置近等优势，比如，新乡医学院医科专业校外实践教育基地依托单位为新乡医学院第一附属医院、新乡市中心医院和新乡医学院第三附属医院，其中新乡医学院第一附属医院是省直综合性三级甲等医院，新乡市中心医院是一所综合性三级甲等医院，新乡医学院第三附属医院是省直属三级综合性大学附属医院，并且这三所医院距新乡医学院最远距离不超过21公里，交通便利；而新乡医学院三全学院医科专业校外实践教育基地依托单位仅有郑州市中心医院这一所综合性三级甲等医院，而且距新乡医学院三全学院距离达93公里，位置偏远。综上所述，河南省民办高校的校外实践教育基地整体建设数量较少、整体建设质量偏低，需要进一步加强建设。

三 民办高校实训基地建设的原则

（一）坚持育人为本原则

坚持育人为本是实训基地建设的首要原则。民办高校要始终以立德树人

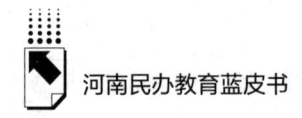

为根本任务，以能力培养为核心，弘扬中华优秀传统文化教育，把社会主义核心价值观融入实践教育的各环节，培养学生高尚的品质和爱国情怀。实训基地建设能够推动民办高校建立行业需求的人才培养体系，将先进的企业文化引入校园，让学生感受企业氛围，深化学生职业理想和职业道德教育，培养符合行业发展的高素质应用型人才。

（二）坚持产、学、研、用、创相融合原则

民办高校建设实训基地要将企业生产、学生实习实践、科研研究、科技成果运用、创新创业等功能有机结合。民办高校能够在教学科研过程中及时发现企业生产过程中所遇到的瓶颈问题，与企业专业技术人才及时带领学生共同进行该科研课题研究，培养学生解决问题的能力及创新的精神，促进产教融合、科教融合，打造集产、学、研、用、创于一体，互补、互利、互动、多赢的实体性人才培养创新平台。

（三）坚持创新发展原则

民办高校建设实训基地要大胆进行组织创新、制度创新，充分发挥技术创新优势。实训基地要进行组织创新，有机融合民办高校和企业两大主体利益诉求的共同点与不同点；实训基地要进行制度创新，要构建基于可持续发展的实训基地运行与管理制度体系；实训基地要充分发挥技术创新优势，利用新一代信息技术变革传统教学模式，建设校内虚拟仿真实验教学中心，开发相应的虚拟仿真项目替代因生产技术、工艺流程等限制无法开展的现场实习，推动新技术与教育教学深度融合。

（四）坚持统筹协调建设原则

民办高校建设实训基地要统筹考虑学科专业结构与区域产业发展匹配度、地方政府政策支持力度等。民办高校以区域优势产业发展需求为导向，基于自身专业的优势与特色，争取引入地方政府的专项资金支持，努力搭建集合多方优势资源，共同建设、共同管理、优势互补的实训基地。同时，民

办高校要协调各方资源，合理配置资源建设校内与校外实训基地，提升学生实训效果。

（五）坚持开放共享原则

民办高校实训基地在面向本校学生开放的同时，要面向省内其他高校和社会开放，主动发布实训基地可接纳实训者的时间与规模，做到基地资源开放共享。同时，民办高校要积极与其他高校合作，研究搭建具有开放性、扩展性、兼容性和前瞻性的实验教学平台，满足不同区域、不同层次、不同类型学校师生实验教学需求，建立开放共享可持续的实训基地。

四 民办高校加强实训基地建设的关键举措

（一）校内实验教学中心建设的关键举措

校内实验教学中心主要承担学生在校内开展的专业实训、创新创业实训等教学任务，应从实践教学体系构建、虚拟仿真实验教学中心建设和校内生产性实训基地建设等三个重要方面加强校内实验教学中心建设。

1. 构建以"应用型人才培养"为目标的实践教学体系

民办高校一般定位为地方性、应用型高校，培养专业基础实、实践能力强、综合素质高的应用型专业人才。民办高校应将"德育"放在人才培养的首位，并贯穿学生培养的全过程，同时加强实践教学研究，构建以"应用型人才培养"为目标的实践教学体系。民办高校实践教学体系应经过企业界和教育界专家的论证，确保人才培养符合地方经济发展需求、行业企业人才未来的发展趋势。

民办高校实践教学体系至少包括实训、实习、社会实践和论文四大模块。第一，实训模块。民办高校实践教学体系中，实训至少应包括专业基础实训、专业特色实训、专业综合实训、跨专业综合实训和创新创业实训五大类实训，这可以使学生完成一系列由基础到高级、由单项到综合、由感性认

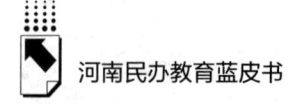

识到体验创新的实训项目，从而全面提高学生的实践能力。第二，实习模块。民办高校应为学生搭建专业认知、岗位实习和毕业实习三大有机衔接的实习平台。以上三大类实习可以使学生完成由参观企业实践活动、在企业相关岗位从事相对简单的实践活动到在企业顶岗实习，最终培养学生在实践工作中独立解决专业问题的能力。第三，社会实践模块。民办高校要高度重视、精心组织、周密安排学生的社会实践活动，使学生在实践中认识社会、了解国情、增长才干，充分发挥社会实践活动在德育、智育、体育、美育、劳育等方面的实践育人作用。第四，论文模块。民办高校应引导、鼓励学生在实践中完成学年论文和毕业论文，并引入来自行业、企业的专业技术人员指导学生，系统提升学生的科学研究能力和实践运用能力。

2. 加强校内虚拟仿真实验教学中心建设

现代信息技术的飞速发展给高等教育教学改革带来了新的机遇，2018年4月教育部发布的《教育信息化2.0行动计划》指出要促进信息技术深度融入教育全过程，推动教学改革，同时要加强高等学校虚拟仿真实训教学环境建设。虚拟仿真实验是指在计算机系统中，利用音视频、AR增强现实技术、VR虚拟现实技术等模拟各种真实的实验环境，实验者能够在高度仿真的环境中完成实验项目，并取得与真实环境中实验一样的预期效果。因此，虚拟仿真实验教学成为高校培养学生实践能力的重要手段，民办高校要加大计算机、网络系统等软、硬件方面的资金投入，按照智能实验设计理念，搭建虚拟仿真的实践工作场景，让学生在虚拟环境中进行角色扮演，调动学生学习积极性，提升实践教学效果。

3. 加强校内生产性实训基地建设

建立校内生产性实训基地是民办高校引企入校，与企业深度合作的重要模式。民办高校要本着互惠互利的原则明确校企双方的权责，按符合民办高校专业建设和企业发展需求进行校内生产性实训基地建设，例如，学校提供房屋、场地、办公设施等，企业将体现新知识、新技术、新工艺、新方法的生产线或先进的仪器设施和实际业务等搬进校园。校内生产性实训基地按照企业真实的生产场地、设备配置、工作环境等进行布局，参与实训的师生按照企业真实的产品生产工艺流程等进行规范操作,企业按照真实的订单要求进行生产与运营管理。校内生产性实训基地不仅使合作企业降低成本,提升了经济效益,而且使民办高校师生在校内的真实企业岗位上进行职业能力训练,提升了实践教学效果。

(二)校外实践教育基地建设的关键举措

校外实践教育基地主要承担学生在校外开展的专业认知、岗位实习、毕业实习和社会实践等教学任务,应从完善校企协同育人机制、积极开展劳动教育实践活动和建设高水平专兼职相结合的双师型教师队伍等三个重要方面加强校外实践教育基地建设。

1.完善校企协同育人长效机制

为了切实提高应用型人才培养质量,确保企业全过程参与人才培养,民办高校与企业要共同建立和完善校企协同育人长效机制。民办高校与企业要以"培养适应和引领现代产业发展的高素质应用型人才"为目标共同制订人才培养方案,按照企业岗位和职业标准共同开发实践教学体系与教学内容,共同对校企指导教师进行上岗培训并对其进行教学质量监控,从制订校外实践教学大纲与教学计划、安排校企双方指导教师现场跟踪指导学生实践等方面共同组织实施校外实践教学,依据考核标准由校企双方指导教师共同对学生实践表现的过程与结果进行综合评价。同时,为了促进校企双方开展长期合作、持续深化产教融合,校企双方在明确各自权责分工的同时,一定要确保合作企业合理需求和利益诉求得到及时有效的满足,激发企业参与校外实践教育基地建设的主动性,通过校企双方积极探索共同打造集产、学、研、用、创于一体的校外实践教育基地,最终实现社会效益与经济效益的有机结合。

2.积极开展劳动教育实践活动

民办高校开展劳动教育实践活动时要帮助学生树立正确的劳动观,引导学生增强劳动者的劳动意识,弘扬劳动精神。劳动形态经历了从手工劳动到机器劳动、从机器劳动再到科技劳动的变化过程,目前,科技劳动已成为新

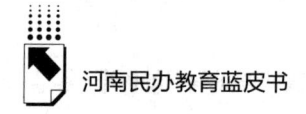

时代第一生产劳动。民办高校针对劳动形态的新变化，在建设校外实践教育基地时要适应区域经济与产业发展新需求，将实践教育内容及时融入产业发展中的新技术、新工艺和新规范，加快实践教育内容迭代，培养科学精神；实践教育设计要增加综合型、设计型和创新型实践项目的比重，注重培养学生的综合能力和创新能力；实践教育方法更多采用项目驱动教学法，大力发展学生的高阶思维能力；实践教育活动开展要在企业真实工作环境中进行实地教学，增强学生的产业认知度、职业胜任力和就业创业能力。

3.建设高水平专兼职相结合的双师型教师队伍

教师队伍由高校的骨干教师和行业企业的业务骨干、优秀技术和管理等人才组成，共同参与指导学生的实践教学活动。整合校企双方师资方面的优势资源，对来自高校和企业的教师采取各有侧重的分类培养，校外实践教育基地加快建设专兼职相结合的高水平教师队伍。一是来自高校的骨干教师通过到企业挂职锻炼、承担行业企业横向课题等提高专业实践能力；来自行业协会或企业的业务骨干、优秀技术和管理等人才，要加强专业理论学习，提高教学水平。二是校企双向应积极探索校企双向人才互聘、教师激励等机制，积极引进行业权威、领军人才、大师名匠等担任专业带头人，骨干教师尽快成长为名副其实的双师双能型教师，最终建设一支数量充足、专兼职相结合、结构合理、可持续发展的高水平双师型教师队伍。

五 民办高校加强实训基地建设的保障措施

（一）健全组织保障

民办高校要高度重视实训基地建设，明确实践教学工作分管副校长直接负责，由教务处、校地合作处、实训处、二级教学单位等共同参与实训基地建设。其中，教务处负责实训基地的宏观管理与协调工作，如提出实训基地建设规划、制定实训基地建设与管理办法、审查二级教学单位实训基地建设申请、评估实训基地建设情况等；校地合作处负责遴选合作企业、代表学校层面审核与签订合作协议、协调校外实践教学等；实训处负责改善校内实践教学基地条件建设、管理校内实践教学等；二级教学单位负责依据专业建设和人才培养需求提出校内外实训基地建设申请、与企业合作共建校外实训基地、依托校内外实训基地组织实施实践教学工作等。

校外实训基地由校企双方共同建设，民办高校和企业双方应签署正式的实训基地建设协议，明确资产配置与管理、收支核算与分配、师生实训与考核等方面的权责利。校外实训基地要由校企双方高层领导共同组建实训基地领导小组，共同规划、组织开展实训基地建设工作。

（二）完善制度保障

在教学运行、学生管理、考核评价、安全保障等方面，民办高校要完善与实训基地密切相关的规章制度。民办高校要完善《实践教学管理制度》等相关制度，从实践教学的计划管理、组织与实施、对实践指导教师的要求、对学生的要求等方面规范实践教学；民办高校要完善《学生校内实习、实训管理办法》《学生校外实习、实训管理办法》等相关制度，加强对学生在实习、实训等实践教学环节中的管理工作；民办高校要完善《实践教学质量评价标准》等相关制度，明确实践教学标准，保证人才培养质量；民办高校要完善《实训基地安全管理制度》《实验室安全管理制度》等相关制度，加强学生人身安全、知识产权保护、规范操作仪器设备等方面的教育工作，采取必要措施为学生创造安全的实践教学环节，保障学生身心安全。

（三）加大经费保障

为促进实训基地建设，尤其是校外实训基地建设和规范管理，对于规模较大、技术水平先进、合作期限较长、每年接纳学生人数较多的合作企业，民办高校应认定其为"示范性校外实训基地"。民办高校要设立示范性校外实训基地专项建设经费，用于民办高校与合作企业联合开展实践教学研究、基地硬件条件建设等，进一步提升示范性校外实训基地建设质量。同时，民

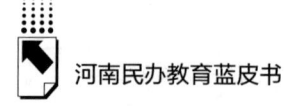

办高校要设立学生实习、实训专项经费，并完善《实习、实训经费管理办法》等相关制度，保证学生实习、实训顺利开展。

参考文献

教育部：《教育部关于加快建设高水平本科教育全面提高人才培养能力的意见》，2018年9月。

黄芬芬：《民办应用型本科高校实践教学基地建设研究——以某民办高校为例》，《当代教育实践与教学研究》2019年第13期。

秦琴：《高职院校新商科类实训基地建设研究》，《产业与科技论坛》2019年第1期。

郑乔：《唐山X职业学院实训基地建设调查研究》，河北师范大学硕士学位论文，2020。

教育部：《教育信息化2.0行动计划》，2018年4月。

职业教育发展篇
Development of Vocational Education

B.8 2021~2022学年河南民办职业教育现状与发展展望

王公博[*]

摘　要： 自2022年5月1日起施行的新的《中华人民共和国职业教育法》（以下简称新《职教法》）为民办职业教育的发展拓宽了空间，职业教育层次的提升，打通了职业院校学生的上升通道。河南民办职业教育已经有了一定的规模，具备了良好的发展基础，在层次提升、人才培养质量提升的进程中，需要进一步提高站位，凝聚核心竞争力，为河南由职业教育大省向职业教育强省过渡做出贡献，为经济和社会发展培养更多的优秀人才，实现自己的社会责任。

关键词： 民办教育　现代职业教育　人才培养质量

---

[*] 王公博，郑州机电工程学校高级讲师，研究方向为职业教育、民办教育。

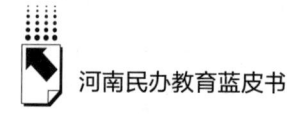

经济和社会发展的需要正在推动河南由职业教育大省走向职业教育强省，职业教育发展的外部环境逐渐向好，民办职业教育发展的空间有所扩大，层次实现了初步提升。2021年，河南民办中等职业教育规模出现了小幅波动，在校生比上年减少了0.16万人；高等职业教育出现了强劲的发展势头，在校生数较上年增加了5.37万人。整体上全省民办职业教育在校生人数比2020年增加5.21万人[①]。同时，河南科技职业大学的建立并连续两年招收本科层次的高职学生，不仅使河南民办职业教育有了本科教育的层次，而且实现了河南职业教育体系向更高层次的延伸。

一 河南民办职业教育的现状

（一）规模

5年来，河南民办中等、高等职业教育总的在校生规模持续增长，2017年为41.04万人；2018年为46.47万人；2019年为53.72万人；2020年达到60.03万人；2021年增加到65.19万人。民办高等职业教育规模的增幅较大。2017年，河南民办高等职业教育在校生比民办中等职业在校生少5.56万人，到2021年实现反超，比中等职业教育多出4.27万人。

1. 中等职业教育

近年来，河南民办中等职业教育在校生人数一直呈增长趋势，由2017年的23.30万人增长到2020年的30.65万人。2020年、2021年招生人数有所减少，2021年在校生人数出现了小幅下降。

在全省中等职业教育在校生规模中，河南省民办中等职业教育规模占比在2017~2020年一直呈上升的趋势，2017年为17.49%，2018年为19.42%，2019年达到20.89%，2020年增加到21.32%。2021年有所回落，为20.39%。总体来看，近年来，河南民办中等职业教育规模在全省总规模中一直约占1/5的份额（见表1）。

---

① 高职发展智库：《2020年高等职业教育质量年度报告》。

表1 2017~2021年河南省民办中等职业教育规模与全省总规模的比较

项目	2017年		2018年		2019年		2020年		2021年	
	全省	民办	全省	民办	全省	民办	全省	民办	全省	民办
学校数量(所)	789	186	755	170	669	157	639	144	632	142
毕业生人数(万人)	40.38	5.46	39.94	5.92	42.94	7.94	40.98	7.46	45.12	9.47
招生人数(万人)	52.87	10.45	50.03	10.62	52.94	12.19	52.56	11.60	55.85	10.70
在校生人数(万人)	133.23	23.30	136.63	26.54	137.87	28.80	143.74	30.65	149.52	30.49

资料来源：根据历年《河南省教育统计提要》《河南省教育事业发展统计公报》整理。

2. 高等职业教育

2021年河南省民办普通高职院校在校生人数达到339887人，比2017年增加162487人。

近5年来，民办高职高专院校的招生人数和在校生人数都呈现了强劲的增长趋势。招生人数由2017年的6.54万人持续增长到2021年的13.39万人，5年间增长了一倍多。在校生人数由17.74万人增长到34.76万人，增长了近一倍。与全省高等职业教育规模相比，民办高等职业教育规模2017年占26.54%；2018年占26.24%；2019年占28.27%；2020年占28.97%；2021年占29.72%（见表2）。在整个高等职业教育规模中的占比基本稳定①。

表2 2017~2021年河南省民办高等职业教育规模与全省总规模的比较

项目	2017年		2018年		2019年		2020年		2021年	
	全省	民办	全省	民办	全省	民办	全省	民办	全省	民办
学校数量(所)	79	20	83	20	84	20	94	24	99	26
毕业生人数(万人)	16.28	4.63	20.28	13.37	22.61	5.80	25.11	6.72	29.41	7.80
招生人数(万人)	25.30	6.54	29.89	7.84	36.42	11.03	39.58	11.53	46.22	13.39
在校生人数(万人)	66.83	17.74	75.96	19.93	88.14	24.92	101.40	29.38	116.94	34.76

注：2021年的民办教育招生人数中含本科高职生3851人；在校生人数中，含本科高职生7040人。

资料来源：根据历年《河南省教育统计提要》《河南省教育事业发展统计公报》整理。

---

① 资料来源：河南省教育厅2017~2021年《河南省教育统计提要》。

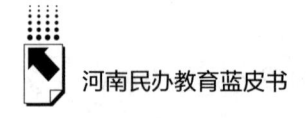

民办本科高等职业教育的招生人数、在校生人数均占河南省高等职业教育总规模的100%。

（二）职业教育的层次提升

截至2021年，全国共建职业本科院校32所，其中民办高等职业院校升格的有21所，独立学院转设的有1所。在22所新建的民办本科职业院校中，山东省3所；江西省3所；广东省2所；陕西省2所；福建省、广西壮族自治区、海南省、重庆市、四川省、辽宁省、山西省、浙江省、新疆维吾尔自治区、上海市、湖南省各1所，河南省1所。河南省的这所本科职业大学由民办的原周口科技职业学院升格。据了解，2020年，广东省高职院校全日制在校生117.80万人，在校生人数位居全国第一；河南省高等职业院校全日制在校生88.87万人（全省高职高专在校生101.40万人），居全国第二位；山东省高等职业院校全日制在校生80.21万人，位居全国第三。2021年河南省高等职业院校总数达100所，位居全国第一；广东省高等职业院校总数达95所，居全国第二位；江苏省高等职业院校总数91所，位居全国第三；山东省以86所位居第四；四川省以82所位居第五。[①] 在高职院校数位列全国第一、在校生数位列全国第二的河南省，仅有一所本科职业大学。河南职业教育最高到专科层次的天花板虽然已经被打破，但是本科层次的职业院校数和招生数远远不能满足需要。

（三）内涵建设发力，人才培养质量提升

河南民办职业教育在稳步提升规模的同时，更加注重内涵建设，关注学生成长，采取多种措施提高人才培养质量。

1. 办学指导思想进一步明确

方向明才不会走弯路。河南民办职业学校立足于健康发展，合规办学。郑州澍青医学专科学校全面贯彻党的教育方针，落实立德树人根本任务，立

[①] 高职发展智库：《各省高职教育综合实力如何？看看"年报"结果》。

足学校的行业优势和办学特色，主动融入国家中心城市建设，以鼎力"健康中原"为己任，服务健康产业升级，持续转型发展，积极与大健康产业深度融合，打造健康服务教育品牌，全面提升办学质量，加快培养大批高素质技术技能人才。郑州电力职业学院坚持"服务、质量、创新、内涵、特色"发展理念，以服务地方经济社会发展为宗旨，以提高办学质量为核心，以改革创新为动力，以内涵建设为主题，以强化特色为重点，服务国家及区域高质量发展、促进高质量就业。

2. 办学定位更加准确

"我是谁""我在哪里"是民办职业院校不断思考的问题。与公办职业院校相比，民办教育没有人事、经费等优势；和民办本科高校相比，高职教育没有层次优势。只有定位准确，才能迈出合适的步子。郑州黄河护理职业学院坚持以高等护理教育为主，医学技术类、康复治疗类、药学类、公共管理与服务类教育相互支撑、协调发展。以应用型人才培养为核心职能，面向医药卫生行业及健康服务产业，培养具有良好的道德品质、专业能力和职业素质，理论基础扎实、实践能力突出的高素质应用型人才。郑州澍青医学专科学校以立德树人为根本，以促进就业为导向，以服务"健康中国战略"为核心，根据社会对医药卫生和健康人才的需求，确立了立足郑州、面向河南、辐射全国、坚持主动为中原经济区建设和基层卫生与健康事业发展培养高素质卫生健康服务人才的办学定位。长垣烹饪职业技术学院坚持"围绕产业办专业，办好专业促产业"的办学理念，以学促产、以产兴校，产教融合、特色发展，走"与国家发展同频、与区域产业对接、与民营经济互动、与行业企业共建、与国际交流融合"的发展之路，主动服务区域经济发展，突出办学特色，提高办学质量。许昌陶瓷职业学院凭借禹州千年的钧瓷文化积淀和博大精深的制瓷技艺，依托千余家陶瓷企业和众多国家级、省级工艺美术大师、陶瓷艺术大师的强力支撑，走出了一条教育、科研、生产相结合的办学之路。

3. 办学特色鲜明

特色是一所学校不同于其他学校的标志，是职业院校具有明确个性的

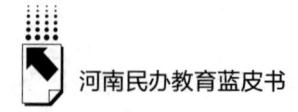

特质。没有特色的民办学校很难实现健康发展。河南民办职业教育深知特色建设的重要性，在办学实践中不断探索，结合实际形成了自己鲜明的特色。郑州澍青医学专科学校从理论、环境到教育活动实践等形成了特色鲜明的医德教育体系。获得省教育厅"高等学校思想政治教育优秀品牌"奖，并在基层医疗、疫情防控、抗洪救灾中彰显了良好的育人成果，已形成以康复治疗技术为首的4个专业群协同发展的格局，培养了一批厚植专业基础、精湛一技之长的健康服务人才。林州建筑职业技术学院以"传承和弘扬红旗渠精神，培育新时代建设人才"为己任，坚持"服务社会发展，助力学生成才"的办学理念和公益性的办学宗旨，立足安阳，面向河南，辐射全国，主动适应区域经济建设和社会发展需要，培养"素质全面、基础扎实、技能过硬、社会需要"的具有工匠精神和社会责任感的技术技能型人才。

4. 专业设置更加贴近实际

为当地经济和社会发展培养合格的技术技能型人才，是职业教育的重要职能。结合发展设置专业，才能与经济和社会发展相匹配。同时，专业建设也是职业教育发展的重要方面，加强专业建设是职业学校抓内涵、抓质量，上台阶、上水平的突破口和着力点。郑州电力职业学院办学立足河南、面向中原经济区、辐射全国。突出电力特色，以电力类、机电类专业为主干，车辆类、信息类、建筑类、经管类、艺术类和新兴交叉类专业为支撑的八大专业群协调发展，在一定程度上缓解了当地电力工业发展对初中级技术人才的需求。郑州理工职业学院根据地方经济发展的需要，开设了数控技术、模具设计与制造、机电一体化技术、汽车制造与装配技术、汽车检测与维修技术、汽车营销与服务、城市轨道交通运营管理、电气自动化技术、工业机器人技术、电梯工程技术、建筑工程技术、工程造价、建设工程监理、道路桥梁工程技术、物业管理、计算机网络技术、动漫制作技术、物联网应用技术、通信技术、计算机系统与维护、移动互联应用技术、云计算技术与应用、投资与理财、会计、市场营销、电子商务、物流管理、旅游管理、金融管理、环境艺术设计、数字媒体艺术设计、服装与服饰设计、学前教育等专业。漯河食品职业学院立足为"国家粮食生产核心区"和乡村振兴等国家战略提供人才支撑和技术支持，紧紧围绕漯河中国食品名城建设和河南万亿食品产业设置专业，开办了食品加工、食品检测、食品安全、食品机械、食品制冷、食品物流、食品营销、食品电商、营养烹饪、健康管理等专业。坚持校企合作、产教融合、工学结合、知行合一，打造优势特色专业和重点专业群。先后与行业领先企业合作共建双汇商业学院、卫龙产业学院、大匠烘焙学院、中标检测学院、万品烹饪产业学院、国邦健康管理产业学院、京东电商学院、智能制造产业学院等8个特色产业学院，成立有漯河市食品研究院、人人出彩创新创业学院和人人出彩乡村振兴学院。信阳航空职业学院在预判未来航空经济发展的基础上，开设了直升机驾驶技术、定翼机驾驶技术、飞机机电设备维修、飞机部件修理、飞机电子设备维修、飞机结构修理、通用航空航务技术、无人机应用技术、民航运输、民航安全技术管理、航空物流、空中乘务等专业。郑州广志职业技术中等专业学校按照教育与产业、教育与企业、专业设置与职业岗位相对接的原则进行专业动态调整，主动适应区域产业结构优化升级的要求，重点建设面向本地重点产业、优势产业和战略性新兴产业的品牌专业。职业学校贴近地方经济和社会发展实际设置专业，实现了职业教育的社会责任，激发了职业院校的发展活力。

5. 不断深化教育教学改革

改革是民办教育持续发展的引擎，是民办教育自身的内生动力来源。郑州电力职业学院着眼新时代高等职业教育的新发展、新要求，结合自身专业优势和特色等，不断深化人才培养模式的改革，构建了"教、学、做、用、创"五位一体的高素质技术技能型人才培养新模式。嵩山少林武术职业学院健全学院制度体系，推进校内规章制度"废、改、立"工作。以内部制度保障体系诊断与改进为抓手，建立学校、专业、课程、师资、学生层面的建设标准，梳理完善党建、教学、人事、学生管理、科研等方面的制度规范，形成了健全、规范、统一的制度体系。郑州轨道工程职业学院探索实施学分制改革，落实"教师主导、学生主体"地位，保障和扩大学生学业自

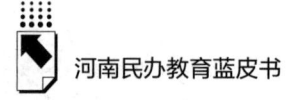

主选择权，建立健全基于学生意愿和自主选择的专业课程、任课教师动态调整优化机制。坚持"能力本位"原则，推进产教融合课程教学模式改革，鼓励各教学单位结合专业、课程特点探索形式多样的课程教学模式，使教学工作更加贴近学生实际。

6. 多措并举，提高育人质量

教育的功能，说到底就是培养人，社会考察学校，主要考察这个学校培养的学生。河南民办职业学校结合实际，采取多种措施，努力提升人才培养质量。郑州黄河护理职业学院重视师资队伍建设，按照"教学+技能、以身为教"的教师培养方案，实现双师型教师培养计划；坚持派出教师到有关高校进行理论学习、到企业参加护理工作学习，训练基本技能，将学到的理论知识运用于实践，培养自身的动手实践能力。焦作工贸职业学院在确立教学工作中心地位的同时，重视团学工作。通过学生党建、青年志愿者服务、专家讲座、学生社团以及艺术节、科技节、运动会等形式，增强学生的社会实践能力，培养学生的综合素质。郑州电子信息职业技术学院充分发挥思政课主渠道作用，在保障思政课教育教学覆盖所有专业、学生，开足理论、实践课的同时，推动思政课改革创新，努力提升思政课教育教学的水平与质量。洛阳科技职业学院重视产教融合，不断拓展校企合作范围、深化合作内涵，根据不同专业需求与企业开展多种形式合作。为严格学籍管理，保证育人质量，鹤壁能源化工职业学院依据《学生学籍管理办法》，对未经批准连续两周未参加学院规定的教学活动的 89 名学生予以退学处理并注销学籍。郑州电力职业学院从教学内容、课程体系、教材体系、教学方法、评价方法等方面进行人才培养模式的综合改革，实施分类培养，强化实践能力、突出技术技能、注重发挥个性特长。尽管受到新冠肺炎疫情和特大洪水的影响，2021 年郑州广志职业技术中等专业学校仍然通过线上线下开展培训 2400 人次，其中城镇失业职工 500 余人、残疾人 75 人；劳动就业培训 245 人，劳动职业技能提升培训 1250 人。主要开设中式面点、中式烹饪、蛋糕烘焙、公共营养师、茶艺师、电子商务师等专业，贴近了经济发展实际，受到学生的好评。

二　发展的优势和困难

河南民办职业教育在 30 多年的发展中积累了丰富的经验，具备了一定的发展实力。"十四五"期间可望实现新一轮的层次提升和质量提升。目前的发展环境正在向好。

（一）推动健康发展的有利因素

1. 法律铺路，国家支持

新《职教法》为中国职业教育的发展拓展了全新的天地。新《职教法》第 9 条第 1 款明确规定："国家鼓励发展多种层次和形式的职业教育，推进多元办学，支持社会力量广泛、平等参与职业教育。"国家鼓励、广泛平等，这样的关键词说明，民办职业教育的发展是国家大力鼓励的发展方向。

李克强总理在第十三届全国人民代表大会第五次会议上所做的《政府工作报告》对于发展职业教育有四个方面的表述：（1）上升职业教育对民生的影响；（2）通过职业教育促进就业、创业，两次提到大众创业、万众创新，通过创新促进创业，通过创业带动就业，要依靠职业教育提升两大类人口的就业、创业素质；（3）职业教育的质量提升是缓解经济下行压力以时间换取空间的手段，办好职业教育要练内功，就要有预见性地把能够提升学生"综合能力"的专业办好；（4）对于有情怀办职业教育的企业、对于致力于不裁员、少裁员的机构通过返税予以奖励，对于致力于打通产学研用的机构予以财政支持。

2. 发展需要且生源充分

发展职业教育是我国现时代经济社会发展的必然需求。对于河南这样一个经济不太发达的内陆人口大省，发展职业教育是正确的战略选择。我们固然需要大批的专家教授，但是更需要更多的具有良好思想素质的高水平技术技能型人才。

河南省有着雄厚的后备生源。2021 年全省初中毕业生 1575964 人，普

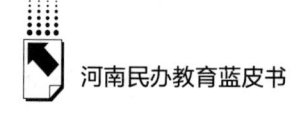

通高中招生851108人，还有45.99%的初中毕业生可以选择中等职业学校；普通高中和中等职业学校毕业1168838人，普通本科院校招生431005人，还有63.13%的高中阶段毕业生可以选择专科、本科职业教育。

3. 家长和学生对职业教育的认识有所提高

2022年3月，研究人员通过对212名初中学生家长的座谈、访谈和电话、微信交流，发现有35人表示支持孩子接受中等职业教育，占16.51%。他们主要是对中等职业教育毕业后孩子可以继续升学感兴趣。在2021年3月的问卷调查中，家长选择支持孩子上职业学校的比例为12.32%。新《职教法》的施行和国家一系列措施的落地，使得家长的认识出现变化，支持孩子上职业学校的比例有所提高。

通过在不同学校对不同年级的初中学生进行随机调查，粗略统计显示，初中一年级学生选择上职业学校的比例为16%左右；初中二年级占14%左右，初中三年级不到13%。和2021年的问卷情况相同的是，年级越高，选择职业学校的比例越低；不同的是，各年级选择职业学校的比例都有所提高。

（二）推动健康发展的不利因素

（1）河南民办职业教育还没有形成在全国有影响的品牌学校和优势专业，内涵发展的积累还不够扎实。内部的核心竞争力还需要进一步凝聚。

（2）虽然初中的学生和家长对职业教育的认识有所提高，但是鄙薄职业教育的痼疾还没有完全消除。职业教育在相当长一个时期被认为是"二流教育"，初高中"学习好"的学生和家长一般不考虑报考职业院校，社会对职业教育的认识也有偏差，民办职业教育在一定程度上受到"双重歧视"。

三 发展预测与建议

可以预见，今后一个时期，河南省职业教育的发展会迎来一个高潮。

整体上看，中等职业教育规模大幅度扩张的可能性不大，但是中等职业学生升入高职高专和本科职业院校的比例会大幅提高。随着职业教育体系的建立，职业教育作为类型教育深入人心，社会对职业教育的认识也会不断提升。条件具备的民办高职高专院校有望升格成为本科层次的职业大学。

（1）民办中等职业学校要深挖潜力，咬紧牙关，克服困难，下决心采取多种措施提高人才培养质量。在生源不足、经费紧缺的情况下，可以考虑与产业、企业合作共同培养人才，可以将一些自身不能承担的课程交给产业、企业去做，行业、企业可以提供学分课程。这样既可以减轻成本，又可以借助行业、企业的优势，培养优秀的人才。民办中等职业教育还可以开设贴近社会需求的紧缺专业，进行紧缺人才的培养。未来一个时期，在托育、护理、康养、家政等行业，人才需求将会出现大的缺口。

（2）民办高职高专院校要珍惜来之不易的发展时机，一方面练好内功，一方面创造条件，争取获得更高层次的教育资格。具备条件的要积极申报升格本科职业大学，整体条件欠缺的，可以考虑在一些专业举办本科教育。新《职教法》第33条根据职业教育的特点做出的特别的审批制度，为高职高专院校在优势专业开展本科职业教育打开了法律大门。

（3）搞好党建，把正方向，合规发展。民办学校的党建工作，已经写进了新的民办教育促进法，必须认真做好。社会主义的办学方向不能偏离。特别需要提醒的是，不要违规收费。新《职教法》第42条第1款规定："职业学校按照规定的收费标准和办法，收取学费和其他必要费用；符合国家规定条件的，应当予以减免；不得以介绍工作、安排实习实训等名义违法收取费用。"这样的规定体现了禁止性要求。第55条第3款规定："民办职业学校举办者应当参照同层次职业学校生均经费标准，通过多种渠道筹措经费。"这是针对性要求。这些明文规定，将来很有可能是执法检查的重点，民办学校一定不要踩雷。

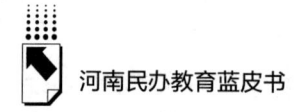

参考文献

王建庄、朱彬彬：《河南高等职业教育发展报告》，《黄河科技学院学报》2022年第1期。

阙明坤、张德文、李东泽：《本科层次职业教育的时代之需、现实之结与破解之策》，《职业技术教育》2021年第24期。

李玉兰：《2022，职业教育将有三大新变化》，《光明日报》2022年2月24日。

《现代职业教育体系建设规划》（2014~2020年），2014年6月16日。

B.9
郑州民办高等职业教育发展报告

王建庄　焦燕灵　苏艳红　张　贝*

摘　要： 郑州民办高等职业教育经过近30年的发展，具备了一定的规模，积累了不少经验，奠定了进一步发展的基础。但是在发展过程中也积累了一定的问题，面临着很多困难。新的《中华人民共和国职业教育法》（以下简称新《职教法》）的施行，拓展了职业教育发展空间，给郑州民办高等职业教育提供了发展机遇。郑州民办高等职业教育面临社会认可度不高、职业教育的体系尚未完全建立、专业设置同质化、校企合作流于形式等问题。河南有充足的生源，家长和学生对职业教育的认识有所提高，新《职教法》给郑州职业教育的发展开辟了更广阔的空间。郑州民办高等职业教育在提升办学层次、建立高职教育流程、革新评价方法、提升人才培养质量等方面都有文章可做。

关键词： 郑州教育　高等职业教育　民办教育

2021年郑州市民办高职高专在册14所，在校生人数达到130555人，占到了全市高职高专在校生总数的57.78%，超过了1/2的份额。

河南正在由职业教育大省走向职业教育强省，郑州正在强力推进国家中心城市建设步伐。郑州高等职业教育现状如何，民办高等职业教育又面临怎样的走势？这是郑州民办高职高专院校普遍关心的问题，也是政府和社会各界关注的问题。

---

* 王建庄，黄河科技学院教授；焦燕灵，黄河科技学院副教授；苏艳红，黄河科技学院副教授；张贝，黄河科技学院讲师。

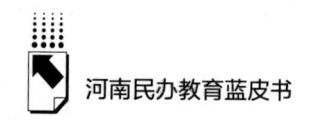

一　起步与发展

当代郑州的民办高等职业教育，如果将"高职高专院校"并论，其起步可以追溯到 1994 年 2 月 5 日，当年国家教委同意民办黄河科技学院正式建校，明确该院系独立设置的全日制高等学校，专科层次。在当时，这样的高等专科学校应该是在普通高等教育序列，称为"大学专科"，实际上还不是严格意义上的"高等职业学校"。

2004 年 5 月，经河南省人民政府批准，郑州电子信息职业技术学院、嵩山少林武术职业学院建立，这是新中国成立以来郑州市首次以"职业""学院"命名的民办高等专科层次的职业学校。

2004 年，全市 7 所地方民办高职高专院校招生 10337 人，在校生为 16731 人，当年仅毕业 518 人，招生人数是毕业生人数的近 20 倍。民办高职高专在校生规模实现了第一次大幅度扩张。

经过 17 年的发展，2021 年郑州市地方高职高专院校达到 14 所，在校生达到 130555 人。在校生人数是 2004 年的 7.8 倍。

二　发展成果

（一）专业发展与培养成就

一是实现了专业的大面积覆盖。2021 年全市 14 所地方民办高职高专院校开设专业累计达到 519 个，覆盖了教育部印发的《2021 年职业教育专业目录》中的绝大部分专业。二是规模实现了持续增长。三是为郑州、河南乃至全国的发展培养了一大批中高级技术人才，仅 2020 年、2021 年全市民办高职高专院校就培养出毕业生 50592 人，广泛分布在各个行业，为经济和社会发展提供了不可替代的人才支撑。四是及时跟进经济和社会发展开设专业，服务现代生产生活。五是有效缓解了人民群众接受高等教育的愿望和河南省高等教育资源不足的矛盾。六是延伸了职业教育的链条。

（二）学校在发展中成长

高等职业教育和多数行业一样，发展之初重点是在扩大规模上。在增加总量的同时，郑州高等职业教育一开始就把内涵建设和人才质量提升到应有的高度，及早谋划，未雨绸缪。

1. 抓好党建工作，办学指导思想进一步明确

各院校紧紧围绕"为谁培养人"这一根本性问题，形成了党委统一领导、党政齐抓共管、专兼职队伍相结合、教师积极参与、师生员工紧密配合、加强学生自我教育的思想政治工作领导体制和工作机制，牢牢掌握意识形态工作的领导权、话语权和主动权，提升了思想政治教育的针对性、实效性、时代性。

2. 不断深化改革，提升人才培养质量

规模的快速扩张会使软环境建设滞后，导致内涵建设欠账，从而影响人才培养质量，这是行业快速发展带来的普遍问题。民办高职高专院校高度重视这一问题，在发展中持续推进教育教学改革，从办学理念、培养目标到教材建设、教法革新、匡正评价方法等方面进行了不懈的探索，使得人才培养质量得到提高。

不断优化专业设置。经济社会的发展，特别是科技进步的频率加速，使得新技术、新行业不断涌现。教育本来应该成为发展的先导，但是在一些领域却落在了发展的后面。有远见的职业院校敏锐地看到了这个问题，在发展中不断开辟新的专业领域。郑州电力职业学院坚持以就业为导向，按照"培优、凝特、促潜、建新"的思路，不断优化专业结构，深化"招生—培养—就业"联动改革，建立专业预警和退出机制，对专业设置实施动态管理。巩固传统优势特色专业，与时俱进地适时增设新专业，调整、升级改造老专业，保持专业的活力和社会需求契合度。逐步形成了电力能源动力大类、机电装备制造大类、电子信息工程大类、车辆与交通运输大类、财经商

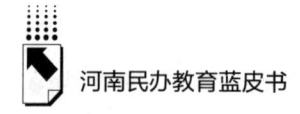

贸大类、文化艺术传媒大类、建筑土木工程大类等七大专业群，不断增强专业人才培养对接地方产业发展需求的契合度。

主动推进教育教学改革。课堂教学是学校教育重要的基本单位。传统教育将教学囿于教室之中，以教师为主导，以"五步教学法"覆盖。这些措施，在教学手段停留在黑板、粉笔的时代有着积极意义。但是当互联网以前所未有的速度普及之后，传统的教育方法就显得捉襟见肘，无法适应今天的教育和学生。推进教育教学改革，职业学校是主动的。郑州黄河护理职业学院以专业教学标准为核心，坚持深化产教融合、校院（企）合作，将专业与产业对接、课程内容与职业标准对接，教学过程与工作过程对接、职业教育与终身学习对接，将技能培养与职业精神养成相融合，积极推进行业企业全过程参与的人才培养模式。郑州信息工程职业学院改变人才培养方案中的培养目标，将"三全育人"的目标融入人才培养目标中，把立德树人融入思想道德教育、文化知识教育、技术技能培养、社会实践教育各环节。郑州城市职业学院坚持以服务企业和地方经济建设为宗旨，以学生职业能力和职业道德培养为核心，不断深化职业教育教学改革，创新人才培养模式。郑州澍青高等专科学校根据老龄化社会到来的实际和人民群众对健康生活的诉求，开展全校大健康相关专业的健康教育，以及面向全体学生的思政教育、环境教育、诚信教育、职业教育等，形成了鲜明的专业特色。郑州电力职业学院着眼新时代高等职业教育的新发展、新要求，结合自身专业优势和特色等，不断深化人才培养模式的改革，构建了"教、学、做、用、创"五位一体的高素质技术技能型人才培养新模式。嵩山少林武术职业学院健全学院制度体系，推进校内规章制度"废、改、立"工作。以内部制度保障体系诊断与改进为抓手，建立学校、专业、课程、师资、学生层面的建设标准，梳理完善党建、教学、人事、学生管理、科研等方面的制度规范，形成了健全、规范、统一的制度体系。

持续深化校企合作。与行业企业合作培养人才，是职业教育区别于其他教育的鲜明特征。郑州电力职业学院采用请进来，走出去的办法，积极与用人单位搭建应用型人才培养的桥梁，先后与河南省电力企业协会、河南中电投华新电力工程有限公司、河南博元电力科技股份有限公司、郑州龙华机电工程有限公司、河南百川畅银有限公司、奇瑞汽车（开封）有限公司等100余家企业签订校企合作协议，通过"订单培养"、共建产业学院等模式与企业建立扎实的合作关系，促进校企合作走深走实。郑州理工职业学院建工系主动到郑州融艺建筑有限公司、郑州创实、新和昌三个拟建实习基地企业进行现场考察和洽谈。经贸系与郑州方特、河南诚通物流有限公司等5家企业签订校企合作协议。

（三）办学实力增强

1. 师资队伍建设效果明显

教师队伍的水平直接影响着教育教学质量，影响着学校的发展。当代郑州高等职业教育发轫之初，多数教师来自普通学校。职业教育是和普通教育并行的不同类型的教育，普通学校注重知识传授，而职业教育则更加注重能力培养。实现职业教育的社会责任，教师队伍的建设是首要任务。

经过40多年的发展，郑州民办高等职业教育的师资队伍发生了很大变化。教师数量不断增加，质量也在持续提升。各学校都把师资队伍建设当成大事来抓。郑州信息工程职业学院始终把政治标准放在教师队伍建设的首位，健全师德师风建设长效机制，把思想政治素质作为教师考核的首要指标。郑州澍青医学高等专科学校加强教师创新团队建设，坚持引才引智相结合。四个专业（临床医学、康复治疗技术、护理、口腔医学）获批河南省高等职业学校兼职教师特聘岗位。各学校在注重教师理论水平和教学能力提升的同时，还十分注重教师队伍的年龄结构。目前郑州理工职业学院专任教师队伍中，35岁以下教师253人，占整个专任教师队伍的65.33%；36~45岁的教师61人，占14.56%；46~60岁以上教师44人，占10.54%；61岁以上教师40人，占9.58%。整个师资队伍的年龄结构为金字塔型，结构较为合理。

2. 经费投入

职业教育的培养目标要求必须加大投入，国家也有明确的要求。随着郑

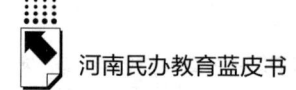

州经济的发展，民办学校自身滚动发展的能力也不断加强。各个学校的占地面积、校舍建筑面积、固定资产总值和图书馆藏书量等主要指标都有大幅度增长。郑州澍青医学高等专科学校由2004年的占地43.78亩、馆藏图书8.10万册、固定资产总值9001万元、校舍建筑面积5.76万平方米增长到2021年的2027.48亩、111.54万册、79455.00万元、38.85万平方米。其他院校的各项硬指标也都有大幅度的增长。

（四）信息化建设更加贴近教育实际

职业教育紧贴生产生活和经济社会发展实际，一直注重利用现代科技手段服务教育教学工作，新冠肺炎疫情的蔓延迫使线上教学成为常态。郑州黄河护理职业学院结合教学工作实际，对郑州、新密两个校区的所有教学班级全面实施线上教学，实现了线下教学与线上教学有效衔接。各系部通过智慧树、蓝墨云班课、慕课智慧职教、腾讯会议等授课平台，以直播、混合式教学等方式组织线上教学。郑州澍青医学高等专科学校以服务学生和用人单位为核心，运营"郑州澍青医专大学生就业创业中心"微信公众平台，项目菜单15项，已成为学校就业信息发布、毕业生就业创业手续办理、校友信息登记联络的主要平台和手段。

（五）毕业生就业率和就业质量不断提高

各高职高专院校在提高人才培养质量的基础上，采取多种措施促进学生就业。2021年，全市高职高专院校毕业生一次就业率平均达到80%以上，其中郑州信息工程职业学院、郑州城市职业学院等院校超过了90%。郑州澍青医学高等专科学校将专业设置与社会岗位需求相结合，夯实学生基础知识，加强实验实训教学，强化临床实操能力及专业技能培养，实施"特色教育工程"，颁发特色技能教育培训"第三证书"，提高毕业生就业质量。郑州城市职业学院主动派人到北京、上海、长三角、珠三角等经济发达地区参加校企合作供需洽谈会，介绍毕业生生源基本概况、办学特色和毕业生培养质量，了解企业人才需求和岗位情况，积极为毕业生与用人单位搭建桥梁。郑州轨道工程职业学院构建的专业评价指标体系促进教育教学改革，提高了学生综合素质，提升了学生就业质量。

总体来看，用人单位对毕业生的评价不错。95%左右的用人单位对郑州市民办高职高专毕业生的工作表现感到满意、很满意；几乎100%的用人单位对毕业生的政治素养感到满意、很满意；95%左右的用人单位对毕业生的专业水平感到满意、很满意；95%左右的用人单位对毕业生的职业能力感到满意、很满意。

三 主动服务社会

职业教育离经济社会发展的距离更近，应该与行业企业实现无缝对接，在教育教学实践中开展社会服务，既是职业教育的社会责任，也是学校人才培养工作的重要方面。嵩山少林武术职业学院成立了国防教育学院，先后与原济南军区71643部队合作共建"军地两用人才培养基地"、与中国人民解放军32148部队和31698部队签署"特种人才精准培养输送合作协议"，并挂牌"特种作战人才培养输送基地"。自2010年以来，学院已有2920余名热血青年奔赴军营，投身国防建设。这些学生在部队服役期间荣立一等功4人次，二等功10人次，三等功54人次。郑州理工职业学院积极组织师生参加献血活动，2018年和2019两年总献血量为390200毫升，得到了郑州市公民献血委员会办公室、河南省红十字会血液中心的充分肯定，获得"无偿献血特殊贡献奖"。郑州城市职业学院在疫情中对伏羲山特色产品石磨面粉、柴鸡蛋、小米、红豆等农副土特产品进行签约购买，推动解决农副土特产品销售难的问题，帮助农民巩固脱贫攻坚成果。郑州电子信息职业技术学院面向中牟县各局委、乡镇，为下岗职工、贫困劳动力等就业重点群体开展职业技能培训，加快建设知识型、技能型、创新型劳动者大军。2020~2021学年累计培训1075人次，总计课程8000余课时。

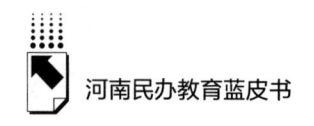

四 发展面临的问题

一是社会认可度不高。尽管社会发展急需，政府发力，但在社会层面并不被看好。在河南省高考考生填报志愿时，首先是选择本科一批，其次是本科二批，再次考虑有限的高等专科学校，最后才选择职业院校，在选择职业院校时，首先选择的是公办学校。2018年以来，国家对高等职业教育越来越重视，但是考生和家长报考的热情不高，年年都有一些学校完不成招生计划。2020年，高职高专院校平行志愿批量投档，全市12所民办招生院校中有10所低于计划招生人数，其中一所学校400个招生计划，实际投档只有28人。当年河南考生人数充足，实行的又是平行志愿投档，这么多学校投档人数不足，说明考生报考的意愿并不强。

二是职业教育的体系尚未完全建立。截至2021年，全国共建职业本科院校32所，河南只有1所，是由民办的原周口科技职业学院升格而来。作为省会城市的郑州，1200多万人的特大城市，各方面的首位度正在形成，但是却没有一所本科层次的职业大学。职业教育的天花板仍然停留在专科层次，尚未形成体系。这在很大程度上制约了职业教育的发展。

三是专业设置过于集中，覆盖面不够大。郑州民办高职高专院校当前开设的专业在一定程度上反映了经济社会发展的需要，新兴的、技术密集型的专业都有开设。但是一些涉及国计民生基础的专业还是空白或者空缺。比如专业目录的第一大类"农牧渔业大类"和第五大类"水利大类"都很薄弱，查看2021年的民办高职高专院校招生专业，这两类没有招生计划。一些专业，比如计算机类、电子商务类、机械制造类、市场营销、现代物流管理、工程造价以及城市轨道交通等专业重复设置现象比较严重。这样不考虑客观实际，一拥而上的开设专业，既造成了资源的重复浪费，又没能打造出在行业有实力的品牌专业。

还有校企合作流于形式、师资队伍建设与发展不匹配、少数学校规模过大、管理与教学和学生实际严重脱节、评价方法严重脱离人才培养实际等问题。

五 新的发展机遇

（一）法律铺路，国家支持

自 2022 年 5 月 1 日起施行的新《职教法》为中国职业教育的发展拓展了全新的天地，给郑州职业教育的发展开辟了更广阔的空间。

国家将逐渐改变先前职业教育毕业生"以就业为主"的状况，扩大中职生进入高职、高职生进入本科职业大学学习的比重。职业教育即将由"层次教育"优化为"类型教育"。

（二）发展需要且生源充分

河南有着雄厚的后备生源。2021 年普通本科院校在河南的招生人数仅占全省中等职业学校、普通高中毕业生总数的 36.87%，理论上还有 63.13% 的高中阶段毕业生可以选择专科、本科职业教育。

2021 年，郑州市中等职业学校毕业 103609 人、普通高中毕业 62022 人，两项合计 165631 人，全市高等职业院校共录取郑州市新生 9263 人，仅占高中阶段毕业生总数的 5.59%。2022 年，全市高中阶段毕业生预计为 178083 人，如果不低于 2021 年的录取率，2022 年全市高职高专院校录取的郑州市学生应该在 9955 人，高于 2021 年的人数。

2021 年，河南省中等职业学校毕业 355674 人、普通高中毕业 717596 人，两项合计 1073270 人，其中郑州市为 165631 人、其他各市为 907639 人，郑州市高等职业院校共录取市外省内新生 33590 人，占全省高中阶段毕业生总数的 3.13%。2022 年全省高中阶段毕业生预计为 1106282 人，如果不低于 2021 年的录取率，2022 年全市高职高专院校录取的市外省内新生应该录取 34338 人，高于 2021 年的人数。

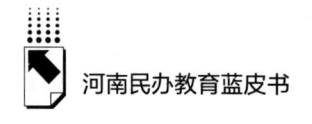

（三）家长和学生对职业教育的认识有所提高

课题组通过对123名高中阶段的学生家长的座谈、访谈、电话和微信交流，有51名家长表示支持孩子接受高等职业教育，占41.46%，有9名家长表示"可以考虑"，占7.31%，剩余大部分对本科职业大学的设立感兴趣。新《职教法》的施行和国家一系列政策和措施的落地，使家长对职业教育的认识出现变化，支持孩子接受职业教育的比例有所提高。

六 发展建议

（一）抓住机遇，提升办学层次

新《职教法》的施行，打破了先前职业教育办学层次的天花板，国家将批准符合条件的高职高专院校升格为本科层次的职业大学，大力发展本科职业教育，加快职业教育体系的建立。"到2025年，职业本科教育招生规模不低于高等职业教育招生规模的10%"，这一目标任务被明确写入了2021年10月中共中央办公厅、国务院办公厅印发的《关于推动现代职业教育高质量发展的意见》。2021年河南省高职高专招生462220人，其中职业本科招生仅3851人，只占总数的0.83%，离10%还有相当大的差距。民办本科职业教育有着较大的发展空间。有条件的学校要积极准备，争取在这一轮实行本科教育的过程中提升办学层次。即使整体上学校实行本科教育困难，也可以考虑先让自己的优势特色专业实行本科教育。

（二）建立有职业教育特色的师资队伍

职业教育的师资队伍与普通教育有着很多不同。职业教育的社会职能，是为经济和社会发展培养急需人才。急需人才的行业往往是新兴的行业，新兴的行业很少有硕士和博士加入。即使有硕士和博士加入，他们也不愿意来职业学校当老师。职业学校录取的大部分是当年高考最后批次的学生。在河南这样的高考大省，满分750分，只要150分就能上高职或高专。还有单独招生的，基本上是参加考试就能录取。一些高职和高专选聘教师，要求至少是"双一流"大学毕业的硕士和博士。这些硕士和博士与职业学校学生的水平相差太远，基本无法互动。因此，职业学校的教师应该是适合的教师，硕士和博士可以担任学科、课程带头人，但没有必要大量浪费"双一流"学校毕业的硕士和博士。一是职业学校专业课和实验实习指导教师，不一定要求是博士，不一定要求是教授。具有实践经验的、能够传授技术技能的能工巧匠是职业教育最需要的教师。要建立有职业教育特色的教师的资格证书制度和职称评聘制度，不要照搬目前高校职称评聘的框框。二是职业教育硕士、博士学位点的设立，不能硬套普通高校的条件。我们现在的本科院校申请硕士点，要求专任教师1/4为博士，职业学校就没有必要要求有这么多研究型博士。这样的高消费实际是大浪费。还有一些规定，比如评职称，要求教师的社会保险关系等都要在学校。这些规定，都影响了师资队伍的建设。

（三）建立与普通教育不同的教育流程

职业教育是一种和普通教育不同的另一种教育类型，那就要在实质运行阶段与普通教育有明显的不同。这是教育规律和人的成长规律结合职业教育的学生实际、职业教育的人才培养目标、职业教育的社会职能的必然选择。这样的不同，要体现在人才培养方案、教学设计、教学形式、教学内容、教学方法、教学过程和评价体系等方面。

参考文献

王建庄、朱彬彬：《河南高等职业教育发展报告》，《黄河科技学院学报》2022年第1期。

李玉兰：《2022，职业教育将有三大新变化》，《光明日报》2022年2月24日。

金星霖、石伟平：《职业教育社会地位之重塑——对新修订版〈中华人民共和国职业教育法〉总则部分的解读》，《高等职业教育探索》2022年第4期。

王峰：《有效缓解中考分流焦虑：职业教育构建"中、高、本"一体化培养模式》，《21世纪经济报道》2022年2月24日。

《教育部关于职业院校专业人才培养方案制订与实施工作的指导意见》，《教育科学论坛》2019年8月30日。

吴金娇：《"职教高考"将成高职招生主渠道》，《文汇报》2022年2月24日。

钟建宁、廖镇卿：《推行"双证书"制 促进人才培养模式创新》，《中国高等教育》2005年第7期。

基础教育提升篇

Improvement of Basic Education

B.10
2021~2022学年河南民办基础教育调研报告

张 欣 王红顺*

摘 要： 近年来，由于办学机制灵活，社会资本不断加大对民办基础教育行业的投入，涌现出部分优质民办学校，河南民办学校在校生人数逐年增加，形成了相当大的体量。随着2021年国家一系列重磅政策的密集出台，多套政策形成"组合拳"，充分展现国家重塑教育生态、促进教育公平的决心，标志着民办教育迈入了规范化发展的新阶段，民办小学、初中的学校数量、在校生人数均首次出现负增长。河南义务教育阶段民办学校进入艰难抉择期。随着窗口期的临近，可以预见，部分"公参民"学校进行公改后继续办学，部分不正规民办学校被关停，部分民办达标学校或转

---

* 张欣，洛阳复兴学校总校长，洛阳师范学院特聘教授，洛阳市洛龙区原教育局局长，曾任洛阳市第一高级中学校长、中国教师报&洛阳师范学院课程与教学研究中心主任，主要研究方向为基础教育课程与教学研究；王红顺，郑州晨钟教育科学研究所所长，中学高级教师，主要从事学校课程、课堂、文化研究。

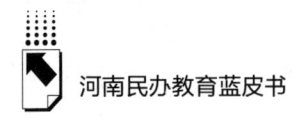

为公办，部分民办学校将会很压缩招生规模。民办转公办，或者停办，或者转型为职业学校、托育教育、国际教育或将成为最近几年民办学校的最大趋势。

关键词： 教育公平　民办学校　基础教育

一　政策与现状

2022年3月，河南省教育厅发布《2021年河南省教育事业发展统计公报》。据公报，河南省是全国第一教育人口大省，义务教育阶段学校2.22万所，在校生1491.06万人，居全国第一位，在校生人数占全国近1/10。近年来，河南民办义务教育发展呈现增幅快、规模大、占比高的特点。

（一）现实政策

2021年5月，国务院总理李克强签署国务院令，公布修订后的《中华人民共和国民办教育促进法实施条例》（简称《实施条例》），自2021年9月1日起施行。《实施条例》第7条明确规定：实施义务教育的公办学校不得举办或者参与举办民办学校，也不得转为民办学校。其他公办学校不得举办或者参与举办营利性民办学校。

2022年1月22日，2022年河南省教育工作会议指出：加快规范民办义务教育。要按照将在校生规模控制在5%以内的要求，确保9月1日以前完成任务。这项工作中央和省委、省政府高度重视，是一项重要的政治任务。义务教育是国家事权和国家责任，依法由国家举办。目前，河南省的民办义务教育在校生比例达17.6%，部分地区更是超过20%。可见，实现《教育部关于加快建设高水平本科教育全面提高人才培养能力的意见》提出的压减比例，政府、学校、家长、学生，都将面对巨大的挑战。

（二）数量与规模

2019~2020 学年，河南民办基础教育类学校的数量和在校生人数呈上升趋势。其中民办小学 1894 所，在校生 177.89 万人，比 2018 年增长了 9.6%。民办普通初中 887 所，在校生 98.79 万人，学校数量与在校生数量比 2018 年分别增长了 8.3% 与 8.9%。民办普通高中 336 所，在校生 46.42 万人，学校数量与在校生数量比 2018 年分别增长了 12.4% 与 11.0%。[①]

2020~2021 学年，河南民办小学 1894 所，在校生 180.22 万人，在校生数量比 2019 年增长了 1.3%；民办普通初中 941 所，在校生 101.27 万人，学校数量与在校生数量比 2019 年分别增长了 6.1% 与 2.5%；民办普通高中 366 所，在校生 52.6 万人，学校数量与在校生数量比 2019 年分别增长了 8.9% 与 13.3%。民办义务教育在校生共计 281.49 万人，规模占比达 18.85%。全省 157 个县（市、区）中，民办义务教育在校生规模占比超过 5% 的县（市、区）有 135 个，超过 15% 的县（市、区）有 81 个。全省共有"公参民"义务教育学校 58 所。[②]

2021~2022 学年，河南民办小学 1867 所，在校生 166.88 万人，学校数量和在校生数量比 2020 年分别下降了 1.4% 与 7.4%；民办普通初中 937 所，在校生 95.90 万人，学校数量与在校生数量比 2020 年分别下降了 0.4% 与 5.3%；民办普通高中 403 所，在校生 60.14 万人，学校数量与在校生数量比 2020 年分别增长了 11.0% 与 14.3%。[③]

民办小学、民办普通初中数量的下降及在校生人数的下降说明新的政策起到了一定的作用。而对比 2022 年河南省教育工作会议提出的，9 月 1 日前将民办义务教育在校生规模控制在 5% 以内的要求，很多学校还将面临艰难的抉择（见表 1~表 3）。

---

① 资料来源：《2019 年河南省教育事业发展统计公报》。
② 资料来源：《2020 年河南省教育事业发展统计公报》。
③ 资料来源：《2021 年河南省教育事业发展统计公报》。

表1 2018~2021年河南省民办小学数量、在校生数量及在校生增幅

年份	全省民办小学数量（所）	在校生（万人）	在校生增幅（%）
2018	1865	162.35	12.7
2019	1894	177.89	9.6
2020	1894	180.22	1.3
2021	1867	166.88	-1.4

资料来源：《2018年河南省教育事业发展统计公报》《2019年河南省教育事业发展统计公报》《2020年河南省教育事业发展统计公报》《2021年河南省教育事业发展统计公报》。

表2 2018~2021年河南省民办普通初中数量、在校生数量及在校生增幅

年份	全省民办普通初中数量（所）	在校生（万人）	在校生增幅（%）
2018	819	90.73	12.1
2019	887	98.79	8.9
2020	941	101.27	2.5
2021	937	95.90	-5.3

资料来源：《2018年河南省教育事业发展统计公报》《2019年河南省教育事业发展统计公报》《2020年河南省教育事业发展统计公报》《2021年河南省教育事业发展统计公报》。

表3 2018~2021年河南省民办普通高中数量、在校生数量及在校生增幅

年份	全省民办普通高中数量（所）	在校生（万人）	在校生增幅（%）
2018	299	41.84	13.8
2019	336	46.42	11.0
2020	366	52.6	13.3
2021	403	60.14	14.3

资料来源：《2018年河南省教育事业发展统计公报》《2019年河南省教育事业发展统计公报》《2020年河南省教育事业发展统计公报》《2021年河南省教育事业发展统计公报》。

（三）发展趋势

当前的教育新政，比较重要的有以下几项，一是规范和调整民办教育发展；二是严格控制校外培训机构；三是高中阶段的普职分流。对于民办学校

来说今后的发展趋势也将与政策息息相关。

根据河南省的文件精神，按照"义务教育是国家事权、依法由国家举办"的总要求，落实政府举办义务教育的主体责任，围绕"严格控制增量，逐步消化存量"的总目标，全面启动规范民办义务教育专项工作。2021年确保全省民办义务教育在校生规模稳中有降，占比只降不升。2022年底实现民办义务教育在校生规模占比全省控制在5%以内，县域占比最高不超过15%。民办义务教育办学行为进一步规范，教育质量进一步提升。2023年全部完成并做好总结收尾巩固工作。

具体目标：到2022年底，计划通过核减招生计划、政府购买学位、转为公办学校、停办等多种途径，累计减少民办义务教育在校生206.81万人，努力实现省域占比控制在5%以内的目标。

可以预见，2022年各地政府会继续加大力度通过暂停审批、压缩存量、控制增量、出台配套政策、财力支持等方式，强力推进规范监控义务教育阶段民办学校发展。同时部分民办学校通过直接转公、捐献转公、回购转公等形式转为公办学校，将成为2022年新常态。具体表现如下。

（1）2022年政府将督导、指导民校加快优化学校法人治理体系。推动形成以党委（党支部）领导下，董事会决策，校长负责为核心，以监事会、教代会为支撑的现代治理体系。党委（支部）要管方向、管保障、管机制、管组织，尤其是"三重一大"事项需党委会表决通过。

（2）义务教育阶段留下的民办学校的举办者和办学者，有了新的认识和心态，从数量型补充转型为功能型补充；从以前的投资营利转向公益慈善；从追求规模体量转向内涵发展；从过去的"生源竞争"调适到当今的"培养竞争"；从过去的不择手段"选好学生"调适到当今的竭尽全力"教好学生"；从过去复制、跟跑公办名校调适到引领、领跑当地学校。

（3）探索与未来人才培养目标相契合的办学特色，提升教学管理服务水平，告别"超级学校"思维，实施"与其更好，不如不同"的错位竞争战略。

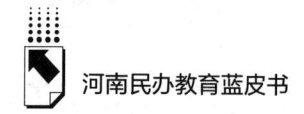

（4）控制民办学校在校生规模，在本年度基本完成缩减民办学生在区域内占比；民办学校招生政府会依据办学条件、办学质量为民办学校分配招生指标，民校招生进入非技术性招生的后招生时代。

（5）各级政府会要求民办学校开通监管账户，将成立或委托第三方对非营利性民办学校财务进行年度监控审计。

（6）民办学校数量将大大减少，再加上学科类培训强监管，培训机构一批校长、教师也会来抢饭碗，因此，民办义务教育阶段学校校长、教师将会出现大量剩余。

（7）招生新政会带来民办学校招生新变化。公办学校提质、扩容，民办学校限制招生人数，对民办学校生源会造成致命冲击。无论从报名人数还是从需要参加电脑派位的学校数量，家长选择民办学校更加理性，民办初中热度逐渐降温，生源也向均衡靠拢。

总之，2022年义务教育阶段民办学校发展趋势显著特点为三个加速：有公办基因民办学校转公办加速，压缩民办学校占比政策及实施步伐加速，对非营利性财务监控加速；三个时代：《中华人民共和国民办教育促进法》实施的后发展时代，后招生时代，功能型补充、内涵式发展时代；三个淘汰出局：一批进入不到占比圈层内民办学校淘汰出局，一些不充电进修民办学校教师、校长淘汰出局，一些违规招生、偷逃办学资金、财务体现不出非营利性的违规、违纪学校淘汰出局。

（四）压缩案例

新政发布以来，河南各市、区、县压缩义务教育阶段民办学校学生占比选择模式及进展情况如下。

1. 确定保留学校，其余起始年级停止招生

周口市政策是将全市民办义务教育在校生规模占比率控制在5%以内，2022年底全部完成，2023年全面验收。

2. 提供免费学位

周口市淮阳区羲城中学、外国语中学、阳光学校三所学校本着"自愿

报告申请、教师自行解决、提供免费学位、用心做好教育"的精神，按照"就近、免试、划片"入学的原则提供部分免费学位，外国语实验小学城内校部愿无偿捐赠政府并提供起始年级免费学位。鉴于这些学校承担社会责任、彰显教育情怀、真心回报社会，经研究决定公布其免费学位招生计划和招生范围。

3. 启动民转公

为回报社会，经原淮阳一高董事会研究，校长王业生向有关部门正式递请《淮阳一高关于学校捐献报告》，将学校整体捐献给当地政府。

河南上蔡县万象中学也整体转为公办学校，并更名为上蔡一高东校区。

4. 自愿申报，研讨方案

新乡封丘县：凡辖区有民办义务教育学校的乡镇，均要制定《××乡镇（街道）规范民办义务教育发展工作方案》。本辖区民办义务教育学校具体情况：学校数量、名称、举办者、联系方式、办学层次（小学、初中）、占地面积、土地性质（建设用地、购买、租赁）、土地产权归属、建筑面积、基本办学条件、义务教育阶段学生数量、专任教师及教职工情况等。

采取措施：根据属地每一所民办学校具体条件、具体情况，要科学分析，一校一策，建立台账，逐校列出拟采取措施：符合政府收购的民办学校，列出具体原因及理由；需要关停的学校，列出具体原因及理由，并提前告知举办者；对存在办学行为不规范以及有大班额现象，须削减其招生指标的民办学校；结合本乡镇实际，其他拟采取的措施。

对小一、初一招生的收费进行监控。

5. 制定标准，组织科室对各民办学校办学条件实地进行评估

有县、区对有公办基因民办学校名字进行规范及对六独立进行审查。如新乡河师大附中实验学校更名为新永基实验学校、河师大附中金龙学校更名为新乡市金龙学校、红旗区北方外国语小学更名为红旗区北方慧格小学。据悉，新乡新东区的河南师大附中双语国际学校也将进行改名。

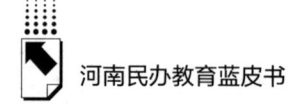

总体来看，各地为了完成缩编任务，采取的措施主要有：一是控增量，停止审批，同时大量压缩民办学校招生指标；二是盘存量，公参民的尽量改为公办；三是扩、建公办义务学校，政策倾斜提升品质，扩大公办招生数量；四是收购优质民办学校，取缔一批或暂停严重违法办学的民办学校；五是在民办学校安排一些分配学位生；六是让一些学校转为高中或职业学校。

二 面临的问题

民办义务教育发展过程中存在的突出问题，主要有以下几个方面。一是部分地方政府未落实好法定职责，缺乏对义务教育整体规划，对公办教育资源投入不足，导致民办义务教育占比过高，公办、民办比例失调。二是部分民办义务教育学校党建工作亟待加强，中小学党建标准化、规范化水平有待提升。部分民办中小学对章程建设重视不够，中小学章程亟待加强和规范，学校制度建设和治理水平有待提升。三是部分民办义务教育学校财务管理混乱，财务账册不规范，对民办义务教育学校财务全流程监管还有待加强。四是个别民办义务教育学校招生行为亟待规范，违规招生行为时有发生。五是"公参民"学校的存在加剧教育不平衡，"公参民"办学模式极易诱发矛盾和问题。

（一）政府层面

1.短期内压缩占比压力较大

实现中央要求的省域5%的控比目标，河南省需要在短期内压缩73.47%的民办义务教育在校生规模，任务艰巨、压力巨大，力争按要求在2022年底完成（见表4）。专项工作推进过程中可能会遇到一定困难，但最晚确保能在2023年底全部完成。

表4 2022年各地民办义务教育在校生目标占比实现计划一览

省辖市/直管县(市)	民办义务教育在校生占比(%)	民办义务教育在校生2022年目标占比(%)	省辖市/直管县(市)	民办义务教育在校生占比(%)	民办义务教育在校生2022年目标占比(%)
郑州市	14.85	4.56	信阳市	13.89	5
开封市	20.65	5	周口市	38.32	5
洛阳市	13.58	4	驻马店市	18.48	5
平顶山市	13.78	4	济源示范区	2.21	2.21
安阳市	16.27	5	巩义市	5.12	5
焦作市	20.29	5	兰考县	19.64	5
鹤壁市	14.97	5	汝州市	16.47	5
新乡市	16.73	5	滑县	20.03	5
濮阳市	18.32	4.75	长垣市	18.38	5
许昌市	25.79	4.78	邓州市	9.89	5
漯河市	8.08	4.65	永城市	19.85	5
三门峡市	10.63	5	固始县	25.28	5
南阳市	15.00	4.61	鹿邑县	56.98	5
商丘市	23.32	5	新蔡县	49.85	5

2. 各级财政压力大

加大公办义务教育学校建设力度、政府购买学位以及民办义务教育学校转为公办均会给各级财政增加巨大压力。据初步测算，为完成民办义务教育在校生占比控制在5%以内的目标，各级财政约需增加保障支出240亿元，县均年需1.5亿元。近期，河南遭遇特大洪涝灾害和疫情防控双重压力，应对这些问题各级财政压力增大。

3. 教职工编制问题突出

公办学位增加必然要求增加教职工编制，据初步估算，全省至少需要增加15.64万名教职工编制，用于解决公办学位增加的问题。

（二）学校层面

1. 投资处于停滞态

大多数学校停止了宿舍、餐厅、教学楼改扩建，停止了功能室、电子白

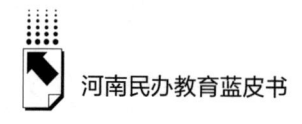

板上马与安装。

2. 组织学习处于非积极态

对中层教师培训普遍缩短时间，降低层次。

3. 工资处于维持态

学校普遍暂缓或没有给教师涨工资的计划。

4. 思想呈现焦虑态

对学校未来的不确定性产生恐惧感、无助感；有债务的办学人产生了焦虑感。

5. 行动处于不甘心探索论证态

退出民办学校，正在寻求转型之路。2021年，大多数办学人秉持了乐观的心态，但是却收到了最差的结果。

（三）投资人层面

1. 公参民学校

问题1：公参民拟转为公办的标准是什么？

问题2：原聘教师能否直接收编为公办教师？还是通过招考或定向招聘转为公办教师？收编为公办教师需要什么条件限制？

问题3：已收为公办学校，新生不再收费？原有其他年级还收费吗？存在过渡期吗？

2. 原来政府同意在筹建或已建成未取得办学资格证学校

问题：能否转为公办学校？能否一次或逐年将投资人前期的投入如数并加利息返还？

3. 县区乡镇民办学校

问题1：县区能否尽快出台缩编的详细方案？能否留一定缓冲期，让办学人心中有数，避免恐慌、焦虑，避免不必要的浪费？

问题2：办学人拟把整个学校捐给政府时有什么精神、物质奖励？

问题3：办学人自己提出停办，政府如何接管、清算及对办学人进行补偿？

问题4：县城民办学校停办后，许多学生进入公办学校，需要建新学校，政府能否按市场价购买停办民办学校的规范校舍，再在此基础上改造，以此来减少办学人的损失？

问题5：县域乡镇民办学校投资人为办学背着巨额债务的也不少，若强制停办无能力还款怎么办？

三　机遇与挑战

2021年9月1日起实施的《中华人民共和国民办教育促进法实施条例》在规范民办教育发展的同时，详细制定了保障民办教育地位和权益的条款，与此同时，明晰的政府责任与管理职责，也在规范着教育行政部门的管理服务行为，这必将让各民办学校通过规范获得相对公平、公正的发展空间，在有法可依、有章可循中实现自我权益的切实保障。

面对"双减"新政，义务教育阶段留下的民办学校将探索与未来人才培养目标相契合的办学特色，提升教学管理服务水平，告别"超级学校"思维，实施"与其更好，不如不同"的错位竞争战略。民办教育的发展将从利益驱动走向使命驱动，从数量型补充走向功能型补充。

优质民办学校能充分发挥体制机制优势，为义务教育事业注入生机活力和竞争力。除资源性贡献外，民办教育也推动了教育领域的思想解放和观念变革。一批优质民办学校将充分发挥体制机制灵活性，在组织文化、薪酬制度、办学自主权、综合优势、办学特色等方面形成与公办学校不同的办学思路。

民办学校教学管理已重新洗牌，谁先解决内部培优、提高课堂效能、适应素养命题这三个焦点问题，谁就会重新占据生态链上游有利地位，但民办学校的发展也面临着以下挑战。

1. 公办教育

随着国家对基础教育的不断投入，公办学校的学校数量、学位数量不断增加，部分新建的学校办学条件显著提升，寄宿甚至成为标配，这使得一部分无暇照顾孩子的家长有了新的选择。并且公办学校的教育教学质量也在稳步提升。

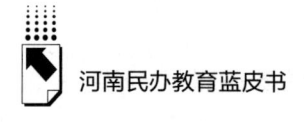

2. 生源问题

摇号录取的实施使得之前民办学校的核心竞争力生源优势大为减弱，民办学校和公办学校的学生入学成绩的差距在逐渐缩小。再加上部分家长观念的变化，这也使得民办学校报名人数大幅减少。

以洛阳为例，2020年，洛阳市民办教育中小学全面开启摇号录取。当年，洛阳市民办普通小学、民办普通初中共有13384名学生符合报名条件并报名成功，到2021年，仅9261人报名，报名人数大幅减少，部分早先热门学校报名人数甚至仅仅达到录取人数。

3. 转型之难

2022年9月1日，或将有大批民办学校退出，现在已经有不少民办学校在谋划转型，或者向托幼教育、职业教育转型或者向市民教育中心转型，但托幼教育目前市场空间并不算大，职业教育的门槛相对较高，市民教育中心的盈利模式并不是很清晰，很难达到盈亏平衡，这也使得部分民办学校现在只能处在观望状态，难以有大作为。

四 对策与建议

"十四五"规划明确了"支持和规范民办教育发展"，一系列政策落地也将给优质民办学校带来新的发展机遇。但前提是，未来义务教育民办学校应当遵循公益属性。或许回归本质的教育正是教育发展的大势所趋。控制合理比例，其核心在于保障承接潜在的教育需求，以及满足受教育者的差异化教育选择权。

因此，提供差异化、多元化、特色化的教育供给也是未来民办中小学发挥自身价值，成为义务教育重要补充的核心体现。民办学校将成为公办教育有益的、拓展性的补充，同时充当公办教育鲶鱼，协同改变教育生态。要借助课程科学设置、课堂改革、教师素养提升在规定时间内高质量完成教学任务。也就是说，民办学校生存与发展竞争将进入生源公平背景下的以质量为中心的关键指标竞争。

（一）加强民办学校党的建设

全面贯彻党的教育方针，坚持社会主义办学方向，坚持教育公益性原则，加强民办学校党的政治建设、思想建设、组织建设、作风建设、纪律建设。一是把民办学校党组织建设、党对民办学校的领导作为民办学校年度检查的重要内容。二是完善民办学校党组织设置，理顺民办学校党组织隶属关系，健全各级党组织工作保障机制，选好配强民办学校党组织负责人。三是强化民办学校党组织政治功能，引导民办学校贯彻落实党中央决策部署，始终坚持社会主义办学方向，落实立德树人根本任务。四是推动民办学校党组织认真落实《中国共产党支部工作条例（试行）》，从基础工作、基本制度、基本能力入手，推进党组织标准化、规范化建设。

（二）优化民办教育发展环境

要充分考虑各地、各校不同实际和自身发展基础，尊重差异性和多样性，按照一县一策、一校一策的思路，区别不同情况，研究制订工作方案和配套政策。统筹教育、登记、财政、土地、收费等相关政策，营造有利于民办教育发展的制度环境。

一是鼓励和支持社会力量举办非营利性民办学校，在政府补贴、政府购买服务、基金奖励、捐资激励、土地划拨、费用减免等方面对非营利性民办学校给予扶持。二是完善学校、个人、政府合理分担的民办学校教职工社会保障机制，督促民办学校依法为教职工足额缴纳社会保险费和住房公积金，鼓励民办学校按规定为教职工建立补充养老保险，改善教职工退休后的待遇。三是民办学校教师在资格认定、职务评聘、培养培训、评优表彰等方面与公办学校教师享有同等权利，非营利性民办学校教师享受公办学校同等的人才引进政策。四是规定民办学校用电、用水、用气、用热，执行与公办学校相同的价格政策。五是优化收费政策，根据民办学校分类管理情况，区分营利性和非营利性，有序推进民办教育收费市场化改革，营利性民办学校收

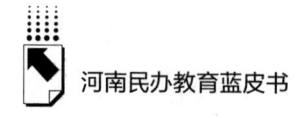

费实行市场调节价，收费标准由民办学校自主确定，同时选择部分非营利性学历教育民办学校进行市场化改革试点。

（三）规范民办学校办学行为

不断完善民办教育监管体系，促进民办教育健康有序发展。一是强化部门协调，建立教育主管部门牵头、各部门参加的联席会议制度，协调解决民办教育发展中的突出问题，不断完善制度政策，优化民办教育发展环境。二是健全联合执法机制，由教育、人力资源和社会保障、公安、民政、市场监管等部门组成联合执法队伍，对违反国家有关规定擅自举办民办学校的行为开展联合执法，加大对违法违规办学行为的查处力度。三是督促民办学校诚实守信、规范办学，使其完善财务会计制度、内部控制制度、审计监督制度，加强风险防范。四是落实民办学校安全管理责任，建立安全工作组织机构，配备学校内部安全保卫人员，明确安全工作职责，制订和完善突发事件应急预案，定期开展安全检查、巡查，及时发现和消除安全隐患。

（四）发挥民办学校办学特色

充分发挥民办教育的优势，不断激发民办学校主观能动性。一是保障依法自主办学，鼓励民办中小学校在完成国家规定课程的前提下，可自主开展教育教学活动。二是积极鼓励公办学校与民办学校相互购买管理服务、教学资源、科研成果。三是积极引导民办学校服务社会需求，更新办学理念，深化教育教学改革，创新办学模式，加强内涵建设，提高办学质量。

（五）加大转型学校政策支持

要充分考虑社会承受力和地方财政支付力，严格控制增量，逐步消化存量。采取分阶段、分步骤的方式逐步实施，做到关停一批、缩规一批、转公一批、转设一批，梯次推进、稳步实施。

对于有转型欲望、转型能力的民办学校要给予政策支持。鼓励民办学校向托幼教育、国际教育、职业教育（高中）、市民教育中心、家庭教育转型。特别是职业教育（高中），从我国产业发展看，到 2025 年技能型人才缺口率将达 48%，技术蓝领缺口更是高达 3000 万人。长期来看，职业教育（高中）大有作为。

参考文献

《国务院关于鼓励社会力量兴办教育促进民办教育健康发展的若干意见》，2017 年 1 月 18 日。

《河南省鼓励兴办教育　进一步促进民办教育健康发展》，http://henan.eol.cn/。

《河南省人民政府关于鼓励社会力量兴办教育进一步促进民办教育健康发展的实施意见》，《河南省人民政府公报》2018 年 4 月 25 日。

B.11
民办基础教育人才培养特色

孙 冰*

摘　要： 基础教育人才培养越来越受到重视。民办基础教育作为我国教育事业的重要组成部分，其人才培养工作更值得关注。学校教育的主要功能是引导、助力学生的全面发展，学生的成长是学校教育的落脚点和出发点。长期以来应试教育将分数作为学校和学生唯一的追求，在一定程度上忽略了学生的全面发展，有悖于社会主义人才培养"德、智、体、美、劳全面发展"的目标，民办基础教育要以培养"人品好，能力强，知识丰富"的学生素养养成为目标；民办基础教育学校存在教师队伍构成不合理、教师队伍不稳定等问题，民办基础教育学校应扎实做好教师队伍建设，打造高质量教师团队。

关键词： 基础教育　民办教育　学生素养　教师素质

党的十八大以来，习近平总书记围绕"培养社会主义建设者和接班人"做出一系列重要论述，深刻阐述了"培养什么人、怎样培养人、为谁培养人"这一根本性问题。教育本质是培养人，根本目的是提高人才质量，适应社会发展需求。如何培养适应社会发展所需人才，怎么创新人才培养方式，成为当今社会人才培养研究的意义所在。

---

* 孙冰，北京师范大学教育学博士，中国教育研究会副会长，中国教育学会研究员，香港华夏文丰教育集团董事局董事，曾任北京华夏外国语学校校务总监，现任洛阳华夏外国语学校校长，长期致力于学校教育教学的探索与研究。

《国家中长期教育改革和发展规划纲要（2010~2020年）》指出："深化教育教学改革，创新教育教学方法，探索多种培养方式，形成各类人才辈出、拔尖创新人才不断涌现的局面。"由此可见，探索并创新人才培养模式，培养适应社会需求人才，成为新时期社会发展必然要求。这也为基础教育人才培养指明了方向和目标。民办基础教育作为我国教育事业重要组成部分，同样担当着培养社会主义建设者和接班人的重任。

一 民办学校的学生素养养成

长期以来，我国基础教育对学生的培养倾向于分数培养，成绩是衡量优秀与否的唯一标准，忽略了学生品质、能力等方面的培养，学生不能得到全面发展，这有悖于社会主义人才培养"德、智、体、美、劳全面发展"的目标。另外，现阶段家庭结构多为独生子女，家庭教育中父母长辈对学生包办太多，过于溺爱，导致学生能力缺失。在社会环境和家庭教育的影响下，学生自身没有正确的世界观、价值观，不利于健全人格的形成，无法促进学生良性发展。民办基础教育要以培养"人品好，能力强，知识丰富"的学生素养为目标。

（一）人品好

教育教学主导，德育教育同行。基础教育作为国家教育体系的基础，是一个人从成长到成才的奠基阶段。青少年作为祖国真正的主人，新时代建设主力军，基础教育重要性不容小觑，优质基础教育不可或缺。民办基础教育在我国基础教育中所占比重较大，更应该重视对学生德育教育。教育教学要把握本质，从育人出发，随时代发展创新，改革教育环境，创新培养模式，承担起促进学生全面发展责任，实现对学生价值观的指导关注和培养。

多年来，我国基础教育学校德育工作不够扎实，导致学生德育教育缺失，社会中"高分低能""高分无能"现象甚多。民办基础教育学校为了升学率等，把培养重点放在学生成绩上，同样造成学生应有能力的缺失。为改

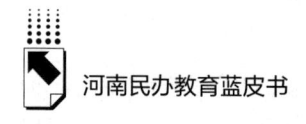

变此类教育误区，基础教育工作者需要解放思想，找准定位，审视学校德育教育，德育教育与教育教学工作并行，根据学生年龄阶段开展针对性德育教育，做到创新性人才培养。

1. 从基础入手，注重学生习惯养成

青少年除基本学习习惯以外，生活习惯、社交习惯都必不可少。而行为习惯的养成，不单单只是学校教育的问题，需要家庭教育和学校教育形成教育合力，共育人才。针对不同年龄段所存在的个性问题，学校应开展分类养成教育。如低学段，要培养学生爱祖国、爱劳动、文明礼貌、尊老爱幼、勤俭节约等良好品质；高学段针对学生动手能力、理想责任、自尊自信等优良品质展开培养；利用课外联合家庭展开教育活动，进行家本课程；初高中学段开展多种形式社会公益活动，在活动中促进德育教育；等等。学校德育处应进行全校德育工作规划，并随德育工作深入开展不断完善。

2. 立足生活实际，丰富学生德育形式

基础教育是提高民族素质奠基工程，培养对象是全体公民，并非少数人。因此，学校德育工作应扩大范围，创新形式，丰富活动。民办基础教育学校要依托传统节日举行系列活动，如春节"迎新春·写春联"活动，清明节"传承英烈精神，立志报效祖国"烈士陵园祭扫活动，"九九"重阳节走进养老院社会实践活动，冬至"欢欢喜喜包饺子"活动等开展德育教育；还要利用社会热点来培养学生时代责任感，如新冠肺炎疫情期间开展"科学防疫，从我做起"主题班会，培养学生担当意识；开展"把灾难当教材，与祖国共成长"开学第一课主题班会，通过抗洪、抗疫英雄及戍边战士光荣事迹，培养学生家国情怀；观看"感动中国2021年度人物颁奖盛典"以榜样力量引领成长，引导学生树立正确世界观、人生观、价值观，培养学生高度责任感和使命感。

3. 着手共性教育，促进学生个性发展

民办基础教育学校德育建设面向全体学生，落脚点为学生共同进步。因此，学校德育活动应注重对学生正面激励与引导，关注学生身心健康。教育工作者需要关注学生共性发展同时根据学生个性因材施教，以博爱之心尊重爱护每个孩子。民办教育学校除开展升旗仪式、德育例会、主题班（队）会外，学校要建立特殊学生档案，针对单亲家庭、留守儿童及身体状况及身心发展等特殊情况的学生进行个性化记录，班主任及任课老师加强对学生的日常管理，关注学生发展；同时，班主任要做好对学生的分层关注和分类管理，对学生做好分层谈话记录，做到"一生一档"，关注学生身心健康发展，针对学生问题进行帮扶和解决。学校德育工作以德育教育处为主全体教师共同参与，促进学生性格健康发展。

4. 家校共携手，形成教育合力

父母是孩子最好的老师，家庭教育对学生性格走向和素质发展至关重要。良好的家庭教育会成为学校教育的助推器，不良家庭教育会成为学校教育的绊脚石。目前，在家庭教育中，父母长辈对学生的教育存在"溺爱"现象，对学生行为多是包庇，不能给予正确的引导，导致学生缺少正确的是非观，做事较为自我。因此，家校携手极为重要。学校要定期不定期进行家庭教育讲座和家访活动，邀请名师或心理教育专家进行针对性家庭教育讲座，帮助家长正确教育孩子。民办基础教育学校可根据学校教学安排，在期中、期末召开家校成绩分析会，沟通学校在校学习情况；同时根据学生个性发展，采取不定期家长座谈，沟通学生家校表现共同关注学生成长。建立健全良好的家校沟通机制，有利于家庭教育高效开展，帮助学生树立"明事理，辨是非，知荣辱"的社会观念。先做人，后做事。学校应该培养人格健全德才兼备的社会栋梁，而不是有才无德者。民办基础教育要遵循这一要求，注重对学生道德品质的培养。

（二）能力强

随着社会发展，分数并不是衡量学生实力的唯一标准，能力更加重要。素质教育必须加强，学校应该注重培养学生的多种能力，从知识获取到知识应用、由校园生活能力到社会生存发展能力。

1. 生活能力

目前，在家庭教育中，家长包办太多，与孩子沟通太少，很多事情由家

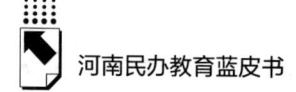

长做主，学生坐享其成，导致孩子生活自理能力不强，以致其在进入集体生活时无法适应环境，产生厌学、厌烦集体生活等不良情绪。因此，家庭教育应注重培养学生的生活能力，从小事着手，培养学生自理自立意识。学校教育补充家庭教育，巩固强化家庭教育成果。通过每学期新生入学教育、军训活动及每周的德育作业，灵活布置如"我为父母做道菜""校园大扫除"等德育活动，培养学生的生活能力。同时，每学期学校组织"贸易节""冷餐会"等多种创意活动，寓教于乐，提高学生实践能力。

2. 学习能力

学生通过认知事物理解本质，获取并实现知识内化，实现学有所用，学有所成。我国目前的教育体系，学校教育更多采用填鸭式教学。书本上有什么，教师讲什么；试卷中有什么，学生练什么。学生考试能力强，应用能力弱，被动机械地接收信息，缺乏主动获取，更缺乏知识转化能力。因此，呼吁广大教育工作者改变思想，因材施教，培养学生获取知识应用知识的能力。在教育活动中注重学生思维引导，培养学生积极发问，理解内化书本知识，学会发散性思维，扩充知识覆盖面等。民办基础教育学校应大力深化教学改革，让"学生能想的自己想，能说的自己说，能做的自己做"，充分发挥学生课堂主观能动性，让学生在自主、合作、探究中实现知识认知和内化吸收。

知识获取是为了运用。从学校获取知识，最终要应用于生活，解决实际问题。为提高学生知识应用能力，民办基础教育学校应开展形式多样的学科素养活动，如语文学科"种子阅读""悦读·悦享""我是演说家"演讲比赛，培养学生阅读能力，语言表达能力；数学学科"计算达人""讲题大赛"，锻炼学生计算能力，知识运用能力；英语学科"华夏之音"演讲比赛，培养学生英语口语，实现学生学以致用；政治学科"法律知识"竞赛、"进法院——模拟法庭"活动，让学生在学习中拓宽知识，积累更多生活实践；历史学科"走进博物馆"活动，让学生感受历史文化魅力，实现学生自我成长。

3. 人际交往能力

目前，我国独生子女家庭占比较大，家庭教育明显薄弱，多数孩子性格骄纵，缺乏包容意识，人际交往不讲究方式、方法，自我意识凸显、合作意识不强。但校园生活属于集体生活，学生之间正确交往对和谐的集体生活有利。构建良好和谐校园师生关系同等重要。如面对学生之间的矛盾问题，教师要认真倾听学生问题，了解实际情况，公平公正评判是非对错，在教育过程中对学生价值观加以引导，在实际问题处理中教给孩子宽容和是非；"小小调解员"情境活动，选取学生日常生活中的实际事例，在情境演绎中教学生"明是非"；展开多层次多主题班（队）会，对学生进行思想和人际交往教育。教师在教育活动中根据学情和人情发挥引导作用，帮助学生正确处理生生矛盾和师生问题，构建良好的人际关系，打造和谐文明校园。

4. 综合实践能力

学校对学生发展不应局限于眼前，要注重学生可持续性发展，学校要着力培养学生综合实践能力。近年来，情境化教学成为教育教学新趋势，中考试卷中已经明确显现。因此，在学校教学活动中，情境化教学已经被高度重视，在日常教学活动中，注重课堂情境化，模拟具体生活情境提高学生的实践能力；所有活动均选用学生担任主持人，把学生活动交给学生办，培养其自信，锻炼其能力；组建学生自治机构学生会，让学生参与管理，实现学生自治，培养学生校园管理能力和主人翁意识。

（三）知识丰富

学生的知识积累不单单只是来源于学校，社会和家庭的作用同样重要。只有三者形成合力，才能真正实现学生成长，成为知识丰富的人。

1. 如何培养知识丰富的学生

知识获得始于家庭，源于学校，终于社会。其中家庭教育是基础，学校教育为主导，社会教育则是延伸和发展。

家庭教育和学校教育同样重要，甚至决定了孩子的发展方向，影响终身。孩子最初的教育、知识的获取大部分来源于父母，良好的家庭教育对孩子的成长有着至关重要的意义。孩子们对万事万物保有强烈的好奇心，家长要利用这一点引导孩子参与生活、户外、交往等活动，获取基本知识、动手及交往能力；孩子们在接受网络信息时，要特别关注并积极引导，让其形成

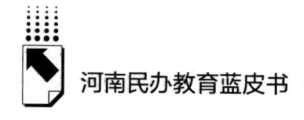

正确的价值观、是非观,促使孩子健康成长。

重视学校教育主导作用。首先,民办基础教育学校要优化教师队伍建设,实现教师专业化成长,为实现学生学业发展做好保障;其次,打造特色校本课程,根据学校实际情况和教师特色,开展特色校本研究,实现学生全面发展;最后,创新学校学科活动,在实践活动中丰富学生课余生活,培养学生实践能力,实现知识的积累和内化吸收。

充分利用社会资源,拓宽学生获取知识的渠道。全社会要配合家庭和学校做好教育配合。如科技馆、博物馆、图书馆、文化旅游场所等针对学生进行免费开放,让学生实地参观学习,收获丰富知识。同时,学校和家长也要积极带领学生走出去,参加社会志愿实践活动,让学生收获多方面的知识。

2.知识丰富对成长的意义

知识是个人成长的基石,"玉不琢,不成器;人不学,不知道"。首先,丰富的知识能增加学生学识,提高认知世界的能力,开阔视野,转换看待问题和解决问题的角度;其次,丰富的知识有利于塑造积极的精神品质,"大智者大谦",知识有助于健全人格,有助于养成谦卑、坚强、乐于助人、奉献、积极乐观等良好品质;最后,知识还有助于提高个人气质和内在修养,"腹有诗书气自华","三日不读书,面目可憎"。学生学习了物理学中的"摩擦",明白了饮料瓶盖上为什么会有一圈竖纹,搓澡巾表面为什么凹凸不平;很多学生会因缺乏挫折教育致使抗压能力弱,产生抑郁消极情绪,丰富的知识使人心胸开阔,能让学生面对挫折时迅速调整心态、转换思维,做出优良选择。

在经济全球化、信息现代化的当前时期,知识不仅可以改变个人命运还可以改变国家命运。知识让生活更加便利、工作更加轻松,交往更加愉快;丰富的知识更能使人拓宽视野,塑造完美人生。

二 民办学校的教师队伍建设

现阶段,民办基础教育学校主要存在教师学历差别大,水平层次不一,教师队伍构成不合理等问题。并且由于民办基础教育相比于公办学校，教师福利待遇有差别，以成绩为目标，对教师自身素质要求过高，导致民办学校教师队伍流动性大，教师队伍不稳定。因此，民办基础教育学校要扎实做好教师队伍建设，打造高质量教师团队。

（一）树立良好师德师风

百年大计，教育为本；教育大计，教师为本。教师是教育工作的中坚力量，有高质量的教师队伍，才会有高质量的学校教育。想要打造高质量的教师团队，就要把师德师风放在首位。习近平总书记在第30个教师节来临之际，前往北京师范大学看望师生，并强调全国广大教师要做"有理想信念、有道德情操、有扎实知识、有仁爱之心"的"四有"好老师，为发展具有中国特色、世界水平的现代教育，培养社会主义事业建设者和接班人做出更大的贡献。"四有"好老师是教师需要具备的基本素养，且为师德师风建设指明了方向。

1. 加强政治引领，以党建促师德

学校师德师风建设要注重价值引领，以党建促师德。学校党组织作为涵养师德师风的重要平台，党员教师作为师德师风建设的中坚力量，在推进师德师风建设工作中发挥着重要作用。学校要通过发挥党组织的引领作用，增强全体教职工政治责任感和使命感，从而提高学校教师团队师德师风水平。试点研究学校不断强化党组织建设，以党建促师德。如开展"学习党的十九大精神"专题会议、"党史学习教育动员大会"、专题党课、民主生活会、"解放思想大讨论"。在走进"洛八办"主题党日活动中，全体党员进一步了解中国共产党创建历史和光辉历程，将师德师风建设与党性修养有机结合起来，带动广大教师进行政治学习，实现思想观念上整体优化和更新，以"氛围浓"引领"风气正"，树立师德师风建设正确风向标。

丰富教师活动，以活动促师德。只有开展丰富活动，才能使师德师风建设深入人心。试点学校通过开展活动，让师德建设成为教师生活的一部分，真正落到实处。如"红色经典诵读活动"、师德师风征文活动、"正师风·

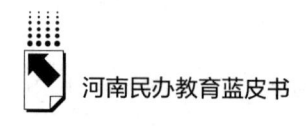

立师德"专题会议、"以德修己，弘扬师魂"师德师风建设专题会议等。

在"正师风·立师德"专题会议中，学校领导领学并深入解读中华人民共和国教育部令第49号——《中小学教育惩戒规定（试行）》，分析了八起经典案例，为教师手里的戒尺划定了明确尺度。在"以德修己，弘扬师魂"师德师风建设的专题会议中，学校呼吁广大教师做有思想、有能力、能吃苦、肯坚持的新时代教师，时刻严格要求自己，谨遵教师职业道德，努力提升教育教学质量。同时，开展党史系列活动之"党史学习大讲堂"，包括专题讲座、观看影视剧《建党伟业》、教师共读一本书等活动，号召全体教师学党史，以党史学习促师德师风建设。

2. 做好政策指导，以制度明方向

习近平总书记说，只有把权力放进制度的笼子里才能真正实现中国梦，这同样适用于师德师风建设。无规矩不成方圆，只有建立严格的管理制度，才能培养出更多让学生和家长满意的好教师。

师德师风是教师执教从教的灵魂，为全面提高教师职业道德，改革开放以来，国家陆续出台了多部法律法规及相关政策，如《中华人民共和国教育法》（2021年修订）、《中华人民共和国教师法》、《中小学教师职业道德要求（试行草案）》、《中小学教师职业道德规范》等。党的十八大以来，习近平总书记多次就加强教师思政和教师师德师风建设发表重要讲话，强调评价教师队伍素质第一标准是师德师风。2022年中共教育部党组织印发《关于完善高校教师思想政治和师德师风建设工作体制机制的指导意见》，进一步加强党对高校教师工作的领导，旨在建设一支政治素质过硬，业务能力精湛，育人水平高超的高素质教师队伍。

为切实提高师德素养，河南省教育厅颁布了《关于建立健全中小学师德建设长效机制的意见》，河南省教育厅等七部门研究制定了《关于加强和改进新时代师德师风建设的实施意见》，河南省教育厅印发了《深入整治教育领域群众身边腐败和不正之风纠治教师师德失范问题专项工作方案》等一系列文件。

试点学校依据政策法规建立严格的教师管理制度，坚守师德师风底线，约束教师行为，如教职工请销假制度、手机管理制度、师德师风考评监督机制、教师职业行为十项准则等，全面推动师德建设进入常态化、规范化、法制化轨道。

（二）提高职业业务素养

2021年12月20日，全省开展"能力作风建设年"活动动员部署会议，省委书记楼阳生出席会议并讲话，楼阳生强调，要紧扣发展需要，在学干结合中练就过硬能力。必须强化"答卷意识"、克服"本领恐慌"，开展好大学习、大培训、大练兵、大提升，做到脑子里有思路、眼睛里有问题、手上有招数、脚下有路子。身处教师行业的我们应努力提升自身业务素养，真正做到教书育人。而教师业务素养的基本要求，就是树立积极主动态度，自觉承担传道授业解惑者角色，努力培养社会主义接班人。

教师专业素质提升离不开教师培养模式。因材施教，精准设定培养目标，完善教师培养计划，分配教学内容，通过多种方式来提高教师专业素养。教师发展是一个终身努力的过程，应循序渐进。可通过定期培训，提高民办学校教师的专业素质。教师在教学过程中，要不断学习新知识和新技能，更好地开展教育教学工作，同时帮助教师提高知识能力并树立其终身学习的远大目标。

1. 提高教师专业素养

（1）培养崇高师德

教师道德规范，是每一位教师的工作基础。在培养高尚师德的管理上，民办基础教育学校应采取以下措施。第一，强化岗位培训，不断提升教师职业道德修养，进行定期师德师风理论学习，通过学习培训、交流谈心等多种途径，使师德师风要求内化于心，外化于行，真正落到实处；同时深入挖掘教师奉献精神和求实精神，使其应用在教学工作中。第二，采取心连心管理模式，提高教师工作参与度和积极性。学校努力创设积极向上的工作氛围，充分发挥党员教师模范带头作用，开展多种有利于身心健康的文体活动，丰富教师校园生活。每学期教师趣味运动会，每周华夏放映厅，休闲健身房与图书室，都使教师在工作之余丰富了生活，从而使教师更加热爱工作，更好

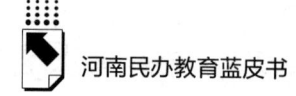

地工作。第三，宣传教育典范先进事迹。通过举行校内优秀教师评比活动，褒奖优秀教师，激励教师不断进步，向优秀者看齐争当优秀。

（2）加强教师教研能力

教师教研源于教学，教研结果促进教学发展，所以教师教研能力提升有助于教学能力提升。民办基础教育学校要积极参加校内外教研活动。第一，加强集体备课。引导教师精细个人备课，积极参加集体备课，强化合作意识，遵循互补性、研讨性原则。充分体现"分配任务—个人备课—交流探讨—形成教案—反思完善"这一流程，促进教研模式良性发展。同时，教学方法和教学对象也是集体备课的重要内容。教学方法是为了培养学生学习兴趣和学习能力；教学对象研究是为了知己知彼，百战不殆。只有了解学生，才能因材施教，有的放矢，从而提高教育教学效果。第二，开展听评课。此举是提升教研有力措施，教师可根据学习需要，进班听课，做好听课记录，包括课题、课堂重难点、课后意见和反馈等，并在课后及时与讲课老师沟通，做到相互提升共同进步。第三，定期举行公开课。试点学校每周都会开展"三能四段"公开课活动，学科教师全员参与，及时反馈，总结改进，授课教师反思归纳，完善自身。第四，进行特色校本课程和家本课程研究，发挥教师特色，实现学生全面发展。

（3）举办教师专业比赛和活动

组织开展教师专业比赛。为鼓励教师认真教学，参与教学改革，民办学校不定期组织开展教师专业比赛，以活动促教研。例如，集中进行新课程标准学习，硬笔软笔、演讲等教师基本功比赛等。活动的有效开展，不仅促使教师综合能力提高，而且营造了浓厚的教师学习氛围，助力提高学校知名度，打造更美更好的民办学校。

组织开展优秀教师评选活动。学校注重对教师的激励考评，通过对优秀教师、优秀班主任、先进教育工作者、师德标兵等高素质教师队伍表彰，来激励广大教师的工作积极性，树立榜样教师，发挥榜样教师在教育教学中的引领性，带动教师素质的整体提升和发展。

组织开展专业教师培训活动。学校秉承"引进来，走出去"的教师培养模式,邀请国家、省、市级特级教师、名师到校讲座,为教师提供成长平台。试点学校更是跟师范类高校联合进行教师专业能力系统培训,对于教师的培养注重全方位、多层次。不仅如此,教师们也积极参加省、市级教育研讨会,认真学习,取长补短,丰富自己,成就学生,造福社会。

2. 提升教师职业素养

(1) 明确教师发展方向

在提升教师专业化的过程中,让教师清楚地认识自身的不足,认识到与优秀教师之间的差距,反思不足,明确方向,缩小差距。

(2) 增强教师争先意识

学校需要规定教师考评内容及细则,考评结果优劣与教师评优评先、绩效考核密切相关。为了取得更高评价等级,教师会努力提高自身素养,挖掘自身潜能;学校要结合考评结果建立相关激励机制,使教师在取得进步的同时,获得与之匹配的奖励。这样教师在比学赶帮超的氛围中促进自身教学和管理能力快速提升。

(3) 获得职业幸福感

教师专业素养高就会赢得认可。被接纳被尊重被欣赏,是个人内心深处的渴望。一名教师的专业素养高,才能够赢得同行尊重、学生爱戴和家长信任,才能在团队中有地位。相反,专业素养差的教师,难以让人信服,甚至影响团队形象。因此,学校大都非常重视教师队伍建设,优化教师专业提升模式,积极培养社会需要,有真才、能实干的高素质教师队伍。

3. 加强技能素养

(1) 教师的技能素养

21世纪对人才培养提出了新的更高要求。振兴民族希望在教育,振兴教育关键在教师。提高教师素养,不仅是教育对象的呼声,社会的要求,更是教育自身发展的必然需要。现代教师应具备两大技能素养:一是掌握现代教育技术;二是具备科学的育人技巧。

(2) 提升教师技能素养的重要性

教师教学技能高,学生才会高效接受新知识,培养新技能。在现行经济

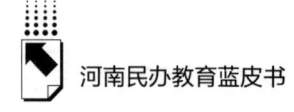

发展和社会条件下，教育不仅对学生素质要求越来越高，对教师技能素质要求也日渐提升。为适应新时代需求，教师需要努力提升技能素养，不断提高教学质量。作为人民教师，必须树立终身学习观念，补充和完善自身知识体系和教学技能，努力为社会培养出更多更好的建设者和接班人。

（3）教师技能素养提升途径

通过网络改变教师生活。网络这条高速公路为教师打开一扇通往成功世界的窗户，迎接新世纪八面来风，从而放开眼界，敞开心胸，站得高看得远，用全新眼光审视教育。现代技术教学设计和实施能力对教师发展至关重要，多媒体教学已然成为课堂主流，要求教师与时俱进，提高自身对于信息技术的学习及运用能力；疫情之下，需要教师熟练运用钉钉，课堂直播等多种方式授课。只有将现代教学手段和技术引入课堂，才能让学生提高课堂兴趣。学校应该经常组织多媒体及网络技术专项培训，不断提高教师现代教育技术水平。

树立以学生为本的教育思想。在教学中，教师面对的是有思想、个性纯真的孩子，他们处于不同的年龄段，思想和诉求存在差异，这就要求教师不仅要具备丰富的知识，而且需具备相应的教学技术和能力。针对不同学生采用不同教育方法，对症下药才能药到病除。当今社会飞速发展，知识更新速度不断加快，因此教师须努力钻研教材，掌握教学理论，完善知识结构，紧跟时代步伐。

总之，基础教育阶段对人的一生至关重要，而民办学校在其中也发挥着不可或缺的作用。我们不仅要培养教育好学生，更要下大力气培养教师团队。建立科学的民办基础教育人才培养模式，民办基础教育，育人之路任重道远。

参考文献

李颖：《基础教育人才培养模式的现实反思与未来之路》，《基础教育论坛》2017年第 9 期。

耿超、褚宏启：《基础教育阶段创新人才培养与教育方式转变》，《创新人才教育》2015 年第 4 期。

张仲伍：《普通师范高校教师在新时代的责任与义务》，《教育教学论坛》2019 年第 49 期。

周海涛、景安磊：《民办学校教师队伍建设面临的问题及其成因》，《当代教师教育》2015 年第 3 期。

学前教育普惠篇

Universal Benefits of Preschool Education

B.12 2021~2022学年河南民办学前教育发展报告

徐照新　侯丙轩　孙大鹏[*]

摘　要： 人口出生率的断崖式下跌、公办学前教育的快速发展、民办学前教育严重的人才流失等新问题，使民办学前教育一时困难重重。河南民办学前教育人不忘初心，牢记使命，迎难而上，坚守抗疫阵地，守护美丽校园。面对洪水，在积极开展自救的同时还组织力量参与社会救灾，彰显了河南民办学前教育的社会担当。在新的政策背景下，河南的民办学前教育需抓好党建、品质立园、融合跨界、重视宣传、打造特色。

---

[*] 徐照新，河南教育报刊社学前教育发展中心主任，河南民办教育研究院学前教育研究所所长，主要研究方向为学前教育、托育融合发展研究；侯丙轩，中学高级教师，河南省民办教育协会副会长兼学前工委理事长，河南民办教育研究院副院长，主要研究方向为核心素养导向的未来心智教育；孙大鹏，国家二级心理咨询师，工程师，河南省民办教育协会学前工委副理事长，育童家一站式教育服务平台创始人，主要从事学前教育综合培训服务、中小学劳动教育社会实践及研学旅行工作。

关键词： 民办幼儿园　新常态　创新发展

2021年注定是不平凡的一年。这一年，伟大的中国共产党迎来了百岁华诞；这一年，第十四个五年规划起步开局；这一年，学前教育吹响了高质量发展进军号角；这一年，民办教育新法新政密集出台；这一年，大河南北遭遇了百年不遇的洪涝灾害；这一年，新冠肺炎疫情几度重来。面对极其罕见的复杂局面和突如其来的生存挑战，河南民办学前教育高站位敢于担当，明事理不讲得失，用丹心奉献民办幼教，大爱描绘出彩中原，为河南民办教育留下了值得铭记的感人篇章。

一　百年华诞铸新章

为庆祝中国共产党百岁华诞，河南民办教育协会学前工委在河南省民办教育协会的指导下，针对学前教育阶段年龄特点，在全省范围开展了"爱国小故事、党建小知识、革命小游戏、红色小歌曲、未来小主人""五小"微党建主题教育活动。随着18个地、市民办幼儿园师生家长的积极参与、持续深入，中国共产党筚路蓝缕、蓬勃向上、波澜壮阔的百年画卷亲切而清晰地展现在师生面前，"不忘初心，牢记使命"的思想自觉和行动自觉，深刻地烙印在广大民办幼教工作者和社会主义接班人心中。

百年华诞，全民参与，全情投入，寓教于乐，信仰之基更加牢固，精神之钙更加充足。

二　新规新法频繁出台

2021年，是学前教育"政策法规年"。为了继续完善和发展我国的学前教育事业，新的政策法规不断颁布，学前教育事业的发展更加有法可依，有章可循。

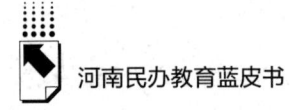

2021年3月，《中华人民共和国国民经济和社会发展第十四个五年规划和2035年远景目标纲要》出炉。2021年4月，教育部印发《关于大力推进幼儿园与小学科学衔接的指导意见》。2021年5月，教育部等四部门下发《关于实现巩固拓展教育脱贫攻坚成果同乡村振兴有效衔接的意见》。2021年5月，新修订的《民办教育促进法实施条例》颁布。2021年6月1日，新修订的《中华人民共和国未成年人保护法》开始实施。2021年7月，教育部颁布《在"十四五"时期实施学前儿童普通话教育"童语同音"计划的通知》。2021年7月，《关于进一步减轻义务教育阶段学生作业负担和校外培训负担的意见》发布。2021年10月，《中华人民共和国家庭教育促进法》发布，2022年1月1日起实施。

2021年12月，《"十四五"学前教育发展提升行动计划》发布，这是影响未来4年学前教育行业发展的纲领性文件。该计划提出：推进教育公平，增加普惠性资源供给，各地实施幼儿园建设项目，补齐普惠性资源短板，确保城乡学前教育资源全覆盖。优化完善财政补助政策，逐步提高学前教育财政投入水平，保障普惠性学前教育有质量可持续发展。健全学前教育资助制度，切实保障家庭经济困难儿童接受普惠性学前教育。加强幼儿园收费监管，各省（区、市）综合考虑经济发展水平、群众承受能力和办园成本等因素，动态调整公办幼儿园的收费标准、普惠性民办幼儿园的最高收费限价。

河南省民办教育协会学前工委秘书处充分发挥年会、公众号、线上直播、座谈会等的阵地作用，让新法新政基本精神深入人心。

1. 坚持"公益、普惠、优质、安全"的办园基本原则

无论是非营利性还是营利性民办学校，都要把恪守公益属性和社会责任放在首位。民办学前教育是国家教育事业的重要组成部分，只有坚持以公益为导向，坚持以立德树人为根本任务，努力办出让党和政府放心、让人民满意的教育，才能更好地体现自身价值和社会意义，获得各方面的理解和支持。

2. 发展素质教育，推进教育公平，着力培养德、智、体、美、劳全面发展的社会主义建设者和接班人是我国的办学方向

民办幼儿园应当以习近平新时代中国特色社会主义思想为指导，深入贯彻落实全国教育大会精神，进一步解放思想、转变观念、深化改革、加快发展，提高质量、办出水平，全面提高优质教育服务的供给能力，以更好满足人民群众不断增长的个性化选择性教育需求。只有这样，才能使自身获得更加广阔的发展空间，也才能更加充分彰显民办教育的社会地位和社会价值。

3. 民办学前教育从业者要认清宏观制度走向，用足用好各类利好政策

民办学前教育要凭借更加充分的办学自主权，深化办学体制、管理制度、人才培养模式以及教育评价机制等改革，进一步激发活力、塑造优势、增强后劲，从而掌握发展主动权，占领竞争制高点，自强不息、披荆斩棘、砥砺前行，开创社会力量办学新局面。

三 开篇布局夯实"十四五"第一步

2021年，是国家"十四五"规划开篇布局之年。根据《中华人民共和国国民经济和社会发展第十四个五年规划和2035年远景目标纲要》，"十四五"期间，我国学前教育毛入园率要提高至90%以上。各级地方政府也纷纷紧跟国家脚步，积极出台各项政策，鼓励学前教育行业发展。河南的"十四五"规划提出："大力发展更为优质均衡的基础教育，推动学前教育普惠健康发展，推动义务教育均衡发展和城乡一体化，推动消除普通高中大班额，鼓励高中阶段学校多样化发展，缩小城乡、区域、校际差距，促进教育公平。"此外，河南省围绕普惠性幼儿园建设、改扩建幼儿园项目等内容，提出了"十四五"时期的发展目标：力争公办园所达到50%以上，学前教育毛入园率达到93%以上，普惠性幼儿园覆盖率达到85%以上，新改扩建5000所以上的公办幼儿园和普惠性民办幼儿园。

《2021年河南省教育事业发展统计公报》官方数据显示：2021年，河南省学前教育毛入园率达到90.8%，超出全国毛入园率88.1%的发展水平，

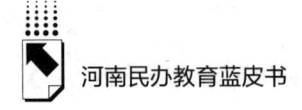

实现了"十四五"规划的开门红。全省幼儿园数量达到2.44万所，在园（班）幼儿399.48万人，和2020年同比减少26.1万人左右。其中普惠性幼儿园1.88万所（普惠性幼儿园包括公办幼儿园和普惠性民办幼儿园），占总园数的77.05%，普惠性幼儿园在园幼儿329.95万人，普惠性幼儿园覆盖率82.59%［普惠性幼儿园覆盖率，是指公办幼儿园和普惠性民办幼儿园在园（班）幼儿数之和占在园（班）幼儿总数的比例］。

民办幼儿园数量18056所，占全省幼儿园总量的74.11%，和2020年同期相比下降了0.8个百分点，减少200所左右，民办幼儿园在园幼儿259.25万人，占全省总量的64.90%，和2020年同期相比下降了1.6个百分点，在园幼儿减少了24万人左右。

幼儿园教职工41.81万人，其中，园长2.61万人，专任教师25.22万人。专任教师学历合格率为99.78%，其中，专科及以上学历专任教师人数占总数的79.98%，学前教育专业毕业占总数的89.01%。

四 河南民办学前教育的困难

2021年的河南，很难。2021年河南的民办学前教育，难上加难。

第一难，疫情反复。2021年，在党的坚强领导下，中国在抗击新冠肺炎疫情的道路上取得了举世羡慕的成就，从整体上基本控制住了疫情的蔓延。但是，不断变异的病毒还是让局部疫情一再反复。2021年不断反复的疫情使河南省民办幼儿园的开园时间较往年少了4个月左右，办园成本因物价上浮及人力成本攀升等因素也在上涨，很多民办幼儿园无法实现收支平衡。受疫情影响，很多民办幼儿园亏损严重，出现了举债度日，运营陷入困顿的情况。

第二难，自然灾害。以"7·20"郑州特大暴雨灾害的到来为起点，洪涝模式开启，河南省内大面积受灾。千年一遇的自然灾害让很多民办幼儿园受洪水浸灌影响，围墙、教室等基础设施损毁、操场、跑道、各种功能区面目全非，卧具、桌椅以及图书教具、档案馆藏损毁严重。

第三难，人口出生率断崖式下跌。河南省 2020 年新入园幼儿数量和幼儿在园总数量均创了新高。然而，月盈则亏，2021 年，毕业离园的幼儿达 143 万人，2021 年入园幼儿大多出生在 2018 年，当年河南省的新出生人口数量为 127 万。走的多，进的少，直接导致 2021 年河南在园幼儿同上年比减少 26.1 万。其中民办幼儿园在园幼儿数量减少了 24 万人，这说明人口出生率下降导致的生源减少基本上被民办幼儿园承担了。这还不是最坏的情况，因为人口的出生率还在持续下降：2019 年河南省新出生人口数量为 120 万，相比 2018 年又减少了 7 万。2020 年河南省新出生人口数量为 92 万，和 2019 年相比少了 28 万。2021 年河南省新出生人口数量只有 76 万多，和 2020 年相比少了 16 万。从这些数据可以看出，生源持续减少将是未来几年河南民办幼儿园面临的一个新常态。

第四难，公办幼儿园数量在快速增长。政府正在不断加大公办幼儿园的建设力度，新建改扩建公办幼儿园连年增加。最新消息，河南省计划 2022 年新建公办幼儿园 300 所，增加幼儿学位 9 万多个。民办幼儿园的生源被进一步稀释。"僧多粥少"的局面是未来几年河南民办学前教育面临的另一个新常态。可以预见，随着人口出生率的下降和公办幼儿园的大量增加，未来几年还会有大批的民办幼儿园因缺乏生源而面临倒闭。

一个侧面的案例，或许更能说明目前河南民办幼儿园的困境。河南为学教育科技有限公司是一家扎根郑州的学前教育服务公司，公司利用五十几个功能定位不同的微信群服务郑州及周边县、区 1000 多家幼儿园，其中民办幼儿园占大多数。该公司热衷公益，曾在疫情期间无偿组织民办幼儿园团购核酸检测服务，大幅降低了民办幼儿园的检测成本，为参与的幼儿园节约了 200 多万元的检测费用，在郑州民办学前教育领域有很强的号召力和公信力，不少的园长和幼儿教师利用公司的平台发布招聘或者求职信息。据统计，2020 年以前，平台发布的各类招聘信息居多。自疫情开始到现在，各类求职信息反而多了起来，其中包括很多园长的求职信息。自 2020 年到现在，平台发布的民办幼儿园转让信息竟然高达 64 条之多。

第五难，人才流失严重。随着公办幼儿园的骤然增多，政府增加了有编

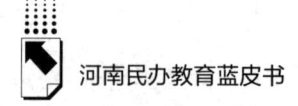

制幼儿教师的配给，很多优秀的民办幼儿园管理者和教师流向公办幼儿园。政府不断提升公办幼儿园在编及招聘人员的待遇，使民办幼儿园的待遇优势越来越弱化。加上民办幼儿教师的社会地位较低，教师得不到足够的尊重和理解、民办幼儿园教学压力较大，民办幼儿园的工资绩效考核和教学质量、教学成果等紧密挂钩，幼儿教师需要付出极大努力才能拿到全额工资。在这种情况下的人才流失，反过来影响了家长对民办园所的信心。未来几年，随着公办园所的持续落成，优质师资力量的流失也会成为民办学前教育发展道路上的一大难题。

五　河南民办学前教育的社会担当

虽然困难重重，但是，每当我们的国家遇到困难、社会遭遇困境、人民遭受苦难的时候，河南民办学前教育人总会冲锋在前，不计财力物力、不图名利回报，用自己的情感操守、无私奉献彰显河南民办学前教育的社会责任和大爱担当。

1. 坚守抗疫阵地，守护美丽校园

2021年河南疫情反复。疫情就是命令，防控就是责任，为了孩子们的安全，河南民办学前教育人坚持驻守，无怨无悔。幼儿园作为疫情防控工作中的重点场所，园长干部身先士卒，精锐尽出，特殊时期发扬特殊精神、体现特殊担当，做到了守土有责、守土尽责。最紧张的时候，园领导和中层干部准时通过视频会议，根据实际情况布置当日任务；每天傍晚，再次召开干部例会，总结当天工作，根据政策随时调整防疫工作方案，这是整个河南民办学前教育人在疫情下的常态。在停学居家的日子里，幼儿教师不忘主业，智慧防控，主动开展线上教研，通过园所的线上平台举办家长学校，帮助年轻的爸爸妈妈带好自己的孩子。同时还做了各种宣传引导和心理疏导，全力守护师生身心健康。在全体河南学前教育人的努力下，河南没有发生幼儿园聚集性疫情，为抗击新冠肺炎疫情的胜利做出了应有的贡献。

2. 积极抗洪救灾，彰显社会担当

2021年，河南省突遭历史罕见的极端强降雨，郑州、新乡、安阳、鹤壁等多地遭遇特大洪水灾害，千里平原变泽国。河南省民办教育协会学前教育工作委员会在了解到相关情况以后，成立协调小组，联系意向捐助单位，评估接受捐助的民办幼儿园，向民办教育界同人、各教育装备（玩教具）生产企业发出倡议，希望大家紧急行动起来，为受灾民办幼儿园提供力所能及的支持和帮助，进一步彰显民办教育行业的社会责任。

2021年7月24日，因为看到前来支援的子弟兵们救灾任务繁重，很难吃上一口热乎饭菜，郑州土豆花开芳菲地幼儿园、二七区天红幼儿园等8家民办教育机构联合起来，分担了给900多名战士做晚饭的任务。在各幼儿园的努力下，900人的晚餐被准时准点保质保量的送到了部队驻地。

二七区天成幼儿园、土豆花开幼儿园、郑东新区七叶幼儿园联合起来给新乡灾区筹集了大量的物资。得知新乡灾区缺少冲锋舟的消息，土豆花开幼儿园向新乡灾区捐赠"土豆花开号"冲锋舟一台。UU美智教育携旗下三个幼儿园准备的两大车救灾物资，去浚县新镇崔马湖村救援受灾群众。郑州市金水区萌昇幼儿园筹得款项25402.66元，支援周口市扶沟县城郊乡张力土村受灾群众。同一天，郑州市郑东新区海文实验幼儿园开始募捐，购买整整两大车的物资运往扶沟灾区。河南俐文教育集团紧急采购了水、面包、毯子、消毒及防暑药品等应急物资，孔利文董事长亲自带队开往灾区一线。河南小米尔顿教育集团在董事长潘春林的统筹安排下，总经理赵素霞女士带领集团人员，驱车前往周口扶沟进行物资捐赠。济源"花妞妞幼儿园"积极为灾区募捐，共募集善款9万元。商丘市梁园区辖区10多家民办幼儿园精心组织捐赠活动，河南学前工委积极协调车辆，对接亟须援助的单位。经过工委协调，商丘的这批物资被分别送到郑州一家养老院和新乡卫辉的两处灾民安置点。

这样的案例还有很多。河南省民办幼儿园在自身受损严重的情况下，一方面积极开展自救，另一方面积极组织力量参与社会救灾行动，用实际行动诠释了什么叫洪水无情人间有爱，彰显了河南民办教育人的高尚品质。

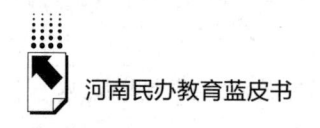

六 河南民办学前教育的破局之道

河南民办学前教育人对社会有责任有担当,对他们为之奉献的学前教育事业有大爱有情怀。当更严的监管、更强的竞争成为河南民办学前教育发展背景的时候,更高的品质、更多的创新也就成为河南民办学前教育生存发展的主旋律。如何品质立园、创新发展,如何提升园所的品质和内涵、提高园所的竞争力,如何在这个不确定的时代寻找确定之路,创造新价值,打开新局面,是值得每一个河南民办学前教育人认真思考的大问题。

1. 把握方向,搞好党建

2022年教育部发布《幼儿园保育教育质量评估指南》指出幼儿园办园方向的三个关键指标:党建工作、品德启蒙和科学理念。因此,不管是公办幼儿园还是民办幼儿园,都要坚持正确的办园方向,把党建工作放到首位。党建工作不是可有可无的花架子、走形式,而是学前教育健康发展的必需。如何把党建工作自然而巧妙地融入幼儿园日常教学,考验着每一个学前教育人的智慧。

2021年,河南省民办教育协会成立党建工委,号召全省民办学校重视党建工作,并开展了河南省首批党建基地学校(园所)和党建特色项目评选活动。

2019年8月,安阳开发区银杏幼儿园经安阳文峰区教育局直属机关党委批准,成立中共安阳开发区银杏幼儿园支部委员会,配备专职的党支部书记。党支部成立以来,坚持以党建工作引领和统筹日常工作,把党建工作和日常教育教学完美融合。幼儿园党建活动的影音视频档案丰富,党建工作文字材料翔实。在实际工作中,幼儿园做好阵地建设和队伍建设,把教育教学骨干培养成共产党员,把共产党员培养成教育教学骨干,经常组织各类培训提升业务能力,切实开展服务党员联系群众工作,开展规范有序的组织生活,廉政建设常抓不懈。

漯河市沙澧童话幼教集团于 2020 年 6 月成立党支部。党支部主动寻找工作支点和切入点，在服务品牌教育的同时，创造了幼儿园党支部工作的品牌化，达到"品牌同创"的效果。幼儿园在党建工作中，围绕强化核心、围绕中心、凝聚民心来开展工作。利用上党课、幼儿园教师心理素质提升培训等活动加强幼儿园的政治思想工作，努力实现教职工队伍政治修养和敬业精神的进一步提高。幼儿园注意加强党员专业化水平的提高，坚持在学习教育上发挥党支部的示范作用，引导教师专业技能提升。幼儿园强调加强幼儿园党风行风建设，深入开展党风党纪、法制和警示教育，进一步提高党员干部廉洁自律意识，充分发挥群众组织在幼儿园文化建设、精神文明建设和各项工作中的重要作用。

以上两所民办幼儿园把党建工作做成了幼儿园的金字招牌，成为当地教育行政部门和所在社区党建工作的典型，也成功当选河南省第一批民办学前教育党建基地。

2. 坚持主业，品质立园

面对新时代的不确定性，河南民办学前教育人立足主业，努力做好园所品质与内涵提升，用学前教育的专业性应对后疫情时代的不确定性，找到了一条确定的创新发展之路。

郑州经开区瑞丁幼儿园是一家营利性民办幼儿园，自 2013 年开办至今，始终秉承立足中原，面向国际，专注于高品质基础教育事业，先后获得"经开区先进文明单位""郑州市示范性幼儿园""河南省学前融合教育试点园""河南省百城千园示范园"等荣誉称号。

幼儿园创办 9 年来，凭借先进的理念、优秀的师资、规范的管理等优势，在仅靠家长口碑传播的情况下，创造了连年满园的"瑞丁现象"。瑞丁幼儿园实施"托幼小一体化"管理模式，拥有一支稳定的、高素质的教师团队，现有专职教师 88 人，其中硕士研究生 3 人，9 人受过系统的特教培训，本科及以上学历为 100%。他们采用小班化优质教学方案，遵循"尊崇全纳教育"的理念，每班可有 1 名融合儿童，由班级 3 位教师以"三教轮保"的形式，依据孩子的不同特点，保教结合，因材施教。现运营有"瑞

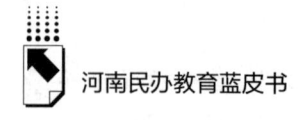

丁托育中心"、瑞丁幼儿园、瑞丁小学（经外瑞丁联合学校）及两家在建幼儿园等教育实体项目。

郑州市萌昇幼儿园是一所高端、现代化的幼儿园。幼儿园以"运动健康和学能开发"为教育特色、以"自然、科学、阅读"为重点教育内容，坚持"游戏点燃智慧、运动健康人生"的办园理念，培养具有中国灵魂、世界眼光的现代中国娃。萌昇幼儿园2019年下半年开园，在新冠肺炎疫情下，实现开园半年即满园，创造了一个民办幼儿园的办学奇迹。浓厚的文化氛围，鲜明的运动特色，是萌昇幼儿园快速崛起的秘籍。商筱霞园长专注幼儿健康教育工作多年，深知健康是一切发展的基础。园所对自然教育特别关注，在郊区自营耕种农场，方便孩子在自然中探索成长。园所还非常重视家园共育工作和孩子的学能培养。这些在专业上的努力帮助萌昇幼儿园树立了良好的外部形象，建立了鲜明的园所特色，拓展了发展空间。2021年郑州市经开区教育局认真考察了萌昇幼儿园的办学，并将经开区第三幼儿园以公办民营的形式交给萌昇幼儿园运营。

在很多民办学前教育集团收缩发展、转让旗下幼儿园甚至转行的今天，以上两家民办学前教育集团却依靠自己的办学品质走上了扩张发展的快车道，迎来了事业的腾飞。

3. 多元发展，融合跨界

2021年，影响深远的"双减"政策出台，历时20年的学科培训时代结束，素质教育、研学实践、营地教育迎来了历史性的发展机遇。研学实践、营地教育、劳动教育和文旅产业、乡村振兴等国家大计深度融合，一幅充满想象力的时代画卷正缓缓展开。

平顶山一米教育业务涵盖"特色课程、教学装备、园所设计、系统培训、咨询督导、活动策划、运营指导、自然基地"八大模块。公司在平顶山市宝丰县龙王沟乡村振兴示范区投资建设了占地60多亩的"伴耕伴读"自然教育基地。基地以"让营地成为孩子第三生活空间"为使命和未来的发展愿景，从规划设计、功能布局、教育内容、体验项目上进行了创意设计，突出自然教育、劳动教育、生命教育的理念和民俗文化特色。融入自然教育、动手实践、生命体验、快乐分享元素，开发50多项体验活动。互动性、参与性极强的自然体验项目，赋予了活动更多的功能和文化内涵，让幼儿及家庭在体验中亲近自然、乐享生命，从而唤醒自然教育新的生命活力。基地先后被文旅部门和教育部门认定为"研学旅行基地"和"社会实践教育基地"，多次登上中央电视台教育频道和乡村频道。2021年基地克服疫情影响，累计接待师生和家长突破1万人次。

郑州市圣爱教育义化有限公司从习近平总书记关于体育承载着国家强盛、民族复兴重任的论述中得到启发，发力幼儿健康教育，携手华蒙星体育，在公司董事长杨丽敏带领下，走出了一条创新发展之路。目前，公司拥有华蒙星篮球、教育培训、直营幼儿园等三大板块，近400名教职员工，实现了幼儿教育、教师培训、幼儿特色篮球等项目的有效组合。幼儿篮球目前已合作幼儿园近百家，同时还开设了幼儿篮球俱乐部5家，参训幼儿达千名。2021年第六届"幼儿篮球嘉年华"比赛，参赛队伍近60支，参赛幼儿数量为1200人，为全国之最。疫情闭馆期间，他们创编了线上教学课程，给孩子以具体的教学指导，扩大了品牌的社会影响力。

跨界思维、融合发展，慢慢形成了河南民办学前教育人的"大教育"观，生存发展空间被进一步拓宽。他们在新的领域左右开弓、开疆拓土，大大增加了抵御风险的能力。在新的时代背景下，巩固主业，创新发展，游刃有余。

4. 与时俱进，发力新媒体

随着微信公众平台、抖音、快手、小红书等新媒体平台的崛起，新媒体时代来临。新媒体具有去中心化、传播范围广的特点，能够扩大宣传范围，提高受众量。民办幼儿园都很注重宣传沟通，但幼儿园教师任务繁重，缺乏新媒体专业素养，导致幼儿园新媒体平台运营出现许多问题，创新园所新媒体平台的运营方式成为一个实际的需求。

平顶山育童家通过为合作幼儿园提供公益的新媒体运营培训，如微信公众号的运营、PPT的制作、抖音的运营、短视频的拍摄与剪辑、专业直播教室搭建，提升了参培园所的新媒体技能，稳定和加深了与关联园所的合作关

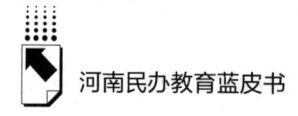

系，保障了公司其他项目利润的增长。

商丘市橙果教育咨询公司主要从事学前教育培训业务。随着幼教政策的调整和疫情的影响，公司创始人余昶志从"危机"中看到了"机会"，在原有的培训课程体系上进行了优化，增加了抖音直播、小鹅通直播，利用新媒体平台，做了大量的公益课程分享。疫情期间，橙果教育的培训业务不减反增，合作的园所增加了近一倍。

自媒体《学前微主编》创始人孙敏在新媒体的运营上倾注了大量的心血，付出了巨大的努力。目前，《学前微主编》所带领的学前教育研学团、专题训练营、学前教育工作坊、学前直播间都有了很大的知名度和影响力，在新媒体运营方面，他们创办的"驻园编辑部"项目发展迅速。他们同时还发力幼儿园文化建设、幼儿园宣传片制作，在学前教育新媒体运营领域风生水起。

接纳和拥抱新时代，化危为机，是河南省民办学前教育人需要具备的新技能。

5. 特色办园，打造品牌

2022年2月，河南省教育厅发布通知，决定在全省范围内开展幼儿园名称规范清理整治工作，对名称中含有"国际""双语""艺术"等字样的幼儿园进行清理整治，2022年5月底前完成整改。通知明确，加大不规范办园行为治理力度，全面开展幼儿园名称规范清理行动，对冠以"中国""中华""全国""国际""世界""全球"等字样，包含外语词、外国国名、地名，使用"双语""艺术""国学""私塾"等片面强调课程特色以及带有宗教色彩的名称，以及民办幼儿园使用公办学校名称或简称等进行清理整治。同时，按照《"十四五"学前教育发展提升行动计划》《河南省幼儿园管理暂行办法（试行）》相关规定，对幼儿园名称进行审核。名称中冠以"河南""河南省"字样的，须有省教育部门和有关部门批准的相关佐证资料。如在省级、各项评选活动中发现名称不规范的幼儿园，直接取消当年度评优、评先、评比等资格。

这份通知，表面上是对园所名称的规范，实际上则是对园所特色含金量的考评。

郑州幼儿师范高等专科学校郑秀芬教授在其所主导的河南省哲学社会科学规划课题"河南省民办幼儿园办园特色研究"中提到：河南省民办幼儿园特色课程涉及艺术类（舞蹈、美术、手工、奥尔夫音乐、钢琴），语言类（英语、绘本、口才、美语），数学类（珠心算、蒙氏数学、手指算），体育类（跆拳道、体智能），国学类，礼仪类，科学类，共7类17种。大多数民办幼儿园都将艺术类课程作为该园特色的首选，有些幼儿园还存在着"多种特色课程"的现象。大多数以"特色"自称的幼儿园特色建设只停留在问题的表面，多数幼儿园均以开展特色兴趣班、特色活动作为本园的特色课程，缺乏完整的特色园本课程体系，不利于幼儿素质的全面提升和幼儿园特色的可持续发展。从幼儿园长远发展来说，走特色道路是必然的选择。特色办园，当以办园理念为统领，提高教师的专业能力，挖掘园所自身资源，完善评估和保障机制。幼儿园特色课程应是优秀的园本课程，幼儿园只有把办园理念融合到幼儿的一日生活中，以促进幼儿全面发展为最终目标，才能办好特色教育。

近年来，中国的自然教育蓬勃发展，现已逐渐形成以生态文明教育、自然探索、森林体验、教育农场、农耕体验等多角度、多领域的自然生态类教育活动探索。

国务院在《中国儿童发展纲要（2021～2030年）》首次提出在儿童阶段开展自然教育、生态教育。因此，引导孩子欣赏和关爱大自然，关注家庭、社区、国家和全球的环境问题，正确认识个人、社会与自然之间的相互联系，帮助学生获得人与环境和谐相处所需要的知识、方法与能力，培养孩子对环境友善的情感、态度和价值观，引导孩子选择有益于环境的生活方式，将生态文明教育纳入教育教学活动中成为必然趋势，也是教育品质提升的必由之路。

济源花妞妞教育在全国首次提出自然园艺教育概念。花妞妞教育从中国国情出发，结合中国农耕文化、中国自然观、自然哲学的发展以及生态文明导向，建立了符合中国幼儿的自然园艺教育课程，让儿童能够在幼儿园轻松

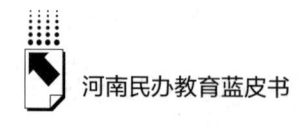

接触自然、体验自然、理解自然，进而尊重自然，培养儿童的生态文明价值观。自然园艺教育来源于人类在自然界中延续生存发展的宝贵经验，包含了劳动启蒙和自然农艺启蒙的教育内容，是通过大自然触发的一种基于自然因果关系的综合性教育模式。

自然园艺教育是生态文明思想指导下提倡自主发展又兼顾传统熏陶的自然教育门类，用真实丰富的自然元素吸引幼儿的兴趣，通过观察、种植、呵护、采集等园艺教育活动，建立良好的操作习惯和做事的秩序感，通过观察儿童在大自然活动中的兴趣点展开兴趣教学，从生活和大自然中发现美，激发儿童在体验操作和呵护生命（动植物）的活动中感知美和创造美，使儿童成为个体与真实世界和谐统一的人，在自然园艺教育活动中建立做事做人的价值观。

在花妞妞自然园艺教育课程推广实践中发现，自然生态的园所环境成为当下年轻父母的时尚追求。它能够有效吸引不同行业的关注和来访，增加园所知名度。课程下的儿童拥有博学的自然知识，丰富的自然经历，俨然是一个个自然达人、园艺达人，他们也都成为园所的一个个行走的宣传员。

目前，在中国提倡自然生态教育恰逢其时。自然生态教育是国家政策，是生态文明发展的系统工程，近几年各地区都在不遗余力地推动、扶持自然教育、自然研学、农场研学等的发展。自然园艺教育课程紧跟国家政策，必然会成为教育部门、环境部门的关注对象。花妞妞落地示范幼儿园每年接待参访达5000余人，成为区域幼教标杆，与花妞妞教育合作的幼儿园现在已经遍布全国，已经成为2021年度全国最热自然教育课程。

2021年4月，花妞妞教育举办了首届中国自然园艺教育专业研讨会，全国400多位专家、学者和幼儿园园长参加了会议，对花妞妞教育的课程体系高度认可，赞不绝口。济源花妞妞教育也因此走出河南，名噪全国。济源花妞妞教育的自然园艺教育课程的成功开发，是河南民办学前教育人对中国学前教育，乃至世界学前教育做出的巨大贡献。

在特色课程研发上，河南省民办教育研究院学前教育研究所厚积薄发，其研发的《幼儿全运动健康教育特色课程》开始受到广泛关注。

2020年9月，国家体育总局、教育部联合印发了《关于深化体教融合促进青少年健康发展的意见》，指出深化体教融合，要树立"健康第一"的教育理念，培养德、智、体、美、劳全面发展的社会主义建设者和接班人。

突如其来的新冠肺炎疫情，再次提醒人们关注健康，珍爱生命，学会生存。"五大领域，健康第一"逐渐成为幼儿园的共识。

然而，幼儿园健康教育的发展现状却不能令人满意：成熟的健康教育理念和课程大多源自国外，国内缺少这方面的专业研究。幼儿园里传统的体育课难以上出新意，一些"特色"体育课程后继乏力、课堂沦落为走流程，课程的效果没有保障。对运动健康缺乏全面认识，课程内涵已经渐渐缩水为身体健康。如何在健康领域创新发展，造福孩子、造福老师、造福家庭已经成为一个迫在眉睫的课题。

2020年12月17日，太极拳成功列入世界人类非物质文化遗产，在世界范围内昭示了太极拳的多元价值：它是一个多维的、丰富的价值体系。面对如此宝贵的优秀传统文化，最好的发扬就是学会它、感受它、传承它。这给学前教育研究所一个很好的启发，决定从传统文化中汲取智慧，用发源于河南的太极文化和太极拳来创新发展幼儿园健康教育。学前教育研究所联合河南耘芽太极学堂，共同原创研发了河南本土文化健康教育特色课程——《幼儿全运动健康教育特色课程》。

习近平总书记指出："中华优秀传统文化是我们最深厚的文化软实力，也是中国特色社会主义根植的文化沃土。""没有中华文化繁荣兴盛，就没有中华民族伟大复兴。"习近平总书记把传承和弘扬中华优秀传统文化提升到增强文化自信和道路自信的层面，文化复兴成为国家战略。政府将"优秀传统文化进校园"定义为"固本铸魂工程"。

具体到河南，习近平总书记在河南视察时用"伸手一摸就是春秋文化，两脚一踩就是秦砖汉瓦"这句话，指出了河南文化底蕴和文化优势。黄河儿女应该有文化自信，优秀传统文化的普及要从娃娃抓起，弘扬黄河文化，讲好黄河故事，用本土文化搭建健康教育的特色课程，是河南幼教人义不容

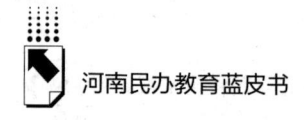

辞的责任。这个任务，既重要又紧迫。

课程以发源于河南的世界人类非物质文化遗产太极拳为载体，立足中国优秀传统文化内核，遵循儿童身心发展规律，参照《3~6岁儿童学习与发展指南》和《3~6岁儿童发展纲要》的相关要求，用"文化+健康"的教育模式创编，开创了以太极为主题的中国优秀传统文化教育课程体系。课程通过文武双修的方式，培养健康、智慧、优雅的未来人才。

两年来，该课程在圣爱教育集团、咔米乐教育集团、军区幼儿园、财经政法大学幼儿园等园所实践，效果良好。课题组与河南学前工委联合举办了"教育从文化出发——解锁太极，做有根有魂的中国学前教育"专题研讨活动。郑州市文旅局专门下发了相关文件，并为财经政法大学幼儿园举行太极教育基地的授牌仪式。文旅中国、中国网等媒体竞相报道。

课程创新发展了"优秀传统文化进校园"的开展形式，丰富了"体教融合"的相关实践，填补了太极拳融入幼儿教学相关研究的空白，开启了文化+健康的教育模式，首次提出了"全运动全健康"的科学理念，对太极文化传承、太极拳教学、校园文化建设、整合家庭和社会资源等都具有一定的开创性、实践性和借鉴性意义。本土、特色、原创、文化等元素的结合，让本套课程成为园所的"文化建设+特色课程+家园共育（家长学校）+科学幼小衔接"的整体解决方案。

2022年，中共河南省委、省政府办公厅印发的《关于全面加强和改进新时代学校体育工作的实施方案》中提到，认真梳理和推广少林拳、太极拳等中华传统体育项目，纳入学校体育教学，培养学生的民族文化情感，推动民族传统体育文化的传承和发展。

焦作市在2022年教育工作会议上提出，要遴选300所中小学建立太极拳示范学校，同时主张编写从幼儿园到高中不同学段的太极拳校本教材，普及太极拳运动从校园抓起。

随着政府的重视，《幼儿全运动健康教育特色课程》必将在更多的园所落地生根。来自河南民办学前教育的这个课程的创编为中国学前教育发展注入了河南元素，为世界学前教育发展贡献了中国力量。

结　语

2022年政府工作报告初稿中对民办教育的表述，只提"规范"而未提"支持"，政府工作报告的正式版本则修正为"支持与规范民办教育发展"。"支持"二字，让民办教育人心向暖。民办学前教育人更应当信心满满、自信从容地去面对我们为之奉献一生的事业，为河南的学前教育事业贡献智慧和汗水，造福更多的孩子，造福更多的家庭。

参考文献

董圣足：《坚持公益导向　办好人民满意的民办教育》，《中国教育报》2018年9月25日。

沈会超：《论"双减"背景下职业教育发展新趋势》，《辽宁高职学报》2022年2月20日。

《中共河南省委关于制定河南省国民经济和社会发展第十四个五年规划和二〇三五年远景目标的建议》，《河南日报》2021年1月8日。

B.13
河南省托育服务行业发展报告

陶韦伽　汪雪清　陈　宁＊

摘　要： 随着2019年以来托育相关指导意见及配套政策的陆续出台，我国托育服务行业进入政策规范化发展阶段。河南省相继出台一系列举措发展托育服务。河南育龄人群的托育需求受年龄差异、托送距离、托送类型、托送时间、托送项目和托送价格等因素影响。整体上看，河南省内各地市之间托育服务机构发展状况参差不齐，地市间托育服务"发展不平衡"的问题较为突出，机构分布呈现"区域集聚"的态势；托育服务需求旺盛，但是总体供给水平不高，供需之间存在较大缺口；托育服务机构以民办和幼儿园托班为主力。河南省托育行业有公办民营、民办公助、品牌连锁、地产物业联动、企事业单位自办、托幼一体化等模式。相关政策的出台有助于行业与市场高质量、规范化发展。

关键词： 托育服务　托送　托幼一体化

一　托育服务的内涵及类型介绍

（一）托育服务的内涵

托育服务是将0~3岁婴幼儿以团体机构式的集体科学养育模式，作为

＊ 陶韦伽，明明教育集团董事长；汪雪清，明明教育集团教学督导，研究方向为托育服务机构养育与教育；陈宁，郑州大学政治与公共管理学院副教授，博士，研究方向为人口与社会保障。

给家长提供代为收托养育幼儿的服务；托育服务机构是经有关部门登记、卫生健康部门备案，为3岁以下婴幼儿提供全日托、半日托、计时托、临时托等托育服务的机构。

（二）托育服务的基本分类

1. 依据举办方式分类

依据举办方式托育服务可分为以下几类。

（1）居家社区服务模式。引导专业化机构进社区、进家庭，优化居家社区服务，增强家庭科学育儿能力。一是家庭指导服务模式，加强对婴幼儿家长及其他照护者科学育儿指导和宣传教育，完善3岁以下婴幼儿家庭教育指导服务工作。二是建设家庭托育点，开展互助式服务。三是社区服务模式。利用社区场地设施配套相关服务，通过免费提供场地，引导专业机构运营，为社区家庭提供多种形式的3岁以下婴幼儿照护服务。

（2）企业托育服务模式。以公办民营、民办公助等多种形式开展，在就业人群密集的产业聚集区域和用人单位开办符合标准的托育服务机构，为群众提供普惠性托育服务。用人单位以单独或联合相关单位共同举办的方式，在工作场所为职工提供福利性婴幼儿照护服务。

（3）托幼一体服务模式。在幼儿园里开设托班，招收2~3岁的幼儿。

（4）医育结合服务模式。发挥卫生健康部门的优势，落实卫生保健的业务指导和监督检查责任，将婴幼儿照护服务与卫生健康管理服务有效结合。

（5）智慧服务模式。发展互联网直播互动式家庭育儿服务，开发婴幼儿养育课程、父母课堂等，利用互联网等信息化手段，为家长及婴幼儿照护者提供婴幼儿早期发展指导服务。

2. 依据服务属性分类

依据服务属性，托育服务可分为营利性和非营利性两类。营利性托育服务机构利用非国家财政性经费和非捐助资产设立，在县级以上市场监督管理部门进行注册登记；非营利性托育服务机构不以营利为目的，利用非国家财政性经费捐助设立，经业务主管单位审查同意后，举办事业单位性质托育服

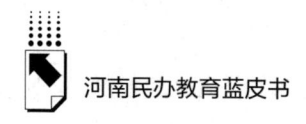

务机构的，向县级以上机构编制部门申请审批和登记；举办社会服务机构性质托育服务机构的，向县级以上民政部门申请注册登记。

二 河南省托育服务行业发展的政策分析

2019年以来，国家托育相关指导意见及配套政策陆续出台，托育行业进入政策规范化发展阶段（见图1）。2019年5月，国务院发布《关于促进3岁以下婴幼儿照护服务发展的指导意见》，明确要求到2020年前初步建立婴幼儿照护服务的政策法规体系和标准规范体系，并建成一批具有示范效应的婴幼儿照护服务机构，到2025年，婴幼儿照护服务的政策法规体系和标准规范体系基本健全，多元化、多样化，覆盖城乡的婴幼儿照护服务体系基本形成，从全国政策层面推动早教托育服务行业进入规范化发展阶段。2019年10月14日，国家卫生健康委员会正式发布《托育机构设置标准（试行）》和《托育机构管理规范（试行）》，旨在加强托育服务机构专业化、规范化建设。在托育服务职业标准化方面，2019年3月，人力资源和社会保障部颁布了育婴员、保育员的国家职业技能新标准，成为后续托育服务行业规范发展的前奏。

河南省积极贯彻落实党中央、国务院的决策部署，相继出台了一系列举措，发展托育服务。河南省政府办公厅印发了《关于促进3岁以下婴幼儿照护服务发展的实施意见》（豫政办〔2020〕8号），省政协牵头协调有关单位，就婴幼儿照护服务有关提案展开专题调研，推动发展多种形式的托育服务，开展婴幼儿照护服务示范活动，每个省辖市、省直管县（市）要建立1~2家示范性托育服务机构；会同发展改革委等部门，大力开展"支持社会力量发展普惠托育服务专项行动""婴幼儿照护服务示范城市创建活动"，充分调动和激发社会各方面的积极性，推动全省托育服务体系建设稳步发展，充分了解托育服务机构发展现状和存在的问题，推动郑州、洛阳等10个省辖市出台本地实施方案和工作措施。

河南省卫健委先后组织全省托育服务供给调查、托育服务机构研讨会并积极组织专家团队编制行业手册，从规范管理、制度建设、人才培养、监督目标：2020年初步建立婴幼儿照护服务的政策法规体系和标准服务规范体系；
2025年标准规范体系基本健全
主要任务：
①加强家庭对婴幼儿的照护的支持和指导；
②加大对婴幼儿服务的力度；
③规范发展多种形式的婴幼儿照护服务机构

2019年10月 国家卫生健康委员会委发布《托育机构设置标准（试行）》和《托育机构管理规范（试行）》

2019年9月 住房和城乡建设部发布《托儿所、幼儿园建筑设计规范》（修订版）

2019年5月 国务院发布《关于促进3岁以下婴幼儿照护服务发展的指导意见》

2019年3月 人力资源社会保障部颁布了育婴员、保育员国家职业技能新标准

2019年10月 国家发展改革委、国家卫生健康委员会发布《支持社会力量发展普惠托育服务专项行动实施方案（试行）》

2019年5月 财政部发布《关于养老、托育、家政等社区家庭服务业税费优惠政策的公告》

2019年　　　　　　　　　　　　　　　　　2020年

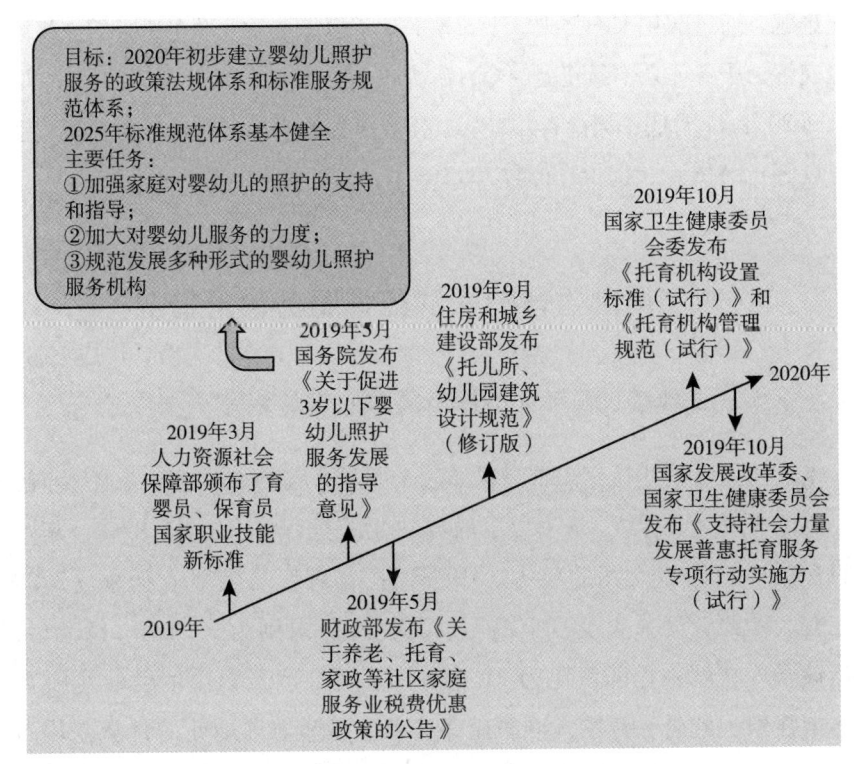

图1　国家出台托育相关指导意见及配套政策

管理等方面进行专业引领。截至2020年6月，由河南省卫健委牵头开展的3岁以下婴幼儿照护服务主题宣传活动达164场次，参与群众33万余人次。

河南省发改委牵头开展了普惠托育城企联动专项行动，争取中央预算内投资5324万元，带动企业投资1亿元，新增普惠托位5324个；开展了示范性托育服务机构创建活动，建设示范性托育服务机构47个；积极发挥示范机构的辐射引领作用。加强对托育服务机构的服务和监督管理，全省18个地市级用户、204个县级用户全部在托育服务机构备案信息系统完成注册，303家托育服务机构申请了备案，153家托育服务机构取得备案回执。

河南省总工会印发《关于促进3岁以下婴幼儿照护服务发展的指导意见》，要求各级工会组织通过多种形式促进婴幼儿照护服务发展，鼓励用人单位为职工提供福利性婴幼儿照护服务，帮助职工解决上班时间婴幼儿无人

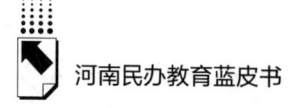

照护难题。通过两年来的努力，全省事关3岁以下婴幼儿照护服务的法规政策日趋完善，服务体系不断建立健全，有力促进了婴幼儿及其家庭的民生福祉。截至2020年11月底，河南省共有从事托育服务的机构（含幼儿园托班、家庭托育点等）2616个，提供托位数109216个，入托婴幼儿59639人。

三 河南省育龄人群托育服务需求情况

（一）托送年龄：育龄人群托育需求的年龄差异

未入托的婴幼儿托育需求情况如表1所示。育龄人群托育需求的年龄差距主要以3岁为分界线。3岁以下的婴幼儿的托育需求为61.87%，其中家长想让孩子现在就入托的仅占3.19%，托育意愿与实际入托率（3.3%）存在较大差距；而3岁及以上的婴幼儿托育需求则为93.10%，其中家长想让孩子现在就入托的占比为21.84%，表明3岁及以上的婴幼儿托育需求非常强烈。此外，育龄人群的托育需求也是随着婴幼儿的月龄变化而变化的。随着月龄的增长，育龄人群对婴幼儿的托育需求比例逐步上升，6个月以下的托育需求不到50%，但接近3岁已达到75.56%，提升了25个百分点，至于其中2岁半~3岁年龄组稍有回落，考虑可能是这个年龄段的婴幼儿一部分已经入托，所以出现一定的回落，但总体来说，托育需求随着婴幼儿月龄的增大呈现逐渐上升的趋势。

表1 未入托的婴幼儿托育需求情况

年龄段	想现在送	大一点送	不想送	需求比例(%)
6个月以下	0.54	48.11	51.35	48.65
6个月~1岁	2.97	47.53	49.50	50.50
1岁~1岁半	1.27	53.16	45.57	54.43
1岁半~2岁	4.39	60.53	35.09	64.91
2岁~2岁半	3.25	75.32	21.43	78.57

续表

年龄段	未入托婴幼儿托育需求情况分布(%)			需求比例(%)
	想现在送	大一点送	不想送	
2岁半~3岁	8.15	67.41	24.44	75.56
3岁以下	3.19	58.68	38.13	61.87
3岁及以上	21.84	71.26	6.90	93.10

资料来源：河南省卫健委2020年全省托育普查。

（二）托送距离：育龄人群对托送距离的需求

家长认为理想的托育服务机构位置如图2所示。育龄人群对于不同托送距离的托育服务机构需求差距极大。首先，距离越近需求越大，面对不同距离的托育服务机构，家长更加倾向于离家最近的社区托育和离母亲更近的单位内或附近，占比分别为88.93%和4.96%，这也考虑到了一定的安全因素。其次，母亲更加倾向于将孩子托育在自己单位内或附近（4.96%）而基本不考虑丈夫单位内或附近（0.17%）的机构，这在一定程度上反映了男性在养育孩子过程中的角色缺失，也侧面反映了女性在孩子养育过程中面临着工作和家庭的双重压力。

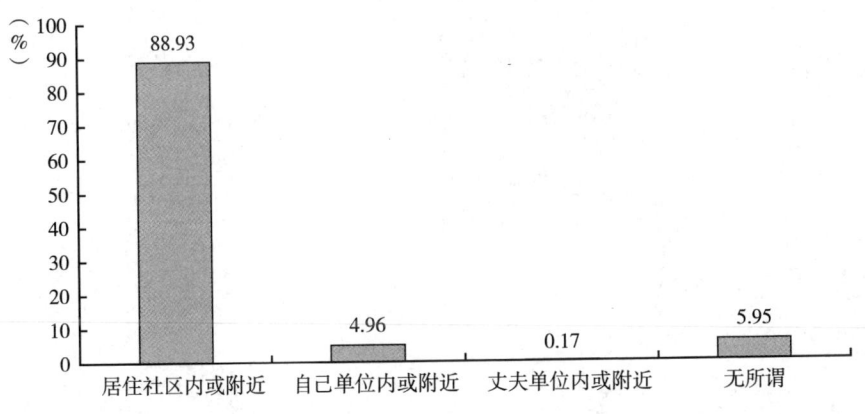

图2 家长认为理想的托育服务机构位置

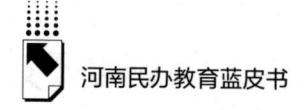

（三）托送类型：育龄人群对托送机构类型的需求

伴随着我国托育服务进入新的发展阶段，普惠性托育服务在政策体系中被作为重点发展方向，这与新时期我国的婴幼儿照护服务需求特点密切相关。从需求侧看，河南省育龄人群对托育服务质量的标准化需求更高，对服务价格的普惠性需求更强。调查显示，公众托育服务需求主要聚焦于公共普惠性的托育服务。因为市场化的托育成本远远高于其他年龄段的教育成本，一定程度上抑制了育龄人群的市场化托育服务需求。

（四）托送时间：育龄人群的托送时间的选择

育龄人群托送时间的选择如图3所示。育龄人群选择全日托和半日托的比例更高，其中全日托的比例最高，占76.69%，其次是半日托，占19.50%，两者占比合计高达96.19%，说明由于工作和家庭各方面的压力，育龄人群对全日托和半日托的需求极高。至于计时托、临时托和寄宿托三者，占比分别为1.49%、1.49%和0.83%，均在1%左右，不超过2%，可能是计时托费用较高，临时托时间较短、接送不便，寄宿托家长担心等导致的需求极低。

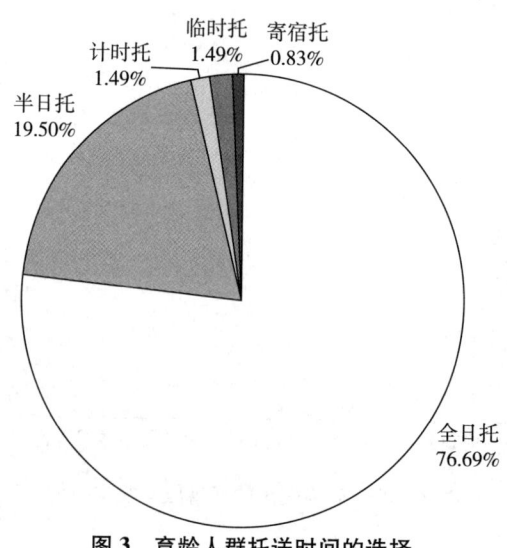

图3 育龄人群托送时间的选择

（五）托送项目：托管照料还是照料加早期教育

育龄人群对于孩子的托送项目需求变化主要以 3 岁为分界线，3 岁以下的孩子主要考虑托管照料，3 岁及以上的孩子会更加注重照料之外的早期教育。3 岁以下的孩子身体和心智还未到快速发育的时期，因此这个阶段的家长托送孩子主要是自身没有时间照看以及给孩子找玩伴等原因，对于早教的需求并不强烈，主要考虑的是有人照料和安全条件；而 3 岁及以上的孩子则由于身体和心智的逐渐发育，对于早教的需求旺盛，因此这个阶段的家长托送孩子的原因除了没有时间照料以外，主要还是希望孩子能受到良好的早期教育、得到专业的照护。

（六）托送价格：托育成本的接受程度

托育成本一定程度上会影响育龄人群的托育需求，主要原因是婴幼儿入托后在学费、课外兴趣班、早教班以及亲子班等方面花费远远高于未入托的孩子，部分托育服务机构和早教机构收费过高更是加重了育龄人群的托育成本，使其宁愿自己花费时间照看也不想让孩子过早入托从而加重经济压力。

（七）制约因素：影响家长送托行为的因素

影响河南省 3 岁以下婴幼儿托育需求的因素（见表 2）中"希望得到专业的照护"和"让孩子有玩伴"是家长想把孩子送到托育服务机构的主要原因。约有 59.54% 的家长认为入托孩子可以得到专业的照护；约有 45.42% 的家长认为入托可以让孩子有玩伴，这表明有托育需求的家长比较注重科学育儿和孩子的朋辈陪伴；约有 27.86% 的家长是因为自己没时间照看才考虑将孩子送往托育服务机构。另外，老人照看不了（10.31%）、影响事业发展（6.87%）、照看孩子太费心（2.29%）、老人不愿意照看（1.34%）等原因对孩子入托也有一定的推动作用。

在调查现在就想让孩子入托但没有实现的原因中发现，51.85% 是因为孩子年龄太小，家里人不让送或者机构不接收，仅有 14.81% 是因为距离太远或者附近没有，11.11%是因为收费太高，而托育服务机构的自身建设情况不在考虑之列。

在不想送孩子入托的原因中，最主要的就是"孩子年龄太小"和"有人照看没必要送"。约有80.19%的家长不想让3岁以下的孩子入托是因为孩子的年龄太小；约有50.77%的家长认为家里有人照看，没必要送。对于没有托育需求的家长来说，托育服务机构的自身因素影响较小，包括收费太高（7.74%）、其他因素（7.12%）、孩子健康原因（6.81%）、安全措施不好（4.33%）、卫生方面（2.17%）、饮食营养不好（1.55%）、师资条件不好（0.31%）等均不是家长考虑的主要因素。由此看来，想送没送成和不想送托育服务机构的原因基本一致。

表2 影响河南省3岁以下婴幼儿托育需求的因素

单位：%

想送原因	占比	没有送成原因	占比	不想送的原因	占比
希望得到专业的照护	59.54	孩子的年龄太小，家人不让送	51.85	孩子年龄太小	80.19
让孩子有玩伴	45.42	孩子的年龄太小，机构不接收	51.85	有人照看没必要送	50.77
自己没时间照看	27.86	距离太远或者附近没有	14.81	收费太高	7.74
其他	12.6	收费太高	11.11	其他	7.12
老人照看不了	10.31	其他	7.41	孩子健康原因	6.81
影响事业发展	6.87	安全措施不好	—	安全措施不好	4.33
照看孩子太费心	2.29	卫生条件不好	—	对孩子成长没有什么帮助	4.33
老人不愿意照看	1.34	硬件设施不好	—	卫生条件不好	2.17
		师资条件不好	—	饮食营养不好	1.55
		伙食营养不好	—	师资条件不好	0.31
		周围的人说不好	—	硬件设施不好	—

影响婴幼儿选择托育服务机构的因素，如表3所示。从表3中可以看出：第一，家长在选择托育服务机构时，考虑的主要是"安全条件""离家距离""师资能力""生活环境""卫生状况"5个因素；第二，影响3岁以

下和3岁及以上婴幼儿选择托育服务机构的因素基本一致，但也略有差别，3岁以下的婴幼儿家长会首要考虑托育服务机构的安全条件，也会更加关注托育服务机构的卫生状况。

表3 影响婴幼儿选择托育服务机构的因素

单位：%

项目	3岁以下		3岁及以上	
	选择托育服务机构的原因	占比	选择托育服务机构的原因	占比
第一因素	安全条件	33.40	离家距离	30.86
	离家距离	28.24	安全条件	25.93
	师资能力	19.47	师资能力	17.28
第二因素	师资能力	21.95	生活环境	23.46
	生活环境	17.75	安全条件	18.52
	安全条件	15.65	师资能力	17.28
第三因素	卫生状况	18.70	安全条件	18.52
	生活环境	17.37	师资能力	18.52
	师资能力	16.41	生活环境	16.05

环境的安全性、送托的便捷性、价格的普惠性是河南省育龄人群选择托育服务机构的主要考虑因素，而"孩子年龄太小"和"有人照看没必要送"是目前制约育龄人群送托的主要因素，由此可见，河南省育龄人群的送托意识整体偏低，0~3岁婴幼儿照护服务不是刚需，多数家庭还停留在"有人带孩子"就行，托育服务行业在河南的发展还需经历一段探索的过程。

四 河南省托育服务机构供给状况

（一）托育服务机构供给规模与分布

1. 河南省托育服务机构的规模状况

根据河南省托育服务机构摸底调查数据可知，截至2021年4月底，河南省共有登记在册各类托育服务机构2736家，实有托位数133202个（见表4）。总体来看，托育服务机构的规模不一，全省托育服务机构平均托位数为42.1个。郑州市、洛阳市、安阳市、南阳市、许昌市、漯河市、三门峡市、商丘市、周口市和濮阳市托育服务机构平均托位数超过全省平均水平。尤其是濮阳市（平均托位数100.9个）和商丘市（平均托位数98.4个），托位数较多、托育服务机构规模较大。

此外，值得注意的是，安阳市不仅托育服务机构数量众多，托育服务机构单体平均规模也较大。而人口大市周口市，托育服务机构数量和托位数较少，托育服务机构的平均托位数仅为65.3个。

表4 河南省托育服务机构、托位数分布状况

区域	机构数（家）	托位数（个）	机构平均托位数（个）
郑州	374	19055	50.9
开封	63	2588	41.1
洛阳	372	16795	45.1
平顶山	142	5131	36.1
安阳	455	28561	62.8
新乡	207	7570	36.6
鹤壁	59	2210	37.5
焦作	127	4600	36.2
南阳	144	8104	56.3
许昌	209	10490	50.2
漯河	89	4603	51.7
信阳	158	5192	32.8
三门峡	14	645	46.1
商丘	66	6493	98.4
驻马店	68	1566	23
周口	40	2612	65.3
濮阳	13	1312	100.9
济源	136	5675	41.7
全省	2736	133202	48.7

2.托育服务机构的分布状况

从河南省托育服务机构的地、市分布和区域分布状况来看，呈现以下几

个特点。

第一，河南省内各地级市之间托育服务机构发展状况参差不齐，地级市间托育服务"发展不平衡"的问题较为突出（见图4）。具体来看，可以分为领先型地级市，滞后型地级市和发展型地级市。郑州市（374家）、洛阳市（372家）、安阳市（455家）托育服务机构数量众多，托育行业发展比较领先，属于领先型地市，3个市的托育服务机构数量占全省总量的43.89%。而开封市（63家）、鹤壁市（59家）、三门峡市（14家）、商丘市（66家）、驻马店市（68家）、周口市（40家）、濮阳市（13家）等地级市托育服务机构数量较少，托育服务行业发展比较滞后，属于滞后型地级市，7市的托育服务机构数量仅占全省总量的11.8%。其他地级市则可以大概归入发展型地级市。

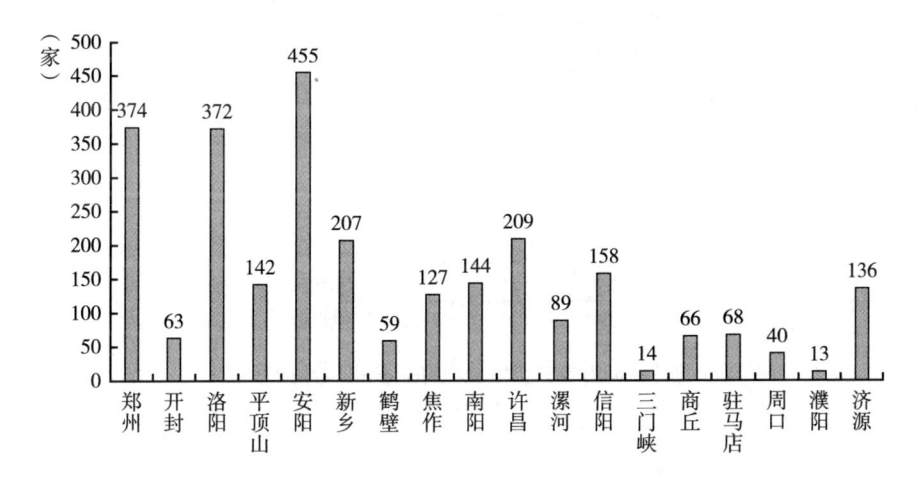

图4 河南省各地级市托育服务机构数量分布

第二，托育服务机构区域分化比较明显，机构分布呈现"区域集聚"的态势（见图5）。进一步从托育服务机构的五大区域（豫东、豫西、豫南、豫北、豫中）① 分布来看，呈现非常明显的"区域集聚"态势。河南省托育

---

① 根据河南省传统的地理分布，可以将河南省分为豫东、豫西、豫南、豫北、豫中五大区域。豫东包括开封市、商丘市、周口市；豫西包括洛阳市、三门峡市；豫南包括南阳、信阳、驻马店；豫北包括安阳、鹤壁、焦作、濮阳、新乡、济源；豫中包括郑州、许昌、漯河、平顶山。

服务机构在豫北区域和豫中区域的集聚效应非常突出，豫北和豫中区域属于托育服务机构发展的领先区域。那么，可以判断两个区域的整体行业发展趋势和政策环境也应该较为积极。豫东和豫南地区的托育服务机构发展则整体比较薄弱，托育行业发展尚未形成良好局面，发展进程较为缓慢。

可见，托育服务机构在地、市之间发展的不平衡和区域之间发展的"集聚态势"，也决定了今后省级主管部门政策着力的指向。

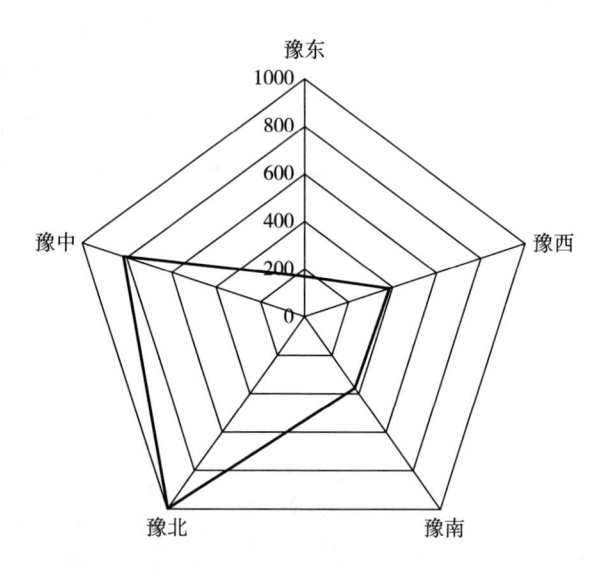

图5 河南省五大区域托育服务机构数量分布

（二）托育服务机构的托位供给与利用

1. 托育服务机构的托位数供给状况

河南各地每千人口拥有3岁以下婴幼儿的托位数如表5所示。

（1）河南省平均每千人口拥有3岁以下婴幼儿托位数仅为1.16个，距离"十四五"规划要求的4.5个/千人还有较大差距。

（2）地市间托位数供给极不均衡。济源市平均每千人口拥有3岁以下婴幼儿托位数最多，达7.8个/千人；驻马店市平均每千人口拥有3岁以下婴幼儿托位数最少，仅为0.22个/千人，最高值和最低值的极差达到7.58

个/千人。

（3）济源市和安阳市的平均每千人口拥有3岁以下婴幼儿托位数已经超过"十四五"规划中对每千人口拥有3岁以下婴幼儿托位数的预期目标。

（4）平顶山、南阳、信阳、商丘、开封、濮阳、三门峡、周口、驻马店等9个地级市，平均每千人口拥有3岁以下婴幼儿托位数低于全省平均水平，后期发展压力较大。

表5　河南省各地级市每千人口拥有3岁以下婴幼儿托位数分布（降序排列）

区域	托位数(个)	人口数(人)	每千人拥有的托位数(个)
济源	5675	727265	7.8
安阳	28561	5477614	5.21
许昌	10490	4379998	2.39
洛阳	16795	7056699	2.38
漯河	4603	2367490	1.94
郑州	19055	12600574	1.51
鹤壁	2210	1565973	1.41
焦作	4600	3521078	1.31
新乡	7570	6251929	1.21
全省合计(平均)	115080	99365519	1.16
平顶山	5131	4987137	1.02
南阳	8104	9713112	0.83
信阳	5192	6234401	0.83
商丘	6493	7816831	0.83
开封	2588	4824016	0.53
濮阳	1312	3772088	0.34
三门峡	645	2034872	0.31
周口	2612	9026015	0.29
驻马店	1566	7008427	0.22

资料来源：河南省第七次人口普查公报最新数据。

2. 托育服务机构的托位利用状况

河南省各地级市托育服务机构托位利用情况如表6所示。

（1）河南省托育服务供需失衡与利用不足问题并存。河南省托育服务需求旺盛，但是总体供给水平不高，供需之间存在较大缺口。然而根据实际统计的利用状况来看，河南省所有托育服务机构实收人数为60617人，托位的实际利用率仅为52.57%，在平均每千人口拥有3岁以下婴幼儿托位数仅为1.16个的水平下，托位存在大量的空置。这表明当前托育服务供给存在一定的结构性矛盾。

（2）各地级市托育服务机构的实收人数均少于托位供给数，托位利用率不高。安阳市托位利用率最高，达到78.67%，驻马店市和鹤壁市次之，约为60%。焦作、新乡、济源的利用率稍高于全省平均水平。郑州、洛阳、开封等12个地级市的托位利用率均低于全省平均水平。其中，漯河市的托位利用率仅为22.12%。

表6 河南省各地级市托育服务机构托位利用情况分布（降序排列）

区域	托位数(个)	实收人数(人)	利用率(%)
安阳	28561	22470	78.67
驻马店	1566	936	59.77
鹤壁	2210	1307	59.14
焦作	4600	2558	55.61
新乡	7570	4149	54.80
济源	5675	3084	54.34
全省合计(平均)	115080	60617	52.67
开封	2588	1359	52.51
周口	2612	1307	50.04
濮阳	1312	617	47.02
信阳	5192	2417	46.55
平顶山	5131	2353	45.85
郑州	19055	7934	41.64
洛阳	16795	6957	41.42
商丘	6493	2674	41.18
南阳	8104	3178	39.21
三门峡	645	242	37.52
许昌	10490	3917	37.34
漯河	4603	1018	22.11

（三）托育服务机构供给模式分析

当前，河南省托育服务发展具有多元化、多样化的特点，主要可以划分为四种模式：一是市场托育服务模式，包括纯托育服务机构和早教机构托班；二是托幼一体化模式，即幼儿园托班，多接收2~3岁的婴幼儿；三是家庭托育服务模式，即家庭托育点供给小规模的托育服务；四是其他模式，一般包括福利托育模式，即工作场所提供托育服务和社区托育服务模式。河南省各地托育服务供给模式分布如表7所示。

（1）就全省而言，幼儿园托班模式是主要供给模式，76.30%的托育服务机构是幼儿园托班。市场托育服务模式是次要供给模式，15.83%的托育服务机构是纯托育服务机构。家庭托育服务模式和其他模式占比较小。

（2）各地托育服务供给模式存在一定差异。郑州、三门峡、周口、商丘市场化托育服务供给模式占比较高，市场化托育服务机构占各地机构总数的比重分别达到60.17%（托育服务机构+早教机构托班）、85.81%（托育服务机构+早教机构托班）、82.5%（托育服务机构+早教机构托班）和52.5%（托育服务机构+早教机构托班）；大部分地区多以幼儿园托班为主要供给模式，如平顶山（84.51%）、安阳（93.63%）、新乡（86.96%）、焦作（87.4%）、南阳（85.42%）等。值得注意的是鹤壁市的家庭托育点模式占比相对其他城市较高。

表7 河南省各地级市托育服务供给模式分布

单位：%

区域	市场托育服务模式		托幼一体化模式（幼儿园托班）	家庭托育服务模式（家庭托育点）	其他模式
	纯托育服务机构	早教机构托班			
郑州	49.47	10.70	38.50	0.80	0.53
开封	12.70	6.35	79.37	1.59	0.00
洛阳	10.22	4.84	77.15	7.53	0.27
平顶山	10.56	4.93	84.51	0.00	0.00
安阳	5.93	0.22	93.63	0.00	0.22
新乡	9.66	3.38	86.96	0.00	0.00

续表

区域	市场托育服务模式 纯托育服务机构	市场托育服务模式 早教机构托班	托幼一体化模式（幼儿园托班）	家庭托育服务模式（家庭托育点）	其他模式
鹤壁	6.78	1.69	79.66	10.17	1.69
焦作	7.09	4.72	87.40	0.79	—
南阳	9.72	3.47	85.42	0.69	0.69
许昌	5.74	4.78	89.47	—	—
漯河	18.18	27.27	50.00	—	4.55
信阳	8.23	7.59	82.91	—	1.27
三门峡	71.43	14.29	14.29	—	—
商丘	40.91	15.15	40.91	1.52	1.52
驻马店	8.77	7.02	84.21	—	—
周口	52.50	30.00	17.50	—	—
濮阳	25.00	16.67	41.67	—	16.67
济源	3.68	2.21	93.38	0.74	—
全省	15.83	5.82	76.30	1.57	0.49

（四）托育服务机构举办性质分析

河南省各地级市托育服务机构举办性质分布如表8所示。

（1）就全省而言，托育服务机构以民办为主，91.65%的托育服务机构为民办或民办公助；公办托育服务机构次之，比重为6.88%；企事业单位办、集体办以及其他性质的托育服务机构占比较小。

（2）各地托育服务机构性质存在一定差异。漯河、三门峡的托育服务机构均为民办，比重高达100%，其他地区则是以民办为主，辅以其他性质的托育服务机构。濮阳、安阳、济源的公办托育服务机构占比较高，比重分别达25%、22.75%和18.38%。企事业单位办、集体办和其他性质的托育服务机构仅分布于洛阳、平顶山、新乡、焦作、信阳和周口6个地级市，其中仅有洛阳市和焦作市存在集体办性质的托育服务机构。洛阳市企事业单位办托育服务机构占市内机构总数的比重较高，为4.84%。

表8 河南省各地级市托育服务机构举办性质分布

单位：%

区域	公办	民办	民办公助	企事业单位办	集体办	其他
郑州	9.36	88.24	1.60	0.80	—	—
开封	4.76	95.24	—	—	—	—
洛阳	9.14	84.41	1.08	4.84	0.54	—
平顶山	11.97	86.62	—	1.41	—	—
安阳	22.75	77.03	0.23	—	—	—
新乡	5.31	93.24	0.97	0.48	—	—
鹤壁	3.39	94.92	1.69	—	—	—
焦作	11.81	85.04	—	2.36	0.79	—
南阳	6.25	93.06	0.69	—	—	—
许昌	14.83	84.69	0.48	—	—	—
漯河	—	100.00	—	—	—	—
信阳	12.66	86.71	—	—	—	0.63
三门峡	—	100.00	—	—	—	—
商丘	1.52	98.48	—	—	—	—
驻马店	5.26	89.47	5.26	—	—	—
周口	2.50	95.00	—	2.50	—	—
濮阳	25.00	75.00	—	—	—	—
济源	18.38	81.62	—	—	—	—
全省	6.88	90.88	0.77	1.27	0.13	0.05

（五）托育服务机构登记备案状况

1. 托育服务机构的登记机构分布状况

河南省各地级市托育服务机构登记分布情况如表9所示。

（1）从全省情况来看，托育服务机构的登记机构多元化，主要有教育部门（53.94%）、市场监管部门（20.83%）以及民政部门（20.11%）。未登记注册、在其他部门登记注册及有编制的比重较低，这表明大多数的托育服务机构是已经登记在册的，但其选择的登记机构并不统一。

（2）分地区来看，郑州（53.21%）、商丘（72.73%）、南阳

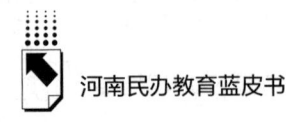

（61.11%）托育服务机构的主要登记机构为市场监管部门。安阳（92.13%）、许昌（90.43%）、驻马店（74.14%）托育服务机构的主要登记机构为教育部门。新乡（75.85%）、济源（73.53%）托育服务机构的主要登记机构为民政部门。濮阳有编制的托育服务机构占比为7.69%，在其他机构登记的托育服务机构占比7.69%，均为各地级市最高。开封、濮阳、漯河、周口和商丘未登记注册的托育服务机构数量占市内机构总数的比重均高于10%。

表9 河南省各地级市托育服务机构登记分布情况

单位：%

区域	教育	市场监管	民政	未登记注册	其他	编制
郑州	25.94	53.21	13.10	5.08	2.67	—
开封	63.49	15.87	4.76	15.87	—	—
洛阳	67.56	13.14	9.65	6.17	2.95	0.54
平顶山	69.72	12.68	14.79	2.82	—	—
安阳	92.13	0.90	5.84	0.22	0.67	0.22
新乡	6.28	16.91	75.85	0.48	—	0.48
鹤壁	59.32	16.95	22.03	1.69	—	—
焦作	52.04	6.63	40.82	—	—	0.51
南阳	22.22	61.11	9.03	6.25	0.69	0.69
许昌	90.43	7.18	0.96	—	1.44	—
漯河	22.81	28.07	33.33	14.04	1.75	—
信阳	69.62	17.72	9.49	3.16	—	—
三门峡	42.86	39.29	17.86	—	—	—
商丘	9.09	72.73	7.58	10.61	—	—
驻马店	74.14	12.07	12.07	—	—	1.72
周口	30.95	40.48	14.29	11.90	2.38	—
濮阳	53.85	15.38	—	15.38	7.69	7.69
济源	15.44	5.15	73.53	2.94	—	2.94
全省	53.94	20.83	20.11	3.57	1.12	0.43

2. 托育服务机构未在卫生健康部门备案的原因分布

河南省各地级市托育服务机构未在卫生健康部门备案的原因主要有四个

方面（见表10）。一是托育服务机构未取得托幼机构卫生评价报告，占比为40%。二是托育服务机构未取得消防安全检查合格证明，占比为21.54%。三是托育服务机构未取得食品经营许可证，占比为9.23%。这三个方面均为托育服务机构的基础设施未达标。四是其他原因导致托育服务机构未备案，占比为9.23%。拟转民办非、机构用房不合格、注册登记地与实际运营地址不一致等原因不是影响托育服务机构未备案的因素。

表10　河南省各地级市托育服务机构未在卫生健康部门备案的原因分布

单位：%

主要原因	比例
未取得托幼机构卫生评价报告	40
未取得消防安全检查合格证明	21.54
未取得食品经营许可证	9.23
其他（请注明）	9.23
拟转民办非	—
机构用房不合格	—
注册登记地与实际运营地址不一致	—

综上所述，河南省托育服务机构托位利用率不高且备案率低，机构招不到新生，托育备案又因消防难验收、卫生评价报告不好做等因素推进不了，河南省托育供给仍以幼儿园托班为主力。虽然国家频出政策支持，但是托育服务行业在市场发展中仍面临很多难题，备案规范的流程、家长送托的意识、机构运营的能力等都有待优化和提升。

五　河南省托育行业发展模式分析

（一）公办民营

公办民营托育模式以郑州人民医院"郑医·汇爱早教托育中心"为例。

1. 发展模式

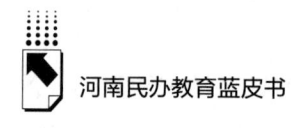

公办民营模式开展托育服务，减少了公办单位的人力配置和管理成本，同时降低了受委托民营单位经营托育服务的成本，极大地增强了托育服务的可及性，也吸引了更多的企业投入托育服务的领域中来。

郑州人民医院创设的"郑医·汇爱早教托育中心"在公办民营、医育融合上积极探索，针对医务工作者的需求，构建不同层次和类别的托育服务内容体系，促进供需匹配，惠及企业员工。

2. 服务特色

郑州人民医院与郑州汇爱教育集团共同创建医院内部托育中心，按照职工实际需求提供全日制、半日制、计时制等多样化、弹性制的婴幼儿照护服务及育儿指导。"郑医·汇爱早教托育中心"，室内面积518平方米，室外面积330平方米，设有4个托育教室、2个主题教室、1个多功能教室，师资配比1∶5，包含早教师、幼儿教师、保育员、营养师及后勤安保人员等。

结合医务工作者特殊的工作性质和婴幼儿照护需求，托育中心施行弹性制接送时间，职工什么时候下班，什么时候来接幼儿，园区每天都会有值班老师在岗，职工们可以安心踏实的工作。此外，托育中心深化医育融合，在医院内创设儿童生命体验馆，让孩子们了解生命的孕育和医护父母工作的价值和意义。

3. 发展规划

未来"郑医·汇爱早教托育中心"将以创新发展理念持续升级，建设成为更具示范效应的婴幼儿照护服务机构，为单位职工提供福利性婴幼儿照护服务，促医育结合，育人文情怀，打造公办民营托育中心的标杆。

（二）民办公助

民办公助托育模式以郑州市郑东新区商都路办事处"社区托幼综合服务中心"为例。

1. 发展模式

民办公助模式开展托育，因地制宜，充分发挥社会力量，能更好地满足群众多元化、多层次托幼服务需求。郑东新区商都路党工委、办事处深入贯彻落实以人民为中心的发展理念，围绕"一老一小"家庭服务需求，结合辖区实际情况，依托社区闲置场地，积极探索引进社会资源，支持社区筹办普惠性托幼机构，逐步建立了以党建为引领的社区托幼服务及监督管理体系。

2. 服务特色

坚持政府主导，联合创建托幼综合服务中心。积极发挥办事处主体作用，通过政府购买服务、共建公助等形式，在商都路辖区，推出"社区+公益"照料组合，向社区群众提供婴幼儿全日托、半日托、临时托、社区亲子活动、免费家长课堂等服务，还设置了幼儿教育图书角、童蒙馆、亲子乐园等，联合专业社工机构，在党群服务中心设立社区托幼服务驿站；联合社区老党员、退休干部职工、志愿者等社会力量，开展社区志愿服务活动，丰富幼儿文体生活，为辖区群众提供全方位、综合性社区托幼服务。

商都路办事处成立了社区办牵头，社区、物业、职能部门齐参与的社区托幼服务专班，建立了联席会议制度，通过协调工商、税务、消防、教文体、食品安全等职能部门，为社区托幼服务提供全方位政策综合服务保障。无偿为托幼机构协调解决社区用房，提供基础性简装，并为其配置了部分办公家具家电，有效降低了托幼机构前期投入运营成本，从而大大降低了社区居民托幼服务费用。此外，办事处社区办积极协调所在小区物业，建立协调沟通机制，指定物业专人负责，及时为托幼机构解决日常物业维修维护难题，为托幼机构提供便利服务，保障日常运营。在社区积极开展托幼服务宣传及公益活动，争取居民广泛支持和参与，为社区托幼服务营造和谐的内部氛围。

3. 发展规划

作为郑州市首个提供社区托幼服务的办事处，商都路办事处用3年的时间探索出了一条符合自身实际的托幼服务道路。随着托育相关政策和标准的不断完善，各类社区托幼机构必将会如雨后春笋般成长起来。商都路办事处将发挥带动作用，打造社区托幼示范点，建立壮大社区托幼服务专家团队，

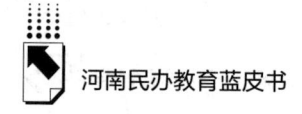

健全专家挂钩帮带社区制度机制，建立专业化、技能化、本土化的社区托幼队伍，惠及更多辖区群众。打通托幼服务的"最后一公里"，形成以托幼服务为亮点的社区综合服务新形态。

（三）品牌连锁

品牌连锁托育模式，以"小鲸妈妈托育中心"为例。

1. 发展模式

提供一站式线上、线下社区家庭普育与优育的综合服务型公司。依托战略股东（雅生活、卓雅教育集团）的产业资源优势，将国家指导、社会需求、标准科学三位一体相结合，立足高起点，高平台，打造了社区品质托育"乐鲸灵婴幼儿成长中心"与家庭便捷托育"小鲸妈妈托育中心"及一站式企业托育"乐斯母婴关爱中心"三大专业婴幼儿照护服务品牌。

2. 服务特色

作为同产业内核的市场化优秀品牌，三个品牌集托育照护、早期教育、家庭服务、企业服务于一体，打造了优秀的师资培训、教养体系、照护标准、连锁管理、家园共育、托管赋能等能力；辐射遍及全国10个主流城市布局近100家园区，助力"十四五"规划，为人口优生优育及社区家庭服务。

3. 发展规划

未来3~5年，小鲸妈妈在做好品牌服务的同时，将带动社区托育、家庭托育和托幼一体化的健康发展。计划在河南省内发展200家标杆示范托育园所，培养200名托育园长以及5000名专业托育教师，带动河南省托育服务高质量发展。

（四）地产物业联动

地产联动托育模式以建业教育的"六一星系"托育为例。

1. 发展模式

建业教育"六一星系"托育中心隶属于河南建业集团，目前拥有5所托育中心，在建业自持社区项目中开展配套托育服务。建业教育集团积极响应并贯彻落实国家"普惠"办园政策，开办社区配套的普惠托育园，让优质教育惠及更多家庭。

2. 服务特色

依托地产布局社区托育中心，解决社区内居民的托育需求。以普惠优先、合规发展、科学办园，坚持规范管理。遵循婴幼儿身心发展规律，实施科学保教，依法依规办园、治园，促进幼儿健康快乐成长，办让家长满意、政府满意的教育。

3. 发展规划

建业教育未来将规划发展多种模式的"六一星系"托育项目，未来3~5年建业教育托育业务将积极响应政策，携手社区（企业）面向社会提供更多托位，助力托育事业的发展。

（五）企事业单位自办

企事业单位托育模式，以商丘市睢阳区妇幼保健院为例。

1. 发展模式

商丘市睢阳区妇幼保健院始建于1973年，是睢阳区唯一一家以妇科、产科、妇幼保健及产后康复、儿童康复为主的专科医院，建筑面积约为12000平方米，现有职工477人。2019年商丘市睢阳区妇幼保健院成立全市首家公立托育园——天使早教托育园。天使早教托育园为妇幼保健院职工提供福利性婴幼儿照护服务，并于2020年成立了睢阳区婴幼儿照护服务指导中心。

2. 服务特色

商丘市睢阳区妇幼保健院发挥企业优势，创办儿童早期发展中心开设0~6岁儿童心理行为发育科、儿童口腔科、儿童眼保健科、儿童五官保健科、生长发育评价和指导、营养科，结合家长课堂、早教课堂、婴幼儿照护等，为员工提供多层次、多元化、可选择的婴幼儿照护服务体系。

251

3. 发展规划

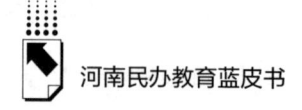

未来商丘市睢阳区妇幼保健院天使早教托育园，在满足本院职工需求后，计划将扩建园区面向周边居民开放，与睢阳区婴幼儿照护服务中心相互融合，带动全区托育园所卫生保健工作规范化发展，为孩子的健康保驾护航。

（六）托幼一体化

托幼一体化托育模式，以新乡市妇幼保健院为例。

1. 发展模式

新乡市妇幼保健院利用医院附属幼儿园的资源优势，申请成立新乡市3岁以下婴幼儿照护服务指导中心和实训基地，并于2021年3月16日在市妇幼保健院正式挂牌成立。新乡市妇幼保健院幼儿园也发展成为托育一体化园所，并结合自身优势做到医育结合，有效保障儿童的身心健康，受到辖区群众的一致赞扬，托位常常供不应求。

2. 服务特色

坚持医育结合，发挥资源优势提升托幼一体化服务能力和服务质量。定期选派幼儿园教师、保健医生、保育员到医院内进行在岗、轮岗培训，培训采取理论与实践相结合的方式，确保培训实效。选派儿科、儿童保健科专家定期到幼儿园对保教人员和家长进行专题培训，如儿童常见病预防、传染病防控、儿童意外伤害防范、心肺复苏等。幼儿园配备健康副园长，定期对幼儿进行健康体检，及时发现异常，及时处置。

幼儿园采用多元化形式宣传，开设了新乡市0~3岁婴幼儿照护服务中心微信公众号及抖音号，以形式多样、内容丰富的科普方式，为新乡市0~3岁婴幼儿照护服务提供专业的科学育儿指导、安全防护、求医问药等相关信息，全年接受群众咨询400余次。同时多次在电台、电视台、报纸等多种媒体进行科普知识宣传。

3. 发展规划

未来新乡市妇幼保健院附属幼儿园将改善办园条件，办园规模预计在原有基础上增加2个小托班，达到每年至少招收2~3岁幼儿80名的规模。依托妇幼保健院附属幼儿园的品牌优势，创新思维，拓展连锁式运营，让医育结合的办园模式惠及更多群众，引领区域内托育服务发展再上新台阶，再创新辉煌。

方兴未艾的托育行业，未来巨大的市场空间需要被多元化的模型填补，公办民营、民办公助、品牌连锁、地产物业联动、企事业单位自办与托幼一体化各自有着独特的优势。支持社会力量兴办托育服务机构，多渠道扩大0~6岁学前教育的供给。各项政策的出台有助于推动婴幼儿照护服务高质量和规范化发展，扩大普惠托育服务有效供给，满足家庭多层次、多元化的需求，河南省必将涌现一批符合现阶段发展需求的托育服务机构，引领行业与市场高质量、规范化发展。

参考文献

《国务院办公厅关于促进3岁以下婴幼儿照护服务发展的指导意见》，《中华人民共和国国务院公报》2019年5月20日。

李梦云：《让托育服务市场健康可持续发展》，《中国产经新闻》2020年12月26日。

培训教育优化篇
Training and Educational Optimization

B.14
2021~2022学年河南省培训教育发展报告[*]

朱玉峰 郑学春[**]

摘　要： 2021年是河南省乃至全国民办教育发展史上极不平凡的一年。这一年，河南民办教育持续受到新冠肺炎疫情和特大洪涝灾害影响；这一年，河南民办教育扎实稳妥推进"双减"工作，取得明显成效。河南培训教育在历经专项治理和新冠肺炎疫情持续影响后，2021年7月开始的"双减"等严管新政引发了行业巨变和管理革新。截至2022年第一季度，全省学科类培训机构（含线上、线下）压减率超过90%，市场主体大部分退出，整个行业骤然降温，学科类培训广告基本绝迹，"资本过热""野蛮

---

[*] 基金项目：河南省高等教育学会2021年度高等教育研究一般项目（综合类）"新发展格局下河南民办高校内涵式发展研究"（2021SXHLX116）。

[**] 朱玉峰，郑州市人大代表，河南省民办教育协会副会长、培工委理事长，郑州晨钟教育集团党委书记；郑学春，河南民办教育研究院研究员、培工委秘书长，大河教育研究院特聘专家，郑州中建教育集团党支部副书记、品牌总监。

254

生长"等乱象不复存在,"双减"政策初见成效。加之公办学校课后延时服务全面普及,教育焦虑得到一定程度纾解,民办教育真正走向合规发展、依法严管的新时代。

关键词： 河南　培训教育　"双减"影响　管理革新

一　坚持公益　分类管理全面实施

2021年,按照教育部、河南省教育厅统一部署,河南省继续推进民办教育分类管理工作。

2016年12月30日,教育部等五部门印发《民办学校分类登记实施细则》。2017年1月18日,国务院发布《关于鼓励社会力量兴办教育促进民办教育健康发展的若干意见》,要求对包括民办教育机构在内的全国民办学校实行非营利性和营利性分类管理。2017年9月1日,新修订的《中华人民共和国民办教育促进法》施行。

2018年2月,河南省人民政府印发《关于进一步促进民办教育健康发展的实施意见》(以下简称《实施意见》)。《实施意见》明确提出,对民办学校实行非营利性和营利性分类管理,实行差别化用地政策和分类收费政策。非营利性民办学校举办者不取得办学收益,办学结余全部用于办学;营利性民办学校举办者可以取得办学收益,办学结余依据国家有关规定进行分配;民办学校建设用地按科教用地管理,非营利性民办学校享受公办学校同等政策,以划拨等方式供应土地;营利性民办学校按国家相应的政策供给土地;非营利性民办学校收费实行政府指导价;营利性民办学校收费实行市场调节价,具体收费标准由民办学校自主确定;积极鼓励和大力支持社会力量举办非营利性民办学校。各级政府对非营利性民办学校在政府补贴、政府购买服务、基金奖励、捐资激励、土地划拨、税费减免等方面给予扶持。

《实施意见》出台后,全省各地教育行政部门学习借鉴温州市推进民办

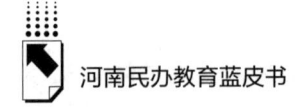

学校分类管理工作的相关经验，认真开展民办学校摸底排查，平稳有序推进分类管理改革，并取得了阶段性成果。

2021年9月1日，新的《中华人民共和国民办教育促进法实施条例》实施。河南省民办学校分类管理工作进一步加快。各地行动迅速，效果明显。

根据教育部要求，各地分类登记的截止日期大都在2022年9月1日或2022年底。

与全国多数省份一样，河南省民办教育走向以分类管理、规范严管为主要特征的新时代。

二 "双减"+"双增" 教育焦虑得纾解

2021年7月20日，中共中央办公厅、国务院办公厅印发《关于进一步减轻义务教育阶段学生作业负担和校外培训负担的意见》，"双减"政策正式落地。

"双减"政策一经颁布，教育部，河南省委、省政府高度重视，在全社会引起较大反响。随着政策的落地、各级行政部门对政策的翔实解读，向公众传达出"'双减'既是大刀阔斧的'减'，同时亦是整个教育系统提质增效的'双增'"。

"双减"实施以来，公办教育在"双增"上开足马力：各地各校充分利用学校资源优势，拓展课后服务渠道，提高课后服务质量。有效实施各种课后延时服务，满足学生多样化学习需求，学生以自愿原则参加课后服务，同时规定课后服务结束时间一般不早于当地正常下班时间。有条件的学校可统筹安排教师弹性工作时间。各地严禁以学前班、幼小衔接班、思维训练班等隐形变相名义，面向学龄前儿童提供线下学科类（含外语）培训。各地不再审批新的面向学龄前儿童和面向普通高中学生的学科类校外培训机构。

从全国行业情况来看，"双减"政策出台后，各地校外培训机构陆续开始退出或转型发展。截至2021年12月，国内校外培训机构（含线上）压减超过80%。以新东方、好未来为代表的国内教育龙头培训企业纷纷转型，寻找新的发展路径。更多的中小学培训机构则直接选择退出市场，少数机构选择转型非学科类继续服务教育事业。

2021年9月，河南省教育厅召开全省校外培训机构专项整治联合视导调研工作动员会，安排部署"双减"工作进一步落实。同月，河南省民政厅印发《关于转发〈民政部办公厅关于进一步加强校外培训机构登记管理的通知〉的通知》，明确要求，对于面向义务教育阶段的学生、普通高中学生的学科类校外培训机构以及面向学龄前儿童的校外培训机构，教育部门已颁发办学许可证且在市场监督管理部门注册的存量机构，在教育部门变更办学许可证性质后，由县级民政部门负责进行法人登记。对于未经相应的主管单位批准的校外培训机构，责令停止培训活动。从文件下发之日起对新的上述三类机构不再登记。

"双减"政策落地后，河南的教育培训机构，应对出路基本上是以下几种：一是选择关门歇业，完全退出市场；二是选择局部退出，即摒弃义务教育阶段学科类培训业务，转型非学科类培训等其他赛道业务，包括艺术类、体育类、科技类、职教类等；三是原本就有全日制学校业务的培训机构全部或部分剥离培训业务后，专注于全日制学校的发展。这类机构在河南省大型培训教育机构中不在少数，如郑州晨钟教育集团、郑州联大教育集团等，但义务教育阶段民办学校未来发展也要在"双减"政策框架内规范运营。

"双减"对于河南本土校外培训机构的直接影响主要是学科类培训机构总数大幅压减，面对必须"双转非"（向非营利、非学科类转型）的选择，一些学科类培训机构直接选择转行或退出，培训行业业务结构发生重大变局，非营利、非学科类培训机构成为行业主体，监管部门、培训内容、培训时间、培训对象、收费周期和标准等也随之改变；部分机构关停倒闭造成一些学生家长退费困难，甚至引发了个别家长集中退费纠纷和培训机构教师集体讨薪舆情；一些关停机构的教职员工和管理干部陷入失业与再就业困境，甚至出现了个别机构创始人因资金链断裂而关门跑路，造成一些家长因退费无门而遭受经济损失的情况。以河南本土知名培训机构郑州晨钟教育集团为

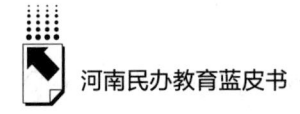

例，截至2022年第一季度，该集团全省144家校区停办143家（仅保留一家具有高中培训合法资质的校区），累计退费约1.2亿元，800余名学科教师退出岗位另谋职业。

尽管业内人士普遍对相关政策持理解和接受态度，但也有部分机构创始人因担心"双转非"后政策继续利空而对未来发展持观望态度。培训教育行业对资金、人才的吸纳能力和融资吸引力大幅下降。有媒体人士通过家长走访了解到，一些学生家长内心既有对"双减"政策落地拍手叫好的理解和支持，又有对学科类培训突然消失的无奈和惋惜之情。

郑州大山教育科技股份有限公司是河南本土培训教育类唯一一家港股上市公司，"双减"后开启了多赛道多元化合规发展的转型之路。公司一方面大幅调整业务方向，陆续对原有直营校区进行关停或合并调整，并相继成立素质成长中心等，向非学科类业务转型发展，先后推出了山果科学、山果口才、山果美育、山果机器人编程等素质类课程。另一方面快速转型布局职业教育板块。2021年10月，该公司与广东百校千企教育科技有限公司、广华教育科技有限公司达成全面战略合作，开始在职业教育人才输出、资源整合、学校经营、教学实践等方面展开新的探索。2022年2月，大山教育收购河南中之创教育信息咨询有限公司60%的股权，在本土职业教育领域大展拳脚。经过一系列业务调整与合规转型，多赛道出击的大山教育仍稳健领跑河南本土教育服务类企业第一梯队。

三 压减+严管 合规发展成主流

"双减"政策对全省各地培训教育机构的影响程度从郑州市培训教育机构压减转型情况可见一斑。据公开报道，从2021年7月"双减"政策出台到2021年11月，郑州市累计排查校外培训机构6128次，在摸清了全市校外培训机构底数的基础上，明确界定了各职能部门对于非学科类培训机构的审批管理权限，按照"谁审批谁负责、谁主管谁负责"原则，坚持先证后照，规范审批程序和许可内容。对于游泳、篮球、拳击、象棋等体育类项目，归属市体育局登记管理；对于面向中小学生开展的编程、机器人、创客、科学探索等培训服务项目，列入科技类管理，归属市科技局登记管理；对于面向中小学生举办的音乐类、舞蹈类、书法类、表演类等10余项非学历艺术培训等文化艺术类项目，归属市文化广电和旅游局登记管理。经过上述管理制度变革，全市原属教育部门管理的学科类培训机构转为非学科类的763家、原非学科类继续办学的919家校外培训机构，共计1682家，同时分类移交给体育、科技、文广旅三部门。截至2021年11月，郑州市学科类校外培训机构已压减80%。

随后，郑州市教育局下发《关于加强校外培训机构预收费管理的通知》，强调对校外培训机构预收费资金进行全覆盖、全流程、全方位监管，以防范可能出现的资金风险。2022年1月，《郑州市义务教育阶段线下学科类校外培训收费管理办法（试行）》实施，义务教育阶段学科类校外培训收费全面实行政府指导价。

"双减"政策出台后，按照河南省教育厅关于落实"双减"政策的统一部署，全省各地围绕"1年内有效减轻、3年内成效显著"的总目标，坚持多策并举、标本兼治，强力推进"双减"政策落地，取得了阶段性成效。根据全国"基础教育'双减'工作监测平台"2021年12月24日公布的监测数据，到2021年年底，全省线下学科类校外培训机构原有6694家，压减机构总数5908家，压减率达88.26%；营改非机构数786家，营改非完成率100%。全省原有4家线上学科类校外培训机构，全部按要求进行了关停注销，压减率为100%。全省线下学科类资金监管率100%，实现了监管全覆盖。河南省在"营改非"、"备改审"、资金监管、课后延时服务等4个领域，提前完成了年度监管治理目标。

截至2021年12月31日，郑州市仅剩余111家（含高中阶段8家）证照齐全的校外培训机构经过教育部门审批、民政部门登记，具备学科类培训资质。自2022年1月1日起，义务教育阶段线下学科类校外培训机构收费全面执行政府指导价。高中阶段线下学科类校外培训机构收费标准参照执行。

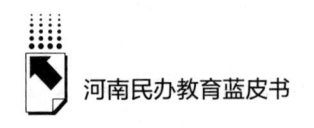

四 多策并举 完善监管长效机制

2021年11月,按照"双减"工作要求,除了日常运营监管,全省各地还对校外培训广告开展了全面排查清理,严格规范校外培训机构广告发布行为,加大对各类媒体校外培训广告的监管执法力度,有效缓解学生和家长焦虑情绪,取得了阶段性成效。

针对学科类机构改头换面规避政策监管等"隐形"培训,以及非学科类培训恶意涨价、超时收费等违规行为,河南省参照教育部《义务教育阶段校外培训项目分类鉴别指南》的相关规定,提出从培训为导向、上课形式、课程内容和评价依据4个方面特征进行综合评判,凡符合上述4个条件者均判定为学科类培训,要坚决给予监管严查。通过以上政策界定和严格监管,全省基本消灭了局部地区"隐形"培训频发的苗头,推动培训市场秩序进一步净化和规范。2022年1~4月,郑州市、县(区)两级教育部门接连查处了13起违规组织学科类培训的典型案例,分别给予约谈教育、停止办学、责令退费、移送公安部门等相应处理,并予以全市通报。

各地以"坚持依法行政,健全校外培训执法力量"为目标,进一步健全校外培训监管机制,统筹推进部门协同和联合执法。

2022年春季,国内各地再次出现新冠肺炎疫情多点频发态势,包括河南省在内的部分省、市、区线下培训业务相继叫停,一些"双转非"后的合法培训机构办学业务也因疫情影响再度停课(或转为在线学习)。对此,上海、山东、浙江、广东等多地相关行业协会吁请政府指导各金融机构,最大限度解决教育培训机构现金流问题,尽力为其提供免抵押、免息贷款支持,同时希望非国有房屋租赁主体适当为培训机构提供免租金、缓交租金等支持。一些机构也呼吁相关部门尽快出台普惠性、阶段性、有效性、及时性措施扶持行业发展,包括社会保险减免或延期、税金退回、减免等。河南尚未出台针对培训教育行业的具体纾困政策。

2022年4月1日,教育部办公厅下发《关于开展义务教育阶段学科类校外培训治理"回头看"工作的通知》，部署对义务教育阶段已经压减和转为非营利性的所有线上、线下学科类校外培训机构进行一次全面排查。该通知要求从机构运营、收费管理、培训内容、从业人员资质等各方面，系统查找问题并进行彻底整改，在2022年6月15日前完成"回头看"所有任务。

截至2022年第一季度，河南省面向义务教育阶段学科类培训的机构已压减90%以上，非学科类培训机构在严格监管下合规有序运营，义务教育阶段学校课后服务实现全覆盖，家长教育焦虑得到基本纾解，行业生态得到了净化和重塑。下一步，各地教育行政部门仍将重点开展针对非学科类培训机构的监管执法，建立完善日常和长效监管机制，确保校外培训治理成效得到持续巩固和长期稳定。

参考文献

中共中央办公厅、国务院办公厅：《关于进一步减轻义务教育阶段学生作业负担和校外培训负担的意见》，2021年7月20日。

河南省民政厅：《关于转发〈民政部办公厅关于进一步加强校外培训机构登记管理的通知〉的通知》，2021年9月8日。

河南省发展和改革委员会、河南省教育厅、河南省市场监督管理局：《关于印发河南省义务教育阶段学科类校外培训收费监管工作方案的通知》，2021年10月9日。

教育部：《义务教育阶段校外培训项目分类鉴别指南》，2021年11月8日。

教育部、中央编办、司法部：《关于加强教育行政执法 深入推进校外培训综合治理的意见》，2022年1月25日。

教育部办公厅：《关于开展义务教育阶段学科类校外培训治理"回头看"工作的通知》，2022年4月1日。

综 合 篇
Comprehensive

B.15
2021年民办教育政策综述及资本市场观察[*]

河南民办教育研究院课题组[**]

摘　要： 2021年对党和国家来说是具有里程碑意义的一年，也是教育政策落地的一年。这一年，教育政策措施不断，监管规范力度明显增强。2021年9月1日，新修订的《中华人民共和国民办教育促进法实施条例》的施行，标志着国家层面关于民办教育的新法新政体系基本形成，将对民办教育发展产生重大而深远的影响；党中央高度重视义务教育和民办教育，规范民办教育发展；"双减"政策落地，拉开了我国教育现代化事业的曲谱；教培机

---

[*] 基金项目：中国高等教育学会"十四五"规划专项课题"地方高水平民办大学建设研究"（21DFYB03）、河南省高等教育学会2021年度高等教育研究一般项目（综合类）"新发展格局下河南民办高校内涵式发展研究"（2021SXHLX16）、黄河科技学院2021年度党建创新项目"河南民办学校党建高质量发展研究"（3）、河南省高校哲学社会科学智库研究项目"新中国70年河南教育的政策演变及发展走向研究"（2021-ZKYJ-09）。

[**] 课题负责人：王道勋。成员：李越、胡明明、刘箐菲、康家雯、张浩鑫、王俐文。执笔人：王道勋，河南民办教育研究院政策与发展环境研究所所长、研究员，黄河科技学院副教授。

构在"双减"政策之下承受重压，或许转型走上健康发展之路；教育资本市场面临"强监管"，有助于确保教育的公益属性。

关键词： 新条例　"双减"　公益属性

2021年是不平凡的一年，是某些行业的历史转折点。

2021年，对党和国家来说，是具有里程碑意义的一年，"两个大局"交织、"两个百年"交汇、"两个五年"交接，以习近平同志为核心的党中央统揽"四个伟大"，带领全国人民在全面建设社会主义现代化国家开局之年迈出了新气象，创造了新辉煌。

2021年9月1日起新修订的《民促法实施条例》开始施行。对确保新《中华人民共和国民办教育促进法》的具体落实、推动民办教育的健康发展发挥重要作用。这份具有划时代意义的文件，就"公参民""关联交易""办学许可"等关键问题做出表述表态，字字千钧，意味着过去近20年，民办教育蓬勃发展乃至野蛮生长的时代已落幕，一个新的时代，就此开启。

2021年4月29日，第十三届全国人民代表大会常务委员会第二十八次会议审议通过了《全国人民代表大会常务委员会关于修改〈中华人民共和国教育法〉的决定》，自2021年4月30日起施行。

2021年5月，中央全面深化改革委员会第十九次会议审议通过《关于进一步减轻义务教育阶段学生作业负担和校外培训负担的意见》。

2021年6月，中央教育工作领导小组秘书组、教育部联合召开规范民办义务教育专项工作推进会。会议学习传达了习近平总书记关于义务教育的重要论述，研究部署各项重点工作，明确具体工作要求，确保工作落地见效。陈宝生指出，义务教育是国民教育的基础，是国家事权，依法应由国家举办。近年来，民办义务教育快速增长，一些问题相伴而生。为解决这些问题，必须落实政府举办义务教育的主体责任，标本兼治，全面提升义务教育质量。

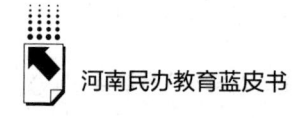

2021年6月15日,教育部成立校外教育培训监管司,其职责包括拟订校外教育培训规范管理政策、组织实施校外教育培训综合治理等。

2021年7月8日,教育部等八部门发布,关于规范公办学校举办或者参与举办民办义务教育学校的通知,要求各地因地制宜,一省一方案,力争用两年时间,理顺体制机制,实现平稳过渡。

2021年7月24日,中共中央办公厅、国务院办公厅印发了《关于进一步减轻义务教育阶段学生作业负担和校外培训负担的意见》,根据"双减"意见,明确试点工作要求,在全面开展治理工作的同时,确定北京市、上海市、沈阳市、广州市、成都市、郑州市、长治市、威海市、南通市为全国试点。

2022年初,有关部门举行闭门会议,约谈所有学历民办学校上市公司的主要负责人,要求做到如下几点并签署会议纪要。

(1)坚持党的全面领导。要深入学习贯彻习近平新时代中国特色社会主义思想,严格落实《中共中央办公厅关于加强民办学校党的建设工作的意见(试行)》和《民办学校党建重点任务》的要求,健全学校党建的工作机制和保障机制,推动党的组织和党建工作全覆盖。加强民办学校党组织对意识形态工作的领导权、对"三重一大"事项的话语权、对学校办学发展的决策权。

(2)深入贯彻党的教育方针。要用党的教育方针指导学校章程修订完善。要全面排查清理校园各类文化符号,加强开学和毕业典礼等仪式庆典活动的管理。

(3)严格控制办学规模。要断开境外资本市场和境内办学主体之间的关联,切实将发展重心转到质量提升上来。禁止再以兼并收购、股权控制、协议控制等方式增加学校数量或擅自扩大办学规模。

(4)依法保护学校法人财产。要依法履行出资责任,将用于办学的土地、校舍和其他资产足额、按时过户到学校名下,不得抽逃、挪用办学经费,不得变相取得非营利性民办学校的办学收益。要健全企业的内控机制,严控资产负债率，搭建上市主体与学校之间的防火墙。要推动学校健全财务管理体系，确保办学收入全部进入学校开设的账户。不得将非营利性学校的资产打包上市或以任何形式与上市实体资产并表。

（5）切实保障师生合法权益。要依法保障教师的薪酬待遇，为教师足额缴纳社会保险费和住房公积金，保证教师工资标准符合国家要求和当地薪酬水平。要加大校务公开的力度，定期召开职工代表大会，做好学校重大事项公示和意见征求工作。

（6）着力增强学校治理效能。学校举办者要尊重学校办学的自主权和独立性，不随意干涉，不搞一言堂、家长制。各学校举办者、实际控制人及办学地址发生变化的，要在第一时间主动报告，依规、及时履行相应程序，不得擅自变更、变相变更。

（7）不断提升办学质量。要持续加大投入保障力度，确保软硬件等指标条件达到国家办学条件要求。要确保学校在课程开设、教材使用、师资聘任等方面执行国家有关规定。要督促各学校合理确定收费的项目和标准，学费调整也要执行规定的程序，不能频繁、随意涨学费。

（8）坚决守住教育安全底线。要对资金来自境外或者境外关系复杂的举办者，加强背景审查。学校举办者不能通过股权变更、实际控制人身份变更调整投票权等方式，将控制权向外方转移。学校举办者如向境外提供重要数据信息、提供重要技术或业务内容、遭遇境外监管调查、强制退市及股权、控制权变动等重大情况，应当第一时间向证监会和教育行政主管部门报告。

随着"双一流"建设进程的加快，我国正从"教育大国"向"教育强国"迈进，在此过程中，高等教育结构优化调整是一项重要的战略考量。作为高等教育重要组成的民办高等教育，也在规范的市场中完成了从初创阶段的规模发展到内涵发展阶段质量追赶、以质取胜的转变。民办高等教育稳步发展，已成为高等教育改革与发展的新着力点。与此同时，加快建成一批高水平民办高校的呼声也越发强烈，不少初见规模、办学质量显著提升的民办高校正在努力探索高水平民办高校建设路径。

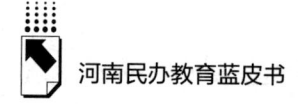

2021年，浙江等地暂停了独立学院与职业院校合并转设为职业技术大学的工作。全国层面独立学院转设的工作并没有按照规定的时间节点完成。独立学院专设工作不能半途而废，否则有损法律的权威性。

可以看出，2021年是政策落地的一年，《民促法实施条例》落地、"双减"政策落地等，一年来教育政策措施不断，监管规范力度明显增强。

一 《民促法实施条例》出台将对民办教育发展产生重大深远影响

2021年4月7日，国务院总理李克强签署国务院令，正式公布修订后的《民促法实施条例》，于2021年9月1日起施行。经过多次修改和调整的实施条例将新《民促法》的要义更加巩固、细化，在完善分类管理、规范集团化办学行为等业界关注的热点问题方面都做了界定，让过去多年来存在困惑、模糊的领域，变得更加清晰，这无疑提振了民办教育人的办学信心。

综观《民促法实施条例》共9章68条内容，体现了新《民促法》对民办学校实行营利性和非营利性分类管理的基本逻辑，体现了顺应"建设高质量教育体系"目标要求的时代特征。《民促法实施条例》通篇体现了当前发展民办教育的基本思路：在规范的基础上，支持高质量特色民办学校发展。《民促法实施条例》的核心是：积极鼓励、大力支持、正确引导、依法管理，旨在让民办学校依法办学、自主管理、提高质量、办出特色。

40多年来，得益于国家教育制度创新所释放的空间和全体民办教育工作者的艰苦努力，我国民办教育从小到大、从少到多、从弱到强，走过了一条从"公办教育的补充"到与公办教育共同发展的道路，已经具有相当的规模，已成为我国教育事业发展的重要增长点和促进教育改革的重要力量，各级各类民办学校均有一批优质特色民办学校，深受人民群众青睐。民办教育已经走过规模发展的历史阶段，迈进高质量特色发展的新征程。

《民促法实施条例》的施行，在民办教育发展制度环境建设上具有标志性意义，将对今后民办教育发展产生深远影响。

《民促法实施条例》的施行,意味着民办教育规范化和监管趋严。作为一份提纲挈领的法律文件,过去民办教育中没有法律依据的监管政策被进一步在法律上明确,更意味着给各地教委或相关机构如市场监督管理局或许早已准备好的一系列手段提供了法律依据。跨部门联合执法成为可行,一系列蓄势待发的市场监管手段将得以更顺利地实施推进。

《民促法实施条例》的施行,标志着新时期国家层面关于民办教育的新法新政体系基本形成,这个体系是指导今后一段时期我国民办教育行政管理与教育实践的重要法规政策。

二 规范民办义务教育发展有序进行

习近平总书记高度重视义务教育和民办教育,多次主持召开中央政治局常委会、中央深改委会议,研究部署有关工作。

2021年5月16日,中共中央办公厅、国务院办公厅印发《关于规范民办义务教育发展的意见》,要求各地、各部门充分认识规范民办义务教育工作的极端重要性,切实把思想和行动统一到中央要求上来,就落实政府举办义务教育主体责任、严格依法依规办学、规范招生入学行为、加强教育教学管理、清理规范学校名称、加大财务监管力度、规范公有主体参与办学、健全督导检查机制、全面加强学校党的建设等九个方面做了重要的方向性规定。

随后,教育部等七部门印发了《关于做好区域义务教育发展规划 优化义务教育结构有关工作的通知》、教育部等八部门印发了《关于规范公办学校举办或者参与举办民办义务教育学校的通知》等,对规范民办义务教育发展工作再次提出具体要求。

2021年12月10日,联合国教科文组织(UNESCO)发布《2021/2022全球教育监测报告》。该报告分析了各国私立教育机构的监管存在的问题,并提出了相关建议和对策,旨在敦促各国完善私立教育机构监督机制,以提升教育质量,促进教育公平。

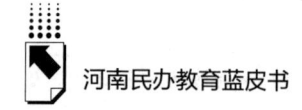

该报告指出了公立教育和私立教育的发展现状，并总结了目前各国私立教育机构监督机制中存在的问题，认为政府对私立教育机构的教育质量与公平问题的关注程度不高。政府对公立教育的关注更高，而疏于监管私立教育机构。调查显示，私立教育机构在48%的国家不受监管，11%的国家仅在商业立法中受到监管。尤其是在私立教育需求高的国家中，教育监管和执法的机制不够完善，与此同时，教育监管方面往往侧重于私立教育机构的注册、批准或许可等，较少关注私立教育机构的教育质量与公平问题。

UNESCO敦促各国评估现行的法规，将促进教育公平置于教育的核心地位，并提出了以下四项建议。①加大义务教育保障力度。②制定适用于所有公立和私立教育机构的教育质量标准，避免由于家庭的不同期望、物质生活水平的不同而导致学生中断为期12年的一贯制教育。③加强政府的监督和执法能力。政府需要与私立教育机构建立信任关系，并制定一个明确的共同愿景和框架，监督私立教育机构按规定的流程注册，让私立教育机构能够有效经营，做到真正的造福于学生。④保障公共教育政策执行的透明度和完整性，保证教育政策执行过程中不受狭隘的既得利益者影响，以保护处于弱势地位的学习者。

规范民办义务教育是一项系统工程，总体目标是按照"义务教育国家事权，依法由国家举办"总要求，围绕"严格控制增量，逐步消化存量"总目标，启动规范民办义务教育专项工作。落实政治责任，切实担负义务教育国家举办的法定职责。全面贯彻党的教育方针，全面加强民办中小学党的领导和党建工作，全面优化民办义务教育结构，用两年时间，即2022年底前，将民办义务教育在校生规模省城内占比控制在5%以内、县城内控制在15%，全面规范民办义务教育学校办学行为，全面提升义务教育水平。

江苏省是较早提出"民办义务教育学校在校生人数占义务教育学校在校生总人数的比例降至5%以下"的省份。2021年6月，江苏省委教育工作领导小组印发了《推进中央教育工作领导小组秘书组部署我省狠抓落实2021年教育重点事项工作总体方案》。该方案强调了八个事项，其中值得注意的有以下两点：①规范民办义务教育发展，原则上不再审批新的民办义务教育学校，力争用2~3年时间将全省民办义务教育学校在校生人数占义务教育学校在校生总人数的比例降至5%以下，县域内民办义务教育学校在校生人数占义务教育学校在校生总人数的比例降至15%以下；②落实教育经费"两个只增不减"要求。确保财政一般性公共预算教育支出逐年只增不减，确保按在校生人数平均的一般公共预算教育支出逐年只增不减。把落实教育经费"两个只增不减"要求纳入对市、县（市、区）政府履行教育职责督导评价内容，督促市、县（市、区）政府落实教育投入责任，切实加大教育投入。

2021年6月，四川省教育厅、中共四川省委机构编制委员会办公室、四川省民政厅、四川省市场监督管理局联合发出《关于暂停审批设立民办义务教育学校的通知》。该通知要求，各市（州）、县（市、区）要认真贯彻落实《关于进一步减轻义务教育阶段学生作业负担和校外培训负担的意见》"原则上不得审批设立新的民办义务教育学校"的要求，无条件立即停止审批设立新的民办义务教育学校（含民办九年一贯制学校、十二年一贯制学校和完全中学，下同）。各市（州）、县（市、区）不得批准已有民办义务教育学校设立新校区，不得同意已有民办义务教育学校扩大办学规模、要适当缩减2021年民办义务教育学校招生计划。各地编制、民政、市场监管部门要依法把好注册登记关。

河南、广东、湖南、广西等省份纷纷召开相关工作会议，当地教育部门发文指出，落实规范民办义务教育发展要求，清理规范"公参民"学校，原则上不再审批新的民办义务教育学校，调减本省内民办义务教育占比，2022年年底前小学、民办初中在校生人数占义务教育在校生总人数的比例调减至5%以下，县域内民办义务教育在校生人数占义务教育在校生总人数的比例降至15%以下。

政策之下，各地"公参民"学校纷纷转公，一些新开办的民办学校停止招生。

2021年新办的民办学校——眉山天府新区嘉祥外国语学校还没开学，

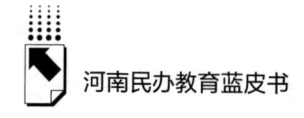

就转设为公办学校。这是四川省第一例受到《民促法实施条例》影响，由民办学校转为公办的案例。

2021年7月17日，太原市教育局发布公告，9所公参民学校转为公办学校。

2021年河南省义务教育阶段民办学校占比最高的是周口市，达38.32%；占比最低的是济源示范区，为2.21%。全省占比超过15%的有10个，占比由高到低依次是周口市（38.32%）、许昌市（25.79%）、南丘市（23.32%）、开封市（20.65%）、焦作市（20.29%）、驻马店市（18.48%）、濮阳市（18.32%）、新乡市（16.73%）、安阳市（16.27%）和南阳市（15%）。占比低于10%的有2个，分别是漯河市（8.08%）和济源示范区（2.21%），剩余6个地级市占比为10%~15%。

开学季，河南省周口市郸城县105所义务教育民办学校中的101所停招新生。2021年8月，河南省周口市濮阳区教育委员会教研室通知：民办学校起始年级（小学一年级、初中七年级）不能招生，从即日起，各公办中小学要做好本辖区内起始年级适龄儿童入学相关政策宣传工作，动员起始年级适龄儿童抓紧时间到公办中小学报名入学，到8月20日义务教育招生平台就要关闭系统，8月20日前起始年级适龄儿童不报名入学。

全国民办义务教育规模调减，涉及数百万民办义务教育阶段在校生。以中部县城为代表，新政下，部分民办教育供给占比较高的县域，将面临新的财政和资源压力。公办学校面对突如其来的生源，或无法容纳，或者因为校舍等硬件设施，或者因为师资等问题。要接纳分流过来的生源，需要对公办学校加大投入，河南等地能否在短期内落实，还需拭目以待。可以考虑把学籍保留在公办学校，经费拨付到公办学校，然后公办学校用经费的一部分购买民办学校的学位，再由民办学校收取相应的培养成本费。

江苏等省份财政实力雄厚，率先提出将民办义务阶段学校削减至5%，市域控制在5%，县（市、区）控制在15%。但是后续的比例和时间进度有待观察。

在欧洲国家，民办教育的比重通常在3%~7%，日本是2%。国外基础教育改革主要通过改革公办学校办学体制，实行教育家办学，解决公办学校平庸化的问题，增加教育的选择性、多样性；而不是让公办、私立学校互相竞争，或者成为一场"化公为私"的改革。

一些地方民办义务教育规模过大，这是当地政府没有履行义务教育的投入责任，以"教育产业化"思路来解决义务教育资源问题的结果。将民办义务教育在校生规模控制在合理的比例，是很有必要的。民办义务教育体量过大，将影响义务教育的公益性，增加老百姓的教育支出负担。但全部取消义务教育阶段的民办小学、初中，也会影响受教育者的差异化选择。

在各级政府充分履行保障义务教育职责的背景下，将民办义务教育控制在适当的规模规范发展，既能确保义务教育的公益属性，又能满足受教育者的差异化教育选择权。

从多元办学模式角度看，未来，民办义务教育学校的"民办"，不再是"属性"，而是办学模式。即政府把民办义务教育学校纳入国家生均拨款范围，在民办义务教育学校读书的学生也可获得与公办义务教育学校学生一样的国家生均拨款。

三 "双减"政策拉开了我国教育现代化事业的新曲谱

2021年12月6日，国家语言资源监测与研究中心发布"2021年度十大网络用语"，"双减"入围2021年度十大网络用语。

2021年5月，中央全面深化改革委员会第十九次会议审议通过《关于进一步减轻义务教育阶段学生作业负担和校外培训负担的意见》（即"双减"）。

党中央国务院出台这份极其重要的文件，不是过去若干文件、若干政策的延续，应该看作高质量教育体系建设的开端，开启了我们国家从小康社会到现代化社会的历史序幕。从党中央、国务院到教育部、各级党委政府都在抓。要实现教育现代化，不解决"双减"问题，几乎是不可能实现的。

2021年7月13日，教育部官网上线"'双减'在行动"专栏，介绍了

"双减"下的北京行动。北京成立了市级"双减"工作专班，并在市教委新设校外培训工作处。北京持续打好"双减"攻坚落实战。继续把"双减"工作作为"一号工程"，成立"双减"工作领导小组和工作机构，健全协调联动机制。建立校外培训执法队伍，开展"校外培训治理攻坚年"活动，坚持集中整治和专项巡查相结合，联合相关部门严厉打击校外违规培训行为。2022年政府将继续把"双减"督导作为教育督导"一号工程"，推动"双减"工作取得新的成效。

广州市教育局有关"双减政策"的主要精神和要求是"三提三限"，其中，"三提"是指提升教学质量、提高作业质量以及提高课程服务质量，"三限"是指校外培训限培训时间、限数量、限价格。

"双减"工作是一场持久战，需要久久为功。坚持以人民为中心，把人民群众的利益放在首位，办好人民满意的教育。

四 人口断崖式下降需要改革优化教育资源

第七次人口普查数据显示，2020年我国出生人口为1200万人，比2019年下降了18%，比刚刚放开二胎的2016年下降33%。2016年二孩政策带来短暂红利，当年全国出生人口1786万人；2019年全国出生人口1465万人；2020年全国出生人口只有1200万人；2021年全国出生人口1062万人，是新中国成立以来最少的一年；2022年中国的出生人口大概率会跌到900万人左右。虽受疫情影响，但仍处于较低生育水平。人口要实现自然替代，需要女性的自然生育率为2.1左右，当下中国2020年育龄妇女总和生育率为1.3，居全球200个经济体倒数10位，意味着每一代人"坍塌"掉几乎一半人。

相比2020年的人口普查数据，2021年全国有14个省份人口还在正增长，11个省份已经提前进入人口负增长阶段（见表1）。14个正增长的省份中，广东常住人口1.27亿人，仍是中国第一人口大省，但增量下降到60万人。而浙江的增量达到72万人，也是第一次超过广东，位居全国第一。此外，还有湖北、江苏、福建人口增量超过20万人，广西增长18万人，安徽增长8万人。山东、新疆、重庆、上海、青海、四川的人口增量都未超过5万人,尤其是人口大省山东省,净增长只有4.99万人。吸引力巨大的上海市,只增长了1.07万人。全国人口第四的四川省,人口也只增长了1万人。

在11个人口负增长的省份中,河南省下降58万人,甚至超过了黑龙江省的46万人。湖南、河北、天津、甘肃、山西5个省份人口下降也超过了10万人。

河南省出生人口曲线如下:2016年143万人,2017年140万人,2018年127万人,2019年120万人,2020年92万人,2021年76万人。

拐点,在河南等地已经提前到来。

表1 2021年20个省份常住人口数据

省份	2021年常住人口(万人)	净增长(万人)	出生人口(万人)	出生率(‰)	人口自然增长率(‰)
浙江	6540	72	44.9	6.9	1
广东	12684	60	118.31	9.35	4.52
湖北	5830	54.7	40.4	6.98	-0.88
江苏	8505.4	28.1	47.98	5.7	-1.1
福建	4187	26	34.5	8.26	1.98
山东	10169.99	4.99	75.04	7.38	0.02
新疆	2589	4	16	6.16	0.56
重庆	3212.43	3.5	20.84	6.49	-1.55
上海	2489.43	1.07	11.6	4.67	-0.92
青海	594	1	6.7	11.22	4.31
北京	2188.6	-0.4	13.9	6.35	0.96
江西	4517.4	-1.46	37.7	8.34	1.63
内蒙古	2400	-2.83	15.03	6.26	-1.28
贵州	3852	-6	46.9	12.17	4.98
山西	3480.48	-10.02	24.64	7.06	-0.26
甘肃	2490.02	-11	24.16	9.68	1.42
河北	7448	-16	53.3	7.15	-0.43
湖南	6622	-22.49	47.3	7.13	-1.15
黑龙江	3125	-46	11.3	3.59	-5.11
河南	9883	-58	79.3	8	0.64

资料来源:各省份统计公报。

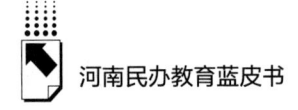

随着从2020年开始每年出生人口的锐减，从2024年开始，每年的小学入学人口开始骤降。2020年和2021年出生的孩子，到时候就学压力会比现在小很多。这是需要动态思考的一个问题。在每年出生人口骤降的情况下，当前比较紧张的教育资源，可能到时候反而会显得比较富余。也就是说3年后全国幼儿园入学人数将减半，6年后全国小学入学人数将减半，到那时就是不建新学校，公办现有义务教育阶段学校校舍也能容纳下。

当前，全国的教育资源是用来应对2016年出生的1786万人人口带来的入学规模，假如7年后，全国入学规模缩减一半，那么教育资源不足的压力，就会大大缩减，甚至开始有些富余。这将会带来新的问题。因此，政府就是趁当前每年出生人口下降的窗口期，开始对教育资源进行大幅度改革优化，解决教育资源过度集中化的问题。

人口断崖式下降会对民办学校造成重大影响。另外，国家财政性教育经费教育投入占GDP比例已连读多年在4%以上，即学生大量减少，经费不减还大增，这样公办学校条件及师资待遇将大大改善。到那时民办学校可能只需要少量鲶鱼，来激活公办办学活力。

2021年5月11日，中国第七次人口普查数据公布。数据显示，2020年，我国人口总体规模达到14.1亿人，相较于2010年"六普"时，增加7205万人，年平均增长率为0.53%。从人口数量看，近10年间，中国人口增长率持续放缓，老龄化加剧。全国超2.18亿人具有大学文化程度。与2010年相比，每10万人中具有大学文化程度的由8930人上升为15467人，15岁及以上人口的平均受教育年限由9.08年提高至9.91年，文盲率由4.08%下降为2.67%。这反映国家过去10年发展高等教育取得了积极成效。

相比第六次人口普查我国具有大学文化程度的1.19亿人口，现今具有大学文化程度的人口增加了近一亿。这意味着我国在过去10年间培养的大学生，已经接近之前的大学生总数。在肯定国家大力发展高等教育取得成效的同时，需要关注高等教育的质量。接下来的10年，我国应该着力提高高等教育的质量，而不宜追求扩大高等教育的规模。当高等教育在追求规模发展的同时注重发展质量，这也会倒逼社会对人才的选择要求提高，注重能力提升的职业教育就有了更多被选择的可能。

目前，职业教育正值政策红利期，从2018年下半年到2019年，国家连续出台了十几项关于职业教育领域的新政，为职业教育发展提供了巨大的机遇和空间。连接高校和产业的校企合作、产教融合成为发展主流，有更多具备社会办学和教学能力的机构进入高校，解决体制内人才培养体系与社会用工需求脱节的问题。虽然高学历年轻人口还在上升，但从人口结构不难看出，我国劳动力市场当前面临挑战，特别是人口老龄化加剧、年轻劳动力的稀缺带给企业用工巨大的压力。灵活用工作为解决劳动力市场用工矛盾的重要方式，未来市场将进一步扩大。

生育政策有望加码，托育迎来机遇。出生人口数量与生育率深受生育政策和经济社会发展因素的影响。随着社会经济的发展，人们的生育观念发生很大变化，加之现在整体就业环境竞争压力加大，在"母职"+"公职"的双重压力下，大部分育龄妇女的生育意愿并不强烈。经济压力过重和照料的负担更导致越来越多的家庭"不敢生""生不起"。一方面，住房成本、小孩的养育成本普遍过高。学区房、课外辅导班更加重负担。另一方面，国内普惠式照料体系不健全，缺乏普惠性的0~3岁婴幼儿托幼服务体系，又无形中加重家庭养育负担。

教育是母婴童产业中最大的细分，涉及孕期教育、早幼教、托育等。孕期教育作为母婴童前置的一环，涉及从备孕阶段的备孕指导到孕期教育、胎教。现在育龄妇女普遍在30~40岁，尤其高龄产妇对孕期教育的意识逐渐增强。

在母婴童市场里托育备受政策关注。2020年12月20日，国家卫健委、国家发改委等部门相关负责人在中国人口与发展论坛上透露，我国正在构建"政府主导、社会力量参与、以普惠小微型托育机构为主体"的托育服务体系，推动将托育服务纳入基本公共服务范围。

目前，我国有3岁以下婴幼儿将近5000万人，能够提供婴幼儿照护服务的社会机构严重不足，全国婴幼儿在各类托育机构的入托率仅为4.1%。有学者建议大力提升0~3岁入托率从目前的4%提升至40%。

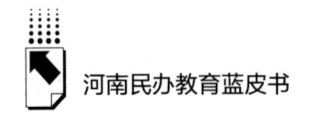

不过，目前托育市场普遍存在服务资源匮乏、从业人员素质参差不齐、服务标准缺失等问题。尤其是面向0~3岁婴幼儿的保育和教育需要精细化的照料，托管服务质量直接关系婴幼儿的身心发展。因此对优质的托育服务和管理，以及给孩子教育所需的优质内容，都存在刚需。

五 "双减"背景下教培机构迎来健康发展之路

2021年5月，"双减"政策发布，明确严禁随意资本化运作，不能让良心的行业变成逐利的产业。

2021年6月15日，校外教育培训监管司成立。从某种意义上讲，这不仅意味着三胎配套政策出台，也是教育行业资本化的结束。严禁资本在教育领域无序扩张将是一条长期坚持的红线。校外教育培训监管司的成立将从增设机构监管的维度进一步守护行业秩序。

2021年7月24日，根据"双减"意见，明确试点工作要求，确定9个全国试点城市，包括北京、上海、沈阳、广州、成都、郑州、长治、威海、南通，试点内容为坚决压减学科类校外培训；合理利用校内外资源；强化培训收费监管；严禁资本介入K9学科培训等。

从热火朝天到遭受重创，校外培训是近几年来互联网资本最快遭受打击的领域，监管极为迅速、严厉，诸多互联网培训机构遭受重创，大规模裁员或转型。

"双减"政策出台后，各地启动了对校外教育学科类培训机构的整治，力度之大，前所未有。天津、河北、山西、辽宁、安徽、山东、广东、青海、新疆、兵团等地大力推动机构压减，压减率都达到90%以上。

学科类培训机构行政治理流程如下：

(1) 停止审批（同时取缔无证机构）；

(2) 三限三禁（限时、限量、限价；禁广告、禁资本、禁上市）；

(3) 抬高标准（如合规、资金监管、保证金、捐赠仪式）；

(4) "营转非"（赚不到钱，自动放弃）；

(5)"学转非"(学科培训一律转非学科培训);

(6)校内提质(校内课后服务+在线辅导全覆盖);

(7)舆论配合(联合行动);

(8)给出出路(转非学科,高中、职教等领域)。

"双减"政策直接动摇了以好未来为代表的教育公司的商业模式,引发教育板块股价大崩盘。超过八成的营收将基本蒸发,校区已大批量关停,仅保留数十所用作素质教育。2021年12月17日,好未来市值仅余27亿美元,暴跌近95%。从2021年1月1日到12月1日,新东方(港股)下跌88%,中公教育(A股)下跌73.8%。

在很大程度上,教培业是一个被资本"催肥"的行业。资本大规模进入教培行业始于2015年,2018~2020年达到高潮,6年投向K12教培的资本总额为1294亿元,2020年高达640亿元。在巨额资本的支持下,头部教培公司大举"烧钱"营销,家长的焦虑也水涨船高,教培行业的泡沫迅速被吹大,成为创业者和资本方都趋之若鹜的"快生意"。吹大教培行业的泡沫,资本"居功至伟"。实际上对任何行业、任何公司,资本既是天使也是魔鬼,而考验企业家的,恰恰是他们能否趋利避害、平衡资本的两面性。

2021年最为惨烈的教培行业也不能完全归咎于外部环境。商业的本质是创造价值,教育的本质不是做题而是育人,当教育成为一门快生意,它必然会背离教育的本质、背离商业的本质,进而成为一场一赢多输的内卷竞赛。此时,政策干预就貌似"黑天鹅"实则"灰犀牛"。

"双减"引发教培行业的群体性失业潮。裁员,成了各大机构的集体选择。落实监管措施后,学科类培训的失业人员的流向,一是转行求职,二是可能转为做"地下"生意,包括做上门家教,或者在小区里租房开展"别墅培训"。2022年4月拉勾招聘数据显示,只有7.4%的教育从业者继续留在教育行业,高达80%的从业者流出,其中8.7%流向游戏行业,6.8%流向人工智能服务行业,5.7%流向电子商务平台,以及短视频、软件服务、内容资讯等多个行业。

2021年各行业有喜有忧,表现分化。大宗商品、新能源表现亮眼。但

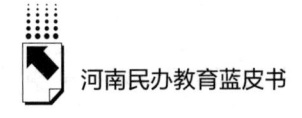

在疫情防控、经济增长方式调整、原材料价格上涨、货币增速下降等因素影响下，也有一些行业在收缩，其营业收入、营业利润还没有恢复到疫情之前。除了疫情，受到成本上升影响的有养猪、养鸡、火电行业。受到需求下降影响的有装修和园林行业。受到消费习惯影响的有商场和超市行业。受到政策影响的有影视行业、教育行业。

2021年，除了市场竞争的压力外，前所未有的监管力度成为影响格局的一大变量，民办教育行业的洗牌、重塑仍将加速。

教育是国民教育、劳动力培育及人才选拔制度，属于政治制度范畴，市场化行为只是补充形式。教育是永恒的主题，也是永不衰落的行业。虽然经历冲击，但需求仍在。经过调整和适应，教培行业将健康发展。

"双减"政策下，转型方向主流有三种：教育硬件、素质教育以及成人教育。教育培训机构不分大小，都必须找准自己在未来教育分工体系中的位置。打通早期教育、培训教育、职业教育、家庭教育之间的隔离状态，做到区域异业联盟，提升资源（教室与教师）的利用率，挖掘客户价值，有条件的构建教育综合体，务实合作，利用教育产业链的各类资源，既服务好客户，又提升收益。

办学的"三个有利于"标准：一是有利于学生与家长，他们是否从中受益；二是有利于国家要求，与各类教育体制是否相得益彰；三是有利于民族未来，对民族创新是否有重大促进作用。教培可以选择从K12学科类向下延伸做托育教育，从K12学科类培训转向非学科培训（素质类），从K12单纯的学科类机构转向智能+学能中心，从K12向上延伸做职业培训教育，或从K12向上延伸做家庭教育。

校外培训机构发展战略转型有三种。一是抓住政府倡导的托管服务即允许培训机构进入学校提供延学服务契机，积极与公办学校合作，把编程、机器人、科学小实验等课程送课到校。二是向研学方向转型。研学利润空间不比学科培训差，或能成为业绩新的增长极。政府对培训解题学科类培训班会严加监控；而培养解决问题能力的学科探究、研究性学习性质的研学旅行是国家鼓励提倡的，研学首先要做的是尽快制定省内外研学线路、日程、收费细则，开发课程资源、考察并鉴定协作单位。为研学培训做好准备，把握先机。三是开展招教、公务员招考、职业技能培训。

各培训机构转型的动作非常快。一个月内，巨头迅速进军素质教育：新东方成立北京新东方素质教育成长中心；作业帮上线小鹿编程、小鹿美术、小鹿学习力三款素养课产品。除了素质教育赛道，在职业教育、智慧教育、课外托管等方面都有机构的身影。

进入2022年，探索与试水还在继续。作为教培机构的代表，新东方甚至涉足了直播带货。剥离K9业务的枫叶教育，增加了餐饮、校服和职业装业务。

据央视报道，"双减"政策发布一个多月，国内艺术类、体育类培训机构新增3.3万余家，同比暴增99%。而2022年又是体育赛的大年：北京冬奥会以及12月即将举办的卡塔尔世界杯，都将进一步点燃国民的体育热情。在此背景下，体育类培训势必将进一步受到关注。随着政策对素质教育培训的重视，以及体育赛事热潮的延续，体育培训也将得到前所未有的发展机遇。在此背景下，体育培训行业能否逐渐实现整合，诞生具有全国性影响力的培训机构，或将成为未来发展的重要看点。

相比于其他赛道，教育硬件一直在不断进化。目前，学习机、智能笔、作业灯、智能音箱等是教育硬件的主要品类。但在机构转型的大背景下，不少巨头已经在布局硬件市场。2022年1月，作业帮旗下素质教育品牌小鹿素养宣布推出智能硬件"小鹿写字笔"；豆神教育则推出智能伴学硬件"豆伴学小课屏"。

好未来主要的转型方向有三个：一是针对2~18岁主要客群的素养类教育，包括人文美育、科学益智等；二是针对第三方机构和全日制学校的智慧教育服务，为B端客户提供数字化转型方案；三是推进海外业务，在美国、英国、新加坡等国家的基础上探索教育培训等业务。此外，原有K9业务剥离出上市公司体系后，将转为非营利性机构，虽然利润微薄，但也能为好未来其他业务引流。对于一家曾经登顶中国教培界的公司而言，这相当于二次创业。虽然短期内无法回到巅峰，但过去近20年积累下的人才、教研、技

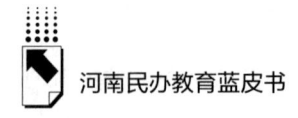

术与品牌还能被利用,好未来依然有望复苏。

托管服务供应是教培行业的一个方向。2021年7月,多地教委发出启动2021年暑期学生托管服务的通知。暑假前夕,教育部发布《关于支持探索开展暑期托管服务的通知》,支持有条件的地方开展暑期托管服务工作,让培训机构的市场已经感到凉意。北京率先尝鲜。7月初,北京市教委官微发布,暑假期间,北京市基础教育系统将由各区教委组织面向小学一年级至五年级学生的托管服务。托管服务内容主要包括提供学习场所,开放图书馆、阅览室,有组织地开展体育活动等。不组织学科培训和集体授课。适当收取费用,对家庭困难学生免收托管服务费用。随后,上海、深圳、广州、武汉、桂林等城市都先后发布试点暑假托管服务的消息。上海市规划的暑假托管班全名为上海市爱心暑托班,于2021年6月21日开始报名。500多个办班点覆盖上海所有街镇,受益学生家庭达4万个。暑托班坚持"公益、自愿"原则,提供公益的看护服务。但学生必要的午餐、保险、活动耗材等费用由学生家长承担。各教学点原则上按照600元/(人·期)(3周)的收费标准向学生收费。对于家庭困难的学生,相关费用可适当减免。武汉市免费提供暑托班服务,服务全称为"武汉市青少年暑假社区托管班"。于6月30日开始报名,7月5日正式开放。全市共开办193个市级暑假社区托管室和82个区级暑假社区托管室。从以上几个城市的具体举措中可以看出,政府十分重视孩子们暑假的去向,并以实际的举措为绝大部分孩子提供平等且有益的受教育机会。政府办理的暑托班一般都是普惠的,价格都是绝大部分家庭可接受的范围内,或者直接是免费的。

只有当教育培训机构真正做到与国家政策同行、主动拥抱监管、不断提高自治能力、协同校内推动实现高质量的教育公平,才能在自主规范和主动规范下赢得良性发展的空间。

教育的内卷化,本质上是系统的超级稳定后带来的停滞与退化,这与长期以来的回音室效应和认知气泡相关。抵抗内卷化需要我们对系统进行反思、变革与创新;系统的变革与创新需要我们克服认知偏差,以开放的心胸、多元的视角、批判性思维来看待教育的问题,寻求学校转型之道。

因此,校外培训机构是公立学校体系的有益补充,应该做跟公立学校有互补的培训内容,而不是有竞争性质的、内卷化超纲教学。培训机构的定位应当是特色办学,满足社会上多元化的需求,成为公办教育有益的、拓展性的补充,不能搞超纲教学、应试训练、挤压公办学校、人为制造教育焦虑。

回归教育公益属性,回归微利时代主动拥抱可能的行业变迁,是教育机构和个人重生与希望所在。

六 教育资本市场遭遇"急刹车"

2017年起,港股掀起民办教育上市热潮,光正教育、天立教育、宇华教育、博实乐教育等民办教育公司纷纷杀入资本市场。随着收并购消息的频繁披露以及独立学院转设的推进,这些民办教育上市公司资产不断扩张,学生数量快速增长,股价飞涨。然而飞奔的民办教育股,却齐齐踩了一脚刹车。

从2021年初开始,包括北京、上海、广州、重庆在内的各地教育部门纷纷出手整治校外培训行业乱象,多家企业陷入裁员毁约风波。这也是这个行业自诞生以来面临的最密集、最有力的一次监管浪潮。

2021年7月20日,"双减"政策落地,二级市场应声下跌,当天开盘,中概教育股集体下挫,好未来跌逾10%,新东方跌逾5%,高途集团跌逾4%。港股亦不例外。随着政策大方向一步步趋于明朗,二级市场股价持续下跌。

2021年7月23日,快速发展的在线教育也踩了急刹车,港股在线教育股全面溃退、集体大跌,截至收盘,新东方暴跌40.61%,为历史最大单日跌幅,思考乐教育大跌28.53%,卓越教育集团大跌21.48%。

不仅如此,自2021年9月1日起施行的《民促法实施条例》让义务教育民办学校的资本证券化戛然而止。《民促法实施条例》规定,任何社会组织和个人不得通过兼并收购、协议控制等方式控制实施义务教育的民办学校，实施义务教育的民办学校不得与利益关联方进行交易。这宣告，义务教育民办学校不再有任何营利的空间，已经上市的教育公司，如果主营业务就是义务教育阶段的学校办学或服务，要么剥离这一业务尝试转型，要么选择退市。

这种局面，在2016年《民促法》修订时就已经注定。但还是有一些投资者和办学者有某种幻想。《民促法》规定，不得设立实施义务教育的营利性民办学校。这意味着所有民办义务教育学校都必须注册为非营利性才能继续办学。而非营利性的基本要求是举办者不占股份，不能分红，学校资产属于社会资产。

2017年9月1日《民促法》实施后，有举办者认为，已经上市的教育公司不会受太大影响，虽然民办义务教育学校属于非营利性，但是，如果允许进行关联交易，或者允许社会组织或个人可以控制实施义务教育的民办学校，那么为非营利性的民办义务教育学校提供管理、后勤服务，还是可以作为上市公司的主营业务的，非营利民办学校也可以经过一番运作成为上市公司的资产的。

在疫情反复、强监管的大背景下，2021年教育机构的业绩注定是十分挣扎的。业绩下滑已成普遍现象。大趋势不可避免，但反映到个体身上，不同机构也有不一样的表现。对整个教育行业来说，机构在当前具备足够的抵御短期冲击的能力，对于未来发展的意义是不言而喻的。

2022年1月14日，学大教育发布2021年度业绩预告。预计全年归属于上市公司股东的净利润出现亏损，营业收入为24.8亿~25.8亿元，同比逆势增长2.1%~6.2%，展现了较强的经营韧性。

在机构的转型中，相比于其他赛道的不确定性，成人教育赛道几乎是所有机构的必选题。在成人教育赛道，作业帮上线成人培训App"不凡课堂"；网易有道成立"有道成人教育事业部"；好未来整合轻舟考研帮、轻舟考满分、轻舟留学等，推出"轻舟"品牌；高途考研项目也正式以独立事业部的形式投入运营——主要的竞争者均已布局成人教育赛道。新机构的进入、老牌机构的应对,都将成为未来的看点。

在教育行业的众多赛道中,民办高校始终是独特的存在。疫情之下,民办高校逆势增长。而《民促法实施条例》的落地,行业普遍认为民办高校所受的冲击有限。过去几年,民办高校开启了大规模"买买买"的模式,并购已经成为常态。以中教控股为例,2018年至今,中教控股花费95.8亿元先后收购了10家高校。2022年1月底,民办高校概念股突然闪崩,中教控股一度跌超24%。民办高校资本扩张的路径引发争议。未来民办高校并购的道路还能否继续？如果不再外延并购,民办高校是否会进入"精耕细作"的周期？

当前,随着"双减"政策逐渐落地,教育行业的利空或将出尽。

首先,"双减"政策力度较强,短时间内冲击较大。但从较长时间周期看,预计不会出现更大力度的政策文件。教育机构将迎来一段稳定的监管周期。

其次,教育行业整改已取得较大进展,多数机构都已完成了出清。在此背景下,机构业绩下滑空间有限,行业即将触底。2021年12月21日,教育部校外教育培训监管司负责人介绍校外培训机构治理有关情况：校外培训机构治理已取得明显进展。线下校外培训机构已压减83.8%,线上校外培训机构已压减84.1%。压减幅度超过8成,意味着机构业绩进一步收缩的空间不会太大。

回顾2021年,对教育行业来说是剧烈变化的一年,教育行业迎来变革,教育资本市场迎来大幅回调。特别是美股教育概念股,多只股票的下跌幅度甚至超过了90%。政策落地后,机构面临着资本市场的重新估值。

站在行业的角度,利空出尽有望迎来利好,进入2022年,机构出清后"剩者为王",一些机构的未来发展或许值得期待。2022年,对机构的价值判断也将持续。一方面,诸多机构如今已经如履薄冰。据不完全统计,截至2022年2月4日,美股资本市场中的瑞思教育、流利说、四季教育、安博教育、51Talk、华夏博雅、博实乐等,股价已跌破1美元,接下来有可能会面临退市的风险。另一方面,进入2022年后,不少机构开

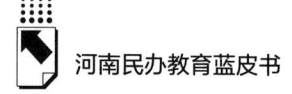

始出现反弹。比如美股市场的王道科技、达内科技、网易有道等，港股市场的 21 世纪教育、嘉宏教育、首控集团等，A 股市场 2021 年刚刚上市的孩子王等。政策落地后，面对新的环境，或有机构逐渐赢回资本市场的信心。

民办教育所有的举办者和办学者，都应该有新的认识和心态，这就是必须从以前的投资营利转向公益慈善，从追求规模体量转向内涵发展。不得设立实施义务教育的民办学校，其主要目的是确保义务教育的公益属性。从全世界范围看，发达国家不要说义务教育，就是学历教育，都很少有营利性学校。当然，我国民办（私立）教育与发达国家的发展历程不同，发达国家的私立教育，举办者大多是出于慈善、捐赠办学，不追求利益回报，而我国个人、企业举办民办教育则大部分有获得利益回报的诉求，简单来说，就是投资办学。

《民促法实施条例》对投资举办义务教育民办学校是"不友好"的，对于投资者来说，已经没有通过举办民办义务教育赚钱的机会和空间；但对于慈善公益办学却是欢迎的，对于那些想为办好教育贡献一份力量的社会力量来说，民办教育仍大有可为。可以说，未来义务教育阶段留下的民办学校，都是致力于办教育者，会由此出现一批民办教育家，而不再是民办教育老板、上市教育企业。

七　结语

当前，中国正处在新的时代方位，面对新的历史关口：2022 年是进入全面建设社会主义现代化国家、向第二个百年奋斗目标进军新征程的重要一年。2022 年是党的二十大召开之年，也是新发展格局全面布局的一年。我们党经过百年奋斗，将要开启新的历史征程。

从全国来看，2022 是"双减"巩固年，"双减"仍列为教育部一号督导工程；2022 年是培训机构转型探索年；2022 年是职业教育尤其是技能培训发力的新元年。

从河南省层面看，民校缩编落地进入倒计时。2022年全省教育工作会议指出：加快规范民办义务教育。按照在校生规模控制在5%以内的要求，确保9月1日前完成任务。省厅文件明确三点：一是在校生规模控制在5%以内成定局，而不是15%以内；二是时间节点确保9月1日前完成任务；三是此项工作已上升到政治高度来对待。郑州市是双减试点城市，双减必先行探索。郑州市于2022年3月下发新学期招生计划，民校招生指标只减不增；学籍省控、严控转学；限区、按学籍招生，初一补录在本区。郑州市2021年民办初中招生占比在20%左右，2022年控制在5%以内，许多民办初中生存将非常艰难，将有一批退出。郑州市2021年末学科类培训机构缩编在90%以上。

党的十八大以来，党和国家高度重视社会治理。党的十九大报告提出，要形成有效的社会治理。新时期民办教育的发展，必须在依法治理的基础上才更有生命力。从长远来看，《民促法实施条例》的施行，为民办教育的法治化发展铺就了更加清晰的轨道，民办学校必须按照教育规律办学，高质量发展，从而为党育人、为国育才，以更加主动的姿态迎接民办教育发展的新时代。

参考文献

陈志伟等：《2021中国基础教育政策分析》，《人民教育》2022年2月18日。
田凤、姜宇佳：《2021年中国教育热点述评》，《中国德育》2022年1月8日。
李和平、郭婧：《困境与破局：高水平民办高校的发展之路——基于新制度主义的视角》，《浙江树人大学学报》（人文社会科学版）2021年第6期。
陈曦：《"双减"落地，对校外培训影响几何？》，《工人日报》2021年8月2日。
《中共中央办公厅　国务院办公厅印发〈关于进一步减轻义务教育阶段学生作业负担和校外培训负担的意见〉》，《中华人民共和国教育部公报》2021年10月15日。

B.16
2021年民办教育研究综述*

河南民办教育研究院课题组**

摘　要：　对民办教育有关新法新政的解读，是2021年度民办教育研究的重要方面。普惠型幼儿园和高职混合办学延续了往年的研究热点。2021年的民办教育研究，具有两大鲜明特点。一是研究呈现巨大的分化。在研究成果中，课题的层次和分量都较之前有了长足的进步；高产作者和高质量作者集中在几个较有影响的公办高校。民办学校中的研究者影响力有待提高。二是研究成果呈现泡沫化、同质化的倾向。研究者的学风，教风亟待改进。

关键词：　民办教育研究　泡沫化　同质化

2021年是我国政治、经济、社会发展等方面具有重要意义的一年。2021年是中国共产党建党100周年，是"十四五"规划的开局之年，也是全方位深刻影响中国教育发展的一年。2021年3月，《中华人民共和国国民经济和社会发展第十四个五年规划和2035年远景目标纲要》发布，对建设高质量教育体系做出全面部署；9月，中央人才工作会议召开，习近平总书记发表重要讲话。1月，教育部、财政部、国家发展改革委联合印发《"双一流"建设成效评价办法（试行）》，教育部又印发了《普通高等学校本科

---

* 基金项目：河南省高校哲学社会科学智库研究项目"新中国70年河南教育的政策演变及发展走向研究"（2021-ZKYJ-09）、黄河科技学院2021年度党建创新项目"河南民办学校党建高质量发展研究"（3）。

** 课题负责人：贾全明。成员：樊继轩、胡明明、李越、王道勋、干寒月。执笔人：贾全明，河南民办教育研究院研究员，黄河科技学院讲师。

教育教学审核评估实施方案（2021~2025年）》；3月，教育部等六部门联合印发《义务教育质量评价指南》；3月31日，教育部出台了《关于大力推进幼儿园与小学科学衔接的指导意见》；4月，教育部等四部门印发《关于实现巩固拓展教育脱贫攻坚成果同乡村振兴有效衔接的意见》；7月，中共中央办公厅、国务院办公厅印发《关于进一步减轻义务教育阶段学生作业负担和校外培训负担的意见》，教育部等六部门印发《关于推进教育新型基础设施建设构建高质量教育支撑体系的指导意见》，教育部印发《关于"十四五"时期高等学校设置工作的意见》；8月，教育部等八部门印发《关于规范公办学校举办或者参与举办民办义务教育学校的通知》；9月1日，修订后的《中华人民共和国民办教育促进法实施条例》（以下简称《民促法实施条例》）正式施行；9月，教育部印发《国家义务教育质量监测方案（2021年修订版）》；10月，《中华人民共和国家庭教育促进法》通过；11月，教育部发布《中华人民共和国教师法（修订草案）》（征求意见稿）。一系列与民办教育有关的新法新政的推出与落实，深刻地影响着民办教育的发展及其研究活动。

一　对民办教育有关新法新政的解读是 2021年度研究的重要方面

2021年，站在"两个一百年"奋斗目标的交汇点上，民办教育如何助力实现"人口红利"向"人才红利"转变；民办基础教育如何在"五育并举、全面育人"中应对力度空前的"双减"政策，如何确保"五项管理"在"双减"落实中的阶段性成效；"公参民"民办学校如何转换发展轨道；民办高校如何对标"双一流"建设标准，促进民办高等教育内涵式发展；民办教育如何有效衔接乡村振兴战略，接续推动脱贫地区发展和乡村全面振兴等这些既是重大的理论问题，又是重大的现实问题。对有关的新法新政的解读就成为研究者的一个重要任务和使命。

研究者对"十四五"时期民办教育的发展做了全方位的思考。高宝立

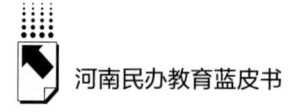

呼吁各级各类民办教育要立足于服务"十四五"时期,乃至更长一段时期的国家的新发展格局,发挥民办教育的多方面优势,在建设高质量的教育体系方面做出自己的贡献。董圣足认为未来5~15年,由于民办高等教育宏观治理制度及相关政策的调整,资源匮乏和宏观政策挤出效应将导致民办高等教育处于竞争弱势,民办高校举办者必须在理念重塑上,从注重自身收益转为谋求公共利益;战略优化要从追求外延型扩张转为内涵式发展;进行资源整合,为高质量发展全面夯实人财物基础;创新治理体制机制,为赢得市场竞争提供坚实的组织保障。

高质量发展成为研究者关注的焦点。董圣足指出,民办基础教育应以优质均衡为取向,构建高质量基础教育体系。周海涛、廖苑伶分析认为,"十四五"时期,民办高校需要进一步夯实高质量发展的要素基础和优化结构基础,在师资队伍上从"拾遗红利"转变为"青椒红利",在模式上从后发借鉴转变为特色创新,在制度上从渐进式建构转变为全面规范设计,在服务面向上从跨界腾挪转变为精准细分,在专业设置上从速成取向转变为精致取向,在育人方式上从静态培养转变为动态培养,在资本结构上从偏向物质资本转变为偏向人力资本,在内部治理上从扩张型管理转变为服务型治理。在对民办高校规模、生源、区位、体制和专业结构的分析后,闫丽雯提出,民办高校应该通过研制办学规模合理区间、建立质量标准、优化资源供给,促进提质增效等途径,建立和优化与新发展格局相适应的高等教育结构。叶钦南认为,坚持人民中心视阈是检验民办教育高质量发展的重要标尺;刘亮军则把高质量发展作为新时代民办高校办学治校的引擎,周桂凤具体分析了广东民办本科院校高质量发展路径;杨刚要、阚明坤建议,在新发展格局下,民办高校实现高质量发展,需要全面加强党的领导,走内涵式发展道路,加强师资队伍建设,完善和优化内部治理结构及法规制度体系,启动国家一流民办高校建设工程。

9月1日正式施行修订后的《民促法实施条例》无疑对"十四五"时期民办高校发展开好篇、布好局具有重大战略意义和现实意义。阚明坤,顾建民认为,新修订的《民促法实施条例》体现了时代之需、凸显了法理之义，提升了民办义务教育治理现代化水平的框架设计与立法突破。《民促法实施条例》在创新政府支持路径、健全外部监管体系两大方面着重发力，并通过相关条款的创新设计和具体突破为民办义务教育未来发展指明方向。曲一帆认为，《民促法实施条例》的修订虽然对民办教育实践中的焦点、难点、重点问题给予了积极回应，但是在民办教育实践中"公参民"问题、民办学校关联交易问题和融资上市问题还需要有必要的解释和说明，避免《民促法实施条例》修订对上述关键问题的负面影响。阙明坤、余苏结合"双减"政策落实，建议在《民促法实施条例》正式实施后，各地要依据《民促法》对不同年龄段的培训制定不同的政策。肖琴、李赐平结合民办中小学教师队伍建设，建议《民促法实施条例》实施后，地方政府应该积极优化公办民办教师一体化法律待遇的法律机制，学校要实施人本化管理并提高教师福利待遇，社会要消除认知偏差并加大扶持力度，教师自身应增强专业发展意识以提升综合素养，从而共同促进民办中小学教师队伍建设。

伴随着"双减"政策的落地，研究者从不同角度及时对"双减"政策的作用与影响做了分析与研判。刘艳认为双减政策为教培行业提供了一个新风口。张志勇认为"双减"为公共教育体系的重构与治理提供了一个新的政策平台。杜盛、马瑜认为"双减"工作既是重大政治任务，又是重大民生工程。"双减"的有效落地，要从源头治理、系统治理和综合治理三个维度上加强，在减负举措上既做"减法"又做"加法"，通过理清"双减"工作的治理思路、重点方向和推进措施，真正让"双减"促进科学育人。杨小敏、阳科峰、张艳荣认为，"双减"政策有效落实的潜在困境在于教育培训从业者和家长的逐利动机构成"合谋型"教育培训供求关系，这种关系导致个体化、分散化、隐秘化而难以纳入现有监管体系的校外教育培训行为，在微观层面导致对政策执行的碎片化消解，形成深化教育改革的底层阻力。顾秀林、余庆进一步指出了"双减"政策实施的可预期的目标内风险、可预期的目标外风险与不可预期的目标外风险。方芳认为"双减"政策所设想的"应然"状态能否成为"实然"结果，需要通过细致、周密的政策

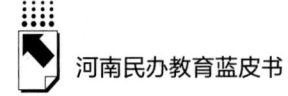

执行措施来具体实现。未来政策规范和引导的方向还包括校内教育教学的改革和对家长理念的引导。一方面，应充分发挥学校育人主渠道的作用，让学生在学校获得优质的教育资源，提升学习品质；另一方面，引导家长树立正确的教育观与成才观，遵循未成年人身心健康发展的规律和特点，理性看待校外培训的作用。"双减"政策下校外培训机构通过转型和治理，走向科学化、规范化发展的道路，可以在一定程度上满足学生对素质类培训个性化和多元化需求，助推学生德智体美劳的全面发展。

2020年义务教育阶段民办学校与公办学校同步招生政策全面实施。对"公民同招"政策的研究成为2021年民办教育研究的一个热点，全年发表有关论文12篇，硕士学位论文4篇。范晓静分析了"公民同招、民办摇号"政策对上海市杨浦区义务教育的冲击与应对策略；叶欣在配对回归的实证分析基础上研究了"公民同招"对优质初中学区房价格的影响；张婷从实质平等的视角分析了"划分学区、就近入学"政策的法律规制；刘佳认为"同步招生"政策导致民办学校生源选拔优势被消除，招生热明显降温，招不足等问题凸显，另外民办学校已有发展基础被动摇，引发举办者产生"退场"心理、优秀教师流失意愿增强等连锁效应。民办学校选择通过涨学费筛选学生、扩大要素投入提高吸引等措施，并不符合我国教育高质量发展的时代需求，面对新政，民办学校应围绕学生发展需要优化资源配置，强化内涵建设与特色发展。王一涛则认为，"公民同招"政策实现了部分政策目标的同时，也导致了民办学校的特色发展受到影响、学生的教育选择权受到侵蚀。宁本涛、杨柳认为，全面推行的"公民同招"政策在有力维护教育起点公平，确保良性竞争的同时，也面临着公平起步与均衡依赖的鸿沟、自主择校与政策调剂的分歧、民办与公办学校的分化等现实困境和深层隐忧。平衡两类学校的协同发展，稳步推进政策，不能搞"短平快"和"一刀切"，需要通过优化资源、维护程序公正，加强校际治理，逐步冲破改革阵痛，促使义务教育优质均衡发展，把新政之弊降到最小。李建文、檀传宝从教育政策伦理的视角辨析，认为义务教育民办学校实行"公民同招"，有利于维护良好的教育生态，符合制度正义的普遍原则，对促进我国义务教育持续健康发展具有十分重要的意义。姚昊、张莹借助 PISA2018 中国四省市样本数据，使用多层线性模型（HLM）和倾向得分匹配估计（PSM），研究表明民办学校很大程度是依靠生源"筛选"机制取得学生学业成绩的相对优势，这一结论也佐证了"公民同招"政策的科学性，但实证结论也显示民办学校对学生学业"培优"的效果；政府应进一步制定引导性政策，助力民办学校实现内生性改革，以办学质量博得家长的青睐；打通学校办学水平与家长感知的信息渠道，引导家长对子女教育做出理性选择与合理规划。

二　往年研究热点问题的延续发展

普惠型民办幼儿园有关议题持续受到关注。检索到普惠型民办幼儿园有关的研究成果 16 篇，其中有 1 篇硕士学位论文。研究者从政策的执行、幼师的职业发展、幼儿园转型、办园者的选择等多角度对普惠型民办幼儿园进行了研究。魏聪、王海英等通过对民办园举办者的问卷调查和访谈，发现民办园举办者对营利性幼儿园和普惠型非营利性幼儿园选择的新政的认知与理解整体偏低，应加强对民办园举办者的培训教育，提升其认知水平；明晰政策焦点，回应民办园举办者关心的核心问题；优化政府传播，通过科学、有效的宣传和解读，缓解民办园举办者的焦虑，消除其对政策的误解。孙琬琰以 ROST 数据挖掘系统为基础对普惠背景下我国小区配套幼儿园的政策定位与文本做了分析；张水华、查明辉对普惠性教育政策实施中的问题提出了解决办法。彭茜对普惠性民办幼儿园法人定位做了探讨；王怡璇、朱莉雅对普惠性学前教育的现状和发展逻辑做了研究及展望。刘梅以河北省为例，分析了普惠化趋势下营利性幼儿园发展的生态位策略；吴航等以湖北省武汉市 X 区为例，研究了普惠性民办幼儿园教师激励与职业倦怠的现状及关系；张锐以广东省 D 市为例，分析普惠性民办幼儿园教师专业发展现状；李娜以陕西省西安市 15 所民办普惠幼儿园为样本，分析普惠性民办幼儿园教育质量提升路径；任慧娟、宋丽芹以普惠性民办幼儿园为例，对政府构建普惠性学

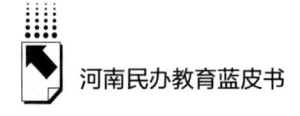

前教育公共服务体系困境提出了治理对策。

混合所有制办学相关的研究主题也是年度热点之一。2021年检索到以混合所有制为主题词的民办教育研究文章有34篇。研究主题集中在混合所有制办学的政策、制度、模式、改革路径、财务管理等几个方面。范琳、秦杰、曹福凯、陶然、卢笛、林珺嫔、许少鹏、陈俊鹏论述了新时代高职产业学院建设模式；雷世平、李立、王华兵分析了职业教育混合所有制办学政策的现状、问题与对策；曹勇安、曹然彬、郭素森、任雪园、阳勇、计祝保论述了高校混合所有制改革路径；柳思羽、冯朝军、张啸宇、马淑娥从内部治理体系入手，分析了高职混合所有制办学治理体系建设的目标导向、原则与路径；卢竹、段明、朱松节论述了混合所有制职业院校的产权问题。与混合所有制相近的还有11篇产教融合为主题词的有关研究成果。罗倩茜研究了产教融合下高校混合所有制办学的合法性问题；王坤对导致产教融合政策执行偏差影响因素做了深入的分析；李敏以广州工商学院为例研究了产教融合在校企合作中的应用；闫新波以客户信息服务专业为例，研究了产业—企业—专业多维耦合共生机制的探索与实践。高职院校混合所有制改革，对吸引民间资金和企业参与职业教育、盘活公办学校资源、完善职业教育现代学校制度具有重要意义。目前，职业院校混合所有制改革，存在概念边界不清、政策法律支持不够和与营利性与非营利性民办学校分类管理要求不适应等问题，需要在明确概念规范性内涵的基础上，加大相关政策供给，寻求新的突破路径。

国际民办教育研究有了新进展。徐绪卿、胡建伟认为，世界各国基本形成了公私并举的教育发展格局，私立教育举办结构呈现私立大学在校生数"三分天下有其一"、私立中小学在校生数占比不高、百余国家私立幼儿园在园人数少于四成等现状。借鉴全球具有代表性国家和地区的私立教育经验，应不断深化对发展民办教育意义的认识、科学规划民办教育的发展空间和结构、引导民办学校的科学定位、落实落细民办教育发展的扶持政策、努力营造教育市场竞争的良好环境，以力推公办教育和民办教育的协调发展。王诗奇对美国和澳大利亚营利性私立高等教育机构发展的共性与个性做了对比研究；美国私立高校对捐赠基金控制权的法律保障，美国私立中小学财政资助政策合法化过程透析，美国新罕布什尔州虚拟特许学校建设，美国营利性高校发展定位，成为研究者关注的对象。李宜瑾对巴基斯坦基础教育公私合作办学做了介绍。刘敏研究了法国私立学校变迁及发展特点。孟园园研究了日本庆应义塾大学内部治理结构。樊妍嫣对日本《学习塾讲师检定制度》进行了研究。李冬梅、李曼对日本校外培训机构治理经验进行了总结。祁占勇研究了日本影子教育治理的法律规制。王诺斯研究了新加坡私立高等教育的特征。李虔总结了亚洲一流私立大学发展的主要特征与经验。

以上成果是 2021 年民办教育研究的主要收获。从总体上看，研究的层次和高度，较往年都有很大的进步。研究成果中获得基金支持的，有国家社会科学基金资助项目 107 篇，全国教育科学规划 88 篇，教育部人文社科研究基金项目 84 篇，而 2017 年国家社会科学基金资助项目仅 16 篇，全国教育科学规划仅有 1 篇。

主要作者中，阙明坤 12 篇（含合著），王一涛 8 篇，祁占勇、靳澜涛各 6 篇，孙霄兵、李虔各 5 篇，周洪宇、周海涛、余雅风、任海涛、刘永林、方晓田、杨程、魏文松各 4 篇，江国华、刘振天、王海英、申素平、曾晓东、徐绪卿、董圣足、郑磊、张天雪、景安磊、方芳、管华、单大圣、徐兴林各 3 篇；文献的机构来源较多的，北京师范大学 55 篇，华东师范大学 30 篇，北京大学 24 篇，广西师范大学 23 篇，东北师范大学 21 篇，中国人民大学 20 篇，上海师范大学 20 篇，云南师范大学 20 篇，山西大学 17 篇，电子科技大学 16 篇，华中师范大学 16 篇，兰州大学 16 篇，西南大学 15 篇，陕西师范大学 14 篇，首都师范大学 14 篇，南京师范大学 14 篇，沈阳师范大学 14 篇，苏州大学 14 篇，山东大学 12 篇，西北大学 12 篇，东南大学 12 篇，广州工商学院 12 篇，厦门大学 12 篇，四川师范大学 11 篇，北京外国语大学 11 篇，湖南师范大学、辽宁师范大学、西北师范大学、山东师范大学、中国教育研究院各 10 篇。

来自民办教育机构的作者和研究成果偏少是有客观原因的。因为每年学

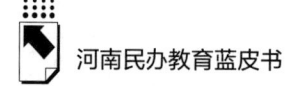

术性刊物的容量一定，版面有限，加之年度发布新法新政较多，资深研究者对新法新政的解读，更具有权威性和影响力，因此在发表时更受学术刊物的青睐，在很大程度上挤占了其他研究者的发表空间。

三 2021年民办教育研究中存在的不足及建议

在2021年的民办教育研究中存在着明显的分化，出现了一定程度上的泡沫化、同质化的不良倾向。部分研究成果还有一定的偏离教育属性的情况，这些都反映了部分研究者的学风问题，值得研究者注意和改进。

从前文的统计中可以看到，部分高校的研究成果较多。经检索，部分高校的成果中，硕士学位论文占了相当大的份额。但是，这些成果中存在的问题很大，值得关注。

首先，研究的泡沫化。在检索到的449篇硕士学位论文中，直接以某某"培训机构"为论文标题主干的有56篇，直接以某某"教育机构"为论文标题主干的有17篇，直接以某某"公司"为论文标题主干的有70篇，三者合计143篇。作为研究对象的这些公司、机构多为不知名的小公司，如"H教育机构郑州分公司发展战略研究""呼和浩特市H英语教育培训机构市场营销策略""呼和浩特市W民办学校营销策略研究"，据研究者介绍，这些都是几十人的小公司；即使是知名的大的教育培训公司，如"大山英语"，但是它在"大山英语教育培训机构萧县市场营销策略优化研究"中的这个萧县有多大的市场和多高明的策略？2021年7月，严厉的"双减"政策落地后，这些研究的对象绝大部分都可能已经消失了，有部分研究者还是下半年参加的论文答辩，还没有等到自己答辩，自己研究的对象已经不存在了，这对于一个研究者来说，不是一种悲哀吗？即使在"双减"新政后，勉强能够存活的机构，这些对策研究、战略研究还有何实际的价值呢？"初创企业WF教育商业计划书"这个能保证WF有多大的发展前景，怕是不得而知的。"工作压力对教育培训行业员工离职倾向的影响：有调节的中介模型"，机构倒闭了，离职成为必然，什么倾向，什么模型，什么压力怕都是子虚乌有了。研究得如此泡沫化，如何选题，怎样研究，研究的价值何在，学校的教风，学生的学风，不言自明。

其次，研究的同质化严重。一是研究方法的单一和雷同，将近100篇的论文采用了PEST分析模型及SWOT分析法，最后都落脚于7PS营销组合的分析。不能对某一些研究方法有偏见，无论采用什么研究方法，只要能研究真问题，发现真规律，找到真的解决办法，就是好的、适合的研究方法。上述文章之所以没有其他的新的研究方法和视角，正是因为他们没有考虑真正的研究选题，盲目地或者是有意识地把自己的研究放置在一堆学术泡沫上。二是研究对象的同质化。"中公教育借壳上市案例研究"同题论文有2篇；"中公教育借壳上市的动因及绩效研究"同题论文有2篇；"中公教育借壳上市动因及绩效研究"同题论文有2篇；"中公教育借壳上市绩效研究"同题论文有2篇，其他以中公教育借壳上市的绩效、效应、动因为对象的还有6篇。另有倪宏伟分析了华图教育借壳上市失败的原因，王际凯基于对赌协议分析了教育集团借壳上市活动，毛节轶在分析职业教育企业借壳上市的动因及绩效，以及蒋清莹研究企业借壳上市风险管控时，主要也以中公教育为案例。对中公教育借壳上市的研究超过了2020年的13篇。

不管是教育培训公司，或者是普通的高等教育、中等教育，或者是职业教育，都要能够基本做到有效发挥教育科学研究的咨询和预测功能。如果一个研究不能从国家战略大局出发，为研究而研究，为文凭而研究，就不能把实践作为检验教育科研成果的客观标准，探求教育道德伦理，从而批判性地构建教育价值秩序，使学校、家庭和社会树立科学的教育质量观。

进入"十四五"时期，努力建设高质量教育体系成为教育科研工作者的重要任务。高质量的教育科研成果应该以聚焦中央关心、社会关注、人民关切的问题为切入点，坚持以坚实的教育科学理论为支撑，在教育改革发展的实践中不断探索经验规律。愿所有的教育研究者能够抱着去伪存真的态度，客观分析教育现象与问题产生的背景，提出解决方案。聚焦民情民意，通过解读政策、普及教育科学知识、开展舆情研究，有效引领社会舆论实现正向发展，最大限度地凝聚全社会的教育共识。

参考文献

马开剑等：《"双减"政策下的教育理念与教育生态变革（笔谈）》，《天津师范大学学报》（社会科学版）2021年第6期。

《民办高等教育研究论点摘编》，《浙江树人大学学报》（人文社会科学版）2021年第5期。

《2021年度中国远程教育十大新闻》，《在线学习》2022年2月21日。

《2021年十大课改新闻》，《中国教师报》2022年1月5日。

方芳、李剑萍：《校外培训机构治理政策的逻辑演进与现实挑战——兼146起教育培训纠纷司法案例的实证分析》，《复旦教育论坛》2021年11月20日。

姚昊、张莹：《"筛选"还是"培优"：选择民办学校会取得更高的学业成绩吗？——基于PISA 2018中国四省市的分析》，《教育与经济》2021年6月15日。

阚明坤、顾建民：《提升民办义务教育治理现代化水平的框架设计与立法突破》，《中国教育学刊》2021年9月10日。

杨小敏、阳科峰、张艳荣：《"双减"政策有效落实的潜在困境与应对策略——兼论公共在线教育服务体系建设》，《四川师范大学学报》（社会科学版）2021年第6期。

陈志伟等：《2021中国基础教育政策分析》，《人民教育》2022年2月18日。

林清华：《学校管理研究2021年度发展报告——基于〈中小学学校管理〉论文转载情况的统计与分析》，《教育发展研究》2022年第1期。

中共中央办公厅、国务院办公厅：《关于进一步减轻义务教育阶段学生作业负担和校外培训负担的意见》，2021年8月12日。

《民办高等教育研究论点摘编》，《浙江树人大学学报》（人文社会科学版）2022年第1期。

《2021年学期教育十大热点事件》，《儿童与健康》2022年1月5日。

郭少榕：《学校教育微观公平样态探索——"基于学校教育过程的微观公平研究"成果报告会综述》，《教育评论》2021年6月28日。

《以"双减"工作为核心，推动构建高质量教育体系》，《北京教育》（普教版）2021年10月1日。

杜盛、马瑜：《"双减"工作的价值转向、现状与实施建议》，《江苏教育》2021年11月9日。

B.17
新时期高职院校党团联动建设研究[*]

张丕万　王道勋　牛晓楠[**]

摘　要： 高职院校在我国人才培养体系中承担着重要角色，随着我国经济实力的提升和互联网通信技术的发展，高职院校的党团工作也面临着前所未有的挑战。大学生作为我国社会主义事业的建设者和接班人，是实现中华民族伟大复兴的中坚力量，培养大学生良好的道德品质和政治思想觉悟对于大学生的成长和国家的发展具有重要意义。在新时代背景下，高职院校运用党团联动的工作方式可以确保高校基层党建工作的正确方向、巩固我党在青年大学生中的群众基础，通过党团联动，以党建带动团建，在高校党组织完成自身工作和建设的同时加强对高校团组织的领导、从而带动高职院校团组织建设，从而促进高校党团工作在新的时代背景下焕发出生机和活力。高校党团工作中也存在许多问题，需要高校充分发挥党委的核心作用、为高职院校党团工作提供充足保障；健全高校党组织的管理体制，此外还要加强高校团组织的政治理论学习，促进高校党团工作的开展。

---

[*] 基金项目：黄河科技学院2021年度党建创新项目"校地党建结对帮扶长效机制的探索与实践"（1）、中国民办教育协会2022年度规划课题（学校发展类）"民办高校党建高质量发展研究"（CANFZG22427）、黄河科技学院2021年度党建创新项目"河南民办学校党建高质量发展研究"（3）、河南省高校哲学社会科学智库研究项目"新中国70年河南教育的政策演变及发展走向研究"（2021-ZKYJ-09）。

[**] 张丕万，黄河科技学院纪委委员、应用技术学院分党委书记；王道勋，河南民办教育研究院政策与发展环境研究所所长，研究员，黄河科技学院副教授，主要从事高等教育、民办教育研究；牛晓楠，黄河科技学院讲师，应用技术学院分党委委员、学生第二党支部书记、团委书记，主要从事思想政治教育研究。

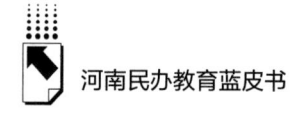

关键词： 新时期　高职院校　党团联动

在新时代背景下，由于互联网信息技术对高职院校学生的影响力越来越大，高职院校在学生党建和团建工作中对于学生的影响力却渐渐下降，在高职院校党建和团建工作中推行党团联动的工作方式就显得非常必要。党团联动相较于传统的党建和团建工作方式对与学生学习和生活的覆盖面更广，在高职院校的党建和团建工作中推行党团联动可以确保高职院校基层党建工作的正确方向，巩固我党在青年大学生中的群众基础以及推进高职院校党团工作和高职院校学生的进步和发展。高职院校在开展党团联动的过程中，存在不少问题，因此，必须坚持党的领导，为高职院校的党团联动指引方向；同时要尊重高职院校团组织的独立性，充分发挥高校团组织在党团联动工作中的积极性。此外，也要发挥高职院校党组织和团组织的合理，共同促进党团联动工作的推进。

一　新时期高职院校党团联动的必要性

近年来，我国在互联网信息技术方面的发展越来越快，互联网的快速发展和自媒体的普及对于高职院校的党团工作产生了不小冲击。党团联动是对高校传统党建和团建工作方式的重大突破，是高职院校党团工作方式的一大创新。在新时代背景下，高职院校党团联动可以确保高校基层党团工作的正确发展方向，促进高职院校大学生思想道德素质的提高；在高职院校中开展党团联动还可以进一步巩固群众基础；在高职院校进行党团联动还可以促进高校党建工作和团建工作的开展，促进高职院校学生的成长和发展。

（一）党团联动能够确保高职院校基层党建工作的正确发展方向

在我国高职院校的党团工作中，许多高校的党组织和团组织无法对自身的工作内容和工作方向进行准确的定位，以至于在部分高职院校的党团工作的开展过程中出现许多问题，很难适应目前新的时代变化对于高校党团工作的冲击。在高职院校的党团工作中运用高校的党团联动这种工作方式，大学生可以及时有效地获取正确的政治信息和知识，帮助大学生抵御互联网时代背景下外来文化的侵蚀。同时，在高职院校的党团工作中运用党团联动的工作方式改变了以往高职院校党团工作方式，更加适合大学生的思维模式，这样可以提升大学生对于高职院校党团工作的兴趣，促进大学生的自我成长和发展。此外，随着高职院校学生的增多，团建工作已经不能满足学生成长和发展的需求，党团联动的工作方式不仅可以为高职院校的团建工作提供正确的方向支持，而且能在一定程度上丰富学生在党建和团建活动中的内容和形式选择，也可以为学生提供正确的政策导向。最后，由于网络信息技术的发展，高职院校的学生对于外界信息的接触途径越来越方便和快捷，党团联动的工作方式对于高职院校学生的学习和生活覆盖范围更广，也有利于提高高职院校学生对于互联网信息的辨识能力，确保高职院校党团工作的正确方向。

（二）党团联动能够进一步巩固党的群众基础

大学生是国家和社会未来的建设者和接班人，其思想动态和思想道德水平的高下对于社会发展具有重要影响，高职院校的党团工作作为提高学生思想政治觉悟的有效手段之一，在大学生的成长和发展中具有关键作用。党团联动作为高校党建工作中的重要环节，主导方向在于党组织带动团组织，在活动中逐渐提升高职院校党员和团员的思想道德素质和理论水平。在新时代背景下，高校党团工作受到了互联网的冲击，互联网上五花八门的信息和观念有可能会对还处在世界观、人生观和价值观形成期的大学生产生一定影响，从而导致大学生思想道德水平下降和滑坡的情况发生。在这样的时代背景下，高职院校党团联动建设可以充分发挥党员和团员的榜样作用，通过党员和团员对学生的思想进行正确的影响和引导，促进高职院校学生思想道德素质的提高。黄河科技学院团委基于学生成长的规律和自身的个性特点，结合目前高校党建与团建的相关需求，充分发挥党团组织在思政教育上所具有

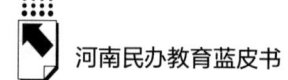

的优势，加强学生的价值观、世界观以及人生观的教育。而团组织作为共产党的后备军以及助手，是党青年联系的一个纽带以及桥梁，必须要和党建工作的实施保持一致，把党员和团员看作一个整体。此外，大部分高职院校对于党建工作的重视程度要高于团建工作，在新时代背景下开展党团联动建设可以通过党建带动团建，扩大高职院校党团工作的影响力，促进大学生的思想道德品质的养成和个人能力的发展，同时也有利于进一步巩固高职院校党的群众基础。

（三）党团联动有助于促进高职院校党团工作和学生发展

党领导团，团协助党一直都是我国党团关系的主旋律。在高职院校进行党团联动建设的尝试不仅是对我国传统党团关系的延伸，也是对我国党团关系的深刻揭示。在高职院校的党团工作中，党团联动建设作为目前高职院校党团工作的重要方式之一，应该得到高校领导的高度重视，从而促进高职院校党建和团建工作的开展。在我国高职院校的党团工作中，无论是运用何种工作方式，最终目的都是提升高校思想政治教育效果，促进学生思想道德水平的提高和个人能力的开展。学生的思想道德水平对于一个国家和社会的发展具有重要意义，党团联动可以很好地将高校的党组织与团组织的工作有效统筹，促进高职院校党团工作的进一步发展和学生的成长。同时，高职院校中在党团工作中开展党团联动也完善了党组织与团组织的结构，为高职院校学生提供了一个了解各种知识的平台，高职院校通过党团联动可以对学生所不了解的知识进行全方位的解读，促进学生知识量的扩展和个人能力的发展。

二 新时期高职院校党团联动工作中存在的问题

在新时代背景下，高职院校开展党团联动建设在促进学生发展和推进高职院校党团工作方面具有重要作用，但是在党团联动建设过程中，高职院校的党建和团建工作也面临着许多问题和挑战，在高校党团联动工作中，互联网信息技术的发展和高职院校党建工作和团建工作在工作方式上的老套难以吸引大学生的注意力,导致高校党团工作在宣传上陷入困境。首先,高校党团联动建设在工作方式上缺乏凝聚力,阻碍了高校党建和团建工作的开展;其次,高职院校管理制度不完善也是影响党团工作开展的主要原因;最后,部分高职院校党员在党团工作中效率低下,也影响了高校党建和团建工作向前推进。

(一)高职院校党团联动工作缺乏吸引力和凝聚力

在新时代背景下,"00后"大学生已经成为在我国高职院校党建和团建工作的主要工作对象,这一代大学生由于在互联网时代背景下成长的,对于新鲜事物的接受能力较强、具有较强的个人意识、眼界开阔、个性鲜明,向往新颖的党建和团建工作的方式。然而在我国高职院校的党建和团建工作中,工作思路老套,工作模式陈旧,高校党支部和团支部的核心凝聚力不足,党建和团建工作效率低下,活动形式不能吸引学生的兴趣和注意力,在这样的工作方式和工作状态下,高职院校的党组织和团组织的活动不仅不能促进高校党建和团建工作的开展,而且也不利于大学生思想道德素质的提高和个人能力的发展。学生在进入大学之后,学习方式、生活结构、自主时间等方面完全不同于中学阶段。大学阶段对于学生的约束力更小,学生的学习和生活上更加自由,高职院校的党团联动由于缺乏吸引力,导致学生对于高校党团工作缺乏兴趣,高职院校的党团工作没有发挥出自身对于学生的导向作用,容易导致学生产生迷茫的情绪状态,缺乏目标和方向。此外,高职院校的基层党支部和团支部在开展工作时缺乏凝聚力,使得高职院校党建和团建工作的工作效率低下,不利于高职院校学生的成长和发展。比如:现在的"00后"大学生热衷于抖音、直播、哔哩哔哩、微博、微信等新媒体平台,传统的党建和团建模式已经不能够吸引现在的"00后"大学生,而且现在的"00后"大学生自我意识比较强,喜欢自己为主导进行直播、拍视频、玩哗站、主角光环等,导致学生对党团工作没有兴趣,活动参与率不高,活动开展效果无法达到预期效果。

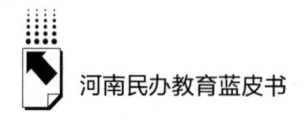

（二）高职院校党团管理制度不够完善，影响高校党团工作的开展

党员和团员是高职院校党建工作和团建工作的主要力量，在高职院校的党建和团建工作中承担着重要的职责和使命，对于高职院校党建和团建工作都具有重要意义。然而，在当前我国高职院校的实际党建和团建工作中，团员在高职院校在校生中的比例大约在90%，团员比例的居高不下虽然强化了高职院校团组织的群众性，但是也导致高职院校团组织先进性的弱化，部分团员在入团动机上的不纯洁以及思想意识不先进导致高校团建工作的效率下降，党团联动工作配合不紧密，对于高职院校党团工作的开展和高职院校学生的发展都具有非常大的消极作用。同时，在高校党团工作中，许多高职院校在党团管理制度上不够完善，对于学生党员的人选问题上，许多高校学生认为在党员人选的选拔上不公平、不公开，严重打击了许多学生的入党积极性，同时也使得主动参与高校党团工作的学生人数下降。此外，在高职院校的党团工作中，某些学生党员由于自身觉悟不高，缺乏自律性，不仅没有发挥出党员的榜样模范作用，甚至产生了极坏的消极影响，影响了我党的先进性和纯洁性，高职院校在党团管理上还需要进一步完善，以求推动高校党团管理制度的进一步发展和高职院校党团管理工作的良好开展。比如：有部分学生干部在没有成为党员之前工作特别积极，任劳任怨，成为党员后，就开始找各种理由拒绝工作，在学生队伍中间形成了极大的负面影响，低年级的同学也跟着效仿，导致学生干部队伍存在脱节现象，无法起到传帮带的作用。

（三）高职院校党员在党团工作中工作效率低下，政治理论学习不够主动

高职院校的党组织和团组织在吸引优秀青年大学生方面具有很大的优势，同时党团联动工作也为高职院校的党员和团员提供了一个可以成长和展现自我的平台，为高职院校学生的成长和发展提高提供了机会和资源。然而，在高职院校的党团工作中一部分学生入党动机不端正，更有甚者存在以

获取利益为入党动机的情况，导致高职院校党团工作效率低下，政治理论学习是高职院校党建和团建工作的基础，良好的政治理论基础可以帮助高职院校的学生党员和学生正确理解党的各项工作任务和工作决议，更加及时有效地贯彻和践行党的工作方针。在思想政治理论学习的过程中，部分学生党员理论学习的主动性较差，对于政治理论教育不感兴趣，不能科学准确地理解和解释政治理论内涵，在一定程度上阻碍了高职院校党团工作的开展。比如，青年大学习是我们团员青年加强政治理论学习的良好学习平台，要求每一位团员青年每周都要学习青年大学习，但总有一部分学生不能按要求完成，学习动力不足，辅导员和团支书双向督促，学习效果仍不明显，总有一部分学生不能每周都按时完成学习，甚至有一部分学生一次都没学习。

三 新时期高职院校党团联动建设的要求

在新时期，由于时代的发展和进步，互联网信息技术不断发展，高职院校党团工作已经不能延续以往的传统的工作方式，在党团联动的工作方式下，高职院校想要提高工作质量，提高大学生思想道德水平和政治觉悟，就要做到以下几点：首先要坚持党的领导，为高职院校党建工作和团建工作指引方向，保证高职院校基层党建和团建工作在方向上的正确性；其次要尊重团组织开展工作时的独立性，充分调动高职院校团组织工作的积极性，促进高职院校党建和团建工作的开展；最后要充分发挥高校党组织和团组织的合力，让高职院校党组织和团组织亲密配合，从而促进党团工作的推进。

（一）坚持党的领导，为高职院校党团联动工作指引方向

中国共产党是中国工人阶级的先锋队，是中国人民和中华民族的先锋队，全心全意为人民服务是其宗旨。在高职院校党团联动工作中，应该以"坚持党的领导"为指导原则，严格遵守"党领导团，团协助党"的党团关系，充分发挥高职院校基层党组织的核心领导作用。中国共产主义青年团作为中国共产党领导的先进青年组织，在党团工作中一定要坚持党的领导，坚

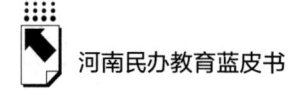

持党组织指引的方向，为提高高职院校党团工作效率，提升高职院校学生的思想道德水平和政治觉悟的方向努力。

（二）尊重团组织在开展工作时的独立性，调动团组织的工作积极性

中国共产主义青年团是中国共产党领导的先进青年的群众组织，是广大青年在实践汇总学习中国特色社会主义和共产主义的学校，是党的助手和培养后备人才的主要力量。在新时期进行党团联动建设虽然离不开党组织的领导，但是也要尊重高职院校团组织的独立性。在高职院校党团工作开展的过程中，党组织不可以包办团组织的建设和工作，也不可以强制高职院校的团组织套用党组织的党建模式，而是在各项工作的开展上为团组织提供宽松的环境，充分调动团组织在党团联动工作中的积极性，促进高校党团联动建设工作的发展。

（三）发挥高校团组织的合力，充分发挥党团联动工作的聚合效应

高职院校党组织在政治方向的把握上拥有极大的优势，而高职院校的团组织则在工作上更加贴近学生学习与生活实际。所以在实际工作中更加灵活多变，因此，在高职院校的党团联动工作中，既要发挥高职院校党组织和团组织的优势，也要充分将二者结合，激发出高职院校党团工作的活力，形成党团工作的合力，促进高职院校党团工作的全面推进，保证高职院校学生的成长和发展。

四　新时期高职院校党团联动建设的路径

在高职院校开展的党团联动可以有效促进高职院校党建工作和团建工作的开展。但是我国高职院校在党团工作中还存在许多问题，需要高职院校进一步改进在党团联动工作中存在的问题，促进高职院校党建和团建工作的进步。首先，充分发挥高校党委的核心作用，为高职院校党团联动工作提供充足的保障，保证高职院校党团联动工作正确的方向性。其次，高职院校党支

部和团支部要健全党组织的管理体制，为高职院校开展党团联动提供制度支持，促进高职院校党建和团建工作的持续推进。最后，高职院校的学生党员、团员和学生要加强政治理论学习，提高高职院校学生的政治理论水平，为高职院校党团联动工作奠定一定的人才储备的基础。

（一）充分发挥高校党委的核心作用，为高职院校党团联动建设提供充足保障

在高职院校基层的党建和团建工作中，处于中心地位的是"校党委"，高职院校日常的党建和团建工作都需要听从校党委的指挥，由高职院校的基层党委决定高职院校党组织的路线以及工作方向。在高职院校进行党建工作的过程中，党群和团群是高职院校党团联动高能工作的主体，高职院校党委在开展党群工作时必须采取措施调动广大党员和团员参与党团工作的积极性，从而促进高职院校党团工作的顺利开展。在思想建设联动中，黄河科技学院团委及时消化和理解党优秀且先进的思想。在我国高职院校中，党员数量较少而团员数量较多，但是团员在个人素质和能力上参差不齐，这样就会导致高职院校在团建工作中形式灵活但工作效率和执行力度低下，因此，黄河科技学院团委强化了自我提升的意识，确保所开展的各项工作具有先进性和积极性，构建一支高素质，高能力的团组织队伍。另外，黄河科技学院团委还对党组织建设工作提出自己的看法与建议，继而使团组织成员可快速进入党员这一角色中。党建工作中人手不够，仅仅依靠现有的学生党员很难及时完成现有的工作，所以高职院校基层党组织要充分发挥高校党委的核心作用，对于高职院校的党建和团建工作进行统筹兼顾，根据具体需要来调整党团工作的工作内容以及工作进度，同时，要加大对学生党员的培养力度，及时解决高校党团工作中党员不足的问题。此外，高职院校要密切关注党组织和团组织的工作进度和发展状况，及时了解高职院校党组织和团组织在工作中存在的问题和困难，并及时解决，进一步保证高校党组织和团组织党团联动工作的开展。高职院校党组织成员也要加强学习，及时了解党务动态并且传达党务精神，提高高职院校党员的政治觉悟和思想水平。

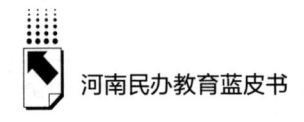

（二）建立健全党组织的管理体制，为高职院校党团联动建设提供制度支持

在新时代背景下，高职院校要想开展党团联动工作来促进党建和团建工作的开展，就必须健全党组织的管理体制，一个科学合理的管理体制对于高职院校党团工作具有重要意义。高职院校首先要对党员和团员的工作态度、工作方式等方面进行严格要求，并且在工作时间、工作形式、工作状态上进行具体的规定。此外，在高职院校中，部分党员和团员在入党动机上存在问题，入党动机的问题不仅对其本人的成长和发展有所影响，而且还有可能影响基层党支部和团支部的工作风气，严重影响了党团活动的开展和进行。所以在党团联动的工作中，高职院校的党支部和团支部一定要严把党员和团员的准入关，对于学生的入党和入团要加强审核，在选拔流程上一定要做到严格、公平和公正。同时，还要注意对学生在日常学习和生活中进行考察，促进高校党团联动工作的进步和发展。党团联动工作方式具有特殊性，因此，高职院校在开展党团活动过程中必然存在人员重合的现象，这会造成一定程度上的管理疏漏，所以党团联动过程中要加强高职院校基层党组织和团组织之间的沟通，促进高职院校党团之间的配合和发展，这在一定程度上也加强了党风廉政建设，促进了高职院校党团联动工作的开展。

（三）加强高校团组织的政治理论学习，提高高职院校党员的理论水平和工作能力

对于大部分高职院校的学生党员和团员来说，思想政治理论的学习一定是提高他们自身思想道德水平和政治觉悟的良方。但对于大多数高职院校学生而言，政治理论内容较为艰深，理解难度较大，如果高职院校的党员对于政治理论的理解不够准确，将会给高职院校党团联动的工作带来许多负面影响，不利于高职院校党团联动工作的推行。高职院校的基层党支部应该加强学生党员对于政治理论的学习，为学生党员建立一个可以交流讨论的平台，

让学生党员可以交流自己在学习政治理论时的问题和困惑，促进学生党员在政治理论上的进步和发展。在高校建设与发展过程中，实施党团联动的一个重要基础就是要了解并满足学生的要求，把理论有效地应用在实践中去，结合实际情况来开展相应的党团联动活动，且确保所开展的活动，其形式以及内容必须要丰富，要为学生解决实质性问题。同时，高职院校党委还应定期和各级党团机构实施沟通以及交流，通过形式丰富、多样以及内容丰富的活动，使学生能够主动且积极地参与到活动中来。高职院校党支部还可以通过将政治理论纳入教学考核的对象来提高学生对于政治理论的重视程度，高职院校的教师也可以通过改变之前政治理论课的讲课习惯，将艰深难懂的政治理论换成较为容易理解的内容，促进学生政治理论水平的提高，为高职院校党团联动奠定一定的理论基础。高职院校基层党组织也可以通过举办政治理论知识竞赛来检测学生的政治理论学习效果，激发学生对于政治理论的学习热情，从而提高高职院校党员和团员的政治理论水平和工作能力。

参考文献

贺丽：《试论高校学生党团协同模式的构建》，《学校党建与思想教育》2016年第17期。

欧江：《高校党团联动建设的价值分析与路径设计》，《学术论坛》2014年第3期。

韩晓娟：《高校党团联动机制的建设与优化分析》，《理论观察》2018年第1期。

陆少梅：《对做好新时期高职院校学生党员发展工作的几点思考》，《南昌教育学院学报》2011年第12期。

张发勤、郭华：《社会主义核心价值观融入当代大学生就业观教育研究》，《皖西学院学报》2020年第4期。

曾长秋：《建党先驱：伟大建党精神形成的主体》，《湖南人文科技学院学报》2022年第1期。

马丽：《在新征程上坚持人民至上的历史方位与实践举措》，《中国井冈山干部学院学报》2021年第6期。

张燚：《中国共产党坚持人民至上的百年历史及其经验》，《探索》2022年第1期。

薛昭军：《坚持自我革命是党保持生机活力的关键所在》，《发展》2022年第1期。

B.18 河南民办学校管理机制创新研究*

李储学**

摘　要： 管理机制创新是河南民办学校创新发展的重要内容，也是全面深化改革的着力点和突破口。从结构和功能上来划分，民办学校管理机制主要包含科学决策机制、多元参与机制、沟通协调机制、信息处理机制、组织运行机制、协同联动机制、应急管理机制、考核评价机制等八项子机制。民办学校推进管理机制创新，既要综合考虑内部因素，也要统筹兼顾外部因素。面对新形势、新机遇和新挑战，河南民办学校应深入学习贯彻党的教育方针，加强民办学校党的建设，优化民办学校管理机制的构成，推进多元参与民办学校管理创新，推广运用现代管理方式方法，培育创新创业型组织文化，持续创新管理机制，激发学校改革动力和活力，从而推动学校综合改革，实现高质量发展。

关键词： 河南省　民办学校　管理机制　机制创新

2021年是党和国家历史上具有里程碑意义的一年，是"十四五"开局之年，也是中国共产党成立100周年，这一年，面对复杂严峻的国内外形势和诸多风险挑战，我国如期打赢脱贫攻坚战，如期全面建成小康社会、实现

---

* 基金项目：黄河科技学院2021年度党建创新项目"河南民办学校党建高质量发展研究"(3)、河南省高校哲学社会科学智库研究项目"新中国70年河南教育的政策演变及发展走向研究"（2021-ZKYJ-09）。
** 李储学，河南民办教育研究院研究员，黄河科技学院副研究员，主要研究方向为民办教育。

第一个百年奋斗目标，教育改革发展的内外环境发生深刻变化。站在"两个大局"交织、"两个百年"交汇、"两个五年"交接的历史节点上，河南民办学校开新局、育新机、谋新篇，必须准确识变、主动求变、积极应变，充分发挥积极性、主动性和创造性，调动一切有利因素，抢抓机遇，应对挑战，实现高质量发展。这需要跳出河南民办教育看河南民办教育、立足全局看河南民办教育、放眼长远看河南民办教育，加快推进管理机制创新，进一步激发民办学校体制机制灵活优势，把管理机制创新实际成效转化为推动高质量发展的强大动力。

一 河南民办学校管理机制创新的背景及意义

河南民办学校管理机制创新是适应经济社会转型和科学技术升级新形势的迫切需要，是推进河南民办教育高质量发展的迫切需要，也是推进学校现代治理体系和治理能力现代化建设的迫切需要。从新时代中原更加出彩、现代化河南建设、教育高质量发展等背景来看，河南民办学校加快推进管理机制创新，在中原大地上发展起来一批高水平民办学校，是河南之需、发展之需、人民之需，也是民办学校自身改革之需。

（一）开启全面建设现代化河南新征程，亟须发挥教育支撑引领作用

2021年，河南省第十一次党代会胜利召开，楼阳生向大会做题为"高举伟大旗帜　牢记领袖嘱托　为确保高质量建设现代化河南　确保高水平实现现代化河南而努力奋斗"的报告，提出锚定"两个确保"，实施"十大战略"，揭开了现代化河南建设的新篇章，吹响了新时代中原更加出彩的前进号角。建设现代化河南，教育是基础性工程。河南是人口大省，也是教育人口大省，人民群众对教育资源尤其是优质教育资源的期盼更加强烈。根据《2021年河南省国民经济和社会发展统计公报》，截至2021年末全省常住人口9883万人，全年全省在学研究生79744人，普通高等教育在校生268.64

万人，成人高等教育在校生63.74万人，中等职业技术教育在校生149.52万人，普通高中在校生237.69万人，初中在校生479.19万人，小学在校生1011.87万人，学前教育在园幼儿399.48万人。我国社会主要矛盾已经转化为人民日益增长的美好生活需要和不平衡不充分的发展之间的矛盾，随着现代化河南建设的深入推进，人民群众对教育的需求不仅是"有学上"，更要"上学好"。"办好人民满意的教育"既需要公办教育，也离不开民办教育。近年来，河南民办教育获得长足发展（见表1），步入分类管理、规范发展的新阶段，在扩大教育供给、满足多样化教育需求、缓解财政压力、促进教育改革等方面发挥了重要作用。在新的征程上，需要河南民办学校主动融入发展大局，积极推进综合改革，加强管理机制创新，激发办学活力，提升办学质量，为教育强省建设贡献民办学校的智慧和力量。

表1 2017~2021年全国及河南省民办教育发展情况

指标	2017年	2018年	2019年	2020年	2021年
全国各级各类民办学校数量(万所)	17.76	18.35	19.15	18.67	—
河南省各级各类民办学校数量(万所)	1.93	2.05	2.14	2.17	2.15
全国各级各类民办学校在校生总数(万人)	5120.47	5378.21	5616.61	5564.45	—
河南省各级各类民办学校在校生总数(万人)	617.87	674.90	709.75	715.15	686.99

资料来源：根据教育部、河南省教育厅发布的统计公报整理而成。

（二）把创新摆在发展的逻辑起点，河南全面发力建设国家创新高地

党中央、国务院高度重视创新驱动发展战略，把创新作为引领发展的第一动力，把创新发展理念列为"五大发展理念"之首。河南省"十四五"规划和2035年愿景目标纲要中191次提到"创新"，提出要"坚持创新在现代化建设全局中的核心地位"。河南省第十一次党代会报告中86次提到"创新"，把"实施创新驱动、科教兴省、人才强省战略"放在了"十大战略"之首，强调要"把创新摆在发展的逻辑起点、现代化建设的核心位置"

"建设国家创新高地"。建设国家创新高地，归根到底要靠人才，而人才培养要靠教育。河南民办学校承担着与公办学校同样的重任，那就是立德树人、教书育人，尤其是民办本科高校还应当积极发挥大学的科学研究、社会服务和文化传承创新等功能，融入区域创新体系，深化创新创业教育改革，发挥学校获批的国家级和省级创新平台优势，为地方经济社会发展提供智力支撑、技术支撑和人才保障，成为创新人才培养基地和区域创新策源地。河南民办学校作为社会大系统的一个子系统，并且是承担着创新型人才培育、新型技术和成果研发等重要功能的教育子系统，应当以新发展理念为引领，实施创新驱动发展战略，在学校厚植创新文化，以管理机制创新为突破口，充分激发创新意识和创新活力，推动学校教育教学、管理服务等各方面的创新，努力打造创新型学校。

（三）河南民办教育全面深化改革，以管理机制创新推动高质量发展

自 2021 年 9 月 1 日起，修订后的《中华人民共和国民办教育促进法实施条例》正式施行。这是"十四五"开局之年我国颁布实施的第一部教育法规，这一次修订增加了 80% 以上的内容篇幅，厘清了民办教育发展的关键性问题，对民办教育改革发展面临着新形势、新任务、新机遇和新挑战都做出了积极回应，对于提升民办教育治理水平、促进民办教育健康持续发展具有重要里程碑式的意义。国家和河南省"十四五"规划和 2035 年愿景目标纲要均提出，要"建设高质量教育体系""完善学校内部治理结构""支持和规范民办教育发展"等，为民办学校改革发展指明了方向。当前，河南民办学校改革发展已经进入了深水区，已到了滚石上山、爬坡过坎的关键阶段，剩下的都是难啃的"硬骨头"，更应该注重改革的前瞻性、整体性、协同性和科学性，要善于抓住"牵一发而动全身"的改革，进行系统设计、重点突破。在这个过程中，要避免出现"战略性、颠覆性错误"，确保学校改革发展的连续性、稳定性和可持续性，坚决杜绝以改革和创新的名义"折腾"教育教学、"干扰"教师发展、"影响"学生成长。这既需要民办

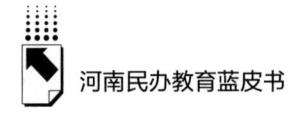

学校注重整体性改革，也需要扎实开展"微改革"，从"小切口"着手，先试先行，多点发力，对管理机制中的卡点、堵点和难点，实施精准的"微创手术"，打通民办学校治理"毛细血管"，撬动"大改革"，产生"大效应"，以管理机制创新推动高质量发展。

二 河南民办学校管理机制的构成及影响因素分析

民办学校管理机制不是特指某一个机制，而是内含了多种机制，是由多种子机制有机联系而构成的有机系统。民办学校管理机制的构成及运行既受民办学校内部因素的影响，也受外部环境的影响。河南民办学校推进管理机制创新，应加强对管理机制构成及内部逻辑关系的思考、设计，也应该重视对内外部影响因素的调研、分析，这样才能做到全面把握、有的放矢。

（一）河南民办学校管理机制的构成及其功能

从结构和功能上来划分，河南民办学校管理机制主要包含以下几种子机制。

一是科学决策机制。民办学校制定发展战略规划，进行顶层设计，抢抓机遇，推动改革，都离不开科学的决策机制。科学决策机制是民办学校的"大脑"和"中枢"，河南民办学校进行管理机制创新，首先需要打造一个"智慧大脑"，保证各项决策部署的前瞻性、规范性和可持续性。这一科学决策机制应该具有民主化、科学化、数字化等特征，尤其是要适应信息时代和数字时代的发展形势，充分利用数字技术，让管理更加"耳聪目明"。

二是多元参与机制。一所学校就是一个系统，而管理涉及方方面面，并且随着时代发展，管理的内涵和外延也在不断扩展，这都要求民办学校建立健全多元参与机制。多元参与机制的功能在于既可以发挥各类人才的特长和比较优势，让"专业的人干专业的事"，又可以最大限度地吸收和采纳不同的意见和建议，达成最大共识，并且还能促进不同群体对决策的理解与认同，减少执行中的阻力。有学者提出，应加快推动民办学校引入独立董事制度，推动民办学校办学规范化、治理专业化，强化公益性，增强公信力。河南民办学校创新管理机制，应重视多元参与机制的设计，为不同群体参与学校管理提供畅通的制度渠道，在改革的过程中找到最大公约数，画出最大同心圆，凝聚全校师生员工及校外参与主体的智慧和力量，形成推动发展的强大合力。

三是沟通协调机制。民办学校作为一个组织，既有纵向管理，又有横向管理；既包括内部管理，也涉及外部管理。因此，在不同层级、不同部门以及校内外之间进行科学的管理，就离不开沟通协调机制，从而保证信息的有效传递和决策的有效执行。沟通协调机制可以是一种固定的、现场的、正式的形式，比如联席会、班子会、办公会等；也可以是一种临时的、网络的或者非正式的形式，如座谈会、视频会、电话沟通以及通过各类信息化平台进行沟通等。通过沟通协调，了解现实问题，征求各方意见，传递决策信息，统一思想和认识，消除误解和矛盾，争取理解和支持，从而保证整个组织有序有效运转。

四是信息处理机制。信息是一种重要的资源，也是一个战略性新兴产业。河南民办学校管理机制创新的过程也是一个信息收集、分析、回应和共享的过程，信息处理机制可以看作管理的"神经系统"，为计划、组织、指挥、协调、控制等五项职能提供支撑。通过建立完善的信息处理机制，至少具有两个方面的重要作用。一方面，对内联结，让学校成为一个有机整体。克服学校各级各部门之间经常会出现的"信息孤岛"和"数据烟囱"等现象，破除信息壁垒，解决信息碎片化问题，强化信息共享，推动平台贯通，实现数据融通，让信息得到充分及时传递，并且被科学处理和利用。同时，也可以及时了解师生诉求，对意见建议进行处理和反馈。另一方面，对外联系，加强学校与外界的信息交换。通过与地方政府、企业、行业组织、媒体、家长等主体的互动，加强对地方经济社会发展需求调研，提高教育教学的适应性，解决知识传授、人才培养与社会需求脱节等问题，同时也可以提升管理的针对性和有效性。

五是组织运行机制。组织是一个静态的结构，只有建立有效的运行机

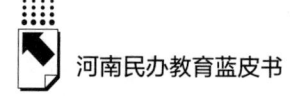

制，才能使组织"动起来"，发挥组织效能，达成组织目标。组织运行是一个输入和输出、投入与产出的过程，也可以看作资金、物质、能量和信息交换的过程。河南民办学校提升管理效率、效果和效益，必须建立科学的组织运行机制，确保组织精简高效、组织运行顺畅，让组织沿着既定的目标加速前行。组织运行机制的功能比较多，主要可以概括为：贯彻执行学校发展规划和决策，建立目标管理体系，进行任务分工及进度安排，完善责任清单，坚持试点先行，鼓励创新，支持基层创新机制，采取措施激励人才队伍勇于担当，并营造容错纠错的良好氛围，最终通过组织这个平台让各种管理机制、管理方式和管理措施落地见效。

六是协同联动机制。形成系统合力是管理机制创新的主要目标之一。河南民办学校应重视内部各部门以及学校与外部之间的协同合作，在内部实现人、财、物、平台、信息的共建共享，减少重复建设，优化资源配置，推动所有部门、人员紧紧围绕学校发展目标和中心工作共同发力；在外部推进学校与地方政府、行业组织、企业、媒体、社区等建立合作关系，创造良好的社会舆论环境，争取更多的资源支持。协同联动机制既包括组织的协同、平台的协同、资源的协同，也包括目标的协同、业务的协同和信息的协同。

七是应急管理机制。近年来，由极端天气导致的安全事故频发，师生人身安全、财产安全、食品安全、实验室安全等工作受到全社会的广泛关注，加之新冠肺炎疫情防控进入常态化阶段，疫情防控形势不容乐观，"外防输入、内防反弹"压力依然很大，学校人员密集、构成复杂、社会接触面广，对疫情防控工作带来了更为严峻的挑战。河南民办学校必须提高站位，贯彻"预防是最经济最有效的健康策略"的思想，树立大安全观，强化安全意识，加快构建完善的应急管理机制，织密安全网，筑牢防护墙，切实做到关口前移、控制前移，提高应急处突能力，未雨绸缪，防患于未然，营造安全稳定的校园环境。

八是考核评价机制。民办学校的办学经费来源主要是学费，相对单一，并且，随着各方面投入的加大，给民办学校管理带来不小的挑战。河南民办学校应重视提高管理的效能，通过建立合理的考核评价机制，实现人尽其能、物尽其用，实现办学效益和社会效益的最大化。在构建考核评价机制的过程中，河南民办学校应坚持四种导向：坚持问题导向，以问题倒逼管理机制创新，促进内部管理提升；坚持目标导向，树立明确的管理目标，层层分解目标，让目标具体、可执行、可量化；坚持质量导向，紧紧围绕提高教育教学质量和人才培养质量，重塑管理流程，优化管理职能；坚持效果导向，坚决摒弃"干与不干一个样""干多干少一个样""干好干坏一个样"等现象，以实绩论英雄，凭能力用人才，让实干者得到实惠。

（二）河南民办学校管理机制的影响因素分析

民办学校是整个社会大系统的一部分，其管理受环境的影响，管理模式的选择、管理机制的建立、管理方式的运用等，都需要适应政策环境、市场环境、社会环境及文化环境的变化，做出相应的调整和优化，否则就会增加管理成本，出现更多的矛盾，给学校管理和发展造成阻碍。民办学校管理机制的影响因素，既来自学校内部环境，也不可避免地受到外部环境的影响。

从外部环境来看，河南民办学校管理机制创新需要充分考虑所处的大环境和面临的新形势。一是政策环境。包括《中华人民共和国民办教育促进法》《中华人民共和国民办教育促进法实施条例》《国务院关于鼓励社会力量兴办教育促进民办教育健康发展的若干意见》等法律法规和政策的深入实施，对民办学校的发展提出了新要求，同时也创造了新机遇。二是市场环境。包括人才供需矛盾、产业转型升级、技术更新迭代、就业环境等对民办学校人才培养、管理服务带来的新挑战。三是社会环境。包括大众对民办教育的认识，社会舆论的影响等。四是文化环境。包括社会道德、价值观、传统、风俗习惯等。外部环境影响着管理的边界和内容，也对管理机制的构成及内在逻辑关系产生重要的影响。

从内部环境来看，民办学校管理机制创新需要正确认识自身，既要重视管理的重要作用，也要遵循教育教学规律、人才成长规律。具体来讲，民办学校的管理机制受以下内部环境影响。一是学校文化基因。包括学校的创办历程，创办人的事迹，创立和发展过程中形成的独特文化、优秀传统等。二

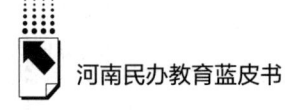

是创办者及领导班子的气质。民办学校的管理受创办人及领导者个人魅力的影响比较大，他们的性格、偏好、眼界、知识、特长及兴趣等，都会对学校管理机制创新产生直接或者间接的影响，有些影响甚至是决定性的。三是学校既有的资源条件。包括学校的办学规模，人力、物力和财力状况，以及学校的基础设施等，这些资源条件或者资源禀赋制约着管理机制和管理方式的选择，河南民办学校需要有正确的认知，既要量力而行，又要尽力而为。四是师生员工的期盼和诉求。人才是民办学校最宝贵的资源，是推动管理机制创新的第一资源，广大教职工的意见、建议和诉求，学生及校友的期盼和心声，都应该在学校管理机制创新中纳入考虑并进行有效回应，这将引导管理机制内部构成和侧重点的变化，成为管理机制创新的"晴雨表"和"风向标"。

三　河南民办学校管理机制存在的问题及面临的挑战

河南省经济社会转型发展、科技加速迭代升级、教育领域综合改革加快推进、教育竞争日趋激烈等，从不同层面给民办教育带来新要求和新挑战，民办学校管理机制创新的滞后性更加突出，改革越深入，发展越向前，暴露出的问题和短板就会越多，如果不以超前的眼光进行创新，最后会导致内部管理机制跟不上形势发展变化，导致"捉襟见肘""漏洞百出"。因此，河南民办学校应正确认识百年变局和世纪疫情交织叠加给教育带来的外部挑战，正确认识经济社会转型升级对教育的迫切需求，正确认识亿万人民群众不断提高的教育期盼，把自己摆进去、把职责摆进去、把工作摆进去，厘清自身管理机制中面临的突出问题和矛盾，不断进行完善和创新，提升民办学校管理机制的适应性。

（一）民办学校党建工作有待进一步加强

近年来，河南民办学校坚持党的领导，加强党的建设，以党建为引领，推动学校深化改革，取得了一定的成绩。但是，与全国其他民办学校相比，还存在不小的差距。以民办高等学校为例，教育部办公厅分别于2018年12月、2019年12月、2022年3月公布了首批、第二批和第三批全国党建工作示范高校、标杆院系、样板支部培育创建单位名单，郑州工商学院建筑工程学院第四学生党支部、郑州科技学院教务处党支部入选首批"全国党建工作样板支部"培育创建单位；郑州科技学院实践中心党支部、黄河科技学院纳米功能材料研究所直属党支部入选第二批"全国党建工作样板支部"培育创建单位；郑州澍青医学高等专科学校康复医学系学生党支部、郑州西亚斯学院致远住宿书院学生第二党支部、河南科技职业大学美术与艺术设计学院教职工党支部入选第三批"全国党建工作样板支部"培育创建单位。但是，目前河南省还没有一所民办高校入选全国党建工作示范高校、标杆院系，而其他地区的民办高校已经取得了突破（见表2）。河南民办学校需要强化学习、深入调研、加大投入，补齐党建工作中的短板，发挥优势、充分挖潜，争取入选全国党建工作示范高校、标杆院系培育创建单位。

表2　全国党建工作示范高校、标杆院系培育创建单位名单

批次	"全国党建工作示范高校"培育创建单位	"全国党建工作标杆院系"培育创建单位
首批	西安外事学院党委	武汉华夏理工学院机电工程学院党委
第二批	武汉东湖学院党委	武汉工商学院管理学院党总支
第三批	上海建桥学院党委	浙江树人学院生物与环境工程学院党委

资料来源：根据教育部网站发布的信息整理而成。

党建工作的相对不足，也使河南民办学校在思政工作方面出现落后势头，与全国其他民办学校产生了一定的差距。还是以民办高校为例，2019年，教育部遴选了首批10所高校开展"一站式"学生社区综合管理模式建设试点工作，民办高等学校中西安外事学院入选；2021年，教育部遴选了第二批21所高校开展"一站式"学生社区综合管理模式建设试点工作，北京城市学院、武汉东湖学院等两所民办高校入选；2022年，将进一步推广到1000所高校。2022年2月，教育部思想政治工作司公布了高校思想政治

工作创新发展中心（高职学校、民办高校）建设名单，辽宁财贸学院、上海建桥学院、浙江树人学院、武汉东湖学院等4所民办高校入选。目前，在"一站式"学生社区综合管理模式建设试点工作、高校思想政治工作创新发展中心建设中，河南民办高校无一入选。这亟须引起河南民办学校的重视，突出问题导向，不断提升党建和思政工作质量。

（二）民办学校管理机制创新滞后于改革发展实践

检验民办学校管理机制创新的成效，可以通过学科专业建设、教育教学、人才培养等各个方面进行考量和评价，从全国来看，已经有部分民办学校通过管理机制创新，充分发挥体制机制灵活优势，实现了学校高质量发展。以国家级一流本科专业为例，一些民办高校取得了重大突破，据不完全统计，2019~2020年全国民办本科高校中获批国家"金专"的已达40所，其中大连东软信息学院获批4个、西安翻译学院获批3个、无锡太湖学院获批3个、吉林外国语大学获批3个（见表3）。在国家级一流本科专业建设方面，河南省民办高校节节败退，错失了先机，截至2022年4月，河南省还没有一所民办高校获批国家级一流本科专业。究其原因，河南民办高校管理机制创新不足，是重要影响因素之一。

表3 2019~2020年部分民办高校及独立学院获批国家级一流本科专业建设点数量统计

学校名称	2019年	2020年	小计
大连东软信息学院	3	1	4
西安翻译学院	1	2	3
无锡太湖学院	3	—	3
吉林外国语大学	1	2	3
珠海科技学院（原吉林大学珠海学院）	—	2	2
阳光学院	—	2	2
四川传媒学院	—	2	2
浙江越秀外国语学院	—	2	2
泉州信息工程学院	—	2	2
安徽新华学院	—	2	2

续表

学校名称	2019年	2020年	小计
南京传媒学院	—	2	2
南京传媒学院（原中国传媒大学南广学院）	—	2	2
宁夏理工学院	—	2	2
沈阳工学院	1	1	2
广州南方学院（中山大学南方学院）	1	1	2
四川电影电视学院	1	1	2
吉林动画学院	1	1	2
长春光华学院	1	1	2
山东协和学院	1	1	2
福建江夏学院	—	1	1
西安培华学院	—	1	1
宁波财经学院	—	1	1
南京航空航天大学金城学院	—	1	1
西安明德理工学院	—	1	1
长春财经学院	—	1	1
厦门华夏学院	—	1	1
长春大学旅游学院	—	1	1
重庆财经学院	—	1	1
三江学院	—	1	1
西安工商学院	—	1	1
闽南理工学院	—	1	1
文华学院	—	1	1
广州华商学院	—	1	1
广东外语外贸大学南国商学院	—	1	1
东莞理工学院城市学院	—	1	1
辽宁对外经贸学院	1	—	1
河北传媒学院	1	—	1
沈阳城市学院	1	—	1
武昌首义学院	1	—	1
福州外语外贸学院	1	—	1

资料来源：根据各高校官方网站新闻报道整理而成。

从河南省民办学校自身来讲，近年来获批了诸多省级荣誉和平台，需要加快创新管理机制，为相关建设工作提供良好的机制保障。以河南民办高校

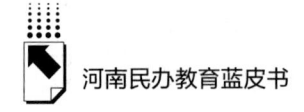

为例，2021年1月，河南省教育厅公布了首批6所河南省学分制管理示范高校建设名单，民办高校中黄河科技学院入选；2021年2月，河南省教育厅公布了首批19所河南省本科生学业导师制改革试点高校名单，黄河科技学院、郑州西亚斯学院等2所民办高校入选；2021年4月，河南省教育厅、河南省工业和信息化厅公布了首批23所省级重点现代产业学院名单，黄河科技学院智能制造产业学院入选；2021年5月，河南省教育厅、河南省发改委、河南省财政厅公布了"十四五"时期重点建设的示范性应用技术类型本科高校名单，"十三五"时期重点建设的黄河科技学院等9所示范校进入二期建设，扩充遴选确定郑州西亚斯学院等6所学校作为新增示范性应用技术类型本科高校；2021年10月，河南省教育厅公布了第二批省级教师教学发展示范中心名单，郑州升达经贸管理学院教师发展中心、郑州西亚斯学院教师发展中心入选；2021年12月，中共河南省委高校工委、河南省教育厅公布了全省高校"融媒体+育人"工作试点单位和培育单位名单，郑州科技学院等10所高校为全省高校"融媒体+育人"工作试点单位，黄河科技学院、郑州商学院、河南开封科技传媒学院等10所高校为全省高校"融媒体+育人"工作培育单位；2021年12月，河南省教育厅办公室公布全省教育系统法治宣传教育第七个五年规划表现突出单位名单，信阳学院入选。获批的这些项目和平台，需要深入研究、系统推进，但从目前民办学校管理机制方面来看，还存在很多不适应、不匹配、不协调的问题，在不同程度上制约着建设和改革成效，如果不能在管理机制上实现突破，就可能会影响民办学校重大项目和重大平台进入"国家队"。

（三）管理的目标性和导向性不够明确

随着学校的持续发展和办学规模的扩大，河南民办学校行政化倾向现象日趋凸显，表现为行政权力泛化、"官本位"思想、"重行政轻教学"等。目前，民办学校更多的是实施"管控"，而不是"治理"，一线教师、学生及社会的参与度不高，并且这种管理是单向度的，决策自上而下，学校层面掌握着绝大部分的权限和资源。这有利于民办学校对机遇快速做出反应，能够集中力量打攻坚战,"爆发性"强,但制度化和规范性程度有待提升,二级单位和基层的主动性和创造力没有得到充分的挖掘和释放。从根本上讲,这是民办学校管理的目标性和导向性不够明确,安排工作习惯于行政命令。

民办学校的干部队伍选拔任用也逐渐暴露出一些问题,一是民办学校干部队伍的老龄化问题,由于缺乏完善的动态调整和退出机制,民办学校的干部没有明确的任期,只要不出现过错,一般情况下不会免去职务,可以一直担任领导职位,或者享受相应的待遇,这导致了干部队伍的老龄化问题日益突出,容易存在思想的桎梏、认识的藩篱,保守有余、开拓不足,老套路有余、新措施不多,这也导致民办学校管理缺乏活力和创新力。而且,民办学校有很多外聘人才担任领导职务,这些外聘人才多是从军队、公办学校、事业单位"退居二线"的人员,年龄较大,进入民办学校工作容易出现"水土不服"等现象。二是青年人才缺乏成长和锻炼的机会,从当前民办学校的人事制度来看,对干部队伍的选拔、培养和使用,缺乏完善的制度体系,年轻人才缺乏晋升的空间,缺少历练的机会和平台。另外,存在"鞭打快牛""忙闲不均""分配不公"等现象,对青年人才"只使用不培养",一些青年人才被安排过多行政性事务,没有足够的成长发展时间和精力。并且,民办学校薪酬待遇在区域经济社会中仍缺乏竞争力,从整体社会评价来看,民办学校教师地位不高、职业吸引力不强;民办学校缺乏干部队伍的交流机制,长期从事一个领导岗位,会"轻车熟路",但也导致"按部就班",缺乏创新精神,缺乏新鲜的血液和新颖的想法。三是干部队伍的事业感和进取心有待进一步加强,随着民办学校的发展壮大,创办初期的那种拼劲、韧劲和干劲在不同程度上逐渐消解,干部队伍的心态发生了变化,事业感不够强烈,逐渐产生了守成心态,"小富即安""小进即满"等思想逐渐滋生,"论资排辈""吃老本"等现象需要引起重视。如果这些现象和问题在初期得不到有效遏制,就会对民办学校的管理产生"多米诺骨牌效应",带来一系列不良后果。

(四)缺乏现代管理方法及组织文化

目前,河南民办学校在组织管理体系上多是采用金字塔结构,层级较

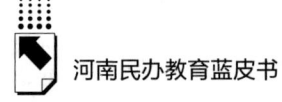

多，而效能不高，存在"一管就死、一放就乱"的困境。虽然制定了学校章程，但是贯彻执行力度不够，还没有建立完善的现代学校治理制度，尤其是治理的多元化、智慧化、专业化和科学化程度有待提升。一是智慧治理能力不足。目前，河南民办学校对新一代信息技术的开发应用还不够，民办学校与公办学校相比，办学经费相对不足，用于教育新基建的投入也相对有限，数字化校园建设进程相对较慢，学校的组织体系、教育教学、科研工作、学生工作、管理服务、后勤保障等各个方面的智慧化程度还比较低，在学校管理上还是依靠传统的管理模式和管理方法，大数据、云计算、人工智能等新技术、新工具、新方法，在决策、指挥、协调、控制等管理职能中还没有得到有效利用。二是缺乏现代管理理念和方法。对现代管理的发展趋势和前沿问题，民办学校的领导者及各级管理层缺乏系统的学习和应用，习惯于依靠过去的经验进行管理，存在路径依赖。并且，民办学校对干部队伍的系统化培养和培训力度不够，工作作风和能力均存在不足，容易出现"本领恐慌"，导致"新办法不会用、老办法不管用"，影响管理的效果。三是存在形式主义问题。民办学校也在不同程度上存在"光喊口号不落实、敷衍塞责搞变通"等问题，一些中层干部习惯于当"传声筒""播放器"，不思考、不研究、不创新，以会议落实会议，以文件落实文件，出现"层层签发""层层转发""多头发文"等现象，表态多、调门高，但行动少、落实差。并且，一些中层干部还存在"报喜不报忧"、热衷于"造景"和"数字形式主义"等问题，学校的一些行政部门为了证明自身存在价值，靠人为增加工作量来显示"政绩"，不断给自己"加戏"，制造出各种各样的填表、考核和评比，多头管理，重复劳动，"上面千条线，下面一根针"，导致教学单位和一线教师"满负荷运转"。这些问题不仅制约了学校高质量发展，也对学校风气带来了不良影响。四是缺乏长效管理机制。在一些重大项目创建和荣誉申报时，注重搞"突击攻坚"和"运动式"治理，相关政策和管理成为"一阵风"，立项或者获批以后，就束之高阁了，存在"重立项轻建设""重入选轻建设"等问题，需要民办学校重视并加强常态化、长效化机制建设。

在组织文化方面,河南民办学校面临三大挑战,一是忽视组织文化建设的重视性。民办学校一方面要迎接各类检查、评比、调研和座谈等,另一方面还要对内举办各类活动、会议等,容易陷入事务主义,疲于应对各种具体的工作,而忽视组织文化建设。由于文化建设周期长、见效慢,缺少有效的抓手,而且效果不容易被测量和评估,从短期来看,被认为属于"可有可无""可以慢慢来"的一项工作,不会被摆在显著位置加以重视和推进。二是忽视对青年教职工的人文关怀。在人才工作方面,河南民办学校面临着双重挑战,一方面是青年人才引进难,尤其是对青年博士等高层次人才的吸引力不足;另一方面是青年人才流失率较高,自我"造血"能力不足,导致民办学校出现"贫血"的问题。这既有政策因素、待遇因素的影响,也有民办学校自身组织文化因素的影响,即忽视对青年人才的尊重、关爱、培养和服务,让青年教职工缺乏获得感、幸福感和安全感,久而久之就形成了一种不良的文化氛围和舆论环境。三是忽视对创新创业型文化的挖掘和培育。民办学校具有天然的创新创业基因,并不缺乏创新创业型文化、实干文化和竞争文化,在民办学校创办和发展过程中形成了很多好经验和好做法,也有很多优秀的传统,但是民办学校对自身创业文化基因的挖掘不够重视,不注重总结和升华,没有从精神和文化的层面进行解读和凝练,既造成了极大的浪费,也导致民办学校组织文化建设缓慢,难以为管理机制创新和管理实践提供持久强大的动力。

四 河南民办学校管理机制创新的对策建议

进入新时代,河南民办学校改革发展迎来国家重大政策红利。河南锚定"两个确保",实施"十大战略",把"实施创新驱动、科教兴省、人才强省战略"作为"十大战略"之首,深化教育领域综合改革,提出要"推进教育现代化,建设教育强省",并且提出要"依法支持和规范民办教育发展",对河南民办学校的发展提出了新要求。河南民办学校应当找准定位、躬身入局,尤其是要主动把自己放到全省、全国和全世界的范围比一比,在更大的

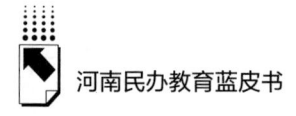

"坐标系"和更长的"时间轴"上去谋划学校的未来和发展。这就需要河南民办学校持续创新管理机制,以机制创新为着力点和突破口,激发学校改革动力和活力,推进学校教育教学、人才培养、科学研究、社会服务等各方面的改革创新,从而实现高质量发展。

(一)加强民办学校党的建设

习近平总书记指出,加强党对教育工作的全面领导,是办好教育的根本保证。《中华人民共和国民办教育促进法》也明确规定,民办教育事业是社会主义教育事业的组成部分。推进民办教育持续健康发展,关键在党的领导。河南民办学校在推进管理机制改革的进程中,必须坚持党的领导、加强党的建设,充分发挥民办学校党组织的政治核心作用,推行"双向进入、交叉任职"机制,认真落实党政联席会议制度等,更好地发挥党组织把方向、管大局、保落实的重要作用。加强党对民办教育的全面领导,必须要改革创新民办教育的治理结构。要把党的领导熔铸于学校法人治理结构,体现于办学的各个领域、各个方面、各个环节。民办学校党委会议要建立健全"第一议题"制度,切实用习近平新时代中国特色社会主义思想武装头脑、指导实践、推动工作。应认真落实民办学校党建工作责任制,完善经费保障机制,切实解决民办学校党建工作中的薄弱环节,进一步加强党建工作队伍建设,充实党务工作力量,积极探索党组织发挥作用有效途径,推动党的组织和党的工作全覆盖。把党建工作贯穿教育教学全过程,以高质量党建引领民办学校高质量发展,积极创建全国党建工作示范高校、标杆院系、样板支部,打造河南民办学校党建工作品牌。

(二)优化民办学校管理机制的构成

河南民办学校应充分发挥体制机制灵活优势,坚持问题导向、目标导向和结果导向,不断进行管理机制的创新探索。首先,应下放管理权限。深化"放管服"改革,尤其是提升民办学校中层干部的管理能力和执行能力,把该管的管好,避免"该管的不管,不该管的乱管"等现象,既不能缺位、失位，也不能越位、错位；应给予基层更多的自主权，大力引导和支持二级单位进行创新实践，推动更多资源下沉，激励基层组织和教职工创造性地进行改革，尊重基层首创精神，激发一线活力，将有价值的基层创新进行试点推广及应用，进而推动学校层面的管理机制创新。其次，应持续优化管理结构。从管理机制的构成上着手，补齐短板和漏洞，清除死角和盲区，完善学校治理体系，健全学校管理机制的内部构成及外部联系，尤其是需要认真调研经济社会发展、科技进步、校园安全等领域的新变化，在学校管理机制中做出有力回应，例如，适应数字化和融媒体发展新形势，充分利用新一代信息技术，依托大数据推进科学决策，提升数字化领导能力；积极应对新冠肺炎疫情给学校管理带来的挑战，加强应急预案编制工作，全面提升应急处置能力等。最后，应加强学校管理机制内部的相互联系。民办学校管理机制内部是一个生态系统，各个子机制之间不是原子化存在，而是存在逻辑关系的，因此，应促进各个子机制之间的相互联系、相互作用，形成系统合力。

（三）推进多元参与民办学校管理创新

参与管理是现代管理的一个重要趋势，也是推进学校治理体系和治理能力现代化的有效途径之一。从参与群体上划分，应着重强化以下几类群体的参与力度。一是拓宽青年教师的参与渠道。青年教师是民办学校事业发展的主力军，也是生力军，青年教师的声音、诉求、意见和建议应得到更多的重视。在民办学校管理机制创新实践进程中，应扩大青年教师的参与，通过制度设计，为青年教师创造成长锻炼的机会和空间，让更多的青年教师参与到学校管理中，推进干部队伍年轻化，让更多青年人才挑大梁、担重任，着力解决民办学校干部队伍和人才队伍"青黄不接"等问题，激发民办学校干部队伍和人才队伍的活力。同时，河南民办学校还应当考虑并重视青年人才的待遇问题，用有竞争力的薪酬待遇吸引优秀教师和保持教师队伍的稳定性。二是充分发挥教授治学的作用。积极为教授治学创造条件，探索有利于教授治学的模式和方法，尊重教授的意见和建议，推动教授治学从理念变成方案、从口号变成行动，推动教授治学真正落到实处，使民办学校各种管理

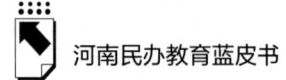

活动更加符合教育规律、人才成长规律。三是积极吸纳在校学生参与学校事务。借鉴现代教育理论的思想，学生不是被动接受知识，而更多的应该是主动学习、自主学习，学校应适应这种趋势，为学生自主学习和智慧课堂等创造条件，这需要在管理机制创新的构成中吸纳更多的学生参与其中，充分了解学生的意愿和需求，从而提高改革创新的针对性和有效性。四是重视并支持校外多元主体参与。深入推进开放办学战略，与地方政府、行业企业、社会组织、校友、家长等建立良性互动关系，不断健全民办学校内部治理结构，可以探索构建民办学校独立监事制度，强化民办学校监督机构的独立性、专业性、公正性和公益性，克服民办学校决策"专制化"、监督"形式化"、文化"企业化"等倾向；推进校政、校企、校地深度合作，争取更多的政策红利、社会资助和舆论支持，为民办学校改革发展和管理创新创造良好的社会环境。

（四）推广运用现代管理方式和方法

河南民办学校应适应产业升级、技术进步和社会服务的新趋势，运用现代管理方式和方法推动管理机制创新，更好地发挥民办学校体制机制灵活优势。首先，应坚持依法治校，提升管理科学化水平。加强法治培训，深入学习贯彻《中华人民共和国教育法》《中华人民共和国教师法》《中华人民共和国民办教育促进法》《中华人民共和国民办教育促进法实施条例》等法律法规，提升民办学校管理者的法治能力，自觉运用法治思维和法治方式来办学和治校，让学校改革发展始终沿着法治轨道前行，依法保障师生员工合法权益。其次，应积极拥抱新一代信息技术，加强数字化治理。加大投入力度，加快推进数字化校园建设，推进教育新基建，以数字化改革为引领，实现数字化赋能教育教学与管理服务各环节，不断提升数字治理能力，让教育更智慧、管理更高效、服务更精准。再次，应坚持以人为本，实行人性化管理。应着力加强民办学校中层干部治理能力现代化建设，真正落实以教学中心、全心全意为师生服务等理念，尊重学生、教师及职工的意见和建议，及时有效回应师生员工的合理诉求，让教职工安心、静心、舒心地投入教育教学工作中，把精力和能力真正用到提高教育教学质量上，让学校管理既有力度更有温度。最后，应坚持质量第一的理念，加强目标管理。认真研究领会《关于分类推进人才评价机制改革的指导意见》《深化新时代教育评价改革总体方案》等文件精神，积极探索适应民办学校自身特点的绩效考核制度及配套指标体系，发挥好考核评价"方向盘"、"指挥棒"和"加速器"的作用，让问题导向、目标导向、结果导向、效益导向得到更好的体现和彰显。

（五）培育创新创业型组织文化

文化对管理的影响是潜移默化的，也是深远持久的。管理机制创新离不开良好管理文化的支撑，同时，又会对优秀管理文化的形成产生积极的影响。河南民办学校在管理机制创新的实践进程中，应积极培育独具特色的校园文化。一是创业文化。民办学校的创办和发展过程本身就是一部创业史，具有天然的创业基因。民办学校应当充分激活这种基因，积极培育创业文化，并将这种创业文化融入教育教学和管理机制创新等各个环节中，激发各级管理人员的创业精神，抢抓发展机遇，不断推动学校实现跨越发展。二是创新文化。民办学校与公办学校相比，有着不同的体制机制，有着敏锐的市场意识，这些特征和优势都需要以创新文化作为底色，激发民办学校的办学能力和管理活力，营造敢于创新、大胆创新、包容创新的浓厚氛围，让创新在校园里蔚然成风，避免管理机制僵化、思维固化、方式老化等问题。三是质量文化。质量是民办学校发展的生命线，也是管理机制创新所追求的价值和目标所在。民办学校应正确认知管理的功能定位，管理是为教师教学服务、为学生成长服务、为提升教育教学质量服务，要强化质量意识、质量精神、质量价值观等，着力解决"行政化""官僚化"等倾向，将重心转移到提升人才培养质量上来。四是实干文化。民办学校应着力克服"形式主义"，在全校营造一种尊重劳动、崇尚实干的氛围，真正做到"不让老实人吃亏"，让遇到问题"打太极""踢皮球""耍官腔"的"二传手"干部没有立足之地，真正让吃苦者吃香、让优秀者优先、让有为者有位，在学校树

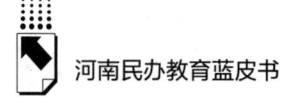

立正确的用人导向。五是竞争文化。竞争是前进的动力，民办学校要想实现追赶和超越，就必须鼓励和支持竞争。首先是与外部的竞争，将自身与同类学校以及公办学校进行比较，找出差距，发现短板，对标对表进行改革。其次是学校内部的竞争，在学校营造一种竞争的机制，在教育教学和管理一线进行"赛马""识马"，让更多千里马竞相奔腾，让人才活力充分迸发。

参考文献

刘永林：《试论民办学校独立董事制度：价值内涵、可行性及框架设计》，《复旦教育论坛》2020年第4期。

马艳丽、周海涛：《民办学校教师队伍建设改革的新进展新诉求》，《中国教育学刊》2019年第7期。

袁玉芝：《加强党的全面领导　民办教育怎么做》，《光明日报》2020年8月4日，第14版。

孙尧：《深入学习领会习近平新时代中国特色社会主义思想　全面加强民办学校党的建设》，《中国高等教育》2018年第6期。

吴华、马燕萍：《非营利性民办学校市场竞争力的约束条件研究》，《教育与经济》2020年第3期。

刘永林、周海涛、胡爽：《构建民办学校独立监事制度：逻辑动因、现实可能与框架设计》，《教育发展研究》2021年第5期。

B.19 河南民办教育政策的历史演变和发展逻辑[*]

张晓红[**]

摘　要： 民办教育是河南省教育事业重要的组成部分，民办教育在遵循普通教育政策的同时，还要遵循民办教育政策。民办教育政策经历了从无到有、从少到多、从不规范到规范的过程。民办教育发展面临比较突出的问题有法人属性问题、民办学校产权问题、政策适用问题、分类管理问题、教师身份待遇问题等，其中法人属性不清是所有问题的根源。对民办教育政策的本质认识不清、民办教育政策缺乏总体规划和完善的监督评估体系、完整的民办教育法规政策体系尚未建立、政策执行者自身缺陷等问题制约着河南民办教育的健康发展。河南应合理定位民办教育，明确民办学校法人属性，落实好分类管理政策，尽快制定配套政策，构建完善的民办教育政策体系。同时，以公平、效率、发展为目标，修正不合理政策，保证政策目标的实现。

关键词： 民办教育政策　历史演变　发展逻辑

河南是人口大省、生源大省，但是教育资源特别是公办高等教育资源不

---

[*] 基金项目：河南省高校哲学社会科学智库研究项目"新中国70年河南教育的政策演变及发展走向研究"（2021-ZKYJ-09）。
[**] 张晓红，河南民办教育研究院研究员，黄河科技学院副教授，主要从事高等教育、民办教育研究。

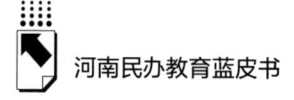

是十分丰富,在这种情况下,需要大力发展民办教育,特别是民办高等教育。数十年来,河南民办教育在当地政府的支持下,从无到有、从小到大、从不规范到规范,逐步发展成为河南教育事业体系中非常重要、不可或缺的重要组成部分。河南民办教育的规范发展离不开地方政府的政策支持,因而,归纳梳理河南民办教育政策的发展演变过程,分析政策在不同阶段的作用,其合理性、科学性,其对民办教育发展的帮助或阻碍,其发展逻辑,发现存在的问题,进而对今后民办教育政策的规范和完善提供参考和帮助。

一 河南民办教育政策的历史演变

河南地处中原,历史上就是人才辈出之地,非常重视教育。但是,近些年来,教育资源特别是高等教育资源缺乏,民办高等教育的发展在一定程度上解决了一部分河南学子接受高等教育的问题。一部民办教育的发展历史也就是一部民办教育政策的演变历史,这就需要对民办教育政策进行深入归纳研究,分析其在不同历史时期对教育发展的作用,分析其利弊得失,对今后民办教育政策规范和完善、对民办教育的健康发展有着积极的意义。

河南民办教育政策的历史演变有四个阶段,即空白阶段、萌芽阶段、快速发展阶段、规范发展阶段。

(一)空白阶段(1949~1977年)

此阶段,社会经济处于百废待兴的状况,政府是唯一办学主体,根据经济恢复的需要,教育主管部门主要是对旧的学校进行了接管和改造。此阶段,没有出台有关民办教育的政策,处于民办教育政策的空白期。

(二)萌芽阶段(1978~1991年)

此阶段,国家实行改革开放政策,河南政府工作重点转移到社会主义现代化建设上来。随着恢复"高考"、部分教育政策出台,教育事业得到了迅速的发展，人民群众对教育的需求量激增，民办教育开始起步，相应的民办教育政策即"社会力量办学政策"开始发布，民办教育政策开始起步。

这一阶段，是国家制度的变革期，各项改革制度在尝试中启动，教育领域也不例外。对于民办教育，出台的政策内容带有试探性质，政府既希望发展民办教育又对其充满了怀疑和担忧，一切都非常谨慎。这时期的民办教育政策明显具有矛盾的特点，既允许、希望发展民办教育又存在诸多限制性规定。

此阶段出台的民办教育政策，从探索角度来看，还是有积极作用的。政府对民办教育既积极鼓励，大力支持，又正确引导，加强管理，防止盲目发展，偏离方向；既统筹安排，合理布局，又全面增加教育资源，以满足人民群众接受教育特别是高等教育的需求，同时提高教育质量，全面提升学生素质。

（三）快速发展阶段（1992~2001年）

1992年党的十四大报告中明确指出，要"鼓励多渠道、多形式社会集资办学和民间办学，改变国家包办教育的做法"。这揭开了民办教育快速发展的序幕。

进入20世纪90年代以来，社会经济飞速发展，人民的物质生活水平也快速提高，人民群众对知识文化的需求增多，这就需要政府提供更多的教育资源，然而，公办教育资源还是有限的，此时民办教育特别是民办高等教育得以快速发展，逐步成为河南教育事业非常重要的组成部分。

这一时期的民办教育政策特点比较明显：一是政策数量明显增多，不同角度、不同部门的民办教育政策相继出台；二是政策态度转变，从民办教育政策的内容可以看出，从之前小心翼翼的探索，转变为对民办教育合法地位的确认；三是政策内容有利于民办教育的发展，民办教育的数量、规模、办学领域和办学层次都得到扩大和延伸，政策对民办教育的发展起到了积极的促进作用。民办教育的发展促进了民办教育政策的完善，民办教育政策的完善同样促进了民办教育的发展。这说明，适应社会发展大趋势、满足社会发

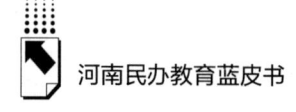

展需求、解决发展中存在问题的好政策，会促进一个行业的健康发展，进而带动地方经济的发展。

（四）规范发展阶段（2002~2022年）

进入21世纪，我国社会主义市场经济体制日益完善，各项事业的发展对于高素质人才的呼声越来越高，特别是河南，作为人口大省，对高素质人才的需求更多。民办教育的发展，给全省教育事业体系注入了活力。这一时期的政策以规范办学为主。

二 河南民办教育发展的政策障碍

河南民办教育政策从无到有、从少到多、从不规范到规范，在一定程度上促进了民办教育的发展，取得了有目共睹的成绩，但是在肯定成绩的同时，必须看到发展过程中存在的一些问题。众所周知，法规政策有其滞后性，民办教育政策也不例外，民办教育发展日新月异，但是部分民办教育政策没有能够及时更新和完善，在一定程度上制约了民办教育的发展。比如，政府不同部门出台不同角度的政策，政出多门，使得民办教育单位无所适从。因此民办教育政策还需要从多方面加以提高和完善。进入21世纪特别是《中华人民共和国民办教育促进法》颁布以来，民办教育改革发展进入深水区、攻坚期。在取得一系发展成绩和改革经验的同时，也面临着一系列制度瓶颈和政策障碍。

民办教育发展面临比较突出的问题，而且目前无论中央还是地方对此还没有完善的政策体系支持，即法人属性问题、民办学校产权问题、政策适用问题、教师身份待遇问题、民办学校内部法人治理问题、民办学校财务税务制度问题、市场监管问题、政府配套服务问题，等等。法人属性不清是所有问题的根源。

目前民办学校法人属性，被认定为"民办非企业单位"。无论按照之前的民法通则还是按照现行的民法典，均没有"民办非企业单位"这个法人属性。这使民办学校的法人属性很尴尬,在法律政策里面没有可以参照的法人属性,使得《中华人民共和国民办教育促进法》规定的民办学校很多优惠政策根本无法落实。

法人属性不清,导致政府颁行的对民办教育的多项政策得不到落实,比如公益性的非营利学校因为"民办非企业单位"享受不到法定的和公办学校同等法律地位的优惠政策;而带有营利性质的学校,不能面向市场、自主经营。民办学校既不是企业,无法自主经营、自由定价、自主管理,也不能够按照企业的方式组织经营管理;也不是事业单位,在土地划拨、税收减免、公共资金资助、教师身份待遇等诸多方面很难享有和公办学校同等的待遇。比如税收问题,地方税务部门对民办学校进行核查,要求对民办学校进行征税,依据就是民办学校"民办非企业单位"和公办学校"事业单位"法人属性不一致,不能按照公办学校事业单位法人的税收政策执行,这其实是和《中华人民共和国民办教育促进法》相应规定相违背;再如民办学校教师身份不明、待遇不公,关于社保问题,因为民办学校既不是事业单位法人也不是企业法人,无法按照现有标准管理,但又不能不交社保,最后执行的是"参照企业缴纳";还有科研项目经费、政府公共资金扶持等诸多问题,按照各个部门各自现有执行的法律政策,没有可以参照的属性,不能完全落实到位。

法人属性不清,使得各部门各自为政,造成政出多门,执行管理混乱,行政规章与法律法规不一致、不协调,影响了法制权威性和统一性,从而也导致《中华人民共和国民办教育促进法》所规定的民办学校的优惠政策无法落实;同时也造成《中华人民共和国民办教育促进法》成为全国人大出台涉及教育法律中,迄今为止唯一一部没有进行执法检查的法律,相关部委受自身系统内部法律法规政策的约束,因民办教育各类学校法人属性不清,适用缺少有力有效的依据,相关政策也无法落实,且各个部门之间的法规政策也相互矛盾。

法人属性不清,使得《中华人民共和国民办教育促进法》规定的第5条"民办学校与公办学校具有同等的法律地位"、第28条"民办学校的教

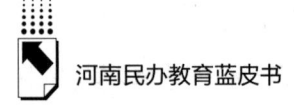

师、受教育者与公办学校的教师、受教育者具有同等的法律地位"根本无法落实。

通过分析论证可知,要从根本上解决问题,首先需要明确民办教育中各类学校法人属性问题,才能更好地促进民办教育健康有序规范发展。也就是说,从立法上区分营利性法人和非营利性法人两大类型,而且政府要按照自主选择、科学分类、平稳过渡的原则,全面实现现有民办教育中各类学校非营利性与营利性分类管理。

三 河南民办教育政策的展望

(一)明确民办学校法人属性,落实好分类管理政策

民办学校法人属性不清,成为管理当中最大的难题和障碍。破解难题,首先需要解决法人属性问题。

对民办学校实施分类管理,是党中央、国务院的重大决策部署。尽管面临不少困难与挑战,但是当前和今后一个时期,落实新法新政、推进分类管理仍是民办教育工作的主基调,目标不会动摇,方向不会偏移,步伐不会停滞。地方政府应积极做好分类管理政策落实工作。对民办教育中各类学校进行分类,采取不同的管理政策。

对于营利性民办学校,按照民法典中"营利法人"进行登记管理,这类学校在法律允许的范围内面向市场自主办学;对于非营利性民办学校,按照民法典中"非营利法人"中事业单位法人进行登记管理,真正落实《中华人民共和国民办教育促进法》第5条和第28条规定的精神。

(二)制定配套政策,构建完善的民办教育政策体系

政府相关部门(国务院各部委及地方政府)尽快出台一系列配套政策。针对营利性法人和非营利性法人两大类型,在行政管理上实行不同的规制措施,并对两类学校采取有差别的扶持政策,使《中华人民共和国民办教育

促进法》相关规定能够真正贯彻落实。比如研制出台民办学校分类登记实施办法；制定营利性民办学校监督管理办法；制定非营利性民办学校收费管理办法；制定民办学校变更登记类型具体办法；明确民办学校终止清算剩余财产补奖标准；健全民办学校办学风险预警及干预机制。

构建完善的民办教育政策体系。政策体系化，即要求把民办教育政策看作一个系统，系统内政策与政策之间相互协调、互为补充，形成一个有机联系的整体。从横向和纵向两个维度入手，建立纵横交错、立体网状的民办教育政策体系。在横向上，完善、修正有关民办教育领域不同部门的各项政策。以《中华人民共和国民办教育促进法》及《中华人民共和国民办教育促进法实施条例》为基础，结合河南民办教育发展情况，出台适应河南民办教育发展实际的各项具体政策，避免民办教育无章可循、无法可依，也避免政出多门。地方政府各部门在制定民办教育政策时，既要考虑教育的公益性特点，也要考虑具体发展情况，采取多部门会商，发挥政策的整体互补优势，提高政策的前瞻性，以期对民办教育健康发展提供帮助。在纵向上，以《中华人民共和国教育法》《中华人民共和国高等教育法》《中华人民共和国民办教育促进法》为指导，根据河南经济、文化、教育发展水平，制定适应河南民办教育发展实际的、"接地气"的地方政策，更好地促进河南民办教育事业的健康、有序、规范发展。

（三）修订现行不合适的政策，保证政策目标的实现

民办教育政策的目标，是要对民办教育的健康发展保驾护航。既然对民办教育领域各类学校要进行分类管理，政府就需要对现行全部民办教育政策进行全面梳理，进行"废、改、立"，即对不适应民办教育发展实际的政策抑或是已经制约发展的政策，要及时废止；对部分条款不适应的，及时修订；对民办教育发展出现的新问题、新矛盾，要及时出台政策予以规范。

修订针对民办教育的税收优惠政策和捐赠制度，按照营利性和非营利性两大类型，对现行的民办教育税收优惠政策进行全面梳理，针对两大类不同的特点和发展现状，采取不同的政策体系和价值目标，明确税收优惠政策针

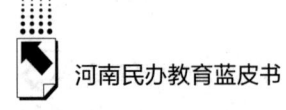

对不同类型民办教育的范围。

修订不同类型民办教育办学盈余纳税政策。目前执行的政策是，对现有全部民办教育中各类学校的办学盈余，税务机关均要求缴纳企业所得税。这不符合民办教育发展实际，也不利于民办教育健康发展。从促进民办教育发展角度出发，政府应当针对营利性和非营利性，制定差别化的扶持政策。对非营利性民办学校办学盈余，政府可以按照公办学校相关政策执行；对营利性民办学校办学盈余，按照企业性质缴纳所得税。

河南省民办教育的规范工作取得了较大成绩，相关的民办教育政策法规一直处于不断发展变化中，体现了政府根据民办教育发展实际出台和调整政策的战略，也反映了民办教育的发展历程，揭示了我国民办教育的时代特征、发展趋势和未来走向。针对新形势、新变化，政府应及时研究、抓紧出台相应的配套政策，做好民办教育政策规划，建立符合河南民办教育发展实际和发展特色的、完善立体的政策体系，以促进河南民办教育事业健康有序规范发展，进而促进河南教育事业发展，为河南培养更多优秀的建设者，为促进河南经济发展做出贡献。

参考文献

郝文平：《社会主义市场经济体制一、二、三——兼谈人们学习〈十四大报告〉出现的几重心态》，《北华大学学报》（社会科学版）1993年第2期。

张晓红：《对我国民办高等教育政策法规发展的思考》，《教育与职业》2014年第15期。

强冬梅：《民办教育发展与政府资助研究》，《安徽工业大学学报》2006年第2期。

B.20
疫情防控常态化背景下民办高校网络教学调查与省思[*]

王道勋 刘静[**]

摘 要： 新冠肺炎疫情对高校正常的教育教学活动开展带来了不小的冲击和挑战。网络教学模式因其突破教学时空限制、简化教学组织程序、丰富教学内容呈现、扩大教学覆盖范围而备受推崇。为配合抗击疫情，高校延迟开学，在"停课不停学"的要求下，网络教学模式被寄予厚望，逐渐在高校展开。在网络教学模式的实践中，教学主体角色被动、教学内容相对简单、教学效率相对低下、教学监督难以保障、教学关系难以维系等问题现实存在。重大疫情期间的高校网络教学承担着落实立德树人根本任务的重任，需要在推动教学主体责任强化、教学内容精心设计、教学技术创新融合、教学督导有序开展、教学互动常态推进方面努力，充分确保网络教学模式的基本教学效果，促进学生的知识学习、能力锻炼和素养习得。

关键词： 疫情 民办高校 网络教学 教学效果

---

[*] 基金项目：教育部产学合作协同育人项目"基于'金课'建设的高校思政课程实践教学路径研究"（202102190010）、河南省高等教育学会 2021 年度高等教育研究一般项目（综合类）"新发展格局下河南民办高校内涵式发展研究"（2021SXHLX116）、中国高等教育学会"十四五"规划专项课题"地方高水平民办大学建设研究"（21DFYB03）、黄河科技学院 2021 年度党建创新项目"河南民办学校党建高质量发展研究"（3）。
[**] 王道勋，黄河科技学院副教授，河南民办教育研究院政策与发展环境研究所所长、研究员，主要从事高等教育、民办教育研究；刘静，黄河科技学院助教，主要从事党建和思政工作研究。

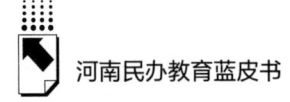

2020年伊始，口罩、洗手、防护等词汇迅速蹿红。新冠病毒超强的传染性和认知的不确定性，让社会的基本活动被迫中止或者叫停。疫情期间，高校也推迟了开学，倡导教师在家开展网络教学，确保"停课不停学"。在这样的背景之下，很多教师便通过微信、QQ、学习通、直播软件等社交工具和网络手段开展网络教学。原本在高校正常教学活动中难以得到有效推广和使用的网络教学，成为教师教学和学生学习的重要手段和途径。重大疫情期间，高校组织网络教学，开展在线教育，一方面是因为日常线下教育教学难以在短期内得到供给和保障，另一方面是因为网络教学具有潜在的教学服务和支持功能，在教学时空突破、教学程序简化、教学内容丰富、教学效率提升方面具有相当的优势。对于高校的教育教学而言，在新冠肺炎疫情期间推广和使用网络教学模式，接续替代原有的线下教学授课模式，既是适应时代形势的被动之举，也是检验在线教育、网络教学模式教学效果，发现教学运行问题，改进教学组织的机会。网络教学虽然被寄予了厚望，但是在这次网络教学的大规模实践中，其中呈现的各种问题也备受诟病，让广大教育工作者和学生学习群体看到了网络教学存在的问题和不足之处。疫情之后，高校的网络教学模式也必然会被面对面的线下教学模式所替代，但是在新冠肺炎疫情期间网络教学模式的实践中所体现和暴露的问题值得深入思考、认真研究、审慎调整，总结网络教学经验教训，指明发展方向，促进网络模式的优化和改进，进一步丰富高校教学模式，提升教育教学效果。

一 应然特点：高校网络教学模式的相对优势

网络教学模式并不是因为这次新冠肺炎疫情而第一次出现在教育视野的。随着教育技术的不断进步和发展，网络教学的条件逐渐得到完善和保障，诸如MOOC、直播课程等网络教学形式的出现，壮大了网络教学模式的组成。这次新冠肺炎疫情的突然袭来，把原本在高等教育中处于相对边缘地位的网络教学推向了公众视野。网络教学模式的相对优势，如突破教学时空限制、简化教学组织程序、丰富教学内容呈现、扩大教学覆盖范围等,让其成为高校在面对重大疫情挑战时主动推广的教学模式。

(一)教学场景变换:突破教学时空限制

网络教学是基于互联网技术而形成的一种在线教育模式。线下教育教学模式需要在固定的场所、固定的时间进行,只有在教学空间和教学时间得到必要的组织统筹后,教学活动才能正常地开展。面临教学时空的限制,学生的学习积极性和主动性是可想而知的。线下面对面的教学模式对于更好地扩大教学辐射范围、提高教学效率而言是不利的。学生只能在固定的时间和固定的场所开展学习,不利于满足学生个性化的学习需求,不利于激发学生的学习积极性和热情。网络教学模式的定位便是对教学时空限制的突破,将教师教学和学生学习的场景搬到互联网端,彻底打破了教学空间和时间的限制。在不受限制的教学时空中,学生可以根据自我的需求来安排学习,有利于解放教师和学生的教学生产力。最为明显的便是教师对学生的答疑,在传统的线下教学中,学生如果需要向教师咨询问题,需要预约教师,而在网络教学环境中,学生完全可以突破时间和空间限制,采取留言或者在线连线的方式寻求教师的即时解答和回复。

(二)教学交互虚拟:简化教学组织程序

在高校现实教学过程中,正常的教学组织程序是较为复杂的。这给教学活动带来了不小的成本。网络教学场景由线下变成了线上,因而教师和学生的互动变成了一种依靠互联网维系的虚拟交互活动。教学实施不需要花费过多的组织成本,无论是课表编制、教学准备,还是学生签到,抑或是学习任务安排,都能够较快地在网络端完成。这样的教学组织效率必然是十分高效的。无论是对于教师还是学生而言,教学组织程序都得到较大的改进和简化。教学组织程序的简化,有利于帮助教师真正将教学的重心放在教学内容的设计和呈现上,提高教学的有效性,有利于促进学生真正将学习的重点转移到学习知识本身上,减少教师和学生交流的机会成本。

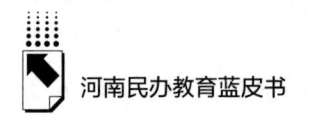

（三）教学资源多样：丰富教学内容呈现

教学资源丰富多样是网络教学最为显著和鲜明的特点和优势。网络教学之所以得到部分教师和学生的推崇和喜爱，一个很重要的原因便是，这种教学模式能够实现教学方法的多样化，推动教学资源的融合，丰富教学内容的呈现。借助于网络教学技术的日臻成熟，传统线下教学单一的讲授教学法被网络教学的情景式教学、互动式教学、案例式教学、研究式教学所替代。以往教学知识的生成模式相对单一，教师所依赖的教学资源只有课本，但在网络教学模式之中，教师可以通过图片、视频、动画等资源对知识进行讲解、分析和研究，有助于进一步丰富教学资源。教学内容呈现更是如此，传统线下教学模式主要通过板书或者PPT向学生展示教学内容，但在网络教学模式中，教学内容的呈现将会以更加多样的方式进行，如学生可以通过观看教师录制的学习课程进行学习，也可以通过教师直播的方式进行课程学习，学生在学习之余，也可以通过在线交互技术，实现与教师进行有关教学内容的探讨，促进教学内容的改进、调整和优化。

（四）教学效率提升：扩大教学覆盖范围

传统线下教学模式最大的一个弊端是教学效率的问题。即使一个教师教学水平和能力超群，能够把一门课程上到极致，但是因为教室空间和时间的限制，优秀教师所能影响的学生范围也是相当有限的。这对学生而言，不可不谓是一种损失。但在网络教学模式之中，这样一种教育损失是可以避免的。借助于网络传播途径，高校教师优质教学视频可以被全世界的学生所学习和掌握，教学效率得到较大程度上的提升，教学视频所承载的学科专业知识能够迅速得到推广和普及，高校课程教学的覆盖范围得到巨大的扩展。

二 实践检验：高校网络教学模式的现实表现

新冠肺炎疫情的突然来袭，短期内便对原本正常的高等教育节奏产生了巨大的冲击，学生只能进行网络学习。网络教学模式在这次重大疫情期间扮演了重要的角色，发挥了重大的作用，为高校落实教育部"停课不停学"的基本要求，开展基本的教学活动，提供了强大的支持。广大教师足不出户，照样开展教学活动，千万学生宅学在家，依然进行学习活动，这些都离不开网络教学模式的助力。网络教学模式在实践中也经受了检验，但教学主体角色被动、教学内容相对简单、教学效率相对低下、教学监督难以保障、教学关系难以维系等问题现实存在，在一定程度上限制了其优势的发挥，削弱了其教学效果，不利于学生通过网络教学模式真正实现知识学习、扩充和提升。

（一）责任迷失：教学主体角色被动

网络教学模式的教学主体是教师和学生。突然而来的网络教学对原本习惯线下教学模式的教学主体的教学认知和教学行为产生了明显的影响和冲击。与线下教学中教师主体的尽职负责和学生主体的协调配合相比，线上网络教学中，教师和学生的角色相对被动，出现了明显的责任迷失情况。教师作为网络教学的主体，是推动高校网络教学发展的关键要素。对教师主体而言，并未从线下教学的模式抽离出来，对于如何扮演好线上教师的角色，做好教学工作缺乏深入而理性的认识，因而也就对其自身的教学角色难以形成更加主动和自觉的认知，对自身在网络教学中应该扮演的角色和履行的基本义务未产生应有的行动自觉，渐渐在网络教学中出现明显的消极应付的情形。这样一种消极应付，看似是教师主体自身对所承担责任的漠视，其实则是教师主体在新的教学环境之中自我角色的迷失。对学生主体而言也是如此。随着教学场景的变换、教学交互的虚拟，失去相对显性约束的学生在网络教学空间难以对自身进行约束和规范，学习者的角色并未有效体现在基本的教学活动之中，其在教学活动中表现出应付的态度。学生自主学习能力匮乏，缺乏对课本知识的深度探索。

（二）设计缺失：教学内容相对简单

网络教学模式出现的根本原因是教育技术的革命性进步和发展，其为高校教学模式的变革提供了基础的技术支持。教育技术为网络教学的开展和实施奠定了基础。教学工具的升级，一方面带来了教学效率的提升，另一方面也引发了对教学内容和教学作用的关注。教育技术的进步在某种程度上也导致某些教学原则和规律的丧失，最明显的便是教学设计的缺失。事实上，网络教学的工具理性和价值理性冲突是存在的。技术的进步并未为更好地呈现教学内容，体现教学原则，遵循教学规律提供应有的支持。在网络教学中，对技术的过度标榜，导致教师在进行课程教学时，会注重对形式的包装，对技术工具的运用，但在教学设计上却显得捉襟见肘，导致对学生呈现的教学内容过于简单。因为一旦教学内容过难，在网络平台上难以进行有效的沟通和解决，最终反而会导致教学效率的下降。

（三）教育损失：教学效率相对低下

网络教学的基本目标是提高教学效率，向学生传授基本的知识和理论，而最终目标在于促进知识传播和教育实现，帮助学生成长成才。在网络教学实践中，其在整体教学范围的覆盖上体现出了明显的优势，但是在局部的课程课堂教学中则出现了明显的效率不佳状况。这样一种教学情形与教育教学的基本目标和最终目标是相违背的。网络教学并未真正实现对现有课程教学和课堂教学的改进和升级，一方面由于网络技术的原因，另一方面由于虚拟空间的软约束。在线下教学模式中，师生互动是保证教学质量的方式和路径，但是在网络教学模式中，只有教师自己。学生缺乏必要的仪式感和敬畏感，导致教学成为一个教师角色单向扮演和互动的过程，教学秩序难以得到有效的维护。同时因为大规模的学生在线，实际的教学互动是极其有限的，教师在讲解一个知识点时，是很难让所有学生及时了解和掌握的。由于技术的原因和互动的缺失，整个教学就变成一个支离破碎的活动或者过程，在课后，教师还要花大量的时间和精力去对出现的问题和不足进行解决和弥补，这就必然导致教学效率低下。

(四)反馈丧失:教学监督难以保障

在线下教学中,教师的教学是教师、学生、学校协调协作的模式。教学相关主体各司其职,共同推进教学活动的正常开展。学校通过教学督查的方式,选派具有丰富教学经验的教师深入课堂听课,了解教师上课的情况,并及时给予反馈,促进教师进行教学调整和改进。在网络教学模式中,基本的教学督查难以得到有效体现,因为教学活动发生的场域搬到了网上,因而整个过程变成了教师和学生的教学互动过程,学校的教学监督职责难以得到有效的履行。失去了学校的教学监督,教师就会难以掌握教学同行或者专家对其课堂教学真实效果的评价反馈,因而很难达到帮助其改进教学的目的。

(五)情感流失:教学关系难以维系

线下教学模式,是一种面对面交流互动的形式。学生遇到任何教学问题或者疑惑都可以在课堂上及时反馈,得到教师的指点和解答。在交互的过程中,师生的情感能够得到较为长足的发展和积累。这是线上网络教学模式所无法替代的。在探索网络教学模式的育人效果时,通常也会将其对学生知识增益和师生情感发展作为一个重要的衡量标准。随着网络技术的不断成熟和发展,网络教学模式在促进学生知识增益方面的表现越来越好,但是仍无法摆脱网络技术便利带来的师生情感发展割裂。通过对重大疫情期间网络教学模式实践的分析来看,教师对学生的感知比较弱,很难像在线下一样去观察学生的状况、听课反应和理解程度。同时,网络教学中学生对教师的感知也相对较弱。基于互联网技术而确定的教学关系,只是依靠鼠标点击而形成的一种交互关系,只是一种工具理性导向的师生关系,而不是一种基于师生情感而维系的价值理性导向的师生关系。教师和学生教学关系指向的是一种教学任务或者目的的完成。这样一种以任务或者目的为导向的关系不是一种稳定温馨的关系,最终会导致教育教学情感的流失,导致教学关系朝着功利化和世俗化的方向发展,不利于营造更加纯粹的育

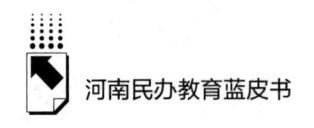

人氛围和环境，不利于教师更加重视与学生的日常联系，不利于学生开展与教师教学之外的情感联络。

三 发展思考：疫情防控常态化下高校网络教学模式的策略选择

新冠肺炎疫情期间，高校网络教学承担着落实立德树人根本任务的重任，对完成阶段性的教育教学任务发挥了巨大作用。未来，随着高校网络教学技术和平台的建设及优化，网络教学模式将在高校教学中扮演更加重要的角色。从网络教学模式在新冠肺炎疫情期间的实践出发，网络教学模式需要在推动教学主体责任强化、教学内容精心设计、教学技术创新融合、教学督导有序开展、教学互动常态推进方面努力，充分确保网络教学模式的基本教学效果，促进学生的知识学习、能力锻炼和素养习得。

（一）强化教学主体责任，建立教学实施基础

网络教学模式作为线下教学模式的重要补充，必然是高校教学模式的重要选择和基本趋势。在互联网技术的浪潮中，这样一种选择和趋势是不可逆转的。因此，对于高校而言，要主动认识并适应这种选择和趋势，从思想认识和理念认知层面做好教学主体的动员和宣传工作，巩固教学组织实施的基础。高校要进一步强化教师和学生的主体责任。强化教师在网络教学中的主要角色，引导教师准确认知自身在网络教学中应当承担的教学主体责任，主动适应正在变化的教学环境，摆正自身的教学姿态，以更加积极的状态投入网络教学课程开发和设计之中，改变教学思维，做好教学整体统筹和安排，提高网络教学的质量和水平；同时也要加强对教师网络教学技术和能力的培训，提高其驾驭网络教学新环境的基本素质和素养，让教师敢于在网络教学环境之中进行改革和探索。强化学生在网络教学中的主体角色，加强对学生学习认知和态度的引导，同时也要加强学生在网络学习中的监督和引导，以必要的约束和教育，帮助学生尽快克服网络学习的弊端，建立网络学习基本

的规则和要求，提高学生的自学能力，提升学生网络学习的有效性和针对性。双管齐下，通过教学主体责任的强化，为基本的教学组织实施奠定坚实的基础。

例如，黄河科技学院疫情防控教学工作专班发出通知，要求各学部（院）根据本学部（院）的课程安排和教师的实际情况进行教学调整，同时做好教师和学生的思想工作；在做好课程调整的同时，督促教师按照调整后的安排开展教学，保证教学的稳定有序，保证教学质量和教学任务的完成。各学部（院）落实所有任课教师按学校规定充分做好做细线上教学的各项准备工作，以备"一键启动"全部进行线上教学；各学部（院）督导组加强线上教学的听课督导力度；各学部（院）安排人员到教室巡视师生科学规范佩戴口罩，学生到课、听课等情况；严格对教室进行通风和消杀，所有教室每天按要求开窗通风，每次不少于半小时，并且要做好记录，随时备查。

（二）设计教学呈现内容，充实教学育人过程

教学内容的结构化程度与实施方式是人才培养的核心问题。网络教学模式的关键在于教师，教师是否愿意投入时间和精力到教学准备和教学设计之中，对于教学质量和水平有着直接的影响，对教学效果更是有着显著的影响。在推动网络教学模式调整和完善的过程中，高校教师尤其要重视设计教学呈现内容。高校教师务必要改变以往单向单一呈现教学内容的习惯。立足于网络资源、素材和方法，精心设计教学内容，通过视频、图片、动画等素材增强教学内容呈现的多样性。要对教学过程进行精心组织，务必改变以往一马平川的叙述方式，注重教学起承转合的设计与安排，增加教学过程的趣味性和吸引力，提高学生的参与度。还要加强教学互动和实践环节的设计，传统线下教学模式最大的弊端是理论说教占主导，教师教学内容呈现的任务是按照教学要求将理论性的知识直白地、单向地传递给学生，网络教学模式改进的一个重要策略就是要强化教师和学生的互动，强化学生的实践，让这些教学内容得到更好的传递和消化，进而充实教学育人的过程。

（三）创新教学技术融合，提升教学组织效率

当前，教育技术的发展已经较为成熟了，网络教学模式在教育技术的支撑下得到了长足的发展，但是从网络教学模式的深入长远发展着眼，教育技术的发展仍有较大空间。网络教学模式中教学组织效率仍然面临较为现实的问题，教学技术并未得到有效的运用和升级。下一步，高校要紧跟国家信息技术改革的步伐，借助于5G技术的推广和使用，推动高校网络教学基础平台和设施的升级和改造，解决网络教学中视频、音频、图片、文档、文字传输不畅的问题，通过创新教学技术融合，彻底解决影响网络教学的关键技术难题，保障教学的基本网络环境，同时以技术的手段强化对学生的约束、管制和服务，进一步提高高校网络教学组织的效率，真正实现网络教学的基本目标和最终目标，达到服务育人的目的。

（四）加强教学督导反馈，形成教学良性循环

教学督导在网络教学中缺失而引发的教学反馈丧失，在网络教学模式的构建和发展中只是一个阶段性的问题。网络课程的教学督导是网络教学质量保证的重要组成部分。高校应在合适的时机以合适的方式进行教学督导，发挥教学同行或专家的教学评价作用和功能。在网络教学平台的开发中，要设立单独的教学督导端口，发挥具有丰富教学经验的同行或专家的优势，让学校的教学督导能够以合适的方式进入虚拟教学交互之中，了解教师真实的教学情景，掌握学生真实的学习状况，发现教学过程中存在的突出问题，进而形成对虚拟网络教学整体的认知，然后提出建设性的意见和建议，通过教学督导的反馈，帮助教师更加全面地认识教学中可能存在的不足和问题，然后采取必要的教学改进和优化措施，形成教学良性循环。

2021~2022学年第二学期第5~8周（2022年3月21日至4月15日），黄河科技学院督导室为了解线上课堂教学信息，落实"课堂教学质量提升建设年专项行动"各项要求，进行了第5~8周学生教学信息员调研工作，从教学情况、教学形式、课堂教学互动、学生学习满意度、课程育人等方面

对学生教学信息员进行了问卷调查，共计收到 647 份有效问卷。

经统计，有 557 名信息员反馈教学正常，教学设备能正常运行，教学环境整洁，网络流畅，能满足线上教学需要，占比 86.09%；有 88 名信息员反馈教学基本正常，占比 13.60%；有 2 名信息员反馈教学不正常，占比 0.31%（见图 1）。从上述情况来看，绝大多数教学运行正常。

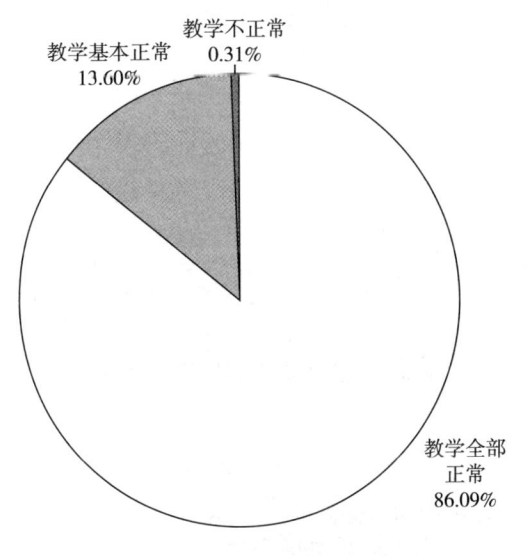

图 1 教学情况调研结果

有 566 名信息员反馈全部任课教师在线上授课时与学生有互动，占比 87.48%；有 80 名信息员反馈部分任课教师有互动，占比 12.36%；有 1 名信息员反馈全部任课教师都没有安排课堂互动（见图 2）。从上述结果可以看出，绝大多数任课教师能和学生进行良好的互动，提升教学效果，但也存在个别任课教师课堂互动效果一般，不能很好地引导学生参与到课堂教学活动中，影响整体教学效果。

有 575 名信息员反馈全部任课教师在授课时，教学内容能够融入新理论、新知识、新技术，并使用优质教学资源，重视培养学生分析问题解决问题的能力，占比 88.87%；有 71 名信息员反馈部分任课教师能做到，占比 10.97%；有 1 名信息员反馈全部任课教师都不能做到（见图 3）。

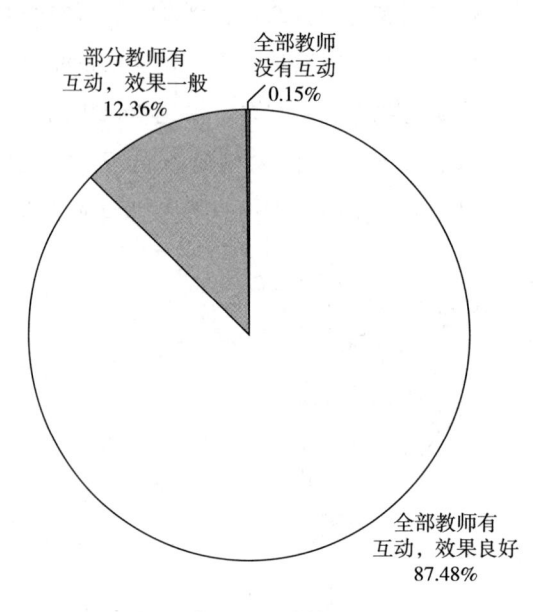

图 2　课堂设置互动情况调研结果

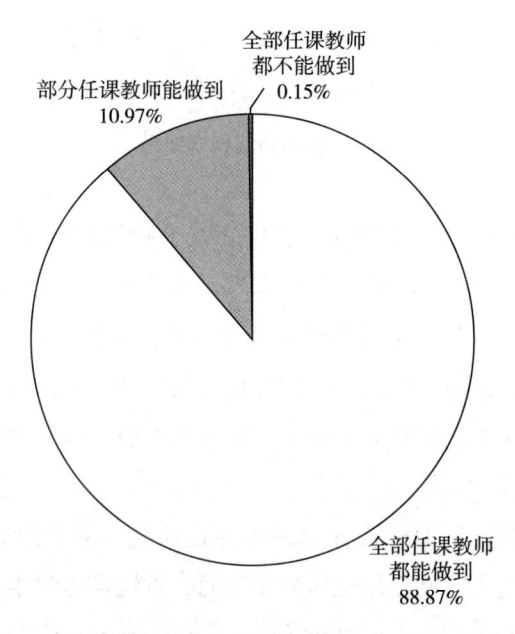

图 3　教师教学内容调研结果

有563名信息员对近期任课教师的教学效果表示满意，占比87.02%，比1~4周略低（1~4周为90.55%）；有84名信息员表示基本满意，占比12.98%（1~4周为9.33%）；没有信息员表示不满意（见图4）。从上述结果可以看出，绝大多数教师的教学效果都能令学生满意，但与1~4周相比略有降低。

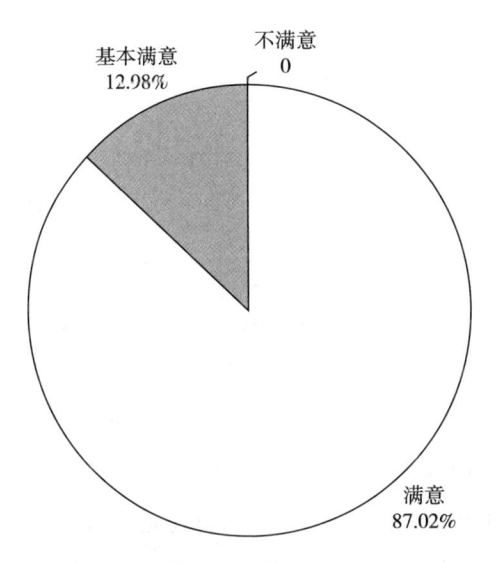

图4 对教师教学效果满意度调研结果

有464名信息员对自己的学习效果表示满意，占比71.72%，比1~4周略低（1~4周为78.94%）；有171名信息员表示基本满意，占比26.43%（1~4周为20.36%）；有12名信息员表示不满意，占比1.85%（1~4周为0.7%）（见图5）。从上述结果可以看出，绝大多数学生对自己近期的学习效果满意或者基本满意，但整体满意度比1~4周略有降低。学生信息员选择不满意的具体原因为：课太多，没有时间复习；教师讲课速度太快；个人自律性不强，学习基础不够扎实；上课无法集中注意力；每天都在训练，感觉学习力不从心，等等。

有387名信息员反馈同学们全都认真听课，占比59.81%，比1~4周降低不少（1~4周为72.93%）；有229名信息员反馈同学们大部分认真听课，

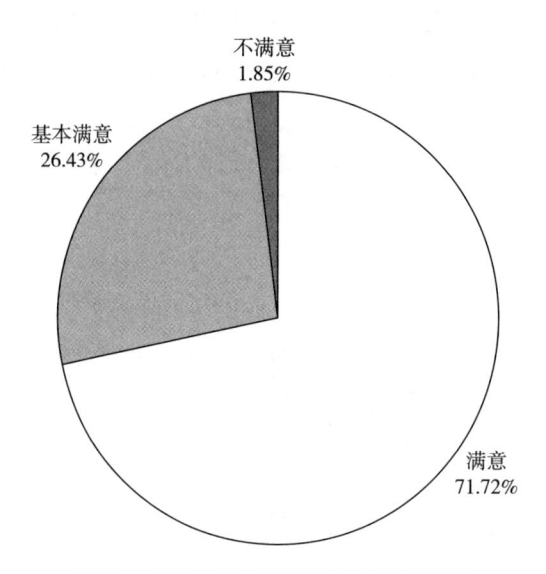

图5 对自己学习效果满意度调研结果

占比35.39%（1~4周为25.38%）；有31名信息员反馈一半人认真听课，占比4.79%（1~4周为1.69%）（见图6）。从上述结果可以看出，大部分同学可以做到认真听课，但相比1~4周，还是有较大变化的。信息员反馈同学们不能认真听课的原因为：所在班级教师都采用线上授课，见不到教师，精力容易不集中，听课效果不好；网络有卡顿现象，影响听课效果；线上教学影响学生与教师的互动；个人自制力差，手机的吸引力太大；也有同学反馈教师讲的听不懂，课程PPT制作不清晰。

有636名信息员反馈全部教师能做到授课时贯彻党的教育方针，教学体现立德树人思想，观点正确，言论健康，言传身教，教书育人，占比98.30%；有11名信息员反馈部分教师能够做到，占比1.70%（见图7）。从上述结果可以看出，绝大多数教师能做到言传身教，教书育人，将思政元素融入专业课程，课程思政和思政课程同向同行。

综上，从学生教学信息员反馈的情况来看，在疫情防控常态化形势下，黄河科技学院教师能够开展线上教学，使教学工作正常运行，线上课堂中能与学生积极互动，整体教学秩序稳定。

疫情防控常态化背景下民办高校网络教学调查与省思

一半人认真听课
4.79%

大部分
认真听课
35.39%

全都
认真听课
59.81%

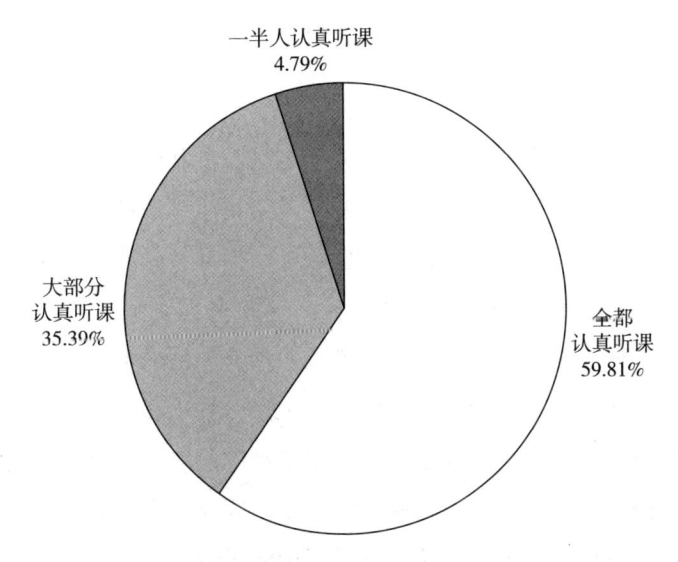

图6 课堂听课状态调研结果

部分教师能做到
1.70%

全部教师能做到
98.30%

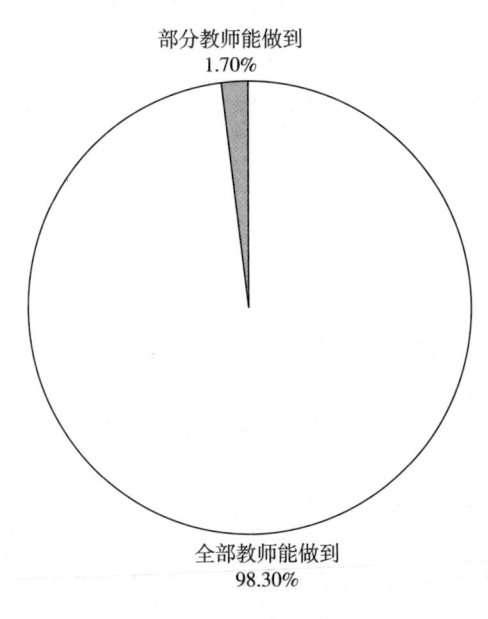

图7 课程思政建设调研结果

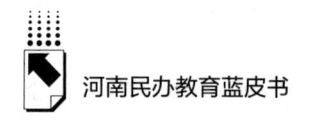

（五）倡导教学情感融入，稳固教学主体关系

高等教育是一种有温度的教育，高校教学也是一种有温情的活动。网络教学模式不能因为技术和效率，而偏离了这种温度和温情。高校在网络教学师生关系上，要积极倡导教师与学生建立基于情感维系的师生关系，而不是将师生关系仅仅停留在知识的传授和学习上。倡导教师在教学中投入必要的情感，对学生投入满满的育才之情，让高等教育真正变成一种有温度的教育，而不是一种冰冷的教育，让教学变成一种有温情的活动，而不是一种冷血的活动。倡导教师在完成网络教学任务之余，抽出必要的时间，与学生进行私下的联系，帮助学生解决学习生活中遇到的问题，强化彼此之间的需要和情感，为提高教学的效率奠定必要的基础。同时，也要对学生进行感恩教育，引导学生珍视与教师的情感，在学习中注重对教师的关心，不要抱着敌对的心理去看待教师，看待教学，要深怀感恩之心，感谢教师的付出，以真心换真情，以更加饱满的热情去激励教师做出更加友善与和谐的教学行为改进，稳固学生与教师之间的情感关系，建立教学相长发展共同体，帮助教师提高教学效果，进而实现自我知识增长、能力锻炼和素养习得。

参考文献

蔡建东、段春雨：《高校教师网络教学的影响因素与提升策略——基于结构方程模型的实证研究》，《电化教育研究》2016年第22期。

曹俊、李晓伟、张津津：《基于网络教学的翻转课堂中学生自学能力提升的探索与实践》，《山东化工》2019年第22期。

马陆亭：《本科教育模式的共性要素思考》，《苏州大学学报》（教育科学版）2018年第4期。

张根乔、李雪、国兆亮：《网络课程的教学督导指标体系构建》，《开放学习研究》2020年第1期。

附 录
Appendices

B.21 附录一 河南省民办教育协会 2021年度工作报告

2021年是中国共产党建党百年和"十四五"规划的开局之年，也是协会新一届理事会正式履职之年。一年来，在省教育厅和民政厅的领导下，协会深入学习贯彻习近平总书记系列重要讲话和重要指示批示精神，贯彻落实党的十九届六中全会精神，始终把立德树人作为根本任务，坚持以服务为宗旨，广泛团结全省各级各类民办教育机构和民办教育工作者，稳步推进民办学校依法办学，努力推动民办教育高质量发展，为增加教育服务供给、满足人民群众多样化需求、促进经济社会发展等方面做出了积极贡献。

一 2021年度工作情况

（一）坚持思想政治引领，深入学习贯彻习近平总书记系列重要讲话精神

2021年，在以习近平同志为核心的党中央坚强领导下，面对中原大地

"涝疫"结合的严峻形势，河南民办教育全体同仁团结一致、迎难而上，众志成城、共克时艰，坚决筑牢师生生命安全和身体健康防线，深入开展"把灾难当教材、与祖国共成长"主题教育活动，上好"开学第一课"，把生命教育、信念教育、科学教育、道德教育贯穿始终，使抗洪救灾、抗击疫情成为最厚重的思政大课和最鲜活的爱国主义教材，广大师生爱国热情空前高涨，"四个自信"更加坚定。一年来，协会组织深入学习贯彻上级有关文件精神和法律法规，进一步加强民办学校党建工作，不断提高教育教学质量，有力促进了民办教育事业健康规范发展。

1. 树牢政治信仰，扎实开展党史学习教育

党史学习教育特别是习近平总书记"七一"重要讲话以来，协会迅速下发文件，要求河南各级各类民办学校深入学习贯彻习近平总书记重要讲话精神，学好用好党史、新中国史、改革开放史、社会主义发展史，精准把握开展党史学习教育的重点任务，高标准严要求，推动党史学习教育的深入开展。各级各类民办学校创新工作方法，通过报告、讲座、讨论、竞赛、演讲、表演等形式，开展了精彩纷呈的党史学习教育活动。黄河科技学院引导全体教师将党史与学生专业课程相融合，筑牢课堂思政育人主渠道；郑州科技学院投资千万元建设了思想政治理论课体验教学中心，接待学习参观三万余人次；郑州黄河护理职业学院将党史学习教育与教育教学中心工作结合起来，推动学习教育走深走实；郑州升达经贸管理学院、郑州工业应用技术学院、商丘学院、郑州财经学院等民办高校学生在省委高校工委、教育厅组织的"百年党史青年说"——百校青年大学生讲党史大赛等比赛中多次获奖；河南科技职业大学、郑州商学院、郑州理工职业学院、郑州商贸旅游职业学院、郑州工商学院、郑州电子职业技术学院、郑州电子信息职业学院等学校活动扎实、亮点纷呈，获得当地党委政府的表彰与群众的好评。

2. 践行初心使命，认真贯彻落实民办教育法规

2021年4月7日，国务院颁布新修订的《中华人民共和国民办教育促进法实施条例》（以下简称《民促法实施条例》），是在开启全面建设社会

主义现代化国家新征程的背景下，在全面总结民办教育发展几十年经验、深入分析存在问题的基础上，对民办教育做出的全面规范，对于加强党的领导、完善民办教育顶层设计、坚定不移走中国特色社会主义道路具有重要意义。协会先后两次下发通知，要求民办学校认真学习领会《民促法实施条例》精神与内容，组织对《民促法实施条例》及相关民办教育新法新政进行深度、系统解读，先后三次组织检查各单位学习落实《民促法实施条例》情况，团结引导广大民办学校全面加强党的建设、加强优质发展、特色发展、创新发展，指导民办学校践行以人民为中心的价值追求，进一步坚定了各级各类民办学校办学的初心使命。

3. 创新形式载体，深入开展建党百年系列活动

协会多措并举，引导广大党员学党史、悟思想、办实事、开新局，考察遴选了43个党建示范基地和特色建设项目，组织开展了黄河文明与焦裕禄精神暨兰桐文化研讨等活动。协会内部资料《河南民办教育》开设党建专栏。河南民办教育蓝皮书研创中，安排了河南民办教育党建工作报告专项任务，开展了民办教育党建名片、党建优秀电影展映、入党宣誓、学习体验、主题宣讲、建党百年图片展、讲党课和优秀党课展播等活动。在中国民办教育协会网站与河南省民办教育协会官网、官微上展示了会员单位的党建工作成绩。开展"一批基地、一个栏目、一张名片、一组图片、若干报告"等系列活动，向建党100周年献礼。安阳学院坚持学用结合，做实党史学习教育"带头学、实地学、引导学"三种模式；河南开封科技传媒学院建设"科传红·中原兴"校地合作模式党建示范基地；中原科技学院在党史学习教育中深入推进有谋划、有落实、有创新、有成果，确保"站位有高度、组织有广度、实施有深度"；信阳学院党史学习教育突出实践特色，充分利用丰富的红色资源，着力打造"行走的思政课"；驻马店泌阳光亚学校把庆祝建党百年与加强教师职业道德建设结合，举办了"红心向党，潜心育人"系列活动；洛阳二外通过庆祝建党百年加强师德师风教育、传统文化教育；建业教育党总支开展"百年党史我来讲"活动；汝州香榭世家幼儿园坚持党建与帮扶工作相融合；郑州高新区六一幼儿园开展"童心向党赞百年，

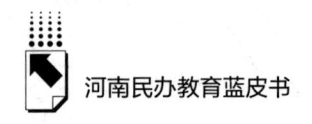

科技创新赢未来"科技节活动；襄城县实验学校建立"党建+科研兴校""党建+立体德育"等工作模式。活动丰富多彩，生动活泼，既突出了党史教育，又让师生入脑入心，印象深刻。

（二）切实加强自身建设，积极发挥协会的桥梁纽带作用

协会积极发挥桥梁纽带作用，真心实意地做好服务民办学校的工作，一方面，做好"上情下达"，把党和国家的声音及时传达到各民办学校，让民办学校知情明政；另一方面，做好"下情上传"，把民办学校投资者、管理者、教师的诉求、愿望、建议、意见通过协会这个平台，及时传递给地方党委、政府和教育主管部门，充分反映河南省民办教育发展的真实情况。

1. 深入调查研究，积极建言献策

为总结经验、搞好服务，协会及时到各民办学校、单位进行调研，了解会员单位诉求，及时解决困难，协会领导先后调研了焦作、南阳、商丘、周口等地民办教育，协会各工委理事长也带领工作组对郑州、商丘、安阳、驻马店、洛阳等地市民办学校进行调研。在调研过程中，了解并帮助民办学校解决在师资建设、学校管理、资金需求等方面的一些困难和问题，并将调研报告报送有关行政部门，一些意见建议被上级采纳。

2. 强化工委职能，组织交流学习

协会培训教育工作委员会。2021年1月6日，培训工委理事会换届暨年度工作会议召开，会议选举产生了培训工委新一届理事会，朱玉峰当选理事长。2021年7月28日，为落实中办、国办《关于进一步减轻义务教育阶段学生作业负担和校外培训负担的意见》，培训工委第一时间要求会员单位深刻认识"双减"重大意义，坚决拥护中央决策部署，快速落实各项"双减"措施，杜绝违法违规培训行为，切实维护群众合法利益。

协会基础教育工作委员会。2021年4月17日，基础工委理事会换届暨年度工作会议召开，会议选举产生了基础工委新一届理事会，侯超英当选为理事长。基础工委换届后，立即结合当前"双减""五项管理"等重点工作，通过举办一系列的研讨、交流、培训等活动，凝聚吸引了更多的省内民

办学校加入协会中来，会员单位由原来的90多个增加到近200个。2021年5月24日，基础工委在杭州组织了为期三天的骨干民办校长深度研修班，60余名民办中小学校长参加了学习，对推动河南省民办基础教育的发展起到了重要作用。

协会党建工作委员会。2021年6月5日，召开换届会议，王建庄当选为主任。随后召开了党建工作经验交流会，6个民办学校在会上介绍了经验。

（三）注重加强行业自律，勇于担当民办教育的社会责任

2021年下半年，国家"双减"政策全面出台，校外培训机构亟待转型。2021年7月28日，培工委率会员单位发出联合倡议书，要求所有会员单位落实立德树人根本任务，服务中小学生全面发展，正确认识校外培训定位，加快转型，坚持证照齐全合法经营，健全规章制度提升水平，遵守价格管理，充分体现公益普惠属性，在全行业起到了良好引领作用。

各会员单位积极参与公共事务，勇于承担社会责任。2021年7月至8月期间，河南省郑州、新乡等地持续遭遇强降雨，造成重大人员伤亡和财产损失，形势十分严峻。协会各工委迅速行动起来，号召会员单位积极抗洪抢险，全省民办学校一边奋力保卫本校师生生命和财产安全，一边积极组织捐款捐物、驰援灾区，进一步彰显了河南民办教育的社会担当。其中，新乡医学院三全学院、商丘学院、郑州西亚斯学院、郑州财经学院多名学生，黄河交通学院青春志愿者服务队、郑州电力职业技术学院志愿者服务队被省委高校工委、省教育厅授予"疫情防控和防汛救灾工作优秀大学生及先进群体"荣誉称号；郑州澍青医学高等专科学校师生响应学校党委号召，挺身而出奋战在防汛抗疫第一线，100余名师生参与抗洪抗疫的事迹被多家媒体平台报道。

学前工委在协会领导带领下，几十家幼儿园迅速行动，有的为900多名防汛战士供应用餐，有的分头驰援受灾严重的新乡、鹤壁、周口等地，有的积极捐款捐物，有的设置"灾后疫情防控宣传点"，开展防疫知识的宣传、

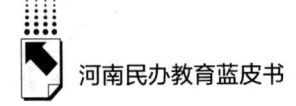

防疫中药包的免费领取和发放等工作。

协会法律事务服务部继续面向会员单位提供免费咨询服务，提供法规政策分析咨询服务，建立法律风险防范体系和学校权益保护体系，推进依法办学、依法治校，保证了河南省民办学校的合法权益。

（四）强化宣传典型引领，打造河南省民办教育的优质品牌

协会注重融媒体建设。2021年，协会官网和官微高效运营，内资出版6期，投送2000多本，在社会和行业产生积极反响。学前工委以河南学前工委订阅号和服务号为主阵地，连续报道了"河南幼教群英谱"在抗洪救灾中的卓越表现，在8月疫情封城期间"最美河南幼教人"的逆行奉献，河南幼教的感人事迹被多家国家级、省级媒体关注、转载。同时，同步建设的线上直播平台、线下分享平台、资源融合平台、省际交流平台在实际工作中发挥了重要作用。

协会注重文化建设。各工委团结、引领全省民办教育同仁坚持"立德树人"的理念，践行"公益服务、沟通交流、资源融合、引领发展"的工作宗旨，学前工委先后在河南省民间艺术协会非遗体验馆隆重举行"教育从文化出发"第一期——解锁太极活动，做"有根""有魂"的中国学前教育；在河南大才教育研究院举办"关注三磅宇宙，让科技为幼教发展助力"；在帝湖王府幼儿园举办耘芽太极师资培训；河南财经政法大学幼儿园被郑州市文旅局评为郑州市第一家"郑州市非物质文化遗产进校园（少儿太极文化教育）示范基地"。2021年4月24日，学前工委、建业教育集团联合举办了主题为"根深叶茂，行稳致远"的2021郑州年会，省内外知名专家为河南民办学前教育答疑解惑、寻路导航。

协会注重品牌建设。在协会的领导和推动下，经过会员单位的不懈努力，河南的民办教育已经形成了具有全国影响力的品牌。2021年6月，培工委理事长单位——郑州陈中教育集团党委被中共河南省委授予"河南省先进基层党组织"称号。这是全省民办教育培训机构首次获此殊荣。黄河科技学院2018年以来，连续四年位居武书连中国民办大学综合实力第一名，连续四年在广州日报全国应用型大学排行榜位居民办高校第一名，在中国新建（应用型）本科高校发明专利排行榜中位居全国民办高校第一名，连续四年专利授权量在河南省高校中排名第二。郑州科技学院的党建工作在组织部、宣传部和教育部党组联合召开的全国高等学校党建工作会议上做了经验交流发言。漯河食品职业学院、长垣烹饪职业学院、商丘兴华学校、洛阳双语实验学校、沁阳永威学校等品牌校不断崛起，呈现了品牌校的集群效应。

（五）突出科研成果导向，持续提升民办学校的创新能力

近年来，协会及各分支机构和各校开展了多种形式的学术研讨，黄河科技学院、信阳学院、郑州升达经贸管理学院、河南科技职业大学、新乡医学院三全学院、郑州商学院等学校科研能力大幅提升，在国家自然科学基金、国家社会科学基金、教育部人文社科项目等方面均有所收获，获得立项。

2021年，协会民办教育研究院组织申报协会年度调研课题1334项，立项1116项，申报质量有所提升，申报数量比2020年增加41.5%，其中郑州科技学院和商丘学院申报数量涨幅较大。越来越多的民办学校积极参与到民办教育研究中来。

2017年，协会组织各专业工委和高校民办教育研究人员撰写了第一本河南民办教育蓝皮书，获得社会科学文献出版社立项，这是全国第一部省级民办教育蓝皮书。出版的《河南民办教育发展报告（2021）》是第5部河南民办教育发展情况的年度报告。

为展现当代河南教育70年的发展历程，协会民办教育研究院在完成《中国民办教育通史》（三卷本，150万字）的基础上，组织精干力量编写了"当代河南教育发展报告"，包括《砥砺前行中的当代河南教育》《当代河南民办教育发展报告》《当代河南职业教育发展报告》《当代河南高等教育发展报告》《当代河南基础教育发展报告》《当代河南幼儿教育发展报告》，全套丛书共203.6万字，荣获河南省教育科学研究优秀成果特等奖、2020年度河南省社会科学优秀成果三等奖。

（六）重视加强交流沟通，积极参与中国民办教育协会组织的活动

协会保持与中国民办教育协会及其他省份民办教育协会的交流，积极参与中国民办教育协会组织的活动，先后为中国民办教育协会推荐了乡村振兴专业委员会、义务教育专业委员会、高中分会会员单位，并先后组织河南省会员单位线上参加教育部、中国民办教育协会举办的"《民办教育促进法实施条例》与民办教育高质量发展大型系列讲座""推动民办教育高质量发展工作会"等线上会议。协会还组织河南省30余所各级各类民办学校参与了中国民办教育协会庆祝建党100周年民办学校成就展。黄河科技学院等多所民办高校组织参加了由中国民办教育协会组织的"全国民办高校党史学习教育知识竞赛决赛"，并荣获集体和个人奖项。同时，协会也通过电话、邮件等形式与各省份民办教育协会保持良好沟通，互相交流信息，学习借鉴经验。

在充分肯定成绩的同时，也要深刻认识到，当前，我国经济发展面临需求收缩、供给冲击、预期转弱三重压力，特别是在世纪疫情冲击下，百年变局加速演进，外部环境更趋复杂严峻和不确定，这为民办教育发展带来了更大挑战。既要正视困难，更要坚定信心，坚定不移做好自己的事，坚定不移发展壮大民办教育，努力做好新年度各项工作。

二 2022年度工作建议

在实现第二个百年奋斗目标、全面建设社会主义现代化国家的新征程中，教育的先导性、基础性、全局性地位和作用更加凸显，肩负的使命更为重大，推进民办教育高质量发展恰逢其时、刻不容缓。要坚持以习近平新时代中国特色社会主义思想为指导，精准对标党和国家对民办教育的新要求，深度契合人民群众对民办教育的新期待，坚持为党育人、为国育才，培根铸魂、启智润心，锚定"两个确保"，实施"十大战略"，推动民办教育高质量特色发展，为加快推进河南教育现代化建设、办好人民满意的教育而不懈奋斗。

（一）坚持依法办学，深入学习贯彻党的十九届六中全会精神

民办教育作为教育事业的重要组成部分，必须坚持党的全面领导，落实立德树人根本任务，践行以人民为中心的价值追求。2022年，协会要认真组织会员单位学习、宣传和贯彻党的十九届六中全会精神，深入学习宣传贯彻习近平总书记系列重要讲话精神，深刻领会《中华人民共和国教育法》、《中华人民共和国民办教育促进法》及其《民促法实施条例》等相关政策法规，开展多种形式的学习研讨，用习近平新时代中国特色社会主义思想武装头脑，指导学校各项建设，坚持社会主义办学方向。

（二）坚持立德树人，加强民办学校党建和思想政治工作

要高度重视党对民办教育的全面领导，把政治标准和政治要求贯穿办学治校、教书育人全过程，确保党的教育方针和党中央决策部署在各级各类民办学校贯彻落实。立德树人，首先要立师德、铸师魂；高尚的师德，是对学生最生动、最具体、最深远的教育；民办学校教育，不仅体现在对学生知识、技能的培养上，更重要的是要树立影响学生一生的正确世界观、人生观、价值观。要持续推进师德师风建设，完善师德师风的监督考核机制，把师德师风建设纳入民办学校各项考评之中；要发挥先进教师的示范引领作用，坚决杜绝师德失范的现象，大力营造风清气正的育人环境；要激励教师加强自我修养，鼓励教师自觉提升道德修养，抵制各种不良社会思潮影响，践行师德标准，履行相应义务，承担社会责任，努力成为真善美的追求者和传播者，以坚定的理想信念、高尚的道德情操、扎实的学识素养、博大的仁爱之心赢得学生的爱戴和社会的尊重。

（三）坚持创新发展，不断提高民办教育质量和科研能力

要解放思想，寻求创新突破，突出特色优势，推动民办教育内涵发展，提升教育教学和科研学术质量。学前教育要着重提高管理水平，重视安全教育；基础教育要注重提升教育质量，办出特色，努力做到减负增效；培训教

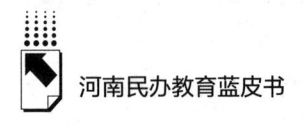

育要注重转型创新，善始善终，做好师生稳定工作；民办大中专院校要认真学习领会国家关于促进职业教育发展和应用型大学建设的方针政策，夯实办学基础，建设双师团队，打造高水平实训基地，推动校企合作，提高发展水平，完善应用型人才培养体系。

（四）坚持以评促建，积极做好迎接评估的各项工作

社会组织评估是协会规范化建设和健康有序发展的重要途径，也是全面了解自身建设情况、不断规范管理提升发展能力的重要措施。3A及以上评估等级的社会组织，可承接政府转移职能、政府购买服务和享受税收优惠政策。协会在上一轮评估中荣获4A等级，在新的一轮评估中，各工委要深入学习评估指标体系，适时组织各类研讨会、专项培训、交流和考察等活动并留存档案资料。各民办学校也是各级社会组织，要积极参与相关级别的评估评级，希望通过大家的共同努力，在新一轮评估中再创佳绩。

（五）坚持宣传引领，充分发挥新媒体的舆论导向作用

协会要注重加强新闻宣传和舆论引导，提升协会和民办学校的知名度。要抓好协会网站和会刊建设，及时报道民办教育重要动态、办学经验，进一步扩大协会官网、微信平台的影响力，及时宣传河南省民办教育先进典型，充分展示民办学校良好形象。要组建信息联络员队伍，完善信息联络员工作机制，加大沟通力度，不断提高服务水平，适时组织信息联络员培训。要加强与各大媒体联络沟通，在社会各类媒体平台上宣传协会和会员单位的办学成绩，提高社会认知度和影响力。加强信息交流，树立优质典型。要利用现代信息媒体，采取多种形式进行宣传，通过表彰奖励、经验介绍、媒体宣传、现场会等多种形式，发现、总结、宣传特色鲜明的民办学校。

（六）坚持建章立制，进一步加强协会自身建设

要依照国家和河南省有关法律法规和协会章程，进一步完善协会各项制度和组织建设，加强与政府机关、研究院所及有关方面的工作联系和信息沟

通，发挥好桥梁纽带作用，服务会员发展。要精心设计和组织各项活动，努力把民办教育协会建设成为行为规范、运作有序、代表性强、公信力高的社会组织；要加强协会各项规章制度建设，完善分支机构工作规程，实现协会工作的规范化管理。要加强秘书处等内设机构的自身建设，不断提高职工专业能力和服务水平。协会法律事务部要进一步面向会员单位做好法制服务工作，协助会员单位进行法制学习，增强法制观念，推进依法办学，依法治校，保护民小学校的合法权益。要积极推进民办学校对口互助活动，建立高校与中小学、幼儿园、培训机构的互联互通机制，使行业内部资源得到有效利用。要团结市（县）民办教育协会，共同促进河南省民办教育事业发展，建议有条件的市（县）可以成立不同层级的民办教育协会。

同时，还要积极参与中国民办教育协会各种活动，努力为全国民办教育事业发展建言献策；承担中国民办教育协会赋予的调研等任务，扩大河南省民办教育声誉；虚心学习兄弟省市民办教育的先进经验，提升河南省民办教育水平。

新的伟大时代赋予民办教育新的光荣使命，要坚持以习近平新时代中国特色社会主义理论为指导，增强"四个意识"、坚定"四个自信"、做到"两个维护"，秉持教育初心，增加发展信心，汇聚创新活力，充分发挥协会的作用，推动民办教育从健康有序向高质量迈进。坚信在省委、省政府和省教育厅、省民政厅的正确领导下，在各级地方政府和教育主管部门的关心指导下，在广大民办教育机构和民办教育工作者的携手奋进下，一定会办出一批更高水平、更有特色的民办学校，河南省民办教育的明天一定会更加出彩、更加美好！

B.22
附录二　2021~2022年河南民办教育大事记

2021年

3月12日　郑州科技学院与中国建设银行河南省分行签署全面战略合作协议暨揭牌仪式在郑州科技学院举行。

3月12日　河南教育事业"十四五"规划编制"教育改革与制度创新研究"专题调研专家组组长、河南省教育科学研究院院长成光琳一行4人，到黄河科技学院调研。

3月12日　承诺合规诚信办学培训豫军彰显担当"合规办学诚信宣传"自律公约签字仪式在郑州举行。大河报教育事业部总监刘同洲、河南省民办教育协会秘书长汤保梅等出席仪式。

3月16日　河南省校外培训机构监管工作立法调研会议在郑州召开。

3月17日至18日　南阳市教育局副调研员吴树之带领调研组到内乡县、淅川县调研民办教育工作。

3月19日　郑州商学院召开党史学习教育动员大会。

3月23日　河南省副省长霍金花在郑州调研高等职业教育改革发展工作。

3月23日　郑州工业应用技术学院召开学习党史教育动员大会。

3月24日　郑州西亚斯学院为推动党史学习教育活动，开展专题网站及各类线下活动。

3月24日　郑州黄河护理职业学院基层党总支到党建主题公园参观学习。

3月24日 郑州市惠济区召开2021年民办教育工作会。惠济区教育局班子成员杨志强、杨合起等参加会议。

3月26日 河南省民办教育协会会长任锋调研陈中实验学校。

3月26日 黄河科技学院为扎实推进党史学习教育走深走实，召开党史学习教育动员大会，邀请桂汉良教授为师生做专题报告。

3月26日至27日 北京师范大学助力建业教育"一流骨干教师专题研修班"首期培训顺利进行。

3月30日 河南省总工会副主席杨会卿一行到信阳学院调研指导工作。

3月30日 河南省教育厅副厅长刁玉华一行到新乡医学院三全学院调研书院制建设工作。新乡医学院三全学院党委杨捷、院长胡仕坤等相关职能部门负责人参加。

4月2日 民革河南省委副主委吕心阳一行到黄河科技学院调研。胡大白董事长、党委统战部副部长成迎富等出席座谈会。

4月8日 郑州市民办教育系统党史学习教育会议召开。

4月8日至9日 郑州升达经贸管理学院"特色发展大讨论"交流会在双创大讲堂召开。此次交流会是对各单位对上一阶段"特色发展大讨论"成果的总结。

4月10日 蔡林森教育思想研究会第七届年会暨"以德贯穿：先学后教，当堂训练"观摩课活动在永威学校举行。郭振有、张新洲、平奇、任锋等出席仪式。

4月17日 河南省民办教育协会基础教育工作委员会理事会换届暨年度工作会议在洛阳召开。

4月20日 河南省副省长霍金花到郑州市调研民办高等教育改革发展工作。

4月20日 河南省人大常委会执法检查组到郑州澍青医学高等专科学校开展高等教育法执法检查。

4月22日至23日 新乡医学院三全学院在首届全国民办高校书院制改革研讨会上做典型发言。

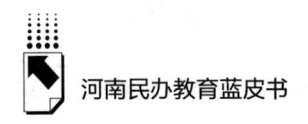

4月23日 洛阳市民办教育党建工作现场推进会召开。河南省委高校工委李志刚等参加会议。

4月24日 河南省民办教育协会学前教育工作委员会2021年会在郑州举行。

4月25日 第七届中原创新发展论坛在黄河科技学院举办。论坛以"新时代推动中部地区高质量发展"为主题。

4月25日至26日 全省高等学校书院制育人模式改革现场交流会在郑州西亚斯学院召开。省委常委、省委宣传部部长、省委高校工委书记江凌出席并讲话,副省长霍金花主持。河南科技大学、郑州航空工业管理学院、新乡医学院三全学院、郑州大学等4所院校做了交流发言。

4月28日 河南省委高校工委组织召开全省民办专科高校座谈会。

4月28日 郑州市委副书记周富强一行到黄河科技学院视察新冠肺炎疫苗接种点筹备工作。

4月28日 登封市召开民办学校党史学习教育暨安全工作会议。

5月7日至8日 河南省高校社科联工作会在黄河科技学院成功举办。会议的主题是"推动高校社科联建设,讲好新时代思政课"。

5月7日至8日 第十二届"黄河教育论坛"暨"黄河教育奖"颁奖典礼在红旗渠干部学院举行。黄河科技学院董事长胡大白、郑州升达经贸管理学院执行董事王新奇做典型发言,河南省民办教育协会副会长、党建工委主任、民办教育研究院执行院长王建庄发布"十三五"河南民办教育发展报告。

5月10日 信阳学院开展"永远跟党走 奋斗新征程"党史学习教育专题读书班红色研学活动。

5月10日 商丘学院举办"跟着电影学党史"红色电影月启动仪式。

5月13日 全国人大常委会副委员长、九三学社中央主席武维华到黄河科技学院调研。

5月13日 信阳市委党史学习教育研究调研组到信阳学院指导工作。

5月13日 河南省卫健委主办的河南省"规范托育服务中原行"启动

仪式暨河南省托育服务发展高峰论坛在郑州举行。建业教育5家托育中心通过河南省备案，4家被评为"市示范"。

5月14日　郑州理工职业学院举办党史学习教育专题报告会，邀请郑州市社科联党组书记、主席，郑州市社科院院长叶光林博士做题为"传承红色基因加快郑州国家中心城市现代化建设"的报告。

5月14日　郑州澍青医学高等专科学校"学党史、践初心、担使命"党史学习教育暨党组织书记培训班在大别山干部学院会议室举行开班仪式。

5月14日　洛阳科技职业学院与特斯拉（上海）有限公司举行校企合作签约仪式。

5月14日　邓州市民办学校党建工作推进会在邓州市志远实验学校召开。

5月14日　商丘市新城实验小学举行了"忆峥嵘岁月　讲党史经典"讲故事比赛。

5月17日　洛阳市成立第二外国语学校教育集团。

5月18日　首届"中原高等教育论坛"在黄河科技学院举办。

5月18日　省委高校工委党史学习教育第三巡回指导组对黄河科技学院党史学习教育工作进行调研指导。

5月21日　"河南省医学教育考试中心"在新乡医学院三全学院正式成立。刘淑娅宣读《河南省卫生健康委员会关于成立河南省医学教育考试中心的批复》，王金河发表讲话。

5月21日　驻马店市民办教育协会第四届会员代表大会暨理事会隆重召开。

5月26日　就业创业师资队伍培训在黄河交通学院举行。

5月26日　郑州科技学院"青年马克思主义者培养工程"培训班开班，从全校选拔的60名优秀大学生学员参加了开班仪式。

5月27日　由河南省高等学校专业管理服务中心主办，黄河科技学院承办的"新一轮审核评估应用型方案解读报告会"在黄河科技学院举行。

6月5日　河南省民办教育协会党建工作委员会换届暨党建基地建设工

作会议在郑州升达经贸管理学院隆重举行。会议选举产生新一届党建工作委员会。王建庄任党建工作委员会主任，雷霆等16名同志任党建工作委员会副主任，王道勋任党建工作委员会秘书长。会议还举行了党建示范基地建设单位和党建特色项目建设单位授牌仪式。

6月9日 西藏自治区民办教育党建工作培训示范班学员到郑州科技学院参观交流党建工作。

6月26日 河南省安阳市教育局发布紧急通知，即日起，全市校外培训机构一律暂停营业，全面进行安全自查整改。

6月 第十二届蓝桥杯全国软件和信息技术专业人才大赛所有赛项落下帷幕，洛阳科技职业学院智能与数字工程学院的学生与来自北京大学、清华大学、复旦大学、上海交通大学等1300多所高校的7.5万余名选手同台竞技，并在本届蓝桥杯全国大赛中获得国赛三等奖1项、优秀奖2项；省赛一等奖1项、二等奖5项、三等奖10项，共计19项奖的优异成绩。

6月 郑州理工职业学院"全国职业教育科研规划课题"顺利结项，并获得优秀成果奖。

7月14日 黄河交通学院与中原银行郑州分行银校合作签约仪式在中原银行郑州金水支行举行。

7月14日至19日 由河南省教育厅主办、浙江大学承办的河南省民办高校发展政策专题培训班在浙江杭州举行。

7月18日 由医药卫生报社和郑州市健康教育协会主办，黄河科技学院附属医院承办的首届"健康教育公益大讲堂"开讲仪式暨郑州市健康教育协会基层健康教育（培训）专业委员会成立大会在黄河科技学院附属医院举行。

7月20日 郑州升达经贸管理学院启动学校防汛救灾应急响应，全面动员部署防汛救灾工作。

7月20日 中办、国办发布"双减"政策。经教育、体育、科技、文广旅等部门的共同努力，郑州市非学科类校外培训机构的审批管理完成了市级层面的移交。

7月24日 在学院党委统一部署下，郑州理工职业学院党员志愿者深入社区开展灾后志愿服务。

7月30日 郑州财经学院副校长张顺利携金融学院党总支书记杨贵仓、院长张效梅及金融学院教研室主任房茜茜，前往杭州同花顺集团举行双方共建金融科技产学研合作基地挂牌仪式。杭州同花顺集团高校事业部总监李振科、人力资源部招聘总监王鹏等公司相关管理人员，河南省产教融合规划研究院吴瞳参加仪式。

7月 全国教育科学规划领导小组办公室公布了全国教育科学"十四五"规划2021年度课题立项名单，信阳学院教育学院赵国权教授主持申报的"中国历代庙学史料搜集、整理与数据库建设研究"获批2021年度国家一般课题立项（课题批准号：BOA210051）。这是该校继2020年首次获批全国教育科学规划国家级课题立项之后取得的新的重大突破。

7月 中共河南省委高校工委、河南省教育厅公布了首届河南省教材建设奖评选结果，郑州澍青医学高等专科学校两部主编教材获首届河南省教材建设奖。

8月3日 郑州黄河护理职业学院刘仁理事长家庭被评为"河南省首批教育世家""全国首批教育世家"荣誉称号。

8月16日至9月3日 郑州升达经贸管理学院开展暑期全体教职员分层分类线上培训工作。

8月 河南省教育厅公布首批教育世家认定结果。黄河科技学院院长杨雪梅家庭被认定为河南省首批教育世家。

9月2日 以省教育厅二级巡视员李培俊为组长的督导检查组一行三人到郑州澍青医学高等专科学校督导检查2021年秋季学期开学疫情防控工作。校领导孟宪锋、徐玉芳陪同督导检查。

9月8日 民权县人民政府与北京宽高教育集团举行合作办学签约仪式，中国科学院大学基础教育研究院执行院长、北京宽高教育集团总校长、北京宽高教育集团民权实验学校校长王金战，县领导张团结、王静娴、栗团结、周燕、周明河、王景义、李勇、朱琳、王玉军出席签约仪式。

9月 华为郑州代表处郑州市教育医疗代表汪贻、华为郑州代表处人才发展部经理陈志鑫、深圳讯方西北分公司产教融合部总经理刘自荣、深圳讯方河南省区总监杜红奎等领导一行到郑州信息工程职业学院实地调研。

9月 郑州科技学院教务处党支部按照"学党史、悟思想、办实事、开新局"工作要求，把"三个力行"贯穿党史学习教育始终，不断推动党史学习教育高质量发展。

10月14日 中共鹤壁市民办教育行业第一次代表大会召开。鹤壁市教育体育局局长金志广，副局长牛万斌、郑玉玲等参加会议。

11月5日 由调研组组长赵硕、副组长王彦武等人组成的河南省咨询组到黄河科技学院调研指导党建工作。黄河科技学院党委书记贾正国、董事长胡大白、校长杨雪梅等参加了见面会，并就学校基本情况、党史学习情况等方面做了有关汇报。

11月18日 郑州商学院科研处处长刘志飞主持召开科研创新团队建设工作座谈会。校长助理张江涛、教务长刘升阳、各二级学院院长、科研处人员等参会。

11月18日 河南省教育厅根据河南省经济社会发展需求以及河南省学位与研究生教育发展实际，经学校申报、专家通讯评议和现场评审等环节最终确定，黄河科技学院为硕士学位授权点重点立项建设单位，郑州升达经贸管理学院、新乡医学院三全学院、郑州科技学院、郑州商学院为重点立项培育单位，河南开封科技传媒学院、中原科技学院、信阳学院、商丘学院、郑州工商学院、郑州经贸学院、郑州工业应用技术学院为一般立项建设单位。

12月12日 商丘市创新创业联合会成立大会通过并委任商丘学院为商丘市创新创业联合会副会长单位。

12月15日 郑州澍青医学高等专科学校通过视频方式连线马来西亚城市大学，共同举办海外师资培训基地揭牌仪式。马来西亚城市大学副校长和执行董事分别致辞。

12月15日 省委宣讲团赴安阳学院开展党的十九届六中全会精神宣讲报告，该报告会由安阳学院校长贺海鹏主持，各党总支书记、副书记、思政课教师及学生代表近百人聆听。

12月17日 由河南省教育厅主办的"2021河南省健康养老护理教育师资培训班"在郑州澍青医学高等专科学校顺利结业。

12月19日 河南省民办教育协会六届二次会员代表大会、民办教育高质量发展论坛在河南科技职业大学举办，全国人大原常委王佐书、河南省教育厅副厅长陈垠亭、周口市人民政府副市长秦胜军等出席会议并做重要讲话。

12月19日 第七届郑州高效性职业技能竞赛市场调研与大数据分析赛在郑州财经学院举行。本赛分为本、专科赛项，来自郑州地方9所高校的20支代表队同台竞技。

12月25日 《当代河南教育发展报告》《河南民办教育蓝皮书：河南民办教育发展报告（2021）》在黄河科技学院举行新书发布会。会议由河南省教育厅原巡视员、河南省民办教育协会会长任锋主持，河南省民办教育协会名誉会长、河南民办教育研究院院长、黄河科技学院董事长胡大白教授，河南民办教育研究院执行院长、首席研究员王建庄教授分别作发布报告。黄河科技学院党委书记贾正国，河南省人民政府研究室副主任皇甫小雷，河南省社会科学界联合会副主席李新年，中共河南省委咨询组研究员、河南省社会科学院原党委副书记周立，河南省民办教育协会副会长、郑州升达经贸管理学院执行董事王新奇，河南省民办教育协会培训工委理事长、郑州晨钟教育集团党委书记朱玉峰等出席发布会。

12月27日 郑州澍青医学高等专科学校与焦作市中医院举行共建中医康复学院揭牌签约仪式。该校董事长王左生，纪委书记、副校长潘守政出席了签约仪式，康复医学系主任严巍，校企合作处贾剑伟、张利，康复医学系赵宿睿、张沙沙、马璐瑶、薛晓参加了签约仪式。签约仪式由焦作市中医院业务副院长邵磊主持。

12月29日 河南首个港口枢纽与临港经济研究中心在中原科技学院成立，中原科技学院校长仉建涛为中心揭牌。

12月29日 驻马店市民办教育协会第一期民办小学班主任培训专家报

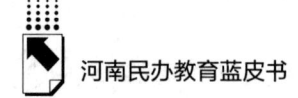

告会隆重举行。会议由市民办教育协会秘书长王清海主持，市教育局民办教育科科长徐继、市教育局民办教育科副科长王晓霞、市民办教育协会会长孟庆杰出席培训会。

12月30日 信阳学院与华为技术有限公司在信阳学院实验实训中心409会议室签署了校企合作框架协议。华为河南代表处解决方案总经理王朋、信阳业务部总经理邓闻亮、原信阳业务部总经理唐长有、信阳解决方案总监冯凯强，信阳学院副校长王强、校长助理高雅出席了签约仪式；信阳学院信息化建设与管理处处长汪国安、大数据与人工智能学院副院长黄俊等参加了签约仪式。

同期 二轮疫情发生后，郑州科技学院探索"双课堂"的教学新模式。

同期 黄河科技学院与东北农业大学的农业工程学科研究生培养工作站签署合作协议。

同期 洛阳科技职业学院智慧财税产业学院及产教融合学院启动仪式在新民学堂举行，副校长赵兵为启动仪式致辞。

同期 沁阳永威学校校长蔡林森被评为"河南省非公有制经济组织和社会组织优秀共产党员"。

同期 郑州高新区艾瑞德国际学校校长李建华荣获第五届"明远教育奖"。

同期 河南省教育厅、公安厅、民政厅等7部门组成的9个视导组赴全省各地开展校外培训机构专项整治视导调研工作。

同期 郑州版"双减"政策落地有了具体举措。

同期 为进一步加强校外培训机构规范管理，郑州市计划年内完成校外培训机构"营转非"和"学转非"。

同期 河南省焦作市委办公室印发《焦作市中小学教师减负清单》，对症下药发布18条教师减负清单。

同期 首届信阳市红色文化创意设计大赛中共评选出18项获奖作品，其中信阳学院有9项作品入选，其中二等奖2项、三等奖2项、优秀奖5项。信阳学院被评为优秀组织单位奖。

2022年

1月19日 2022年郑州市教育工作会议召开。郑州市教育局党组书记、局长楚惠东做工作报告,总结2021年教育工作成绩,分析教育发展形势,并对2022年重点任务做出部署。

1月22日 2022年全省教育工作会议以视频会议形式在郑州召开。省教育厅党组书记、厅长宋争辉出席会议并部署2022年教育十项重点工作。

1月 河南省教育厅发布消息称,郑州、洛阳、漯河先后查处了12起培训机构违规组织培训案例,涉及从业人员30人,学生193人。对参加培训学生由学校进行提醒教育,不记入学生个人管理档案。

2月7日 《河南日报》理论版刊发黄河科技学院民办教育研究院执行院长王建庄教授的理论研究文章——《打造真正适应社会需求的职业教育》。王建庄教授的文章立足河南职业教育发展的实际,在分析河南"十四五"时期职业教育发展目标的基础上,提出了自己的建议。

2月18日 河南省教育厅发布通知,要求开展幼儿园名称规范清理整治工作,2022年5月底前完成整改。根据通知,河南将加大不规范办园行为治理力度,全面开展幼儿园名称规范清理行动,对冠以"中国""中华""全国""国际""世界""全球"等字样,包含外语词、外国国名、地名,使用"双语""艺术""国学""私塾"等片面强调课程特色以及带有宗教色彩的名称,以及民办园使用公办学校名称或简称等进行清理整治。

2月21日 荥阳市教育局召开民办学校年检工作会议。

2月28日 教育部校外教育培训监管司相关负责人指出,教育部正在制定《校外培训监管行政处罚暂行办法》,对校外培训行业中的"严重违法行为"做出界定。

3月1日 河南省民办高校章程建设工作研讨会在郑州升达经贸管理学院成功召开。省教育厅政策法规处(民办教育处)处长徐军保、一级调研员刘建军、二级主任科员何剑,省内专家贾永建、晋涛、张帅梁、杨树林、林东、董威颉、王沛莹等出席会议。郑州升达经贸管理学院校领导郭爱先、吴益民，特聘教授辛世俊，中层干部杨存博、朱永恒、沈定军、段丰乐及教师代表列席会议。会议由教育厅刘建军主持。

3月5日 省教育厅高教处处长张水潮、副处长季双丽、主任科员白威涛，郑州大学副校长屈凌波，河南理工大学副校长沈记全，华北水利水电大学副校长王天泽，中原科技学院副校长张东初，河南工业大学教务处处长杨六栓等一行8人莅临信阳学院，专题召开信阳学院转型发展专家论证会。

3月9日 商丘学院召开一届三次教职工代表大会暨工会会员代表大会。

3月10日 河南省焦作市退役军人事务局与黄河交通学院举办合作共建"焦作退役军人学院"签约仪式。

3月11日 郑州澍青医学高等专科学校召开"双高工程"暨"提质培优行动计划"建设推进会。

3月16日 省卫健委领导一行莅临建业教育指导工作。建业教育与省卫健委家庭处计生协签署战略协议，深化托育合作。

3月16日 郸城县教体局党组书记、局长罗明党前往郸城县吴台镇调研民办学校教育工作。郸城县教体局党组成员、副局长刘广锋，办公室主任胡健康，民管办主任何福华陪同调研。

3月18日 安阳学院美术学院与安阳市新都城幼儿园共建"甲骨文艺术教育基地"揭牌仪式在新都城幼儿园举行。

3月22日 信阳学院分析测试中心揭牌仪式在学院实训中心一楼举行。校长王北生、副校长王强、校长助理高雅出席揭牌仪式，教务处处长陈文涛、理工学院院长肖生发、教学副院长李晓严、分析测试中心主任鲁辉博士和学院各教研室主任及部分教师代表参加了揭牌仪式。

4月1日 全国首家焦裕禄精神青年学校在河南开封科技传媒学院成立。

4月6日 教育部发布《关于做好2022年中考命题工作的通知》，明确要求各地力争2022年实现省级统一命题，坚决取消初中学业水平考试大纲或考试。

4月20日 中国共产党中原科技学院第一次代表大会召开。

同期 省教育厅、省发展和改革委员会、省科学技术厅、省文化和旅游厅等9部门联合印发《河南省校外培训机构预收费资金监管暂行规定》，依法规范校外培训机构办学行为。

同期 河南校外培训机构预收费将全额纳入监管。

同期 河南4所民办高校基层党支部入围"全国党建工作样板支部"培育创建单位，4所民办高校获批"全国党建工作样板支部"培育创建单位，分别是：郑州工业应用技术学院建筑工程学院学生第四党支部、郑州澍青医学高等专科学校康复医学系学生党支部、郑州西亚斯学院致远住宿书院学生第二党支部、河南科技职业大学美术与艺术设计学院教职工党支部。

同期 教育部思想政治工作司副司长张文斌一行到郑州科技学院，就高校思想政治工作开展调研。省委教育工委专职委员吕冰、教育部思政司宣教处处长王磊、省教育厅思政处处长陈凯及校领导刘文魁、孙金锋、秦小刚、刘赛赛、李义凡及学校相关职能部门负责同志参加调研活动。

同期 黄河科技学院与郑州轻工业大学签订联合培养专业学位硕士研究生协议。

同期 黄河交通学院与华为（焦作）新基建运营中心校企共建人才培养与产学研合作基地签约暨揭牌仪式在焦作举行。

同期 郑州陈中实验学校的校园劳动基地"小小南泥湾"，成为一堂集语文、数学、科学、美术和劳育为一体的主题课堂的"特别教具"。

同期 河南省漯河市教体局印发《关于开展幼小科学衔接攻坚行动的通知》。该通知指出，各地方小学和幼儿园不得举办学前班、隐形变异的大大班、幼小衔接班等，校外培训机构不得对学前儿童违规进行培训。

同期 三门峡市湖滨区教体局召开民办教育机构党建工作推进会，会上选派的16名党建指导员将带着教体党工委赋予的神圣使命积极对接辖区民办教育机构开展工作，奏响深入贯彻中央、省委、市委、区委和上级教育部门关于加强民办教育机构党建工作指示的"冲锋号"。

Abstract

This book is compiled by Henan Association of Private Education and Huanghe Science and Technology College. It scans, sorts out and summarizes the status quo on the scale of private education in Henan in the 2021–2022 academic year.

The book is composed of a general report, reform of higher education, development of vocational education, improvement of basic education, preschool education universal benefits, training and education optimization, comprehensive and appendix, which systematically reflects the basic situation of all levels and types of private education in Henan. In the 2021–2022 academic year, there were 21450 private schools at all levels and of various types in the province, with a total enrollment of 6869900 students. Among the numbers, there were 18056 private kindergartens, with 2592500 children; 1867 private primary schools, with 1668800 students. For the secondary education, there were 937 private junior middle schools, with an enrollment of 959000 students; 403 private senior high schools with an enrollment of 601400 students; 142 private secondary vocational schools, with 304900 students. There were 45 private ordinary and vocational institutions of higher education, with743000 undergraduate and junior college students, accounting for 27.66% of the total number of undergraduate and junior college students in the province, which was 0.73% higher than 26.93 % in the 2020–2021 academic year.

Based on the major adjustment of the national private education policy in 2021, the general report points out the arrival of the inflection point from scale expansion to quality improvement of private education in Henan province. It also puts forward some suggestions for the healthy development of Henan private education in the future, such as sticking to the direction of running school, optimizing the faculty, realizing characteristic innovation, standardizing internal governance, exploring the way of dynamic training and expanding the scope of running school.

In the chapter of reform of higher education, it is pointed out that In 2021–2022, private higher education in Henan will see a significant increase in the number of schools, the scale of students and the quality of talent cultivation, but there is also pressure to build high-quality private universities. It states the development strategy of Henan private colleges based on university evaluation. It investigates the construction of education and teaching quality monitoring system in Henan private colleges and universities, and finds out the main problems affecting the operation of quality monitoring system through comparative study. It proposes to construct the internal quality guarantee system of private colleges based on "student-centered". The student management of private colleges should emancipate the mind and innovate the idea of student management. Private colleges should adhere to the five principles of people-oriented education, integration of production, learning, research, application and innovation, innovative development, overall planning and coordinated construction and open sharing, and take key measures to strengthen the construction of experimental teaching centers and off-campus practice education bases.

In the chapter of development of vocational education, Henan private vocational education has a certain scale, with a good foundation for development. With the implementation of vocational Education Law of the People's Republic of China, private vocational education in Henan will usher in a new round of development space, and also provide opportunities for private higher vocational education. There is something to be done in improving the level of running a school, establishing the process of higher vocational education, innovating evaluation methods and improving the quality of talent training.

In the chapter of improvement of basic education, With the intensive introduction of a series of national heavy policies in 2021, the private education in Henan has entered a new stage of standardized development. The number of private schools and the number of students in compulsory education both showed negative growth for the first time, and private schools were transferred to public institutions or closed. Or the transformation into vocational school, foster education, international education or will become the development trend of private schools in recent years.

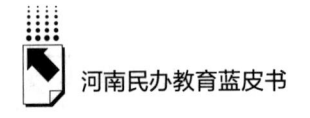

In the chapter of preschool education universal benefits, private preschool education faces difficulties due to the precipitous drop in the birth rate, the rapid development of public preschool education, and the serious brain drain of private preschool education. The private preschool education in Henan should focus on party construction, quality, integration and cross-boundary, attach importance to publicity and create characteristics. The introduction of childcare policies is conducive to the high-quality and standardized development of the industry and the market.

In the chapter of training and education optimization, The "double reduction" policy, which started in July 2021, has led to drastic changes in the industry and management innovation. The whole industry suddenly cools down, the discipline training advertisements basically disappear, "capital overheating" and "wild growth" and other chaotic phenomena no longer exist, the "double reduction" policy has achieved initial results. Private education is moving towards a new era of compliance development and strict supervision in accordance with the law.

The comprehensive is rich in content, revealing the development status of private education from many aspects, such as the policy summary of private education, research summary of private education, party construction and school management innovation, private education policy development and network teaching in private colleges under the background of epidemic prevention and control. The promulgate of the new regulations of the People's Promotion Law marks the basic formation of the new law system on private education at the national level, which has a significant and far-reaching impact on the development of private education. In recent years, the research results of privately-run education show a tendency of bubbles and homogenization. High-yield and high-quality authors are concentrated in a few influential universities, and the influence of researchers in general privately-run schools needs to be improved. Through the linkage of the party and the league, the party building in higher vocational colleges drives the league building, which can promote the party and the league work in colleges to glow with vigor and vitality under the new background of The Times.

Henan non-government schools should thoroughly study and apply the party's education policy, to strengthen party building in private schools, to optimize the composition of the private school management mechanism, to promote diversity in private school management innovation and the use of modern management methods, to cultivate innovative entrepreneurial organizational culture, continuous innovation management mechanism, and to stimulate the school reform motivation and vitality. Due to the unclear understanding of the nature of private education policy, and the lack of overall planning and comprehensive supervision and evaluation system, the complete system of private education policy has not yet been established, problems restrict the healthy development of private education in Henan, Henan should set a reasonable non-government education, clear legal person property in private schools, implement the classification management policy, formulate supporting policies as soon as possible, to build a perfect policy system of private education. Colleges and universities should ensure the basic teaching effect of the model of network teaching and promote students' knowledge learning, ability training and literacy acquisition.

Keywords: Private Education; New Regulations; Double Reduction; High Quality Development; Henan

Contents

I General Report

B.1 Focusing on the Big Trend, Finding out the Most Certain Point, and Achieving High-quality Development
—The Current Situation and Development Prospect of Private Education in Henan Province in 2021-2022 Academic Year
Research Group of Private Education Association of Henan Province / 001

Abstract: In 2021, China made a major policy adjustment to private education, private early childhood education and compulsory education were greatly affected; General senior high school education quality awareness was further improved; Training and education have been overhauled. The momentum of the growth of private education in Henan province has dropped. The number of enrollment and students has decreased in different degrees, the inflection point from the expansion of scale to the improvement of quality has appeared. With the implementation of *Vocational Education Law of the People's Republic of China*, private vocational education in Henan will usher in a new round of development space.

Keywords: Education in Henan; Private Education; The Infection Point of Development; The Improvement of Quality

Ⅱ Reform of Higher Education

B.2 Report on the Development of Private Higher Education in Henan Province in Academic Year of 2021-2022

Song Guohua, Song Zhihao and Zhang Song / 036

Abstract: The year of 2021 is the first year of the "14th Five-Year Plan". Compared with the "13th Five-year Plan", private higher education in Henan has greatly improved in terms of the number of schools, the size of students and the quality of personnel training. Compared to the impact of "Strict Control" and "Double Reduction" of compulsory education on training institutions in China, private higher education can be described as a steady improvement. However, private universities in our province are faced with the restriction policy to complete the registration of non-business by the end of 2022, which makes private universities nervous, and problems such as the pressure brought by high-level private universities also need to be resolved. The high-quality development of private higher education in Henan is restricted by discipline and specialty setting, quality of teaching staff and policy support. On the one hand, private universities should strengthen their own construction, on the other hand, the government should increase the practicality of policies, so as to fundamentally solve the common problems of private universities.

Keywords: Private Higher Education; New Regulations; High-level Private Universities

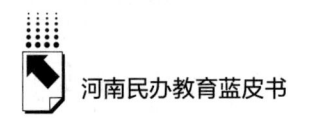

B.3 Research on Connotative Development Strategy of Private Colleges in Henan Province based on University Evaluation

Fan Jixuan, Fan Yuzhuo / 056

Abstract: University ranking, to some extent, making up for the serious asymmetry between higher education information and social demand, has become an important way for society to understand universities. Analyzes the development status and internal and external development environment of Henan private higher education, summarizing the ranking of domestic comprehensive competitiveness of Henan private higher education from three university rankings, it discusses the main factors restricting the implementation of connotative development of Henan private higher education, and constructs the strategic framework of connotative development of Henan private higher education. From the perspective of university evaluation, it is found that although the comprehensive ranking of Henan private colleges is relatively high in China, their comprehensive competitiveness is declining year by year. To construct the strategy of diversified financing mechanism, to carry out the marriage and marriage between the famous colleges in our province and the higher level private colleges in our province, and to carry out preferential policies, should be an important way to promote the connotative development of private colleges in our province and to establish a high level private universities.

Keywords: University Evaluation; Private Colleges in Henan Province; The Strategy of Connotative Development

B.4 An Investigation Report on the Education and Teaching Quality Monitoring System of Private Universities in Henan Province

Luo Bingxin, Yang Cunbo / 084

Abstract: In the construction of the education and teaching quality monitoring system of private undergraduate colleges and universities in Henan Province, the department setting is not scientific, the post cognition and work ability are insufficient, the personnel composition needs to be optimized, the level of quality monitoring intelligence is low, the responsibilities and standards are not clear, the feedback is not timely, the supervision and reform is insufficient, the evaluation system needs to be optimized, the post work capacity building needs to be strengthened, and the cooperation between departments need to be strengthened. Strengthen the construction of the department itself and strengthen intramural collaboration to promote the healthy and efficient development of the education and teaching quality monitoring system of private undergraduate colleges and universities in Henan Province.

Keywords: Private Schools; Education and Teaching; Quality Monitoring

B.5 The Construction of the Internal Quality Assurance System of Private Colleges and Universities under the Background of High-quality Development

Liu Liangjun / 115

Abstract: The high-quality development of private universities is a proposition of the times. Based on the current practical dilemmas such as the low starting point, lagging implementation and weakening of the mechanism of the internal quality assurance system construction of private universities, and based on the perspective of total quality management theory, it is proposed to build an internal quality assurance system based on "student-centered" private universities, in order to provide a reference for promoting the achievement of the goal of realizing the application-oriented talent training of private universities and the construction of a high-quality private education system.

Keywords: Internal Quality Assurance System; Private Colleges; "Student-Centered"

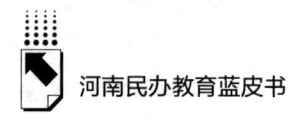

B.6 Innovation in Student Management in Private Universities

Ruan Cailing / 125

Abstract: Students in private universities are concerned about major national events and current affairs and politics, but they do not have a clear understanding of deep-seated problems; they have a positive life value orientation, but the utilitarian reality is also more obvious; they lack of self-confidence, but have strong self-esteem; the concept of organizational discipline is strong, but the persistence of self-discipline is poor; they carry forward and implement positive energy, but the ability to resist external interference is weak; and they have poor theoretical knowledge but strong hands-on ability. The student management of private universities has the problems of backward student management concepts, weak construction of student management teams, single student management methods, weak student management education resultant force, and poor channels for student rights protection and appeals. The innovation of student management in private universities should emancipate the mind and innovate the concept of student management; strengthen and improve the construction of student management team; promote the diversification of student management methods; enhance student management education resultant force; establish and improve the idea of students' channels for safeguarding their rights and appeals.

Keywords: Private Universities; Student Management; Innovation

B.7 Exploration of the Construction of Practical Training Bases for Private Universities

Bi Pengxuan, Cao Longfei / 144

Abstract: The construction of the training base is conducive to the cultivation of application-oriented talents in private universities, the improvement of teaching and scientific research capabilities and the better service to society.

Through the analysis of the current situation of the construction of private college training bases, it is found that private universities urgently need to strengthen the construction of practical training bases. Private universities should adhere to the five principles of education-oriented, integration of production, learning, research, application and innovation, innovation and development, overall coordination construction, and open sharing, take key measures to strengthen the construction of on-campus experimental teaching centers and off-campus practical education bases, and should effectively guarantee the construction of practical training bases in terms of organization, system and funding.

Keywords: Private Universities; Practical Training Base; Practice Teaching; Applied Talents

Ⅲ Development of Vocational Education

B.8 The Current Situation and Development Prospect of Private Vocational Education in Henan Province from 2021 to 2022

Wang Gongbo / 157

Abstract: The new *Vocational Education Law of the People's Republic of China*, which came into effect on May 1, 2022, has broadened the space for the development of private vocational education, improved the level of vocational education, and opened up the upward passage for students in vocational colleges. Henan private vocational education has a certain scale and a good foundation for development, in the process of upgrading the level and improving the quality of talent training, it is necessary to further improve the position, condense the core competitiveness, contribute to the transition of Henan from a large province of vocational education to a strong province of vocational education, cultivate more outstanding talents for economic and social development, and realize their social responsibilities.

Keywords: Private Education; Modern Vocational Education; Talent Training Quality

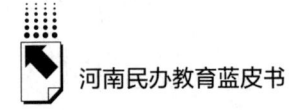

B.9 Report on the Development of Private Higher Vocational Education in Zhengzhou

Wang Jianzhuang, Jiao Yanling, Su Yanhong and Zhang Bei / 169

Abstract: After nearly 30 years of development, Zhengzhou private higher vocational education had a certain scale, accumulated a lot of experience, and laid the foundation for further development. However, in the process of development, it also accumulated several problems and faced many difficulties. The implementation of the new *Vocational Education Law of the People's Republic of China* has expanded the development space of vocational education and provided development opportunities for private higher vocational education in Zhengzhou. The private higher vocational education in Zhengzhou is faced with some problems, such as low social recognition, incomplete establishment of vocational education system, homogenization of specialty setting, and mere formality of school-enterprise cooperation. There are sufficient students in Henan, parents and students have improved their understanding of vocational education, and the new vocational education law has opened up a broader space for the development of vocational education in Zhengzhou. The private higher vocational education in Zhengzhou has something to do in improving the level of running school, establishing the process of higher vocational education, innovating evaluation methods and improving the quality of talent training.

Keywords: Education in Zhengzhou; Higher Vocational Education; Private Education

IV Improvement of Basic Education

B.10 Research Report on Private Basic Education in
Henan Province in Academic Year of 2021-2022

Zhang Xin, Wang Hongshun / 181

Abstract: In recent years, due to the flexible school-running mechanism, social capital has continuously increased investment in the private basic education industry, and some high-quality private schools have emerged. The number of students in Henan private schools has increased year by year, forming a considerable volume. With the intensive introduction of a series of national policies in 2021, multiple sets of policies form a combination fist, fully demonstrating the determination of the country to reshape the education ecology and promote education equity, marking the private education has entered a new stage of standardized development. The number of private primary schools and junior high schools, and the number of students are negative growth for the first time. Compulsory education in Henan private schools enter into the difficult option period. As the window period is approaching, it can be foreseen that some "public participation and civilian" schools will continue to run schools after public reform, some non-regular private schools will be shut down, some private schools meet standards or become public, and some private schools will compress enrollment scale soon. The biggest trend of private schools in recent years will be to turn them into public schools, or stop running them, or turn them into vocational schools, foster education or international education.

Keywords: Educational Equity; Private Schools; Basic Education

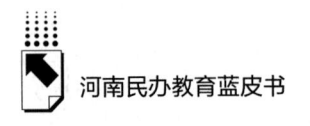

B.11 Characteristics of Talent Cultivation in Private
Basic Education　　　　　　　　　　　　*Sun Bing* / 196

Abstract: More and more attention has been paid to the training of talents in basic education. As an important part of Chinese education, private basic education should be paid more attention to its talent training. The main function of school education is to guide and help students develop in an all-round way. The growth of students is the starting point and objective of school education. For a long time, examination-oriented education regards scores as the only pursuit of schools and students, and ignores the all-round development of students to a certain extent, which is contrary to the goal of socialist talent cultivation of "all-round development of morality, intelligence, physique, beauty and labor". Private basic education should aim at cultivating students' quality of "good character, strong ability and rich knowledge". Private basic education schools have problems such as unreasonable composition of teachers and unstable teaching staff. Private basic education schools should do well in the construction of the teaching staff and build a high-quality teaching team.

Keywords: Basic Education; Private Education; Student's Quality; Teacher's Quality

Ⅴ Universal Benefits of Preschool Education

B.12 Report on the Development of Henan Private Preschool
Education in the Academic Year 2021-2022
　　　　　　　　Xu Zhaoxin, Hou Bingxuan and Sun Dapeng / 210

Abstract: New problems such as the precipitous drop in the birth rate, the rapid development of public preschool education, and the serious brain drain of private preschool education make private preschool education face many difficulties. Private preschool educators in Henan Province remain true to their original aspiration and keep their mission firmly in mind, rise to the challenge, stick to the battle against COVID-19, and protect the beautiful campus. In the face of the flood, while actively carrying out self-rescue, they also organized forces to participate in social disaster relief, highlighting the social responsibility of private preschool education in Henan. Under the new policy background, private preschool education in Henan should pay attention to party construction, quality, integration and cross-boundary, attach importance to publicity and create characteristics.

Keywords: Private Kindergarten; New Normal; Innovative Development

B.13 Report on the Development of Nursery Service Industry in Henan Province

Tao Weijia, Wang Xueqing and Chen Ning / 228

Abstract: Since 2019, China's childcare industry has entered the stage of policy standardized development with the release of relevant guidance and supporting policies. Henan province has introduced a series of measures to develop childcare services. The demand of child-bearing in Henan province is affected by age differences, distance, type, time, item and price. On the whole, the development of childcare institutions among different cities in Henan province is uneven, and the problem of "unbalanced development" of childcare services between cities is more prominent, and the distribution of institutions presents a trend of "regional agglomeration". The demand for childcare service is strong, but the overall supply level is not high, and there is a big gap between supply and demand. Private organization and kindergartens are the main providers of childcare services. There are many modes of childcare industry in Henan province, such as public private, private public assistance, brand chain, real estate linkage, enterprises and institutions run by themselves, childcare integration and so on. The introduction of relevant policies is conducive to the high-quality and standardized development of the industry and the market.

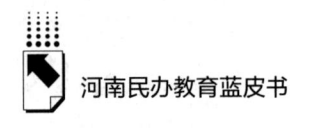

Keywords: Childcare Service; Carrier; Nursery Integration

Ⅵ Training and Educational Optimization

B.14 Report on Development of Training and Education in Henan Province in the Academic Year of 2021-2022

Zhu Yufen, Zheng Xuechun / 254

Abstract: The year 2021 is an extraordinary year in the history of private education in Henan and even the whole country. This year, private education in Henan continued to be affected by COVID-19. This year, Henan's private education has steadily promoted the "double reduction" work, and achieved obvious results. After special treatment and the continuing impact of the COVID-19 epidemic about Training and Education in Henan, the "double reduction" policy, which started in July 2021, has led to drastic changes in the industry and management innovation. By the first quarter of 2022, the reduction rate of disciplinary training institutions (both online and offline) in the province had exceeded 90%, with most market players quitting and the whole industry suddenly cooling down. Advertising for disciplinary training basically disappeared, and chaotic phenomena such as "capital overheating" and "wild growth" no longer existed. The "double reduction" policy had achieved initial results. In addition, the after-school delay service of public schools has been fully popularized, and the education anxiety has been relieved to a certain extent. The private education has truly moved into a new era of compliance development and strict supervision in accordance with the law.

Keywords: Henan Province; Training Education; Impact on "Double Reduction"; Innovation of Management

Ⅶ Comprehensive

B.15 Review of Private Education Policy and Observation Capital Market in 2021

Research Group of Private Education Association of Henan / 262

Abstract: 2021 is a year of milestones for the Party and the country, as well as the year when educational policies are implemented. This year, educational policies and measures have been taken continuously, and supervision and regulations have been notably strengthened. The promulgate of the new regulations of the People's Promotion Law marks the basic formation of the new law system on private education at the national level, which will have a significant and far-reaching impact on the development of private education. The CPC Central Committee attaches great importance to compulsory education and private education and standardizes the development of private education. The implementation of "double reduction" policy has opened the development of China's educational modernization. Educational and training institutions are under pressure from the "double reduction" policy and may turn to healthy development. The educational capital market faces "strong regulation" to help ensure the public interest nature of education.

Keywords: New Regulations; "Double Reduction"; Public Welfare Attribute

B.16 The Review of Private Education Research in 2021

Research Group of Private Education Association of Henan / 286

Abstract: The interpretation of the new law on private education is an important aspect of private education research in 2021. The combination of inclusive kindergarten and higher vocational education continues the research focus in previous years. The study of private education in 2021 has two distinctive features: One is that there is a huge divergence in research. In the research results, the level and quality of the subject have made great progress. High-yielding and high-quality authors are concentrated in a few influential public universities. The influence of researchers in private schools needs to be improved. The other is that the research results show the tendency of bubbles and homogenization. The study style and teaching style of researchers need to be improved urgently.

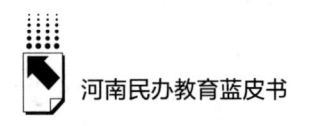

Keywords: Private Education Research; Bubblization; Homogenized

B.17 Research on Construction of the Party and the Youth League in Higher Vocational Colleges in the New Period

Zhang Piwan, Wang Daoxun and Niu Xiaonan / 297

Abstract: Higher vocational colleges play an important role in China's talent training system. With the improvement of China's economic strength and the development of Internet communication technology, the party and league work in higher vocational colleges are also facing unprecedented challenges. As the builders and successors of China's socialist cause, college students are the backbone to realize the great rejuvenation of the Chinese nation. It is of great significance to cultivate college students' good moral quality and political and ideological consciousness for the growth of college students and the development of the country. In the background of new era, Higher vocational colleges use the party-group linkage mode of work to ensure the correct direction of the grass-roots party construction, and consolidate our party's mass base in young college students. Through the linkage of the party and the league, the party construction drives the league construction, while the party organization in universities completes its own work and construction, the leadership of the league organization in colleges and universities is strengthened, so as to drive the league construction in higher vocational colleges, so as to promote the party and the league work in universities to glow with vigor and vitality under the new background of the era. There are also many problems in the party and league work in universities, which need universities to give full play to the core role of the Party and league work for vocational colleges to provide sufficient guarantee. In addition, it is necessary to strengthen the study of political theory of college league organization and promote the development of college Party and league work.

Keywords: The New Era; Higher Vocational Colleges; Linkage of the Party and the Youth League

B . 18 Study on Innovation of Management Mechanism in Henan Private Schools

Li Chuxue / 308

Abstract: The innovation of management mechanism is an important content of the innovative development of Henan private schools, and also the focal point and breakthrough of comprehensively deepening the reform. In terms of structure and function, the management mechanism of private schools mainly includes eight sub-mechanisms, such as scientific decision-making mechanism, multiple participation mechanism, communication and coordination mechanism, information processing mechanism, organization and operation mechanism, collaborative linkage mechanism, emergency management mechanism and assessment mechanism. In promoting the innovation of management mechanism, private schools should take both internal and external factors into consideration. Facing the new situation, new opportunities and new challenges, Henan private schools should deeply study and implement the party's education policy, to strengthen party building in private schools, to optimize the composition of the private school management mechanism, promoting diversity in private school management innovation, promotion use modern management methods, to cultivate innovative entrepreneurial organizational culture, continuous innovation management mechanism, stimulate the school reform momentum and energy, so as to promote the comprehensive reform of schools and achieve high quality development.

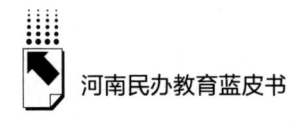

Keywords: Henan Province; Private Schools; Mechanism of Management; Innovation of Mechanism

B.19 The Historical Evolution and Development Logic of Henan Private Education Policy

Zhang Xiaohong / 329

Abstract: Private education in Henan province is a very important part of the educational field in Henan Province. Private education should follow the policy of private education as well as the general education policy. The policy of private education has gone through the process of starting from scratch, from less to more, and gradually standardizing. The development of private education is faced with prominent problems such as legal ownership, ownership of property rights, reasonable returns, policy application, and teacher status, among which the unclear legal person attribute is the root of all the problems. The healthy development of private education in Henan is restricted by problems such as unclear understanding of the nature of privately-run education policy, lack of overall planning and perfect supervision and evaluation system, lack of complete laws and regulations of privately-run education policy system, and the defects of policy implementors. Henan should reasonably position private education, clarify the legal person nature of private schools, implement classified management policies, formulate supporting policies as soon as possible, and construct a perfect private education policy system. At the same time, aiming at fairness, efficiency and development, we corrected unreasonable policies to ensure the realization of policy objectives.

Keywords: Private Education Policy; Historical Evolution; Development Logic

B.20 Investigation and Reflection on Network Teaching in Private Colleges under the Background of Epidemic Prevention and Control *Wang Daoxun, Liu Jing* / 337

Abstract: The COVID-19 pandemic has brought great impact and challenges to normal teaching activities in universities. Network teaching mode is highly praised because it breaks through the time and space limitation of teaching, simplifies the procedure of teaching organization, enriches the presentation of teaching content and expands the teaching coverage. In order to cooperate with the fight against the epidemic, universities put off the new term. Under the requirement of that classes suspended but learning continues, the mode of online teaching is placed great hopes, gradually launched in college teaching. In the practice of online teaching mode, some problems exist in reality, for example, the teaching subject role is passive, the teaching content is relatively simple, the teaching efficiency is relatively low, the teaching supervision is difficult to guarantee, the teaching relationship is difficult to maintain and so on. During the major epidemic, online teaching in universities undertakes the important responsibility of practicing the fundamental task of establishing moral integrity, needs responsibility to strengthen efforts in promoting the teaching subject, teaching content design, teaching integration of technological innovation, teaching supervision in order to carry out the normal advance, teaching interaction, to ensure the basic teaching effect of the online teaching, and promote students' knowledge learning, ability training and literacy acquisition.

Keywords: Epidemic; Private Colleges; Online Teaching; Teaching Effect

社会科学文献出版社

皮 书
智库成果出版与传播平台

✦ 皮书定义 ✦

皮书是对中国与世界发展状况和热点问题进行年度监测,以专业的角度、专家的视野和实证研究方法,针对某一领域或区域现状与发展态势展开分析和预测,具备前沿性、原创性、实证性、连续性、时效性等特点的公开出版物,由一系列权威研究报告组成。

✦ 皮书作者 ✦

皮书系列报告作者以国内外一流研究机构、知名高校等重点智库的研究人员为主,多为相关领域一流专家学者,他们的观点代表了当下学界对中国与世界的现实和未来最高水平的解读与分析。截至2021年底,皮书研创机构逾千家,报告作者累计超过10万人。

✦ 皮书荣誉 ✦

皮书作为中国社会科学院基础理论研究与应用对策研究融合发展的代表性成果,不仅是哲学社会科学工作者服务中国特色社会主义现代化建设的重要成果,更是助力中国特色新型智库建设、构建中国特色哲学社会科学"三大体系"的重要平台。皮书系列先后被列入"十二五""十三五""十四五"时期国家重点出版物出版专项规划项目;2013~2022年,重点皮书列入中国社会科学院国家哲学社会科学创新工程项目。

皮书网

（网址：www.pishu.cn）

发布皮书研创资讯，传播皮书精彩内容
引领皮书出版潮流，打造皮书服务平台

栏目设置

◆ 关于皮书
何谓皮书、皮书分类、皮书大事记、
皮书荣誉、皮书出版第一人、皮书编辑部

◆ 最新资讯
通知公告、新闻动态、媒体聚焦、
网站专题、视频直播、下载专区

◆ 皮书研创
皮书规范、皮书选题、皮书出版、
皮书研究、研创团队

◆ 皮书评奖评价
指标体系、皮书评价、皮书评奖

◆ 皮书研究院理事会
理事会章程、理事单位、个人理事、高级
研究员、理事会秘书处、入会指南

所获荣誉

◆ 2008年、2011年、2014年，皮书网均在全国新闻出版业网站荣誉评选中获得"最具商业价值网站"称号；
◆ 2012年，获得"出版业网站百强"称号。

网库合一

2014年，皮书网与皮书数据库端口合一，实现资源共享，搭建智库成果融合创新平台。

皮书网　　"皮书说"微信公众号　　皮书微博

权威报告·连续出版·独家资源

皮书数据库
ANNUAL REPORT(YEARBOOK) DATABASE

分析解读当下中国发展变迁的高端智库平台

所获荣誉

- 2020年，入选全国新闻出版深度融合发展创新案例
- 2019年，入选国家新闻出版署数字出版精品遴选推荐计划
- 2016年，入选"十三五"国家重点电子出版物出版规划骨干工程
- 2013年，荣获"中国出版政府奖·网络出版物奖"提名奖
- 连续多年荣获中国数字出版博览会"数字出版·优秀品牌"奖

皮书数据库　　"社科数托邦"微信公众号

成为会员

登录网址www.pishu.com.cn访问皮书数据库网站或下载皮书数据库APP，通过手机号码验证或邮箱验证即可成为皮书数据库会员。

会员福利

- 已注册用户购书后可免费获赠100元皮书数据库充值卡。刮开充值卡涂层获取充值密码，登录并进入"会员中心"—"在线充值"—"充值卡充值"，充值成功即可购买和查看数据库内容。
- 会员福利最终解释权归社会科学文献出版社所有。

卡号：279653182686
密码：

数据库服务热线：400-008-6695
数据库服务QQ：2475522410
数据库服务邮箱：database@ssap.cn
图书销售热线：010-59367070/7028
图书服务QQ：1265056568
图书服务邮箱：duzhe@ssap.cn

S 基本子库
SUB DATABASE

中国社会发展数据库（下设 12 个专题子库）

紧扣人口、政治、外交、法律、教育、医疗卫生、资源环境等 12 个社会发展领域的前沿和热点，全面整合专业著作、智库报告、学术资讯、调研数据等类型资源，帮助用户追踪中国社会发展动态、研究社会发展战略与政策、了解社会热点问题、分析社会发展趋势。

中国经济发展数据库（下设 12 专题子库）

内容涵盖宏观经济、产业经济、工业经济、农业经济、财政金融、房地产经济、城市经济、商业贸易等 12 个重点经济领域，为把握经济运行态势、洞察经济发展规律、研判经济发展趋势、进行经济调控决策提供参考和依据。

中国行业发展数据库（下设 17 个专题子库）

以中国国民经济行业分类为依据，覆盖金融业、旅游业、交通运输业、能源矿产业、制造业等 100 多个行业，跟踪分析国民经济相关行业市场运行状况和政策导向，汇集行业发展前沿资讯，为投资、从业及各种经济决策提供理论支撑和实践指导。

中国区域发展数据库（下设 4 个专题子库）

对中国特定区域内的经济、社会、文化等领域现状与发展情况进行深度分析和预测，涉及省级行政区、城市群、城市、农村等不同维度，研究层级至县及县以下行政区，为学者研究地方经济社会宏观态势、经验模式、发展案例提供支撑，为地方政府决策提供参考。

中国文化传媒数据库（下设 18 个专题子库）

内容覆盖文化产业、新闻传播、电影娱乐、文学艺术、群众文化、图书情报等 18 个重点研究领域，聚焦文化传媒领域发展前沿、热点话题、行业实践，服务用户的教学科研、文化投资、企业规划等需要。

世界经济与国际关系数据库（下设 6 个专题子库）

整合世界经济、国际政治、世界文化与科技、全球性问题、国际组织与国际法、区域研究 6 大领域研究成果，对世界经济形势、国际形势进行连续性深度分析，对年度热点问题进行专题解读，为研判全球发展趋势提供事实和数据支持。

法律声明

"皮书系列"（含蓝皮书、绿皮书、黄皮书）之品牌由社会科学文献出版社最早使用并持续至今，现已被中国图书行业所熟知。"皮书系列"的相关商标已在国家商标管理部门商标局注册，包括但不限于LOGO（ ）、皮书、Pishu、经济蓝皮书、社会蓝皮书等。"皮书系列"图书的注册商标专用权及封面设计、版式设计的著作权均为社会科学文献出版社所有。未经社会科学文献出版社书面授权许可，任何使用与"皮书系列"图书注册商标、封面设计、版式设计相同或者近似的文字、图形或其组合的行为均系侵权行为。

经作者授权，本书的专有出版权及信息网络传播权等为社会科学文献出版社享有。未经社会科学文献出版社书面授权许可，任何就本书内容的复制、发行或以数字形式进行网络传播的行为均系侵权行为。

社会科学文献出版社将通过法律途径追究上述侵权行为的法律责任，维护自身合法权益。

欢迎社会各界人士对侵犯社会科学文献出版社上述权利的侵权行为进行举报。电话：010-59367121，电子邮箱：fawubu@ssap.cn。

社会科学文献出版社